Daniel Gross

Forbes – Die größten Erfolgsstories aller Zeiten

Daniel Gross

Forbes – Die größten Erfolgsstories aller Zeiten

Mitreißende Unternehmensgeschichten aus dem
Land der unbegrenzten Möglichkeiten

Die Deutsche Bibliothek – CIP-Einheitsaufnahme

Gross, Daniel:
Forbes – Die größten Erfolgsstories aller Zeiten : mitreißende
Unternehmensgeschichten aus dem Land der unbegrenzten
Möglichkeiten / Daniel Gross. [Aus dem Amerikan. übertr. von Hans-
Peter Mayer]. – Landsberg/Lech : mi, Verl. Moderne Industrie, 1997
  Einheitssacht.: Forbes – greatest business stories of all time <dt.>
  ISBN 3-478-35990-2

Aus dem Amerikanischen übertragen von Hans-Peter Mayer

Copyright für die deutschsprachigen Rechte
© 1997 verlag moderne industrie, 86895 Landsberg/Lech
  Internet: http://www.mi-verlag.de

Titel der amerikanischen Originalausgabe: „Forbes – Greatest Business Stories of All Time"

Umschlaggestaltung: Daniela Lang
Satz: mi-Zech
Druck und Bindung: J. P. Himmer, Augsburg
Printed in Germany 350 990/109701
ISBN 3-478-35990-2

Inhaltsverzeichnis

Danksagung

Dieses Buch ist eigentlich das Ergebnis einer Zusammenarbeit. Obwohl mein Name als Autor erscheint, haben viele Menschen der verschiedensten Institutionen an der Fertigstellung mitgearbeitet: Michael Sagalyn von Byron Preiss Visual Publications begeisterte mich für die Mitarbeit an diesem Projekt; Julie Fenster war wesentlich an der Entstehung einiger Kapitel beteiligt, vor allem über Robert Morris und Wal-Mart. Janet Coleman von Wiley ist die Lektorin und Herausgeberin dieses Buches.

Laura Schoeffel von Byron Preiss Visual Publications hat außer mir die meiste Zeit für dieses Projekt geopfert. Trotz aller Schwierigkeiten zeigte Laura viel Geduld und Humor. Sie stellte ihr gutes Urteilsvermögen und hohes Können unter Beweis.

Mein Dank geht auch an Kathy Huck, Amy Chisam, Dinah Dunn und Katherine Miller von Byron Preiss. Brian Connolly, John Boris, Josh Israel und Betsy Duquette haben gewissenhaft und sorgfältig recherchiert. Die Redakteure Marianne Cohen und Craig Schneider arbeiteten ebenfalls sehr gewissenhaft.

Paul Mitchinson und Jon Rosenberg, Freunde und frühere Kollegen in der historischen Abteilung der Harvard University, lieferten wertvolle Hilfe beim Recherchieren. Blake McKelvey schickte mir freundlicherweise sein eigenes Manuskript der Biographie über Joseph Wilson.

Ich möchte auch meiner Familie für ihre Unterstützung danken, besonders meinen Brüdern Leon und Michael Gross sowie meiner Schwägerin Vicki Gross. Ohne meine Eltern wäre ich nie Autor geworden. Barry und Sandra Gross, Englisch-Lehrerin sowie professionelle Herausgeberin, brachten mir nicht nur Lesen und Schreiben bei, sie haben mich auch finanziell und ideell bei all meinen Entscheidungen unterstützt und bleiben weiterhin eine Quelle der Anregungen für mich.

Dieses Buch ist meiner Frau Candice Syvin gewidmet. Sie trat ungefähr zur selben Zeit wie dieses Buchprojekt in mein Leben und hat mir unendlich mehr Freude bereitet, als es jemals ein Buch vermag. Ihre Geduld, ihr Mitgefühl und ihre Liebe – und unsere Hochzeit – ließen die Zeit dahinfliegen, alle Schwierigkeiten wurden unwesentlich.

Daniel Gross

Vorwort von Timothy Forbes

Dies ist ein Buch über Helden. Aber bitte verstehen Sie das nicht falsch – nicht über Helden im üblichen Sinn. Dennoch verdienen die Menschen, deren Erfolgsgeschichte hier vorgestellt wird, diesen Status genauso wie ein Soldat, Sportler, Forscher oder Politiker. Durch Herstellung und Verkauf, durch Organisieren und Finanzieren sowie das Eingehen auf Bedürfnisse und Wünsche der Mitmenschen haben sie uns häufig stärker geprägt und zu dem gemacht, was wir heute sind, als die wenigen großen Gestalten der Geschichte. Viele dieser hier beschriebenen Helden machten dabei ein Vermögen, und einige wurden sogar sehr reich. Namen wie Morris, Rockefeller und in unserer Zeit Gates sind ein Synonym für Reichtum. Aber die Erfolge, über die hier berichtet wird, sind alles andere als Ausdruck von Machtgier oder Habsucht, wie manchmal behauptet wird.

Wal-Mart brachte der amerikanischen Landbevölkerung – Menschen mit oft nur bescheidenen finanziellen Mitteln – mehr Auswahl und Qualität zu niedrigeren Preisen. Der Initiator Sam Walton wurde zum reichsten Mann der Welt – sein Vermögen betrug fast 28 Milliarden Dollar, als er 1992 verstarb. Er bot den Menschen für ihre knappen und hartverdienten Dollars sehr viel mehr. Er verbesserte die Lebensqualität von Millionen Menschen. Das ist sein eigentliches Vermächtnis. Hier deutet sich die ethische Seite des Geschäfts an: Dienstleistung für andere zu erbringen. Ohne dies kann kein Unternehmen und kein Unternehmer Erfolg haben; die soziale Komponente sollte nicht fehlen.

„Erfolg heißt immer bessere Dienstleistung", schrieb mein Großvater B.C. Forbes in der Einführung zu seinem 1917 erschienenen Buch „Men Who Are Making America". In vielerlei

Hinsicht knüpft das vorliegende Buch an diese außergewöhnliche Sammlung berühmter Lebensläufe an. Der Erfolg dieses Buches machte es B.C. Forbes möglich, das weltberühmte Wirtschaftsmagazin Forbes zu gründen.

Heute sind wirtschaftsjournalistische Berichte über berühmte Persönlichkeiten eine Selbstverständlichkeit. Aber in den ersten Jahrzehnten des 20. Jahrhunderts, noch vor den Arbeiten meines Großvaters, waren Berichte aus der Geschäftswelt nur trockene Statistiken. Den Menschen hinter den Zahlen wurde von der Presse kaum Aufmerksamkeit geschenkt. In Wirklichkeit hat B.C. Forbes ein neues Genre des Journalismus hervorgebracht. Tatsächlich wurde er auch dank seiner journalistischen Pionierarbeit oft als „Humanisierer der Geschäftswelt" bezeichnet.

Mein Großvater war ein armer schottischer Einwanderer, dem es gelang, sich aus eigener Kraft hochzuarbeiten. Leidenschaftlich überzeugt von einem Amerika als Land der unbegrenzten Möglichkeiten, glaubte er an die Chancen, hier Erfolg zu haben. In seinen Porträts führender Geschäftsleute der Zeit sah er vor allem den erzieherischen und motivierenden Wert für Durchschnittsmenschen wie ihn und andere.

Diese Portraits waren eigentlich Unterrichtsstunden in den Grundtugenden wie Redlichkeit, Selbstverleugnung, harte Arbeit, Selbstvertrauen, Ehrgeiz, Mut und vor allem Durchhaltevermögen. Mit diesen Qualitäten, davon war B.C. überzeugt, konnte jeder den Aufstieg schaffen. Er war sich auch sehr deutlich dessen bewußt, was er „seltene und höhere Qualitäten" nannte, die oft im Mittelpunkt seiner Lebensschilderungen standen – die hier besprochenen Persönlichkeiten haben mit Sicherheit ebenfalls diese „Qualitäten" aufzuweisen.

Es ist klar, nicht viele haben das Talent eines Henry Ford oder einer Mary Kay Ash. Dennoch können wir uns bemühen, und es gibt keinen Zweifel daran, daß wir für diese Mühe mehr Lohn ernten. Das war der Kern der Botschaft von B.C. Forbes vor 80 Jahren, und sie hat sicher auch in unserer Zeit nichts von ihrer Gültigkeit verloren.

Ich kann mir keinen besseren Schluß für dieses Vorwort denken, als nochmals B.C. Forbes zu zitieren: „Wie kann ich erfolgreich werden? Auf diese Frage möchte jeder vernünftige Mensch gern eine Antwort wissen."

Bleiben Sie dran, lesen Sie weiter!

Timothy C. Forbes

Robert Morris, der erste US-Finanzminister

1.
Robert Morris:
Amerikas erstes Finanzgenie

Während der Unabhängigkeitskriege war Robert Morris der einflußreichste und vermögendste Mann Amerikas. In seinem Freundes- und Bekanntenkreis nannte man ihn den „Finanzier". Ein Spitzname, der seine genialen beruflichen Fähigkeiten wirklich auf einen Nenner brachte.

In den siebziger Jahren des 18. Jahrhunderts, als die Vereinigten Staaten noch in den Kinderschuhen steckten, spielte Robert Morris bei den Unternehmungen von Adams, Franklin und Jefferson eine entscheidende finanzpolitische Rolle. Kein Wunder also, daß es kam, wie es kommen mußte. Als der finanzielle Ruin 1781 die Unabhängigkeit der Nation gefährdete, kandidierte Morris als einziger für das neu geschaffene Regierungsamt des Finanzministers. Diese Position kam in den verheerenden Jahren 1781/82 einer Übernahme der Regierungsverantwortung gleich. Bis zu seinem Rücktritt 1784 hatte Morris ein solides, staatliches Finanzierungsmodell entwickelt, das die Basis für die Gesundung der amerikanischen Wirtschaft nach langen Kriegsjahren war. Morris konnte zwar seine Wirtschaftsstrategie nicht gänzlich verwirklichen, es gelang ihm aber, die Armee als staatstragenden Faktor des jungen Amerika zu stabilisieren – eine unschätzbare

Leistung. Er beseitigte auch so manche, noch aus der Kolonialzeit stammenden restriktiven staatlichen Vorschriften, die den freien Handel nur einengten. Er sorgte für ein besseres gegenseitiges Verständnis zwischen Regierung und Wirtschaft. „Zum Wohle unseres Landes müssen wir den amerikanischen Händlern einen Unternehmergeist einflößen und ihre Aufmerksamkeit darauf lenken, was für die Menschen am besten ist", forderte Morris beharrlich. „ ... Ihre eigenen Interessen und das Allgemeinwohl gehen Hand in Hand, und sie (die Unternehmer) brauchen keinen anderen Rat oder Lehrmeister."

Robert Morris – ein Vollblutgeschäftsmann der ersten Stunde. Sein Leben ist in vielerlei Hinsicht Vorbild für Millionen Amerikaner, die es in einem Land zu finanziellem und persönlichem Erfolg brachten, bei dessen wirtschaftlichem Aufbau Morris eine entscheidende Rolle spielte. Robert Morris besaß als Startkapital nur eine kleine Erbschaft. Sein Vermögen erwarb er sich nach und nach. Sein guter Ruf als Wirtschaftsfachmann, seine guten Beziehungen und seine fundierten Detailkenntnisse in Finanzfragen halfen ihm dabei. Von Philadelphia aus gründete er unzählige Firmen, die schon bald international florierten, in erster Linie durch Schiffstransporte und weltweite Investitionen.

Die ersten Amerikaner waren überwiegend Farmer, die Selbstgenügsamkeit als eine persönliche und nationale Tugend betrachteten. Aber in der Finanzwelt eröffneten die gegenseitigen Verbindungen Möglichkeiten, die – richtig genutzt – für den einzelnen, aber vor allem für die aufstrebende amerikanische Wirtschaft von großem Vorteil waren.

Krisen und Umbrüche trieben Morris an seinem Lebensende in die Armut. Trotz alledem konnte nicht einmal ein Schuldnergefängnis seinen Opti

mismus bremsen. Selbst in seinen letzten Lebens-
tagen ließ er seine Gedanken um neue Geschäfte
kreisen.

Freunde und Vermögen

Robert Morris wurde 1734 in England geboren. Als er zwölf
Jahre alt war, wanderte sein Vater, ein Kaufmann, mit ihm nach
Maryland, USA, aus. Sein Vater führte für damalige Verhältnisse ein eher unbürgerliches Leben; es gelang ihm aber dennoch,
einen kleinen Anteil an einer Schiffahrtsgesellschaft zu erwerben. Damit besaß er die finanziellen Mittel, um seinem Sohn
eine ordentliche Ausbildung zukommen zu lassen. Er besorgte
ihm eine äußerst vielversprechende Lehrstelle bei einer Schiff-
fahrtsgesellschaft in Philadelphia: in der sehr renommierten
Firma Willing and Company. Der junge Robert, mit seinen 15
Jahren schon zu alt, um noch als richtiges Wunderkind eingestuft werden zu können, fiel trotzdem mit seiner außerordentli-
chen Begabung und seinem Sinn für Verantwortung angenehm
auf. In Abwesenheit von Mr. Willing leitete er das Geschäft und
schaffte es trotz seiner Jugend tatsächlich, den mittelatlantischen
Mehlmarkt neu aufzubauen.
   Morris ähnelte der genialen Persönlichkeit seines Vaters sehr.
Schon bald zählte man ihn zu den bekanntesten jungen Männern
Philadelphias. Sogar Thomas Willing, der eher mürrische Sohn
seines Chefs, mochte Robert Morris. Willing bot dem 22-
jährigen ehemaligen Lehrling schließlich eine volle Teilhaberschaft in der Firma an. Die beiden hatten ihr Lagerhaus in der
Water Street (damals King Street) in Philadelphia. Auf den
Gehsteigen, an den Hausfronten stapelten sich in jedem Frühjahr
und jedem Herbst ganze Schiffsladungen. Damals gingen Hunderte von Fracht- und Passagierschiffen in dieser Stadt vor An-
ker. Dutzende von Firmen und Gesellschaften fungierten als
Auftraggeber. Innerhalb von zehn Jahren war Willing & Morris

die erfolgreichste Firma von allen und stolze Eigentümerin von zehn Schiffen.

Die Geschäfte bei Willing & Morris liefen in jener Zeit sehr gut. Sie transportierten Waren für Fremdfirmen von und nach den Westindischen Inseln. Als lukrativer Nebenverdienst galt das Spekulieren mit eigenen Handelswaren: Tabak, Mehl, Zukker und Indigo. Der meist bargeldlose Zahlungsverkehr wurde über Wechsel abgewickelt. Diese „Kolonialwährung" reizte wiederum einige Anleger als Spekulationsobjekt. Morris konnte diesen Spekulanten aufgrund seiner guten Kontakte zu französischen Anlegern die entsprechenden „Wechsel" beschaffen. Will man Morris und seinen eigenen Aufzeichnungen Glauben schenken, so hätte er in drei Monaten genausoviel Geld durch spekulative Wechselgeschäfte verdienen können, wie ein Schiff in eineinhalb Jahren eingebracht hätte.

Morris war allerdings kein Hasardeur. Sein Gleichmut in allgemeinen politischen Fragen stand in krassem Gegensatz zu seiner akribischen Genauigkeit bei allen wirtschaftlichen und finanziellen Fragen. „Pünktlichkeit", sagte er gern, „ist das beste Betriebskapital." Er entwickelte zwar Strategien für seinen Erfolg, setzte aber nicht alles auf eine Karte. Er schloß auch feste, klar formulierte Verträge und fällte seine Investitionsentscheidungen sehr überlegt. Einmal ermahnte er einen Juniorpartner aus Übersee: „Es ist absolut notwendig, daß Sie Ihr allzu großes Verlangen, nichts zu versäumen, im Zaume halten."

Im Gegensatz zu seinem Vater, dem alten Robert Morris, heiratete er nur einmal im Leben. Es war eine glückliche Ehe, die aber auch seiner geschäftlichen Karriere diente: Seine Braut Mary White entstammte einer wohlhabenden, einflußreichen Familie. Die Wohnungen des Ehepaares Morris in Philadelphia und auf dem Land waren luxuriös eingerichtet. Robert und Mary Morris hatten sechs Kinder, und die Freunde der Familie waren immer willkommen. Morris blieb sich stets selbst treu. Selbst während der ersten angstvollen Tage nach Ausbruch des Unabhängigkeitskrieges berichtete er in einem Brief an den Gouverneur des künftigen Staates Virginia, Benjamin Harrison, von

seiner nicht versiegenden Lebensfreude: „Sie sehen, ich bleibe
weiterhin meiner alten Gewohnheit, einer Mischung aus Geschäft und Vergnügen, treu und habe beides immer für eine
nützliche gegenseitige Ergänzung gehalten."

Nur wenige Menschen im kolonialen Amerika verfügten über
Bargeld. Banken gab es keine. Es existierte auch noch kein Aktienmarkt. Anlagegeschäfte waren damals vor allem eine private
und keine institutionelle Angelegenheit. In einer Zeit, in der
mündliche Abmachungen eines Kaufmanns für rechtlich ver-
bindlich gehalten wurden, taten sich Willing & Morris besonders
hervor durch ein äußerst integres Geschäftsgebaren. Bei kom-
plizierteren Geschäftsabschlüssen mußten jedoch Verträge zwischen Privatpersonen abgeschlossen werden. Diese Tatsache
machte sich Großbritannien 1765 zunutze und besteuerte alle
Investitionen in den Kolonien, indem es eine Stempelsteuer für
jedes Rechtsdokument, jede Zeitung und jedes Buch erhob.
Morris reagierte besonders sensibel auf alles, was den Handel
einschränkte. Er setzte sich an vorderster Front der Kolonisten
für die Abschaffung dieser Stempelsteuer ein. Für viele der am
Protest Beteiligten war dies der erste Schritt zu einer unwider-
ruflichen Aufkündigung der Loyalität gegenüber dem Mutterland Großbritannien.

Der Preis der Freiheit

Robert Morris spielte beim Kampf um die amerikanische Unabhängigkeit eine entscheidende Rolle. Als Delegierter im amerikanischen Kongreß, als Unterzeichner der Unabhängigkeitser-
klärung und als Mitglied im Sondersicherheitsrat Benjamin
Franklins (der zur Unterstützung der Unabhängigkeitsbewegung
in Philadelphia arbeitete) erwies sich Morris als leidenschaftlicher Verfechter der Freiheit und als Patriot. Von alledem blieben
aber seine geschäftlichen Interessen, seine eigene Strategie und
Taktik unberührt. Dies war bestimmt nicht die Einstellung eines
nur in kurzfristigen Kategorien denkenden Selfmademans. Es

handelte sich vielmehr um die Philosophie eines überaus praktisch denkenden Mannes. Für Morris und viele andere seiner Zeitgenossen formte die Wirtschaft natürlich das gesamte öffentliche Leben und damit auch den Staat – denn ohne öffentliche Verwaltung wiederum gab es kein Wirtschaftsleben. Robert Morris gestaltete aktiv die Zukunft der jungen Nation mit, und gleichzeitig gelang es ihm, sein Vermögen beträchtlich zu vermehren. Sein großer persönlicher und wirtschaftlicher Erfolg machten ihn für die junge aufstrebende Demokratie Amerikas noch unentbehrlicher.

Die Amerikaner waren damals unabhängig und wirtschaftlich weitgehend autark. Sie wollten an das weit entfernt liegende Mutterland keine Steuern bezahlen – weder mit noch ohne eigene Regierungsvertretung. Amerika wurde vom Continental Congress regiert. Diese in der amerikanischen Regierungsgeschichte einzigartige Einrichtung durfte zwar Geld drucken, Kredite aufnehmen, eine Armee aufstellen und umfangreiche Käufe tätigen – was sie auch alles tat –, aber sie hatte nicht die Macht, Steuern irgendwelcher Art zu erheben. Die Kriegsanstrengungen, die einzig wirkliche Aufgabe der Föderationsregierung in den ersten Jahren des jungen Staates, wurden mit unterschiedlichen Mitteln und Methoden finanziert, von denen nur einige als rechtmäßig zu bezeichnen waren. Unglücklicherweise war häufig der kurze, direkte Weg zu den Geldquellen jener Zeit nicht immer der ehrlichste.

Die reichen Siedler liehen der Regierung Geld mit einer reellen Rendite von vier (später sechs) Prozent. Am Anfang des Krieges stellten diese Privatkredite eine Finanzierungsquelle dar. Später, mit Fortdauer des Krieges, verlangte oder besser erbettelte der Kongreß Zahlungen der einzelnen Bundesstaaten, was aber eher Frustration bei seinen Bürgern erzeugte, Geld für die neue Nation kam dadurch kaum in die Kasse. 1778 liehen reiche französische Privatpersonen dem jungen Staat Geld. Ein Verdienst Benjamin Franklins und seiner politischen Freunde, denen mit ihrer Überredungskunst ein Kabinettstückchen gelang: Die Vereinigten Staaten von Amerika erhielten aus Europa Geld zur

Kriegsführung. Kurz nach 1778 verbündete sich Frankreich offiziell mit den Vereinigten Staaten und bewilligte Gelder und Kredite. Um an mehr Geld zu kommen, beschlagnahmte man ganz einfach den Besitz der Tories oder von britischen Sympathisanten. Wie man auch immer diese Enteignungen bewerten mag, als langfristige Einnahmequelle und im Verhältnis zur Dauer des Krieges blieben sie unerheblich.

Die neue Regierung finanzierte sich selbst in der Hauptsache über Schuldverschreibungen und Wechsel. Diese Kreditaufnahmen des Staates beim einzelnen Bürger waren eigentlich nur durch leere Versprechungen gedeckt. Ob der Staat jemals in der Lage sein würde, diese Kredite wieder zurückzuzahlen, war in jenen Jahren mehr als fraglich. Deshalb sollte diese Finanzierungsmaßnahme nur befristete Geltung haben. Aber die Zahl der Schuldverschreibungen stieg von Tag zu Tag, von Monat zu Monat, weil sie das einzige Mittel zur Bekämpfung der Inflation waren. Die Inflation verschärfte sich aber schließlich doch. Schon bald waren diese Schuldverschreibungen nicht einmal mehr das Papier wert, auf dem sie gedruckt waren, ihr Umlauf wurde endgültig eingestellt.

Die Vereinigten Staaten zogen ohne finanzielle Rückendeckung in den Krieg. Es entspricht tatsächlich der historischen Wahrheit – die neue, junge, aufstrebende Nation, im Prinzip reich, mußte im Frühjahr 1775 mit ein paar Kisten Schießpulver, ohne Gewehre, ohne Uniformen, ohne Kriegsschiffe und ohne ausreichenden Nachschub gegen die geballte Kraft der britischen Armee antreten. Jedes andere Land in dieser Notwehrsituation, noch dazu ein junger Staat, hätte Steuern eingeführt. Aber Amerika war eben anders, wie Morris immer wieder feststellte. Benjamin Franklin erklärte einmal im Rückblick auf die historischen Ereignisse: „Ein Streit um die ganze Steuerfrage, die Erhebung von Abgaben, außer als allerletzter Ausweg, wäre ein glatter Wahnsinn gewesen."

Der Krieg kostete die Vereinigten Staaten jährlich 16 Millionen Dollar. In den ersten fünf Jahren, also von 1775 bis 1780, beschaffte der Kongreß auf jede nur erdenkliche Art und Weise ungefähr 45 Millionen Dollar, aber eben nicht über Steuereinnahmen. Im April 1781 hatte die Staatsverschuldung die damals atemberaubende Höhe von 24 Millionen Dollar erreicht. Ohne jede Deckung! Die Nation verfügte zwar über genügend Lebensmittel, ihre Armee lief jedoch in Lumpen aufs Schlachtfeld. Wie wichtig der Feldnachschub für die Armee wurde, zeigt sich beispielsweise daran, daß im Winter 1780 ein Gouverneur es sich leisten konnte, tatsächlich eine Ladung Wolldecken an George Washington zu schicken. Er legte seiner Lieferung eine Rechnung bei.

George Washington und die anderen Generäle mußten zusehen, wie ihre tapferen Soldaten nur noch vor sich hin vegetierten, an Hunger litten, in Lumpen gekleidet und viel zu schlecht bewaffnet waren, um sich selbst verteidigen zu können, geschweige denn gegen den Feind zu kämpfen. Die Engländer warteten einfach ab, bis die Möchtegernnation mit ihrem eigenen wertlosen Geld scheitert.

Sogar in Frankreich nahm die Begeisterung für das junge Amerika rapide ab, als sich der anscheinend unvermeidbare finanzielle Ruin abzeichnete. Der damalige französische Botschafter erhielt folgende direkte Order: „Zeigen Sie dem Kongreß gegenüber große Sympathie, sagen Sie ihm aber keine finanzielle Unterstützung zu."

General Washington, eine Persönlichkeit, die immer aussprach, was sie meinte, drohte mit der Auflösung der gesamten Armee. Die junge, privatwirtschaftlich gesunde Nation müsse direkt für regelmäßige finanzielle Unterstützung sorgen. Im Winter 1780/81 stand im Kongreß deshalb auch nur ein Thema zur Debatte: der kurz bevorstehende Zusammenbruch der Staatsfinanzen.

Die gemeinsame Satzung des Staatenbundes, von allen Staaten ratifiziert, trat am 1. März 1781 in Kraft. Obwohl die Satzung jedem Staat in den Teilressorts ein Vetorecht einräumte, war die Errichtung eines bundeseinheitlichen Finanzministeriums vorgesehen, „das von den verschiedenen Staaten entsprechend ihrer jeweiligen Wirtschaftskraft mitgetragen werden sollte". So erhielt der Kongreß das Exklusivrecht, Münzen zu prägen, den Handel zu regulieren und Kredite aufzunehmen.

Für diese neue Infrastruktur brauchte der Kongreß jetzt einen Finanzchef mit Erfahrungen im kaufmännischen Bereich, der die Kosten dämpfen, die Finanzen der Nation auf ein festes Fundament stellen und das Ansehen der Nation wiederherstellen konnte. Einige Kongreßmitglieder, einschließlich Samuel Adams, hätten bestimmt gegen die exekutive Machtfülle in der Hand einer einzigen Person als Finanzchef votiert (man bedenke, die Nation hatte ja noch nicht einmal einen Präsidenten). Aber nachdem dieses „Budgetamt" einmal errichtet war, fiel ein einstimmiges Votum. Robert Morris, der Großkaufmann aus Philadelphia, hatte den Zenit seines Lebens erreicht. Nach reiflicher Überlegung nahm er die Wahl an, allerdings stellte er zwei Forderungen: daß er seinen eigenen Mitarbeiterstab auswählen und während seiner Amtszeit alle seine privaten Geschäftsinteressen weiterverfolgen könne.

Als Morris am 20. Februar 1781 offiziell zum Finanzminister nominiert wurde, erwachte der sprichwörtliche glühende Optimismus vieler Amerikaner. Der Quartiermeister der Armee, in Philadelphia stationiert, wollte diese mehr als erfreuliche Nachricht sofort an General Washington übermitteln. Dieser hatte mit seinen Leuten am Hudson River Stellung bezogen. Es blieb bei der guten Absicht des Quartiermeisters, einen Boten konnte sich die Armee nicht leisten, er war einfach zu teuer. Als Washington schließlich die Nachricht erhielt, konnte er endlich erleichtert aufatmen. Die Armee war angetreten, den jungen Staat zu retten, und endlich gab es jemanden, der im Gegenzug die Armee retten konnte.

General Washington
und der Bürger Morris

Im Sommer 1781 arbeitete Morris hart an der Aufhebung des Embargogesetzes Amerikas, das den Im- oder Export von Waren aus bzw. nach dem Britischen Empire verbot. Das Embargo hatte kaum positive Auswirkungen auf die amerikanische Wirtschaft, während die britische Seeblockade der amerikanischen Wirtschaft weit größeren Schaden zufügte. Diese Art des politischen Kampfes widersprach der unbeirrbaren Einstellung eines Robert Morris zum freien Welthandel. Bei zahlreichen öffentlichen Auftritten bekräftigte er immer wieder: „Es muß einen vollkommen freien Handel geben" und „Eigentum ist heilig".

Kaum als Finanzressortchef vereidigt, versuchte Morris, Prioritäten zu setzen. Er gab dem sofortigen Aufbau einer nationalen Bank den Vorzug. Schon drei Tage nach seinem Einstieg in die große Politik legte er dem Kongreß seine exakten Vorstellungen dazu vor. Seine Bank wäre – wie er sagte – wohl so eine Art Fels in der Brandung in einer Zeit der Staatsverschuldung. Die Nationalbank wäre gleichzeitig der erste verläßliche Partner und Schrittmacher auf dem Weg zu einer stabilen staatlichen Einheit. Diese Pläne für die „Bank of North America" konnten nur von Morris stammen: Es handelte sich um eine Vision, wie eine Partnerschaft aus privaten Geschäftsinteressen dem öffentlichen Wohl dienlich sein kann. Die Bank sollte privat geführt werden, ihr Vermögen allerdings unter der Verfügungsgewalt der Regierung stehen. Das notwendige Aktienkapital sollte sich aber in Privatbesitz befinden.

Mit einem Start- und Stammkapital von 400.000 Dollar (1.000 Aktien zu 400 Dollar) sollte das Kapital der nationalen Bank innerhalb von vier Jahren auf vier Millionen Dollar anwachsen. Von der Gründung dieser Bank erhoffte man sich auch eine symbolhafte Signalwirkung für eine stabile und sichere Geldpolitik Amerikas. Die von der Bank selbst herausgegebenen Banknoten waren solide gedeckt. Man konnte sie ohne weiteres gegen Münzen (die einen entsprechenden Metallwert hatten) eintauschen. Als die Bank endlich öffnete, konnten jedoch nur wenige Menschen die erforderlichen 400 Dollar Startkapital auftreiben. In ganz South Carolina gab es nach Aussage des damaligen Gouverneurs keinen potentiellen Käufer für eine Erstzeichnung der Bankaktie.

Die Bank of North America war ein allererster Schritt in die richtige Richtung. Als einzige nationale Bank war sie die ehrgeizige Antwort auf weitreichende und schwierige Fragen der Zeit. Von dem mit Vorschußlorbeeren bedachten Finanzier erwartete man diese entschlossene Handlungsweise. Die Bankprobleme mußten allerdings etwas zurückgestellt werden, denn in erster Linie ging es darum, eine seriöse Finanzierung der Kriegskosten sicherzustellen. Während der ersten Monate im Amt mußte Morris an der Finanzfront ebenso heldenhaft kämpfen wie Washington mit seinen Truppen. Morris blieb kaum Zeit, die Kreditbedingungen neu auszuhandeln, deshalb bezahlte er oft aus der eigenen Tasche den Nachschub für Washington und dessen Truppen. Häufig befand sich Morris mit seiner hohen Begabung fürs Geschäft in einem eklatanten Interessenkonflikt. In der Rückschau hat er diese Jahre, in denen er oft profitable Spekulationsgeschäfte zugunsten der Regierung tätigte, mehr als selbstkritisch betrachtet. Häufig kaufte er Lebensmittel für die Truppen, tat preiswerte Lieferquellen auf, gleichzeitig zwang er die Gouverneure dazu, ihren notwendigen Kriegskostenanteil mit Viehherden abzugelten. Selbst Freunde oder Bekannte entließ er nicht aus ihrer staatsbürgerlichen Pflicht, dem jungen Staat zu helfen. George Washingtons berühmter Marsch auf Yorktown ging auf das finanzielle Konto von Robert Morris. Sein Geld, das lang ersehnte überfällige Monatsgehalt, motivierte die Soldaten des jungen Nordamerika.

Robert Morris' Effizienz, seine Detailkenntnisse und das professionelle Tempo bei allen seinen Geschäften wirkten als Katalysator. Die ausreichende Versorgung mit Waffen und Lebensmitteln brachte bei Yorktown die Entscheidung. Morris gelang es, wenn vielleicht auch indirekt, die Kampfmoral der Truppe zu stärken. Dieser „Finanzier", eigentlich eine Art „Söldner", brachte es damals zu großem Ansehen, denn es gelang ihm, das Kriegsglück auf die Seite Amerikas zu holen.

„Die verschiedenen Geschäfte, um die ich mich kümmern mußte, nahmen meine Zeit so sehr in Anspruch, daß ich meiner eigentlichen Aufgabe als Finanzminister keine Aufmerksamkeit widmen konnte", schrieb Morris, obwohl er bereits im ersten Jahr schon wesentliche Fortschritte erzielt hatte. Er krempelte die Finanzverwaltung völlig um und machte sich an den Aufbau einer amerikanischen Münzanstalt. Aufgrund vieler vertrauensbildender Maßnahmen, die Morris im finanzpolitischen Bereich ergriff, nahm Frankreich seine Zahlungen nach Amerika wieder auf. Nach Eingang harter französischer Währung stabilisierte sich die Bank of North America schließlich. Sie öffnete im Januar 1782 in der Chestnut Street in Philadelphia ihre Tore – kaum ein Jahr nach der Ankündigung im Kongreß. Da es keine gedeckte amerikanische Währung gab, legte die Bank den mexikanischen Dollar den Konten zugrunde. Die nationale Bank erwies sich nicht direkt als der große Erfolg, den Morris sich erhofft hatte, aber sie überlebte und leistete ihren wesentlichen Beitrag zur Finanzierung des Krieges. Lange Zeit blieb sie der einzige solide Stabilitätsnachweis der amerikanischen Wirtschaft.

Während seines ersten Amtsjahres, also 1781, machte der Finanzier der jungen amerikanischen Nation das größte Geschenk, dessen er in der Lage war: sein Privatvermögen zur Sicherung der Zukunft der Vereinigten Staaten. Er schrieb wörtlich: „Mein privates Vermögen, das ich mir, dem Himmel sei Dank, während der Kriegswirren bewahrt habe, diente als Ersatz für das Vermögen, das das Land verloren hatte. Ich bemühe mich jetzt darum, dieses Vermögen auf die Allgemeinheit zu übertragen." Er deckte die laufenden Verpflichtungen der Vereinigten Staaten mit seinem eigenen Gold und fungierte als ein Ein-Mann-Schatzamt. Er gab persönlich gezeichnete Banknoten aus, bekannt als „Morris-Noten". Gegen Gold ließen sie sich eintauschen. Morris setzte seinen eigenen guten Namen und sein Vermögen als Bürge für die junge Republik ein.

Der Umlauf gedeckter Banknoten war nicht nur als vorläufiges Mittel zur Wiederherstellung der Liquidität der amerikanischen Wirtschaft gedacht, sondern die soliden Morris-Noten sollten die Grundlage für eine Bundessteuergesetzgebung bilden – in den Augen von Morris eine unerläßliche Notwendigkeit.

Wenn die einzelnen Staaten dieser Steuereinführung zustimmten, dann hätte die Nation die Möglichkeit, das ewige Auf und Ab der Staatsverschuldung unter ihre Kontrolle zu bekommen. Die neue Steuergesetzgebung warf für Morris nicht nur finanzpolitische Fragen auf, ihre Lösung forderte auch politisches Durchsetzungsvermögen. Die Steuerfrage schien ihm geeignet, die amerikanischen Staaten zu mehr als nur einer lockeren Föderation zusammenzuschweißen. Kurz gesagt, Morris bekannte sich zum Föderalismus. Aber in diesen frühen Zeiten der Staatswerdung als Föderalist zu denken bedeutete, Kapitän zu sein ohne Patent. Morris arbeitete hart daran, sich eins zu beschaffen.

Nach der britischen Kapitulation bei Yorktown im Oktober 1781 nahm sich Finanzminister Morris vor, nicht nur allgemeine Steuern einzuführen, sondern ein überschaubares System berechenbarer Steuern zu schaffen: eine Grund-, Kopf- und eine Importsteuer. Gleichzeitig verwies er auf vorhandene Probleme bei der Verwaltung der Staatsschulden: Die Ausgabenpolitik sowohl in den Zivil- als auch in den Militärverwaltungen des Staates war vollkommen unkontrolliert. Als der „Geschäftsmann" der Nation kannte er die unschätzbare Bedeutung eines „Vertragswesens" als Mittel zur Sicherstellung niedriger Preise und zu einer genaueren Ausgabenprognose. Da er einige bürokratische Hemmnisse im staatlichen Beschaffungswesen beseitigte, gelang es Morris, größere Transparenz der Staatsverschuldung zu erreichen.

Am Ende seiner Reformbemühungen erlitt er allerdings Schiffbruch dabei, einen Großteil der Politiker von der Notwendigkeit einer Besteuerung zur Kriegsfinanzierung zu überzeugen. Diese Politiker waren mehr damit beschäftigt, sich gegenseitig zu behindern, als den Vormarsch der Briten zu stoppen. Ohne Steuereinnahmen versuchte Morris nun, sich mit den Einnahmen versprochener Zahlungen über Wasser zu halten, doch es gingen fast keine ein. Die von der Regierung geforderten Zahlungen waren unter der Annahme eingeführt worden, daß die Staaten, da sie Besteuerungen vornehmen konnten, automatisch

Einnahmen an die Bundesregierung weiterleiten. Kein Staat wollte der erste sein, so zahlte am Ende keiner.

Anfang 1783, als das Finanzministerium Zahlungen in Höhe von zwei Millionen Dollar erwartete, ging nur eine einzige Zahlung ein: 5.500 Dollar vom Staat New Jersey. Im gleichen Zeitraum belief sich die Staatsverschuldung auf weit über 16 Millionen Dollar, das ausgegebene Papiergeld nicht eingerechnet. Morris hatte sich von diesem Krieg eine staatliche Einheit erhofft. Als dann 1782 und 1783 die Aussichten auf einen Frieden näher rückten, war jedoch die Möglichkeit auf ein Steuerabkommen auch wieder geschwunden. Das Fazit: Die Staaten hatten ihren eigenen Krieg gewonnen – sie hatten ihre Unabhängigkeit erlangt, ohne einen Machtverlust erlitten oder Geld verloren zu haben.

Morris behielt sogar in den schlimmsten Zeiten einen kühlen Kopf. In seinem letzten Lebensjahr – Morris spürte, daß ihm nur noch wenig Zeit blieb – arbeitete er mit doppelter Kraft an der Verwirklichung seiner selbstgesteckten Ziele: „weiter vorwärts schreiten, gemeinsam kämpfen für den Aufbau eines vereinten Amerika." Er suchte immer das Machbare, den Kompromiß. Er ahnte voraus, daß nach der Unterzeichnung eines Friedensvertrages zwischen den zerstrittenen Staaten ein Bürgerkrieg ausbrechen könnte. Er befürchtete, unzufriedene Soldaten könnten anfangen zu marodieren, sich dafür rächen, was ihnen das Land während dieses langen Krieges angetan hatte. Seine schlimmsten Erwartungen wurden bestätigt: Rhode Island entzog sich allen Verhandlungsbemühungen mit der fadenscheinigen Begründung, Diskussion und Ratifizierung einer neuen Steuergesetzgebung seien erst nach Klärung territorialer und vertraglicher Fragen im Westen möglich.

Dieses dumme Gerede ärgerte den Finanzier. Es mißfiel ihm, als Finanzminister zum politischen Sündenbock der Nation gemacht zu werden. Die Konsolidierung der Staatsfinanzen trat zu dieser Zeit hinter dem größten Problem zurück: dem allgemeinen Chaos, den Auflösungserscheinungen, Zügel anzulegen. Im Januar 1783 drohte Morris mit seinem Rücktritt, falls sich die innenpolitische Situation nicht besserte. Morris wollte nur noch im Amt bleiben, wenn sich der Kongreß endgültig und ernsthaft der neuen Steuergesetzgebung zuwendete. Die Zusage des Kongresses blieb jedoch aus.

Morris hatte noch einen letzten Trumpf im Poker um das Vereinte Amerika in der Hand. Zwei Probleme beschäftigten ihn, die auch die Hauptstädte in Atem hielten. Das erste war: Die Soldaten würden meutern, wenn sie ohne Sold aus der Armee entlassen würden. Das zweite Problem war das persönliche des Finanzministers: Allein Robert Morris war imstande, die frustrierten Soldaten entweder zu bezahlen oder das Schlimmste vorsorglich zu verhüten. Wieder versuchte Morris, aus dieser innenpolitischen Krise Kapital zu schlagen. Er versuchte, die Staaten zu einer Kooperation zu zwingen. Aber von deren Seite gab es nur hinhaltende Versprechungen. Am Ende kapitulierte Morris. Seine politische Integrität veranlaßte ihn, die machtpolitischen Kämpfe vorerst einzustellen. Zuerst sorgte er durch Kreditaufnahme über 350.000 Dollar für eine teilweise Auszahlung des Solds. Die Menschen, die Soldaten, die für ihr Land gekämpft, gelitten und gesiegt hatten, sollten nach seiner Überzeugung nicht noch durch kleinliche Winkelzüge bürgerlicher Tagespolitik gänzlich um die Früchte ihres Sieges gebracht werden. Diese finanzielle Belastung nahm Morris auf seine eigenen privaten Schultern. Übrigens, nach seinem Ausscheiden aus dem Amt war es der Öffentlichkeit schlichtweg egal, wie der ehemalige Finanzminister es fertig bringen sollte, diese hohen Summen zurückzuzahlen.

Im September 1783 wurde der Friedensvertrag mit den Briten endgültig ratifiziert. Nach einem Jahr hatten sich die innenpolitischen Verhältnisse einigermaßen konsolidiert, Morris hatte alles Menschenmögliche getan. Im November 1784 trat er zurück, niemand weinte ihm eine Träne nach. Robert Morris konnte seine Pläne zum Aufbau einer absolut soliden Finanzstruktur für die, nach seinen Worten, „junge und aufstrebende Nation" nicht beenden. Aber Robert Morris ist aus heutiger historischer Sicht ein Retter der amerikanischen Nation.

Die Nation überlebt,
aber der Finanzier ist ruiniert

Bei Kriegsende schien für Morris eine beneidenswerte Zukunft anzubrechen. Er besaß immer noch ein beträchtliches Vermögen und starken politischen Einfluß. Fragen der Staatsverschuldung und die Schuldentilgung zählten zu den entscheidenden Gründen für die konstituierende Versammlung 1787, an der Morris teilnahm. Tatsächlich enthielt die Verfassung, wie sie bei dem Treffen der Delegierten in Philadelphia 1787 unterzeichnet wurde, viele der zentralen Forderungen, für die sich Morris während seiner Amtszeit eingesetzt hatte. Bei dieser Gelegenheit wurde ihm die Ehre zuteil, für George Washington als ersten Präsidenten zu stimmen. Robert Morris selbst wählte man anschließend zum Senator für Pennsylvania. Eine kleine Randbemerkung: In den ersten Jahren seiner Präsidentschaft, als die Hauptstadt noch Philadelphia hieß, wohnte Washington mit seiner Familie im Haus von Robert Morris.

Washington bot natürlich seinem Freund und Finanzberater im Kabinett den Posten eines Staatssekretärs der Finanzen an, Morris aber lehnte ab. Er spielte mit dem Gedanken, als Privatmann wieder ins Geschäftsleben zurückzukehren. Er empfahl Alexander Hamilton, einen jungen Mann, für das angebotene Amt. Hamilton war wie Morris ein glühender Verfechter des Föderalismus, besaß aber nicht die starke, prägende Persönlichkeit eines Robert Morris. Beide verband keine Freundschaft, aber Hamilton führte trotzdem weite Teile von Morris' Plänen durch. Hamilton allerdings ging pragmatischer vor, nicht mit dem emotionalen Credo eines Morris, der immer wieder die Symbiose von Staat und Wirtschaft beschworen hatte. Hamilton schaffte es, die staatliche Neuverschuldung an eine Zentralbank und Münzanstalt zu koppeln. Die Wirtschaft blieb so vollkommen unabhängig.

Der wirtschaftliche Ruin des Robert Morris war so atemberaubend wie sein Aufstieg 40 Jahre zuvor. Seine staatspoliti-

schen Vorstellungen wurden nun weitgehend von anderen ver-
wirklicht, er konnte sich voll auf seine geschäftlichen Transak-
tionen konzentrieren. Allerdings war Morris während seiner Zeit
als Finanzminister auch in seinen privaten geschäftlichen Aktivitäten wesentlich erfolgreicher. In den neunziger Jahren befiel ihn
das sogenannte „Landfieber". Er kaufte neben kleineren Grund-
stücken im ganzen Land riesige Ländereien in Virginia und im
Westen des Staates New York. Er besaß bald über acht Millionen Morgen Land und war schon nach wenigen Jahren der
größte Grundbesitzer des Landes. Sein Freund George Washington versuchte, ihn davon abzuhalten, sein ganzes Vermögen in
dieses ihm fremde neue Anlagegeschäft zu stecken. Die enorme
Wertsteigerung verlockte Morris zu immer größeren spekulativen Risiken. Im Grundbesitz sah er die ersehnte Möglichkeit, ein
Privatunternehmen mit Sozialbindung aufzubauen. Bei der Ausweitung seiner Ländereien ließ er Raumordnungsverfahren und
Bebauungspläne erstellen, sogar Grenzgebiete schreckten ihn
nicht. Seine Agenten verkauften Grundstücke zu fairen Preisen
nur an Hausbesitzer, raffgierigen Spekulanten wurde damit das
Handwerk gelegt.

Hundert Jahre nachdem Morris' Agenten mit dem Landver-
kauf im friedlichen Genesee River Valley im Staat New York
begonnen hatten, wurde ihm zu Ehren eine große Gedenkfeier
veranstaltet. Einer der Redner beendete seine Schilderung der
Besiedlung dieses Gebietes mit folgenden Worten: „Fast jedes
Haus im westlichen Teil dieses schönen Tales ... ist mit dem
Namen Robert Morris verbunden. Und obwohl alle anderen die
Erinnerung an ihn vernachlässigen oder gar den Namen des großen Finanziers der Unabhängigkeit schon vergessen haben, werden sein Ruhm und sein Name in dieser historischen Region so
lange weiterleben, wie die Menschen dieses Land lieben, auf
dem ihre Kinder geboren wurden und ihre Väter ruhen." Das
ursprüngliche Grundbuchamt wurde in ein Museum umgewandelt und pflegt das Andenken an Robert Morris.

Die Tatsache, daß Landbesitz etwas Zeitloses ist, klingt vielleicht überzeugend, aber sie ruinierte Morris. Wenn er Schiffe in

die Karibik schickte, dann war eine Transaktion in drei Monaten abgeschlossen, und es gab sofort Bargeld. Als größter Landbesitzer mußte Morris bald feststellen, daß er nicht mehr liquide war. Immer höhere Schulden nahmen ihm die Barmittel, sie zurückzuzahlen. Die Grundstückspreise mußten nur geringfügig fallen, um ihn unweigerlich in noch größere Schwierigkeiten zu bringen.

Unter allen Erniedrigungen, mit denen er konfrontiert wurde, war die folgende am zynischsten: Die Bank of North America, sein eigenes „Kind", reichte eine der ersten Klagen gegen ihn ein. „Aufgrund von Fehlschlägen liegt es außerhalb meiner Macht, pünktlich zu zahlen", war alles, was er daraufhin antworten konnte.

Morris schien von den Grundstückskäufen wie besessen zu sein. Er kaufte immer weiter, als er bereits von seinen Gläubigern verfolgt wurde und er noch nicht einmal mehr das Land verkaufen konnte, das er bereits besaß. Offenbar vergaß er seinen eigenen guten Ratschlag, den er Jahre zuvor seinem Juniorpartner erteilt hatte: „Es ist absolut notwendig, daß Sie das allzu große Verlangen, nichts zu versäumen, im Zaume halten."

Robert Morris, der reichste Mann in den Kolonien, zählte nun zu den ärmsten in den Vereinigten Staaten. Am 14. Februar 1798 wurde er verhaftet, weil er seine Schulden nicht bezahlen konnte, in Verwahrung genommen und am nächsten Tag in das Schuldnergefängnis eingeliefert. Die Nacht verbrachte er allein, nichts war ihm mehr geblieben. Mit seinen 63 Jahren besaß er nur noch das, womit er einmal angefangen hatte. Die goldene Uhr seines Vaters hielt er in der Hand und mußte sich fragen, ob man ihm wohl erlauben würde, sie zu behalten.

Im Schuldnergefängnis billigte man Morris kaum eine Sonderbehandlung zu. Hier mußte der normale Gefangene einige Wochen zubringen, bis Freunde und Verwandte das Geld aufgetrieben hatten, um seine Schulden zu bezahlen. Robert Morris war trotzdem nicht irgendein Gefangener. Er erinnerte vielmehr an William Dorrit, an eine Figur von Charles Dickens, die ebenfalls aus der Oberschicht in das Schuldnergefängnis abstei-

gen mußte: „Zuerst war er von seiner Inhaftierung zutiefst nie-
dergeschmettert, empfand aber bald eine dumpfe Erleichterung
darüber."

Morris blieb immerhin drei Jahre im Gefängnis, kümmerte
sich um den Gefängnisgarten, schrieb an seine Famlie, empfing
ab und zu Besucher, einschließlich George Washington, der einen ganzen Nachmittag mit seinem alten Freund und Berater
verbrachte. Auch sein Nachfolger im Finanzministerium, Alexander Hamilton, besuchte ihn. Die Öffentlichkeit hatte Morris
weder vergessen, noch schmähte sie ihn. Der designierte Präsident Thomas Jefferson bot an, ihn zum Marinesekretär zu ernen-
nen, wenn er sich aus eigener Kraft wieder auf die Beine stellen
könnte. Aber das war unmöglich. Seine Familie und Freunde
waren nicht in der Lage, die drei Millionen Dollar zusammenzu-
bringen, die er schuldete. Aber schließlich wurde ein neues
Konkursgesetz erlassen; es verpflichtete die Gläubiger, sich mit
ihren Schuldnern zu arrangieren. Nachdem Morris das Gefängnis verlassen hatte, lebte er sehr bescheiden und wartete auf seine von Jefferson angebotene Berufung ins Marineministerium.
Aber sie erfolgte nicht, und nun entschloß er sich, Antiquitäten-
händler zu werden. Er nutzte sein scharfes Auge und sein Wissen bei seinen Auktionskäufen, um günstige Ware für sein Geschäft zu erstehen. 1806 verstarb er, noch bevor sein Geschäft
richtig angelaufen war. Auf seinem Grabstein steht einfach nur:
Robert Morris, Finanzier der Vereinigten Staaten während des
Unabhängigkeitskrieges.

Franklin ist als großer Diplomat der jungen Nation in die Geschichte eingegangen, Jefferson als ihr Philosoph, Morris als ihr
Finanzier. Das Finanzgeschäft ist für Außenstehende oft schwer
zu durchschauen. Sogar als Morris seine Pflichten als Finanzminister erfüllte, spekulierten einige Beobachter, daß er im
Grunde gar nicht reich sei, sondern nur ein raffinierter Intrigant,
der sein Fähnchen immer in den richtigen Wind hängen konnte.
Andere beschuldigten ihn des Amtsmißbrauchs, um sich privat
zu bereichern. Ein Gerücht, das Robert Morris besonders verletz-
te, als es in den Reihen der Armee die Runde machte.

Als Politiker und mutiger Geschäftsmann war Robert Morris eine außergewöhnliche Persönlichkeit. Sein Lebensweg nahm seinen Anfang im kolonialen Amerika, aus dem dank seiner Kraft und Mitarbeit die Vereinigten Staaten von Nordamerika hervorgingen.

Morris bekleidete über viele Jahre ein öffentliches Amt und erlebte die entscheidende Vereinigung zur Staatsbildung 1781 bis 1782. Er tat alles dafür, um dieses Ziel zu finanzieren. Es gelang ihm, seiner Nation etwas Kostbareres zu verschaffen als Geld: Zeit für eine friedliche, demokratische Entwicklung.

Robert Morris und sein Broker

„Ich schickte heute mehrmals nach Mr. Haym Salomon, damit er mir dabei hilft, Geld aufzutreiben", schrieb Robert Morris am 29. August 1782 in sein Tagebuch. Es war ein typischer Eintrag dieser Jahre, das Geld in den neuen Vereinigten Staaten war knapp. Haym Salomon war immer da, wenn Morris ihn brauchte. Beide waren im Ausland geboren, und Hyam Salomon war ein Pole mit jüdischen und portugiesischen Vorfahren. Auch er hatte sich sein eigenes Vermögen in Philadelphia erwirtschaftet. Als führender Broker, für „Papier"-Geld vor dem Unabhängigkeitskrieg, wurde Haym Salomon zum offiziellen Makler des Finanzministeriums von Morris. Er suchte immer Kunden für die von seinem Vorgesetzten ausgegebenen „Morris-Noten".

In den schlimmsten Kriegszeiten konnte auch kein Salomon jeden davon überzeugen, frisches Kapital in den Kampf für die Unabhängigkeit zu investieren. Salomon, selbst leidenschaftlicher Patriot wie Morris, ging sogar soweit, der jungen Regierung ohne zu zögern Kredite in Höhe von 211.000 Dollar zu gewähren. Er kaufte Wechsel im Gesamtwert von

353.000 Dollar, vor allem während Morris' verzweifelter Bemühungen, am Ende des Krieges den Armeesold zu bezahlen. Als sich das Land hilfesuchend an Morris wandte, wandte Morris sich an Menschen wie Haym Salomon. Der wiederum hätte nicht mehr erreichen können – es gelang ihm das Geld zu beschaffen. 1785 starb er, krank und völlig mittellos, sein Vermögen, das er persönlich eingesetzt hatte, wurde niemals zurückgezahlt. Aber der Verlust war, historisch gesehen, gut angelegt, denn es half einer Nation bei ihrer Konsolidierung.

Cyrus Hall McCormick revolutionierte die moderne
Landwirtschaft durch die Mähmaschine

2.
Die Mähmaschine von Cyrus McCormick und die Industrialisierung der Landwirtschaft

Im Sommer 1831 versammmelte sich ein fachkundiges Publikum, bestehend aus einigen Dutzend Gutsherren, Lohnarbeitern und Sklaven, auf einem Weizenfeld. Dieses gehörte zur Farm von John Steel in Rockbridge County in Virginia. Alle Beteiligten wollten dabeisein und zusehen, wie ein von Pferden gezogenes Gerät aus Holz und Eisen die goldenen Ähren in ganzen Wellen niedermähte. Der Impresario dieser gelungenen Vorstellung war der 22-jährige Cyrus McCormick. Geboren 1809, in demselben Jahr wie Abraham Lincoln, erwies sich McCormick aber als ein Befreier ganz anderer Art. Die Mähmaschine, eine Erfindung seines Vaters, befreite Hunderttausende Amerikaner von der elenden Schufterei auf den Feldern. Der Prozeß der Industrialisierung und die Entwicklung zu einer Industriemacht wären ohne die Mechanisierung der Landwirtschaft undenkbar gewesen. Der Historiker William Hutchinson bemerkte völlig zu Recht: „Von allen Erfindungen in der ersten Hälfte des 19. Jahrhunderts, die die Landwirtschaft revolutionierten, war wahrscheinlich die Mähmaschine am wichtigsten."

Die McCormicks galten nicht als alleinige Erfinder der Mähmaschine. Es gab durchaus schon vergleichbare Technologien. Aber um es mit den Worten des Historikers Herbert Casson zu sagen: „Es war Cyrus, der das Geschäft mit der Herstellung und dem Verkauf von Mähmaschinen ... erfand." Er ließ die neue Technologie patentieren und schützen. Ihm gelang es dann, daß seine Erfindung – die skeptische Farmer einen „Humbug" nannten – zu einer wirtschaftlichen Notwendigkeit wurde. In den vierziger Jahren des 19. Jahrhunderts reiste McCormick durch die ländlichen Gebiete und veranstaltete seine bühnenreifen Vorführungen, in denen er den wirtschaftlichen Sinn seiner Mähmaschine vorführte. Auch im Vertrieb leistete er Pionierarbeit. Viele seiner Strategien haben in die Geschäftswelt Eingang gefunden: kostenlose Vorführungen, Geld-zurück-Garantie, Ratenkauf und Festpreise für seine Maschinen. McCormick verlegte schließlich sein noch junges Unternehmen vom ländlichen Virginia nach Chicago. Dort ließ er eine Fabrik bauen, die sich zu einem großen Industrieunternehmen entwickelte, das wir heute als International Harvester kennen.

Ein junger Mann bekommt eine Technologie von seinem Vater geschenkt

Cyrus McCormick war das älteste von acht Kindern. Seine Eltern Polly und Robert McCormick, der Vater ein Nachkomme schottisch-irischer Calvinisten, waren 1734 in die Kolonien ausgewandert. Robert McCormick besaß als wohlhabender Farmer einige 100 Morgen Land, die weit verstreut lagen, sowie eine

Getreide- und Sägemühle in Walnut Grove, Virginia. Walnut Grove lag im fruchtbaren Virginia Valley zwischen dem Blue Ridge und den Allegheny Mountains, einer von der industriellen Revolution noch unberührten Region. In dieser ländlichen Gegend ernteten die Farmer das Getreide noch auf die gleiche Weise wie ihre Vorfahren im vierten Jahrhundert, das heißt, die Ähren wurden mit einer Sichel geschnitten und von Hand gebündelt.

Obwohl Robert McCormick keine richtige Schulbildung genossen hatte, war er doch ein begnadeter Mechaniker. „Mein Vater war sowohl mechanisch begabt als auch kreativ und konnte damals mit den Werkzeugen aus seiner Werkstatt jedes Maschinenteil herstellen, das er wollte", schrieb Cyrus McCormick später.

Anfang des 19. Jahrhunderts experimentierte Robert McCormick mit einer Vielzahl mechanischer Gerätschaften, um sich die Arbeit in der Landwirtschaft zu erleichtern und Geld zu sparen. Er entwickelte einen Pflug für Hanglagen, eine Maschine zum Zerbrechen von Hanf und ein noch von Pferden gezogenes Gerät zum Mähen von Weizen. In einer erstaunlich produktiven Erfinderphase zwischen 1830 und 1831 bekam er gleich mehrere Patente.

In finanziellen Dingen war Robert McCormick jedoch nicht so erfinderisch. Und wie Cyrus bemerkte, „wurden die meisten seiner Erfindungen schon nach wenigen Jahren ausrangiert". Glücklicherweise ergänzte Cyrus McCormick mit seiner Begabung fürs Geldverdienen das technische Genie seines Vaters. Viele Jahre später erinnerte er sich an seine Ausritte als Jugendlicher: „Meine Gedanken kreisten um die Möglichkeit, eine Million zu verdienen, ... und gleichzeitig hatte ich dann das Gefühl, als würde ich träumen oder auf einer Wolke schweben, die so fern, unerreichbar und erhaben war, aber doch so phantastisch." Der Traum wurde greifbarer, als Cyrus die Mittel in die Hand bekam, mit denen er eine Million Dollar und mehr verdienen konnte. Als ältestem Sohn stand ihm der größte Teil des Erbes zu. 1830, am 21. Geburtstag von Cyrus, übertrug ihm

Robert McCormick alle Besitzrechte an der Mähmaschine sowie das technologische Know-how.

Publicity durch öffentliche Vorführungen

1831, als schätzungsweise 70 Prozent der amerikanischen Arbeitskräfte sowie 1,18 Millionen Sklaven in der Landwirtschaft arbeiteten, brauchten sechs Menschen einen ganzen Tag, um zwei Morgen Weizen zu ernten. Die Mähmaschine von McCormick schaffte mit zwei Menschen in gleicher Zeit zehn Morgen. Der Nutzen dieser maschinellen Neuerung lag klar auf der Hand. Die Herausforderung für Cyrus lag nun darin, einen Weg zur Vermarktung dieses Produktes zu finden. Es gab damals noch keine Massenmedien, über die man potentielle Kunden hätte erreichen können.

Spektakuläre öffentliche Vorführungen waren die einzigen überzeugenden Marketinginstrumente. Dem Schauspiel, das Cyrus McCormick 1831 auf John Steels Farm vorführte, folgten noch viele Demonstrationen. Im darauffolgenden Jahr führte er seine Maschine in der nahegelegenen Stadt Lexington vor. Dieses Mal mußte sich die Mähmaschine ziemlich abmühen – das Gelände war zu hügelig. Aber ein Zuschauer, William Taylor, machte McCormick den Vorschlag, die Maschine doch auf seinen angrenzenden, ebeneren Feldern zu testen. Nachdem sich der Mäher durch sechs Morgen gearbeitet hatte, schleppte McCormick das Gerät zum Gerichtsgebäude in Lexington, wo ein Lehrer gesagt haben soll: „Diese Maschine ist 100.000 Dollar wert."

Dennoch beeilten sich die McCormicks nicht damit, die Mähmaschine überall anzubieten. Die Familie war der Meinung, daß mit einem anderen Gerät von Robert, nämlich der Hanfdreschmaschine, schneller Geld zu verdienen sei. Auch bei dieser Maschine übernahm Cyrus die Vermarktung. Als er nach Kentucky reiste, um die Hanfdreschmaschine dort anzubieten und vorzuführen, ließ ihn der Gedanke an die Mähmaschine

keineswegs los. Er schrieb nach Hause, daß er einige Mähmaschinen in Kentucky bauen wolle. Aber Robert McCormick war
davon wenig begeistert. „Ich glaube, daß der Bau eines Getrei-
demähers in diesem Land auf Schwierigkeiten stoßen wird",
antwortete der Vater und rief seinen Sohn Cyrus nach Hause
zurück. „Außerdem sind einige Veränderungen erforderlich, die
zu Hause ohne die neugierigen und neidischen Blicke Fremder
durchgeführt werden müssen."

Viele Farmer, die Vorführungen besucht oder Berichte über
in England und den Vereinigten Staaten entwickelte Maschinen
gelesen hatten, hatten sich selbst versucht und ihre eigenen
Mähgeräte gebaut. In Wahrheit kann niemand von sich ernsthaft
behaupten, die allererste Mähmaschine erfunden zu haben. Wie
Cyrus McCormick Jr. später meinte: „Bei einem derart einfach
funktionierenden landwirtschaftlichen Gerät hätte man ebenso-
gut das Wort ‚zusammengebaut' statt ‚erfunden' verwenden
können." In der Tat stellte der Erfinder Obed Hussey aus Ohio
1833 seine eigene Mähmaschine vor und ließ sich diese auch
patentieren. Wahrscheinlich hat sich auch Cyrus McCormick um
das Patent für die Maschine bemüht, die er und sein Vater 1831
gebaut hatten, nachdem Cyrus die Maschine von Hussey unter
die Lupe genommen hatte. Für eine Gebühr von 30 Dollar erhielt der 25jährige 1834 ein 14jähriges Patent, unterzeichnet von
Präsident Andrew Jackson.

Damals war ein Patent mehr als nur eine urheberrechtliche
Notwendigkeit. Dieser Patenteintrag war ein starkes Verkaufsar-
gument und somit ein entscheidendes Marketinginstrument.
1834 schrieb Cyrus McCormick einen Brief an den Herausgeber
des *Mechanics' Magazine* und beschuldigte darin seine Konkurrenten, daß ihre Konstruktionen „teilweise auf der von mir er-
fundenen Maschine beruhen, die im Juli 1831 bei Weizen und
Hafer eingesetzt wurde. ... Ich warne alle Personen vor der Verwendung des genannten Prinzips und werde jede Verwendung
als Verstoß gegen meine Rechte ansehen und behandeln".

Mit Briefen an auflagenschwache Zeitschriften konnten Informationen allerdings nicht gezielt verbreitet werden. Um der

weit auseinander angesiedelten Landbevölkerung die Erfindung
seines Vaters bekannt zu machen, mußte McCormick seine Erfindung den skeptischen Farmern weiterhin vorführen. Die Aufgabe war deshalb besonders heikel, weil er eigentlich gar keine
Mähmaschine zu verkaufen hatte. Als Hersteller wollte Cyrus
erst in Erscheinung treten, wenn auch das letzte technische Problem beseitigt war. Cyrus wollte aus diesem Grund nicht einfach
drauflos produzieren. „Seit dem ersten Versuch, die Leistungsfähigkeit meiner Maschine unter Beweis zu stellen, habe ich
sowohl im Interesse der Öffentlichkeit wie in meinem eigenen
an der Perfektionierung gearbeitet, bevor ich sie dann der interessierten Öffentlichkeit endgültig zum Kauf anbieten kann",
schrieb er 1834.

Die Weiterentwicklung der Mähmaschine wurde durch das
Engagement der Familie an anderen Unternehmungen nicht gerade beschleunigt. 1836 eröffneten Robert und Cyrus McCormick eine Eisenerzgrube und eine Schmelzhütte, die sie Cotopaxi nannten. Das neue Unternehmen kam aber bald schon in
Schwierigkeiten, nachdem die Preise für Eisenerz zusammengebrochen waren und die McCormicks ihre verärgerten Gläubiger
beruhigen mußten. „ ... Das waren für mich eindeutig einige der
besten Lektionen während meiner ganzen geschäftlichen Tätigkeit", schrieb Cyrus 1874. „Hätte ich im Eisengeschäft den gro
ßen Erfolg gehabt, dann wäre ich wahrscheinlich nicht entschlossen und hartnäckig genug an mein Mähmaschinengeschäft
herangegangen und hätte den heutigen Erfolg nicht erreicht."

Nachdem beide, Vater und Sohn, ihre Verpflichtungen im
Zusammenhang mit Cotopaxi abgetragen hatten, konzentrierten
sich Robert und Cyrus McCormick gemeinsam mit den jüngeren
Brüdern Leander und William erneut auf die Mähmaschine. Im
Sommer 1839 nahm Cyrus seine öffentlichen Vorführungen
wieder auf. Die Maschine kam beim Publikum ganz groß an. „ ...
Nur zu sagen, daß wir von ihrer Funktionsweise überrascht waren, wäre kein Ausdruck für diesen Genuß", jubelte der *Spectator* von Staunton (Virginia). „Es handelt sich mit Sicherheit um
eine ganz erstaunliche Erfindung." Cyrus McCormick setzte

diese Berichte geschickt als Werbemittel ein und ließ sie in anderen Zeitungen nachdrucken.

Trotz aller Begeisterung setzte sich die Mähmaschine nur langsam durch. 1840, als es immer noch 37 Stunden mühsamster Arbeit erforderte, um einen Morgen Weizen per Hand zu ernten, verkaufte Cyrus McCormick nur zwei selbstgebaute Maschinen, zu ungefähr 110 Dollar das Stück. Aber beide Maschinen gingen kaputt. Nachdem die Fehler in der Werkstatt in Walnut Grove endlich behoben werden konnten, verkaufte die Familie 1841 immerhin schon sieben Mähmaschinen. Cyrus erinnerte sich: „Alle funktionierten zufriedenstellend. Traten Mängel auf, die behoben werden mußten, gab es Preisnachlässe." Cyrus konzentrierte sich immer voll und ganz, im Gegensatz zu seinem Vater, auf ein einziges Produkt. „Er ging ganz in seiner Mähmaschine auf", meinte ein Nachbar.

Lizenzen werden vergeben

Auf technische Details zu achten war wirtschaftlich entscheidend, da die Mähmaschine von McCormick ja Konkurrenz hatte. Über die Maschinen von Obed Hussey gab es ebenfalls positive Berichte. Als die Farmer schließlich auch der Konkurrenz erlaubten, auf ihren Feldern Vorführungen abzuhalten, gingen die Erfinder öffentlich in Kampfstellung. Die Pflanzer in Virginia veranstalteten 1843 einen Wettbewerb zwischen den beiden Rivalen. Eine Jury bestätigte offiziell, daß die Maschine von McCormick 17 Morgen mähen konnte, während die kleinere von Hussey nur zwei schaffte.

Zur Ernte 1844 hatten Cyrus und seine Familie bereits 50 Maschinen für jeweils 100 Dollar von ihrem Standort in Walnut Grove aus verkauft. In Virginia wurden 42 verkauft. Da kein Farmer ein derart teures Gerät gekauft hätte, ohne sich vorher von seiner Leistungsfähigkeit zu überzeugen, war der Markt lokal begrenzt. Auch wenn ein Farmer, mitten in Pennsylvania, eine Mähmaschine von McCormick hätte kaufen wollen, wäre das schon mit immensen Lieferschwierigkeiten verbunden gewesen. Es gab weder eine Eisenbahn noch eine größere Wasserstraße nach Walnut Grove, was den Transport der Mähmaschinen unbezahlbar machte.

McCormick wollte das Problem dadurch lösen, daß die Mähmaschinen in der Nähe der weit verstreuten Kunden hergestellt würden. Im Oktober 1843 schaltete er eine Anzeige in der Richmond *Semi-Weekly Whig*: „Da ich die Mähmaschine wahrscheinlich nicht immer entsprechend den Anforderungen des jeweiligen Landes herstellen kann, biete ich eine Herstellungsbeteiligung sowie den Verkauf von Patentrechten an." Einige Unternehmer zeigten sofort Interesse an dem Angebot, aber fast alle stammten nur aus den nahegelegenen Bezirken Virginias. Die Gesamtproduktion von Mähmaschinen stieg 1844 auf 75 Stück: 50 davon wurden von den McCormicks in Walnut Grove und 25 in Lizenz gebaut.

Nachdem McCormick den Transport einiger Maschinen in weiter entfernte Städte wie Cincinnati und St. Louis organisiert hatte, ließ er einen Mäher über die Allegheny Mountains schleppen. Dort war das Land flacher, der Getreideanbau weiter verbreitet und die Arbeitskräfte knapper als in Virginia. Er präsentierte die Mähmaschine auf Landwirtschaftsausstellungen, führte sie auf privaten Farmen vor und offerierte sie den Herstellern in den Städten, um sie für den Kauf von Lizenzen zu interessieren.

Zu den ersten Lizenznehmern 1845 zählten Backus, Fitch & Company aus Brockport im nördlichen Teil des Staates New York. Im gesamten Westen vergab er Lizenzen in Missouri, Ohio und Illinois. Obwohl jeder Vertrag anders ausgehandelt war, bezahlten die meisten Lizenznehmer 20 Dollar pro hergestellte und verkaufte Mähmaschine an McCormick. Andere zahlten eine Art Franchise-Gebühr für exklusive Gebietsrechte. Cyrus wollte das Vertriebsgebiet für seine Maschinen ausweiten. Er engagierte seinen Cousin J.B. McCormick als Vertreter für Tennessee und Missouri.

Trotz der offensichtlichen Arbeitserleichterung verkaufte sich die Mähmaschine nur schleppend, vor allem wegen des hohen

Preises von 100 Dollar. Bei seinen Verkaufsgesprächen mit den Farmern zeigte Cyrus McCormick immer wieder die wirtschaftlichen Vorteile der Maschine auf. Er wies darauf hin, daß sich die Maschine über die eingesparte Arbeitskraft praktisch von selbst finanziere.

Während Cyrus mit dem Mäher unterwegs war, arbeiteten seine Brüder und sein Vater an Verbesserungen. Ein großes Manko war, daß immer einer neben der Mähmaschine hergehen mußte, um den Weizen von dem Mähbalken zu rechen. Aber 1845 wurde ein spezieller Sitz angebracht, von dem aus man rechen konnte. „Ich kann jetzt garantieren, daß der Weizen von einem bequemen Sitz aus zusammengerecht werden kann", schrieb er im Mount Morris *Spectator* (New York). Diese Konstruktion war das T-Modell – und dann das Hauptprodukt des Unternehmens über fast zwei Jahrzehnte.

Mit steigender Nachfrage tauchten bei McCormick Qualitätsprobleme auf. Die Lizenznehmer waren langsam und unzuverlässig. Einige hinkten einfach hinter den Anforderungen des Marktes hinterher. Andere sträubten sich gegen zusätzliche Verbesserungen wie den Sitz. „Ihr werdet überrascht sein zu lesen, daß Backus, Fitch & Co. noch nichts unternommen haben, um eine Maschine zu bauen!" schrieb McCormick von seinen ständigen Reisen nach Hause. „Ohne jede vernünftige Entschuldigung ... vernachlässigen sie einfach das Geschäft."

Gleichzeitig überforderte die gestiegene Nachfrage auch die kleine Werkstatt in Walnut Grove. Dort lagerten die McCormicks ihren eigenen Holzvorrat. Den fertigen Stahl kauften sie bei einem örtlichen Lieferanten. Eine Handvoll Arbeiter half ihnen bei der Produktion. 1846 war mit 57 Maschinen die Schallgrenze erreicht. Die Produktion konnte die eingehenden Aufträge nicht mehr bewältigen. Als begeisterte Kunden aus dem Norden des Staates New York zum fernen Mississippi kamen, konnten die Mähmaschinen nun wirklich nicht mehr länger in „Heimarbeit" hergestellt werden. Der Familie war klar, daß ihr Geschäft leiden würde, wenn man die Herstellung nicht näher an die neuen Kunden im aufblühenden Westen heranbrächte.

William McCormick schrieb 1857: „So sehr ich das alte Virginia auch liebe, wir wären pleite gegangen, wenn wir dort geblieben wären." Dieser mutige Schritt spielte die Schlüsselrolle bei dem zukünftigen Erfolg der Firma.

Eine neue Fabrik in Chicago

Während Cyrus geschäftlich unterwegs war, verstarb Robert McCormick am 4. Juli 1846. Sein Tod erschütterte die Familie, gab aber den letzten Anstoß dazu, Virginia zu verlassen und den neuen Markt im Westen aufzubauen. Aufgrund ihres Sieges im amerikanisch-mexikanischen Krieg gewannen die Vereinigten Staaten große Gebiete im Westen dazu. Als die Regierung neues Land zur Ansiedlung freigab, strömten Auswanderer und Oststaatler in die weiten Ebenen und Prärien des Westens. Viele waren Farmer, mittelfristig würden sie die Mähmaschine benötigen.

Cyrus McCormick entschied sich schließlich 1847 zu einem Umzug nach Chicago, wo er eine Produktionsgemeinschaft mit einem früheren Lizenznehmer namens Gray und Warner gründete. Die Grenzstadt zählte nur 17.000 Einwohner und hatte kaum befestigte Straßen. Aber es war eine aufstrebende Stadt, die zunehmend an Bedeutung gewann. Außerdem bot die Lage Chicagos an den Ufern des Michigansees dem Unternehmen einen entscheidenden Transportvorteil durch den Zugang zu den Flüssen und Kanälen. 1848 baute die neue Gesellschaft fast 500 Mähmaschinen.

McCormick und Gray gerieten über finanzielle Details in Streit. Um eine gerichtliche Auseinandersetzung zu vermeiden, verkaufte Gray seinen Anteil an William Ogden und William Jones, beide bekannt als reiche Investoren aus Chicago, die mit einer stillen Teilhaberschaft an dem Geschäft einverstanden waren. Im darauffolgenden Jahr waren Ogden und Jones aus bis heute noch ungeklärten Gründen damit einverstanden, für 65.000 Dollar an McCormick zu verkaufen. McCormick wurde

Alleinbesitzer. 1849 bauten 123 Angestellte des Unternehmens nun schon 1.500 Mäher.

Ohne Partner baute McCormick die Fabrik an den Ufern des Chicago River aus. Anfang der fünfziger Jahre fertiggestellt, umfaßte sie ungefähr 700 Quadratmeter in zwei Stockwerken. Durch die Lage direkt am Fluß konnten die Arbeiter problemlos die fertigen, eine halbe Tonne schweren Maschinen direkt auf Kähne und Schiffe verladen. Nach 1851, als das letzte der früheren Lizenzabkommen auslief, wurden alle Maschinen in Chicago unter Aufsicht von Leander McCormick gebaut, der ebenfalls in den Westen gekommen war, um mit seinem Bruder zusammenzuarbeiten.

Aufgrund ihrer früheren Erfahrungen mit Zulieferern versuchten die McCormicks nun, ihre Fabrik von diesen ganz unabhängig zu machen. Eine Zeitlang kauften sie noch die Messer bei einer Firma in Massachusetts. Die Greifarme, mit denen das Getreide zum Schnitt zusammengehalten wurde, bestellten sie bei einer Firma in New Jersey. Aber schon bald trennten sie sich von sämtlichen Lieferanten und errichteten eine eigene Gießerei zur Fertigung der benötigten Teile.

Als die Produktion weiter drastisch anstieg, baute McCormick ein einfaches Vertriebssystem auf. Die neuen Vermarktungsmethoden führten zu einigen geschäftlichen Veränderungen: Das Unternehmen stellte Handelsvertreter mit Zuständigkeiten für ganze Staaten oder Staatengruppen ein. Die Vertreter richteten Werkstätten ein, bekamen Vorführgeräte und erhielten Verkaufsprovisionen. Eine andere Neuerung war, daß die Farmer den Mäher auf Raten kaufen konnten, wobei man verständnisvoll in den einkommensschwachen Monaten, zwischen den Ernten, auf pünktliche Ratenzahlung verzichtete. „Besser, ich warte auf mein Geld, als Sie auf die Maschine, die Sie zum Geldverdienen brauchen", sagte McCormick. Schließlich bot er als einer der ersten, die Kundenservice großschrieben, kostenlose Probefahrten und eine Geld-zurück-Garantie an, alles Dinge, die in späteren Jahren aus der amerikanischen Geschäftswelt nicht mehr wegzudenken waren.

Die effiziente kostengünstige Herstellung und das großflächige Vertriebsnetz der Mähmaschine revolutionierte die Landwirtschaft. Im August 1854 schrieb das *Pennsylvania Farm Journal*: „Man kann jetzt sagen, daß das Zeitalter von Sense und Gabel weitgehend der Vergangenheit angehört." Ebenso wie das T-Modell von Ford in den ersten Jahrzehnten des 20. Jahrhunderts zu einem Symbol amerikanischer Technologie wurde, war die Mähmaschine von McCormick ein Symbol für die Mechanisierung der Landwirtschaft und die wirtschaftliche Unabhängigkeit des Landes. McCormick stellte 1851 seine Maschine auf der ersten Weltausstellung in London aus, wo die Maschine in dem berühmten Kristallpalast gezeigt wurde; ihre Qualität konnte sie auf den Feldern des Ausstellungsgeländes unter Beweis stellen. Der Mäher war bei den Probemähungen besser als die Maschine von Hussey und der gesamten lokalen Konkurrenz, sie gewann eine Goldmedaille. „Die Mähmaschine ist ihre gesamten Ausstellungskosten wert", schrieb die *London Times*.

Die McCormicks konnten endlich einen großen Markt beliefern. Die Produktion vervierfachte sich zwischen 1851 und 1859 von 1.004 auf 4.119 Stück. Durch die Verkleinerung der Maschine und gleichzeitige Materialeinsparungen reduzierten sich die Herstellungskosten pro Maschine von 56,92 Dollar im Jahr 1853 auf 46,58 Dollar im Jahr 1859. Da McCormick die Preise stabil hielt, konnten sich die meisten potentiellen Kunden schon bald eine Maschine leisten. 1860 wurden ungefähr 70 Prozent der Weizenernte des Landes mit diesem Mäher eingebracht. Mit Hilfe dieser Maschine stieg die amerikanische Weizenproduktion von 100 Millionen Scheffel 1849 auf 173 Millionen 1859. Wie McCormick es allen versprochen hatte, konnten jetzt weniger Farmer mehr leisten. 1860 arbeiteten noch 59 Prozent aller Arbeitskräfte in der Landwirtschaft, gegenüber 70 Prozent 1830.

Mit der Hochkonjunktur am Weizenmarkt war die Firma McCormick zu einem Großunternehmen, Cyrus zum Millionär geworden. Sein Traum hatte sich also erfüllt. McCormick übernahm eine politische Funktion in der Demokratischen Partei sowie Aufgaben in der presbyterianischen Kirche. Dort begegnete er eines Sonntags Nancy Fowler, der Tochter eines Einzelhändlers aus dem Norden des Staates New York. McCormick machte ihr per Brief einen Heiratsantrag, beide heirateten am 26. Januar 1858. Im Laufe der nächsten 17 Jahre bekamen sie fünf Kinder. Cyrus Jr., das älteste Kind, 1859 geboren, trat später in die Fußstapfen seines Vaters.

Mit einer Mähmaschine zum Industriegiganten

Weil man mit der Mähmaschine den Weizen schnell und kostensparend ernten konnte, beeinflußte das Gerät den Verlauf der wirtschaftlichen Entwicklung entscheidend. In den sechziger Jahren des 19. Jahrhunderts sollte die Mähmaschine eine Schlüsselrolle in der Geschichte der amerikanischen Nation spielen. Obwohl eigentlich von einem Sklavenbesitzer aus Virginia entwickelt, erwies sich die Mähmaschine als der Faktor Nummer eins im Bürgerkrieg. Der Krieg begann 1861. Es gab genügend Erntemaschinen auf den nördlichen Weizenfeldern, die die Arbeit von einer Million Sklaven verrichten konnten. „Die Mähmaschine ist für den Norden das, was die Sklaverei für den Süden ist", schrieb der Kriegsminister Edwin Stanton an McCormick. „Sie übernimmt den Platz von ganzen Regimentern junger Männer auf den Erntefeldern im Westen und stellt diese für den Kampf der Union an der Front frei. Gleichzeitig ist die Brotversorgung sichergestellt."

Die Gewehrsalven waren bereits bei Fort Sumter zu hören, da gingen McCormick und seine Vertreter mit ihrem neuen und verbesserten Mäher hausieren.

Im weiteren Verlauf des Krieges erkannte McCormick, daß der heimische Markt nur eine recht begrenzte Größe haben würde. Deshalb ging er 1862 nach England. Dort verbrachte er mit seiner Familie die beiden folgenden Jahre. Im Reisegepäck befand sich seine automatische Mähmaschine. Bei einer

Europareise gewann die Maschine Preise in Deutschland, sie überzeugte auch bei Versuchen in Belgien, Rußland und Italien. Im Winter 1863/64 schrieb McCormick an einen Kollegen in Amerika: „Ich habe hart gearbeitet und hoffe, etwas zu bewegen. Aber man braucht Zeit für die Einführung eines neuen Geräts in Europa."

Trotz erfolgreicher Probevorführungen und einer positiv gestimmten Öffentlichkeit fand die Mähmaschine keinen Absatz auf dem Kontinent. Es gab kaum Herstellungsmöglichkeiten, Überseetransporte waren schwer zu organisieren. In weiten Teilen Europas interessierten sich die Grundbesitzer nicht für Investitionen in diese Maschinen, obwohl sie ihren Pächtern damit die Arbeit erleichtert hätten.

Als der Bürgerkrieg in Amerika zu Ende war, wandte sich die Firma wieder ihren Expansionsmöglichkeiten auf dem amerikanischen Markt zu. Sie verbesserte die Maschinen – bis es zur Katastrophe kam. Das große Feuer in Chicago vom 8. und 9. Oktober 1871 verwüstete ungefähr zehn Quadratkilometer der Stadt. Fast 100.000 Menschen wurden obdachlos. Es entstand ein Schaden von 188 Millionen Dollar. Auch die Fabrik von McCormick war betroffen. Dieser hatte im Laufe der Jahre circa zwei Millionen Dollar investiert. Nur so ließ sich die riesige Zahl von 10.000 Mähmaschinen in den vergangenen Jahren herstellen. „Ich entschloß mich sofort dazu, mit dem Wiederaufbau zu beginnen", schrieb McCormick. Er gab das alte Fabrikgelände auf. Ungefähr 160 Morgen Land, an einem Nebenarm des Chicago River gelegen, wurden für den Neubau gewählt. Hier investierte er 619.000 Dollar für ein massives Fabrikgebäude. Die Hauptfabrik mit den Maßen 180 mal 320 Meter war zehnmal so groß wie die ursprüngliche aus dem Jahr 1848. Ein Lagerhaus mit einer Grundfläche von fast 5.000 Quadratmetern sowie eine Gießerei und eine Schmiede wurden entlang der 440 Meter langen Uferseite erichtet. Die Fabrik wurde im Februar 1873 eröffnet, die Produktion begonnen. 1875 verkaufte die neu erbaute Firma bereits 13.031 Maschinen.

Wettbewerbsvorteile durch den Kauf neuer Technologie

In der Zeit nach dem Bürgerkrieg entschied sich McCormick & Co. für eine andere Strategie bei der Entwicklung neuer Produkte. Mit einer großen Industriefabrik im Rücken, einem international bekannten Markennamen und einem starken heimischen Vertriebsnetz mußte McCormick nicht länger seine eigene Technologie entwickeln. Statt dessen konnte die Firma auf junge Unternehmer setzen, die neue Erfindungen machten. McCormick brauchte nur noch die Praktikabilität dieser Neuentwicklungen überprüfen zu lassen. Nach erfolgreichen, kleineren Debüts erwarb die Firma dann die Patente und stellte daraus eigene neue Produkte her.

William Hutchinson meinte in den siebziger Jahren über die Firma: „Die Erfindung wurde zum Werkzeug und der Erfinder zum Angestellten des Herstellers."

1860 entwickelten zum Beispiel Charles und William Marsh eine Erntemaschine, die das Getreide vom Mähbalken in eine Bindevorrichtung transportierte. Die Farmer konnten während der Fahrt das Getreide binden und an einem Tag so viel leisten wie vorher drei oder vier Binder zusammen. 1873 kaufte McCormick die Patente der Marshs. Für Marktbeobachter war dieser Schachzug ein weiterer Fortschritt für die Landwirtschaft. „Von den zehn oder zwölf schwitzenden Schwerarbeitern, die sich im Erntefeld abmühten, wurden jetzt alle freigestellt – man brauchte keine Sensen, Gabeln, Rechen und auch keine Binder mehr. Man brauchte nur noch einen Fahrer, der stolz auf der Maschine saß, die alle Arbeit allein verrichtete", schrieb der Historiker Herbert Casson.

Dieser „Triumphwagen" fuhr jahrzehntelang erhaben durch die Felder des Nordens und Westens der Vereinigten Staaten. Und in den späten siebziger Jahren des 19. Jahrhunderts entstand endlich – nach fast zwei Jahrzehnten harten Ringens – ein Weltmarkt, den Cyrus McCormick sich immer gewünscht hatte.

Verbesserte Transportmöglichkeiten nach Übersee und gesteigerte Produktionskapazität machten es möglich. Zwischen 1875 und 1885 expandierte die Firma McCormick nach Kanada, Australien, Neuseeland und Argentinien. Allein im Juli 1878 schickte die Firma 550 Mähmaschinen nach Neuseeland. „1880 ging die Sonne über den Maschinen von McCormick nicht mehr unter", schrieb Hutchinson humorvoll bewundernd.

In den Siebzigern begleitete McCormick seine Maschinen auch weiterhin auf ihren Weltreisen. In einer Zeit vor Fernsehen und Video ging das Sehen dem Glauben voraus. „Dein lieber Vater, der so viele Kämpfe mit seiner Mähmaschine ausgetragen hat, sieht die kommenden Schwierigkeiten und steckt wahrscheinlich schon mitten drin", schrieb Nancy McCormick 1878 an einen ihrer Söhne. „Er hat das Gefühl, daß es vielleicht sein letzter großer internationaler Kampf ist. Er wünscht sich einen fairen Kampf und keine Gunst. Ich denke manchmal, daß der Erfolg von seiner Anwesenheit abhängt." In dem Jahr, als die amerikanische Getreideernte 429 Millionen Scheffel betrug, reiste McCormick nach Frankreich; dort erhielt er den Titel eines Offiziers der Ehrenlegion. Die französische Akademie der Wissenschaften zeichnete ihn ebenfalls aus, mit der Begründung, „mehr als jeder andere Lebende für die weltweite Landwirtschaft getan zu haben".

Dennoch blieb die Firma ein Familienunternehmen. Als 1879 fast 20.000 Maschinen gebaut wurden und ein Gewinn von 772.000 Dollar erwirtschaftet wurde, wandelte man die Gesellschaft in die McCormick Harvester Machine Company um. Cyrus kontrollierte drei Viertel und Leander das andere Viertel der neuen Gesellschaft. Nach seinem Abschluß in Princeton wurde Cyrus Jr. in das Familienunternehmen aufgenommen. Ähnlich wie sein Vater war Cyrus Jr. unternehmungslustig und ehrgeizig. Sein Verdienst bestand in den frühen achtziger Jahren in der Modernisierung und dem Ausbau der Fabrik. Er ließ Strom in die Fabrik legen und kurbelte so die Produktion erneut an: 1884 bauten 1.400 Arbeiter 55.000 Geräte, im Vergleich dazu die Zahlen von 1880: 20.000 Maschinen! Jedes Teil der Maschine

stellte man in der Fabrik in Chicago her. Cyrus McCormick Sr.
kümmerte sich bis ins hohe Alter um sein Geschäft. „Wenn ich
das Geschäft aufgegeben hätte, wäre ich schon lange tot", sagte
er 1884.

Cyrus McCormick hatte die amerikanische Landschaft durch
seine Erfindung sichtbar verändert. Der Weizen wuchs in den
Gebirgstälern des Ostens, den großen Ebenen des Mittelwestens
und den neubesiedelten Teilen Kaliforniens. Mit der Mähmaschine stieg die amerikanische Weizenproduktion von vier
Scheffel pro Kopf 1847 auf zehn zum Zeitpunkt des Todes von
Cyrus McCormick.

Die sozialen Folgen dieser Erfindung waren für die amerikanischen Landarbeiter fast genauso revolutionär. Als McCormick
seine Mähmaschine zum ersten Mal vorführte, schufteten fast
drei Viertel der Bevölkerung auf Farmen. Aber innerhalb nur
weniger Jahrzehnte mußten die nicht mehr benötigten Farmar-
beiter in die Städte abwandern. Dort arbeiteten sie in den neuen
Industrie- und Dienstleistungsbetrieben, eine neue gesellschaftli-
che Schicht entstand.

Natürlich war auch 1884 die Industrialisierung der Landwirtschaft noch nicht abgeschlossen. Erst in den fünfziger Jahren
unseres Jahrhunderts überstieg die Zahl der Traktoren auf den
amerikanischen Feldern die Zahl der Pferde. Aber die langfristigen Trends, von McCormick in der Mitte des 19. Jahrhunderts
ins Rollen gebracht, veränderten die amerikanische Wirtschaft
stetig. 1961, als der riesige, technologisch veraltete Konzern
McCormick Works in Chicago aufgelöst wurde, arbeiteten weniger als neun Prozent aller berufstätigen Amerikaner in der
Landwirtschaft. Diese neun Prozent produzieren so viel Lebensmittel, daß sie die Bevölkerung rechnerisch gleich mehrfach
ernähren könnten. Obwohl die Mähmaschine nicht allein für die
Urbanisierung und die Industrialisierung der Landwirtschaft
verantwortlich war, können solche Entwicklungen nicht ohne
die Erwähnung von McCormick und seiner Mähmaschine be-
schrieben werden.

Die Gründung
von International Harvester

Nach dem Tod von Cyrus McCormick übernahm sein 25jähriger Sohn Cyrus Jr. die Geschäfte. 1902 wurden in der Fabrik in Chicago – der einzigen Produktionsstätte des Unternehmens – 35 Prozent der Landwirtschaftsmaschinen des Landes produziert. McCormick kämpfte ständig gegen Konkurrenzprodukte anderer Gerätehersteller. Diese bauten mittlerweile benzin- und dampfgetriebene Maschinen.

Aus Angst von den möglicherweise verheerenden Folgen dieser erdrückenden Konkurrenz tat Cyrus McCormick Jr. das, was viele Geschäftsleute dieser Ära taten: Er suchte die Büros von J.P. Morgan in New York auf. Zusammen mit George Perkins, dem Partner von Morgan, schmiedeten die Chefs von McCormick einen Plan, um ihr Unternehmen mit drei anderen führenden zu fusionieren. Das neu gebildete Unternehmen sollte das Betriebsvermögen der anderen für 60 Millionen Dollar aufkaufen. Durch eine Kapitalaufstockung von 50 Millionen und zehn Millionen von Morgan verfügte die International Harvester Company nun über Kapital von 120 Millionen Dollar. Morgan schlug vor, dem Unternehmen das Wort *International* hinzuzufügen. Der Konzern, unter der Präsidentschaft von Cyrus McCormick Jr., hielt bei seiner Gründung 85 Prozent des gesamten amerikanischen Marktes für landwirtschaftliche Maschinen in seiner Hand.

Wie bei vielen anderen Großunternehmen wurde von staatlicher Seite auch bei International Harvester in den Jahren zwischen 1900 und 1920 untersucht, ob eine Kartellbildung vorlag: Die Regierung löste den Konzern jedoch nicht auf. Seine Größe

schützte den Konzern nicht vor ernsthafter Konkurrenz, zunächst von seiten der alteingesessenen Gerätehersteller wie John Deer, später dann von seiten
der Automobilfirmen wie Ford, deren Traktoren
zwischen 1910 und 1920 große Marktanteile hinzu-
gewinnen konnten.

John D. Rockefeller gründete 1884 die „Standard Oil"

3.
John D. Rockefeller
und das moderne Unternehmen

Hätte es die *Forbes 400* an der Wende zum 20. Jahrhundert bereits gegeben, dann hätte John Davison Rockefeller ganz oben auf der Liste gestanden. Er wurde fast ein Jahrhundert alt und überstand jahrzehntelang den harten Wettbewerb in der Ölindustrie, an deren Aufbau er selbst beteiligt war. 1913 besaß er ein Vermögen in Höhe von 900 Millionen Dollar; dies ermöglichte ihm, eine der größten Stiftungen Amerikas zu begründen.

In den Anfangsjahren verlief das Ölgeschäft ziemlich chaotisch und planlos. Die Ölsucher konnten mit geringem eigenen Kapitalaufwand nach Rohöl bohren oder eine Raffinerie bauen. Rockefeller gehörte zu den ersten, die in Cleveland Raffinerien errichteten. Diese lagen häufig am Ende der Eisenbahnlinien aus den Ölregionen Pennsylvanias. Die amerikanische Ölförderung stieg von 2.000 Barrel 1859 auf 450.000 1860. 1862 wurden bereits drei Millionen Barrel gefördert.

Jedes Jahr vergrößerte sich auch das Vermögen von John D. Rockefeller. Mitte der sechziger Jahre des 19. Jahrhunderts, als das Ende des Bürgerkrieges eine Phase beispiellosen Wirtschaftswachstums ankündigte, brachte Rockefeller neue Anteile ein, finanzierte seine Firma neu und begann, die Konkurrenz aufzukaufen. 1870, als Rockefeller die Standard Oil Company in Ohio gründete, besaß er schon alle Raffinerien an seinem Heimatstandort. Noch ein paar Aufkäufe mehr, und ihm hätte die gesamte Ölindustrie der Nation gehört.

Rockefeller war klar, daß Ölraffinieren allein das Überleben seiner Firma nicht garantieren konnten: Ihre Kapazität könnte die Nachfrage nach seinen Produkten übertreffen. Die Öltransporte sollten kontrolliert werden; so baute die Standard Oil Company Endlager, Pipeline-Netze und sogar Fabriken für Ölfässer. Der entscheidende Faktor jedoch war, daß es Rockefeller gelang, bei den Eisenbahngesellschaften enorme Preisnachlässe für garantierte Frachtaufträge durchzusetzen. Eine Zeitlang zwang er die Gesellschaften sogar dazu, ihm Rabatte für die Öltransporte seiner Konkurrenten zu gewähren.

Viele der Geschäftspraktiken Rockefellers wurden später spektakulärerweise als ungesetzlich eingestuft. Das von ihm aufgebaute integrierte System aus Produktion und Vertrieb war nicht vollkommen neu. Rockefellers wichtigster Beitrag liegt in dem von ihm entwickelten professionellen Management, das viele Unternehmensaspekte zu integrieren verstand.

Mit den Worten des großen Wirtschaftshistorikers Alfred D. Chandler gesagt: „Die Kenntnis der Geschichte der Standard Oil Company ist wesentlich für das Verständnis des Aufstiegs amerikanischer Großunternehmen."

Ein Buchhalter wird zur führenden Kraft in der Ölraffinerie-Industrie

John D. Rockefeller wurde 1839 auf einer kleinen Farm im Norden des Staates New York während der Präsidentschaft von Martin Van Buren geboren. 1853 zog sein Vater William Avery Rockefeller, Gelegenheitsfarmer, kleiner Unternehmer und unbedeutender Künstler, mit seiner äußerst frommen Frau und seinen fünf Kindern vom Norden des Staates New York nach Cleveland. John wuchs in der aufstrebenden Industriestadt an den Ufern des Eriesees auf. Er geriet mehr nach seiner Mutter, von der er die Tugend der Sparsamkeit lernte. „Ich erinnere mich heute so gut wie damals an die Worte meiner lieben Mutter", wiederholte er später oft in seinem Leben, „‚Bewußte Verschwendung führt zu elender Not!'"

Rockefeller setzte dieses Sprichwort in die Praxis um. Er fand nach dem Besuch der höheren Schule und einigen Kursen in Betriebswirtschaft am Folsom Wirtschaftscollege eine Anstellung bei einem Textilhändler in Cleveland als Buchhalter. Der Wochenlohn betrug damals vier Dollar. Er mußte die einzelnen Geschäftsposten ins Hauptbuch eintragen und lernte so die komplizierten kaufmännischen Abläufe. „John D. schien nur aus Zahlen zu bestehen", schrieb sein Biograph David Freeman Hawke. „Diese Tätigkeit", sagte Rockefeller später, „bildete die Grundlage meiner geschäftlichen Karriere." Er wollte unbedingt beruflich und finanziell unabhängig werden. Er lebte äußerst sparsam und lieh sich Geld – nämlich 1.800 Dollar –, um 1859 mit Maurice Clark, einem britischen Einwanderer, einen eigenen Textilhandel aufmachen zu können. Es wurde eine Art Kolonialwarenladen, der florierte, vor allem dann, als nach dem Ausbruch des Bürgerkrieges 1861 die Armee dort große Mengen Getreide, Schweinefleisch und andere Artikel einkaufte.

Gleichzeitig begann einige 100 Meilen östlich das neue Abenteuer mit dem schwarzen Gold, dem Öl. In den fünfziger Jahren des 19. Jahrhunderts ersetzte das Paraffinöl aus Kohle und Schiefer das Walöl; diese Mischung, eine weitaus bessere und zuverlässigere Energiequelle, trat ihren Siegeszug an. Die Geologen stellten schon bald fest, daß sie das Paraffinöl aus den riesigen Erdölfeldern direkt unter der Erdoberfläche der Berge und Täler des mittleren Westens raffinieren konnten. Die amerikanische Ölindustrie boomte nach dem 27. August 1859, als „Oberst" Edwin Drake einen Förderturm aus seinem Salzbergwerk in einem Tal in den Allegheny Mountains aufstellte. In der Nähe lag die kleine Holzfällerstadt Titusville, Pennsylvania. Die Ölsucher strömten in die später als „Ölregionen" bekannten Gebiete. Die öffentliche Nachfrage nach dem neuen Brennstoff ging rapide in die Höhe. Die Ölsucher füllten das Rohöl in Fässer und rollten diese auf Kähne. Dann flößten ihre Boote die Bäche und Flüsse hinunter zu den intakten Eisenbahnverbindungen nach Osten und Westen. Viele der Fässer wurden auf die Züge der Atlantic & Great Western Railroad umgeladen. Die westliche Endstation dieser Linie, Cleveland, entwickelte sich zu einem kleinen Raffineriezentrum. Das chemische Verfahren des Raffinierens – Erhitzen des Rohöls mit Hilfe von Dampfkraft, um Benzin und Paraffinöl zu destillieren – war billig und einfach. 1863 produzierten die 20 Kleinfabriken, die sich entlang des Cayuhoga River angesiedelt hatten, monatlich ungefähr 100.000 Barrel raffiniertes Öl.

Rockefeller konnte dabei zusehen, wie die Geschäftsleute aus der Umgebung von Cleveland schnell zu Reichtum kamen. Auch Rockefeller wurde von dem Rausch mitgerissen. 1863 investierten er und Clark 4.000 Dollar zusammen mit einem alten Bekannten, Samuel Andrews, in den Bau und Betrieb einer Raffinerie. Obwohl das Unternehmen einen wohlklingenden Namen hatte, Excelsior Works, war es in Wirklichkeit nur eine einfache Aneinanderreihung von Bruchbuden. Während Andrew sich um die Möglichkeiten einer Effizienzsteigerung des Raffinierungsverfahrens bemühte, kümmerte sich Rockefeller um die geschäftlichen Aspekte. Er bestand vor allem darauf, den gesamten Gewinn direkt wieder in die Firma zu investieren. „Ich wollte in die Armee eintreten und meinen Teil beitragen", sagte Rockefel-

ler später, als er erklärte, warum er nicht im Bürgerkrieg mitge-
kämpft hatte. „Aber es war einfach unmöglich. Es war niemand
da, der meinen Platz hätte einnehmen können. Wir waren ein
junges Unternehmen in einem noch jungen Wirtschaftszweig,
und wenn ich nicht geblieben wäre, hätten wir aufgeben müssen."

In der Zeit, in der Darwins Evolutionstheorie zum ersten Mal
in der Öffentlichkeit bekannter wurde, schien sich auch die
Ölindustrie nach dieser neuen Lehre auszurichten. Den Wettbewerb konnten nur diejenigen Unternehmen überleben, die sich
blitzschnell an die geänderten Verhältnisse anpassen konnten.
Aufgrund eines unerwarteten Produktionsanstiegs kam es zu
enormen Schwankungen der Rohölpreise – sie fielen zwischen
Januar und Juni 1861 von zehn Dollar pro Barrel auf 50 Cent.
1864 lag der Preis pro Barrel zwischen vier und 12, 13 Dollar.
Diese Preisschwankungen verschärften sich noch durch Trans-
portprobleme: Eine Handvoll Eisenbahnlinien hielt die Öltransporte im preislichen Würgegriff. Als die Gewinnmargen aufgrund der verschärften Konkurrenz schrumpften, machten viele
Spekulanten pleite.

Ein kleines Unternehmen entsteht

Weil Rockefeller den Preis für das Rohmaterial nicht kontrollieren konnte, richtete er seine Aufmerksamkeit auf die kontrollier-
baren Unkosten. Die Fässer zum Beispiel, die pro Stück ungefähr 2,50 Dollar kosteten, stellten einen der Hauptkostenfaktoren
bei Excelsior dar. 1864 verwendete Rockefeller einen Teil seines
reinvestierten Kapitals dazu, um auf dem Raffineriegelände die
eigene Herstellung von Fässern aufzunehmen. Die Kosten pro
Faß ließen sich so auf ungefähr 96 Cent senken. Er vertrat die
Auffassung, der beste Weg zur Gewinnsteigerung sei die Produktionssteigerung. Er nahm folgerichtig einen Kredit zur Eröffnung einer zweiten Raffinerie auf: Standard Works. Aber er geriet in Streit mit seinen Partnern, die sich zur Finanzierung des

Ausbaus auf keinen Fall weiter verschulden wollten. Im Februar 1865 zahlte er seine Teilhaber mit 72.000 Dollar aus. Später meinte er dazu: „Wenn ich auf diesen Tag im Jahr 1865 zurückblicke, dann scheint es einer der bedeutendsten Tage meines Leben gewesen zu sein. An diesem Tag wurde der Grundstein für meine Karriere gelegt." Wochen nach der Transaktion löste Rockefeller seine Textilwarenfirma und den Gemischtwarenladen auf; er konzentriert sich jetzt voll und ganz auf das Ölgeschäft.

Seine außergewöhnliche Tatkraft und seine legendäre Aufmerksamkeit gegenüber Detailfragen ermöglichten diesen frühen Unternehmenserfolg. „Ich werde nie vergessen, welchen Tatendrang ich in diesen Tagen hatte", erklärte er später. „Ich war Tag und Nacht auf den Beinen. Ich sprang die Ladeflächen der Lastwagen rauf und runter, wenn es nötig war." 1865 war Excelsior Works bereits eine der größten Raffinerien in Cleveland. Hier wurden täglich ungefähr 505 Barrel produziert. Von Anfang an exportierte die amerikanische Ölindustrie einen Großteil ihrer Produktion nach Europa. Die Ölnachfrage für Beleuchtungszwecke oder Schmierstoffe war groß. Allein 1866 stieg der Export von 600.000 auf 1,5 Millionen Barrel.

In einer sehr weitsichtigen Entscheidung engagierte Rockefeller seinen jüngeren Bruder William. Er sollte ein neues Büro in New York führen, um sich den Paraffinexporten zu widmen. Als William Verträge mit ausländischen Kunden abschloß, baute das Unternehmen einen unabhängigen Vertriebskanal für seine Produkte auf.

Die Führungsaufgaben wurden weiter aufgeteilt: 1867 nahm Rockefeller Henry Flagler als Partner in die Firma auf. Flagler, der sich ein kleines Vermögen als Spirituosen- und Getreidegroßhändler erwirtschaftet hatte, brachte seine fundierten logistischen Kenntnisse über das Transportwesen ein. Seine Aufgabe bestand nun darin, mit den Eisenbahngesellschaften Vereinbarungen auszuhandeln und Verträge abzuschließen. Die Absicherung preiswerter und zuverlässiger Transporte genoß bei Standard Works höchste Priorität. Die Produktion stieg immerhin

1869 auf täglich 1.500 Barrel. Jetzt machten sich die Größenvorteile bemerkbar. „Während die Stückkosten in einer Raffinerie mit einer Tagesproduktion von 500 Barrel bei ungefähr sechs Cent pro Gallone lagen, gingen sie in einer Raffinerie mit einer Produktionsquote von 1.500 Barrel auf drei Cent und vielleicht weniger zurück", schrieb Alfred Chandler, er zitierte dabei aus der historischen Darstellung der Ölindustrie von Harold F. Williamson und Arnold Daum. Eine höhere Produktion stärkte die Position von Standard bei Produzenten und Lieferanten. „Ob Farbe, Leim oder was auch immer. Wir kauften alles weitaus billiger als alle anderen ein, weil wir ständig große Mengen orderten ...", erläuterte Rockefeller später. Um sein Unternehmen von Zulieferfirmen noch unabhängiger zu machen, kaufte er einen eigenen Fuhrpark, Lagerhallen in der Nähe der Eisenbahn sowie Lagerräume in New York Harbor.

In den Jahren nach dem Bürgerkrieg demontierten Überangebot und Überkapazität die Preise in der Raffinerieindustrie. Als sie zwischen 1865 und 1870 für raffiniertes Paraffinöl um mehr als 50 Prozent fielen, ging der Gewinn pro Gallone bei den meisten Raffinerien 1869 von 19,5 Cent auf 7,9 Cent zurück. Auch Standard hatte darunter zu leiden, und die Gewinnmargen sanken dort von 43 Cent pro Gallone 1865 auf 17 Cent 1870. Die Margen Rockefellers lagen aufgrund geschickter Verhandlungen Flaglers mit den Eisenbahngesellschaften noch über dem Branchendurchschnitt.

1870 schloß Flagler ein Abkommen mit der Lake Shore Railroad, einer Tochtergesellschaft der New York Central. Standard war bereit, den Transport von 60 Wagenladungen raffinierten Öls pro Tag von Cleveland nach New York zu garantieren. Die Eisenbahngesellschaft müsse Standard aber einen Preis von 1,30 Dollar pro Barrel einräumen – 35 Prozent unter dem damaligen normalen Preis von zwei Dollar pro Barrel. Solche Preisnachlässe waren gang und gäbe zwischen Eisenbahngesellschaften und Großkunden. Das war zwar unfair gegen kleinere Konkurrenten, aber damals durchaus nicht ungesetzlich.

Der Zusammenschluß
des Cleveland-Raffineriekonzerns

Die Vereinbarungen mit den Eisenbahngesellschaften bestätigten Rockefellers alte Strategie: Größe bringt Vorteile. 1870 begann Rockefeller, damals 31jährig, über weitere Expansionen nachzudenken. Trotz chaotischer Zustände in der Ölindustrie hatte Rockefeller eine klare Vorstellung von der weiteren Entwicklung und darüber, welche Schlüsselrolle seine Firma dabei spielen könnte. Nur dem Instinkt folgend, machten er und seine Partner sich daran, alle Raffinerien in Cleveland zu einem großen Unternehmen zusammenzufassen, um ihre Position gegenüber den Eisenbahngesellschaften und den Rohölproduzenten weiter zu stärken. Da Aktiengesellschaften viel einfacher an Kredite herankamen als Personengesellschaften, schloß Rockefeller die beiden Gesellschaften Excelsior Works und Standard Works zur Standard Oil Company zusammen. Mit einer Kapitalausstattung von einer Million Dollar sollte sich Standard Oil schließlich zu einem Multi-Milliarden-Dollar-Unternehmen entwickeln. „Keiner von uns hat jemals von dem Ausmaß geträumt, das durch weitere spätere Expansion zustande kam", wie er sich später erinnerte.

Als die Standard Oil gegründet war, trat Rockefeller mit einem einfachen Vorschlag an seine schwächeren Konkurrenten heran: „Schließe Dich uns an oder erleide Schiffbruch aufgrund des verschärften Wettbewerbs. Wir bewahren Dich vor einem solchen Schiffbruch im Raffineriegeschäft und werden Dir eine Rendite für das Kapital bezahlen, das in Deiner Fabrik und Deinem Grundbesitz steckt. Andernfalls werden wir Dir die Geschäfte aus der Hand nehmen." Bei seinen Gesprächen wahrte Rockefeller immer den guten Ton. Er selbst war tief religiös – ein mütterliches Erbe; er besuchte regelmäßig die Baptistenkirche in der Euclid Avenue in Cleveland. Dort fungierte er auch als Leiter der Sonntagsschule. Scheinbar emotionslos, sachlich bis kalt, wählte Rockefeller seine Worte sorgfältig aus. Im Gespräch prüfte er seine Gegner mit seinen durchdringenden blauen Augen. Diejenigen, die sich seinen Angeboten widersetzten, bekamen eine kurze, prägnante und sachliche Antwort. „Nach meiner Meinung können Sie niemals mehr Geld verdienen. Mit Standard können Sie nicht konkurrieren", teilte er widerspenstigen Raffineriebesitzern mit. „Wir sind jetzt im Besitz aller großen Raffinierien. Wenn Sie einem Verkauf nicht zustimmen, dann gehen Sie pleite."

Angesichts der sinkenden Gewinnmargen und der Schwierigkeiten mit den Eisenbahngesellschaften hielten es viele Raffineriebesitzer für unmöglich, das Angebot von Rockefeller auszuschlagen. Zu den größten und ersten, die er für seinen Feldzug gewinnen konnte, gehörten Clark, Payne & Company, der größte lokale Wettbewerber. Nach dieser Fusion kamen schnell kleinere Firmen hinzu. Innerhalb von zwei Jahren hatte Rockefeller 23 Firmen aufgekauft, davon 18 Raffinerien, die alle, außer einer, in Cleveland angesiedelt waren.

Ende 1872 hatte Standard seine Kapazität um das Sechsfache hochgeschraubt. Man raffinierte 10.000 Barrel pro Tag. 80 Prozent der amerikanischen Raffinerien waren nun unter einem Dach vereint. Dieses Unternehmen bildete den größten Raffineriekomplex des ganzen Landes. Einige Unternehmer waren der Meinung, daß Rockefeller viel zu schnell viel zu groß geworden war. „Das hat keine Zukunft", sagte ein Raffineriebesitzer aus Cleveland. „Die Organisation wird an ihrer eigenen Größe zusammenbrechen." Damals war Größe eine Überlebensfrage, und Standard ernährte sich von seinen Konkurrenten so, wie sich ein Bär seinen Winterspeck anfrißt.

Rockefeller ging bei diesem Kampf mit einer bestimmten Strategie vor. Zuerst suchte er nach Ansatzpunkten bei potentiellen Gegnern. 1872 schloß er sich der South Improvement Company an, einem Zusammenschluß der Raffineriebetreiber, um Rabattvereinbarungen zwischen den Eisenbahngesellschaften und den Ölfirmen auszuhandeln. Laut diesem Vertrag sollten die Mitglieder von einer Reihe Eisenbahngesellschaften 40 bis 50 Prozent Nachlaß für den Transport des Rohöls sowie 25 bis 50

Prozent für den Transport von raffiniertem Öl als Gegenleistung für garantierte Frachtaufträge erhalten. Die Pennsylvania Railroad sollte 45 Prozent der Frachtaufträge der Mitglieder bekommen und New York Central sowie Erie jeweils 27,5 Prozent. Außerdem sollte Standard – und nur Standard – einen prozentualen Anteil an den Gesamtfrachtkosten konkurrierender Raffinerien erhalten. Dieser Plan, der sogar bei den damals herrschenden lockeren Sitten als korrupt erschien, scheiterte schnell, nachdem aufgebrachte Rohölproduzenten in den Ölregionen Protest einlegten. Aber Rockefeller suchte unerbittlich nach anderen Möglichkeiten für Zusammenschlüsse. Im August 1872 versammelte er Mitglieder der Ölindustrie zur Gründung der National Refiners' Association (mit ihm als Präsident), um mit den Produzenten Bedingungen zugunsten aller Raffinerien auszuhandeln. Als auch diese Gesellschaft zerbrach (aufgrund einer Wirtschaftskrise, die 1873 begann), begründete Rockefeller seine wettbewerbsfeindlichen Bemühungen damit, Ordnung in einen chaotischen Wirtschaftszweig bringen zu wollen. „Unter so vielen ungebildeten Geschäftsleuten gab es viele, auf die man sich bei der Lösung eines so schwierigen Problems – unsere Branche zu reformieren – nicht verlassen konnte", beklagte er später.

Auf der Suche nach Stabilität

Allein schon die Größe von Standard versetzte das Unternehmen in die Lage, die schwächeren Konkurrenten schlucken zu können. Mit dem Ölboom in Pennsylvania kletterte die amerikanische Produktion von 5,3 Millionen Barrel 1871 bereits zwei Jahre später auf 9,85 Millionen Barrel. Aber nach einer fünf Jahre anhaltenden Wirtschaftskrise, die, wie gesagt, 1873 einsetzte, fielen die Rohölpreise von 4,40 Dollar pro Barrel 1871 auf 1,15 Dollar 1874 in den Keller.

Nachdem Rockefeller die Raffinerien im Gebiet von Cleveland zu einem Industrie-Großunternehmen zusammengeschlossen hatte, verfolgte er zwei strategische Richtungen: eine horizontale und eine vertikale. Er und seine Partner operierten von fünf Büroräumen in einem Bürogebäude im Zentrum Clevelands aus. Sie kauften Raffinerien in anderen Landesteilen auf. Dazu zählten vor allem die Imperial Refining Company von Jacob Jay Vandergrift in den Ölregionen und Charles Pratt & Company mit Raffinerien in New York, Philadelphia und Pittsburgh.

Standard erwarb auch Anteile an einem neuen Transportsystem für Rohöl: den Pipelines. Die erste war nur bescheidene fünf Meilen lang, sie wurde 1865 gebaut. Mit der Kontrolle dieser Pipelines hätte Standard die Eisenbahnen umgehen können. In den siebziger Jahren begann Rockefeller damit, sich die Pipeline-Betreiber einzuverleiben. 1873, nachdem er William Vanderbilt beim Kauf eines Pipeline-Unternehmens überboten hatte, bemerkte Vanderbilt: „Dieser Rockefeller. Er will unbedingt der reichste Mann im Land werden!"

Als Rockefeller seinem Unternehmen Raffinerien und Pipelines hinzufügte und damit eine bundesweite Firma aufbaute, stand er vor einem neuen Managementproblem. Im 19. Jahrhundert war Aktiengesellschaften der Besitz und die Kontrolle von Unternehmen außerhalb des eigenen Bundesstaates generell verboten. Theoretisch konnte deshalb die ursprüngliche Standard Oil Company nicht außerhalb des Staates Ohio tätig werden. Rockefeller umging dieses formalrechtliche Problem mit einem geschickten Schachzug. Er wies jedes erworbene Unternehmen außerhalb des Staates an, seine Aktien an einen leitenden Angestellten von Standard als Treuhänder zu übergeben und weiterhin als angeblich unabhängiges Unternehmen aufzutreten. In den siebziger Jahren des 19. Jahrhunderts, als Rockefeller beispielsweise Jabez Bostwick & Company aufkaufte, durfte Bostwick das Geschäft unter seinem eigenen Namen führen – aber nur auf dem Papier.

Seit den sechziger Jahren des vorigen Jahrhunderts wurde mit dem wachsenden Rockefeller-Imperium die Teilung der Führungsaufgaben zu einer immer wichtigeren Frage. Der Historiker Allan Nevins bemerkte dazu: „Niemals zuvor hat ein

Unternehmen eine der Größe und Unübersichtlichkeit nach vergleichbare Situation erlebt, wie Standard Ende der siebziger Jahre des vorigen Jahrhunderts." Das Problem war, daß Rockefeller kein erprobtes Managementmodell zur Verfügung stand. Die „Unternehmensführung" existierte noch nicht. Rockefellers Aufgabe wurde außerdem zusätzlich dadurch erschwert, daß die Menschen, mit denen er zusammenarbeiten mußte, energische Unternehmertypen waren, die es nur gewohnt waren, ihr eigenes Geschäft selbständig zu leiten. Zur Verbesserung der Führungsstruktur bot er finanzielle Anreize für eine Kooperation. Wenn möglich, integrierte er das Management der übernommenen Unternehmen in die Struktur von Standard. Nicht selten bezahlte er die Aufkäufe auch mit Aktien von Standard, die nicht an der Börse gehandelt wurden. Die Verkäufer waren so direkt am Erfolg des Gesamtunternehmens beteiligt. „Abgesehen vom Konzept des Zusammenschlusses der Standard Oil an sich bestand sein größter Beitrag darin, führende Köpfe davon zu überzeugen, sich der Allianz anzuschließen und mit ihrem Management effektiv zusammenzuarbeiten", schrieben die Historiker Ralph und Muriel Hidy über Standard.

Während die Zentrale in Cleveland die Gesamtstrategie vorgab, blieben die Chefs der ursprünglich selbständigen Firmen halbautonom. Jacob Jay Vandergrift wurde nach dem Aufkauf seines Raffinerieunternehmens Direktor bei Standard und war für die Pipelines zuständig. Jabez Bostwick zeichnete für den Einkauf von Rohöl in den Ölregionen verantwortlich. Flagler handelte weiterhin Verträge mit den ständig feindselig gestimmten Eisenbahngesellschaften aus. Der langjährige Anwalt von Standard, Samuel Dodd, avancierte zum Chefanwalt. Über diese strukturellen Verbesserungen nahm Standard die Form an, die wir heute von modernen Unternehmen kennen. Obwohl Rockefeller das letzte Sagen behielt, hatte er doch die Grundlagen für eine Arbeitsteilung im professionellen Managementbereich gelegt. Nach den Worten eines Angestellten beschrieb Rockefeller 1879 seine Führungsphilosophie, das Delegieren von Verantwortung, folgendermaßen: „Es ist einfach so, daß niemand etwas tut, wenn er es andere machen lassen kann."

Rockefeller und seine Kollegen erkannten die Unmöglichkeit, über alle Aspekte des beteiligten Unternehmens informiert zu sein. Das Unternehmen war einfach zu groß und komplex geworden. Zur Überwachung der Geschäftsabläufe wurden bei Standard Oil Ausschüsse gebildet, die sich in den New Yorker Büros des Unternehmens trafen. Zur Leistungskontrolle der einzelnen Bereiche mußten detaillierte Informationen vorliegen. Die Direktoren in New York ordneten an, die für die verschiedenen Geschäftsbereiche zuständigen Manager hätten vierteljährlich dem Vorstand zu berichten. Um möglichst nahe an seiner neuen Zentrale zu sein, holte Rockefeller seine Frau und die vier Kinder nach New York. Dort wohnten sie in einem vierstöckiges Sandsteinhaus in der 54. Straße, direkt neben der 5th Avenue. (Die Familie besaß auch noch einen großen Landsitz in Westchester County namens Pocantico Hills, ausgestattet mit einem eigenem Zwölf-Loch-Golfplatz.)

Ein Konzern wird gegründet

1877 stellte der Historiker Albert Carr fest, daß „keiner in Amerika größere Mengen Öls ohne Zustimmung von Standard Oil transportieren kann". Diese Macht handelte dem Unternehmen eine Menge unerwünschter Aufmerksamkeit von Konkurrenten, Politikern und verschiedenen Rechtsbehörden ein. 1879 leitete Alonzo Hepburn, Mitglied des Repräsentantenhauses im Staate New York, eine öffentliche Untersuchung über Verbindungen der Standard zu den Eisenbahngesellschaften ein. Es gelang Rockefeller und seinen Vertretern, ziemlich glimpflich davonzukommen, teilweise deshalb, weil sie von der damals üblichen Praxis einer Bestechung der Gesetzgeber der einflußreichsten Staaten Gebrauch machten. Rockefeller konnte seinen Machtbereich ungebremst weiter ausbauen.

In den achtziger Jahren boomte die internationale Nachfrage nach Erdöl und entsprechenden Nebenprodukten. Industriemaschinen und Verbrennungsmotoren brauchten ständig mehr Brennstoffe. Die Wettbewerbssituation verschärfte sich. Trotz seiner beherrschenden Marktposition in Amerika wurde auch Standard jetzt mit externen Wettbewerbsproblemen konfrontiert. Im russischen Kaukasus waren gerade riesige Ölvorkommen entdeckt worden. Eine Bahnverbindung zwischen den Ölfeldern in Baku und dem Schwarzen Meer sollte 1883 fertiggestellt sein. Eine derartige Konkurrenz setzte die amerikanischen Ölfirmen gerade auf dem europäische Markt unter Preisdruck. Sogar die mächtige Standard Oil konnte sich dem nicht mehr entziehen.

Die Manager von Standard suchten und fanden eine Lösung: Die Bildung eines Konzerns paßte das wachsende Unternehmen den Verhältnissen bestens an. Eine Kontrolle der Kosten, die Steigerung der Gewinne und Verbesserungen im Management würden möglich. 1881 legte Samuel Dodd der Geschäftsführung eine Vereinbarung vor, nach der die Aktionäre in den von Standard kontrollierten Unternehmen ihre Beteiligungen an den Unternehmen gegen Aktien des neu zu gründenden Konzerns eintauschen sollten. Rockefeller hielte dann ungefähr 28 Prozent dieser neuen Aktien. Im Gegenzug sollte die Kontrolle des Konzerns einer Gruppe von neun Treuhändern übertragen werden. Mit dabei: Rockefellers Brüder, Flagler, Bostwick und einige andere Führungskräfte. Diese Dimension war neu in der amerikanischen Geschäftswelt. Am 2. Januar 1882 wurde sie Wirklichkeit. Der Konzern kontrollierte bereits 80 Prozent aller Raffineriebetriebe des Landes sowie 90 Prozent der Pipelines. Außerdem konnte der Konzern seine beherrschenden Positionen in verwandten Bereichen wie Tankwagentransporte, Abfallprodukte aus Erdöl sowie bei der Herstellung von Ölfässern außerordentlich ausbauen und stärken.

Die Führung eines Konzerns stellte aber das Management teilweise vor völlig neue Probleme. Am Anfang gestanden die Treuhänder ihren Managern der Tochtergesellschaften noch eine gewisse Selbständigkeit bei der Leitung ihrer Geschäftseinheiten zu; sie behielten sich aber das Recht vor, jede Investition über 5.000 Dollar eigenhändig zu genehmigen. Der geschäftsführende Vorstand der Treuhänder traf sich jeden Tag mit seinen Kollegen zum Mittagessen. „Unsere generelle Regel war, daß wir keine wichtige Entscheidung trafen, bevor nicht alle von ihrer Richtigkeit überzeugt waren", betonte Rockefeller. Konsens war die unumgängliche Grundlage für einen Konzern, der ein Zusammenschluß voneinander abhängiger Unternehmen war. Der reibungslose geschäftliche Ablauf basierte auf der zuverlässigen Leistung aller Tochtergesellschaften. Die Zentralverwaltung forderte Kooperation. Gleichzeitig gewährte sie den Tochtergesellschaften eine gewisse Autonomie. Jeder mußte einen selbständig erwirtschafteten Gewinn an die Zentrale melden. George Vilas, ein angestellter Treuhänder, besuchte die verschiedenen Tochterunternehmen und führte der Übersichtlichkeit willen ein einheitliches Finanzberichtswesen ein.

Diese neue Führungsorganisation organisierte sich über Komitees, die vorwiegend aus Führungskräften der großen Tochtergesellschaften bestanden. Unterstützt wurden sie durch einen ständigen Stab im New Yorker Büro. Es gab eigene Komitees für: Transport, Export, Herstellung, Fässer und Tankwagen, Küferei, Schmieröle, Inlandsmarketing und Produktion. Die Führungskräfte des Konzerns lenkten den Industrieriesen nun in neue Richtungen. Sie erneuerten das Marketing, bauten außerdem ein Netzwerk von Verkaufsstationen auf, die für ständigen Absatz qualitätsgeprüfter Raffinerieprodukte sorgen mußten. Dieser Neuanfang ließ die Zahl der konzerneigenen Petroleumverkaufsstellen und Tankstellen von 130 im Jahr 1882 auf 3.500 im Jahr 1906 hochschnellen. Der Prozeß einer vertikalen Integration war abgeschlossen, als Standard schließlich selbst Rohöl förderte. 1881, nachdem Ölsucher auf größere Ölvorkommen in der Nähe von Lima in Ohio gestoßen waren, nahm das Unternehmen die Ölförderung in der Nähe seines einstigen Standorts auf. 1891 förderte Standard 25 Prozent des amerikanischen Rohölbedarfs, 1895 machte die Rohölförderung schon 14 Prozent der Unternehmensgewinne aus.

Standard Oil Company hatte sich gut für das 20. Jahrhundert gerüstet. Der Konzern sorgte für einen kontinuierlichen Fluß des Rohmaterials zu den verschiedenen Gliedern seiner Produktionskette. Daraus entstand am Ende das fertige Industrieprodukt. Rockefeller konnte nun jede Bewegung eines Öltropfens kontrollieren – von dem Moment an, wo er in Pennsylvania an die Erdoberfläche gepumpt wurde bis zu dem Zeitpunkt, an dem ein kalifornischer Farmer eine Gallone Petroleum bei einer der örtlichen Standard-Tankstellen kaufte.

In den neunziger Jahren zog sich Rockefeller, obwohl erst in den Fünfzigern, von den Tagesgeschäften bei der Standard Oil Company zurück. Er folgte damit dem Rat seines Arztes, der ihn bei dieser Arbeitsbelastung vor einem körperlichen Zusammenbruch warnte. Er und die anderen Teilhaber seiner Generation zogen sich nach und nach aus dem Geschäft zurück und legten die Geschäfte in die Hände der nächsten Generation, alles angestellte Führungskräfte mit nachgewiesener Managementkompetenz.

Rockefeller widmete den größten Teil seines restlichen Lebens sozialen Aufgaben. Er gründete 1892 an der University of Chicago eine Stiftung und investierte Millionen in weltweite Erziehungs- und Gesundheitsprojekte. Dieses soziale Engagement konnte aber die Neider nicht von öffentlicher Kritik an der Person Rockefellers und den Marketingmethoden seines Konzerns abhalten. Journalisten und Boulevardpresse hielten ihn für gierig und hoffnungslos korrupt. 1888 nannte ihn die New Yorker *World* „Vater der Konzerne, König der Monopolisten und Zar des Ölgeschäfts". Die Sensationsjournalistin Ida Tarbell schrieb, nachdem sie ihn einmal in der Kirche getroffen hatte: „Es war etwas ganz unbeschreiblich Abstoßendes an ihm."

Ein „unruhiger" Ruhestand

Große Firmen in anderen Branchen folgten dem Beispiel dieses ungeheuer erfolgreichen Konzerns und kopierten diese neue

Organisationsform. Schon bald hatte eine nur kleine Gruppe von Unternehmen die wichtigen Schlüsselindustrien wie Stahl, Telefone oder Tabak in der Hand. Als Reaktion auf diese illegalen Monopolbildungen leiteten die Behörden Präsident Theodore Roosevelts eine Reihe von Maßnahmen gegen Standard und andere große Unternehmenszusammenschlüsse ein. Als bekanntester und mächtigster Konzern zog Standard in besonderem Maße das öffentliche Interesse auf sich. Im Juni 1906 verkündete Herbert Hadley, Generalbundesanwalt von Missouri, daß er aufgrund eines Sonderberichts des Wirtschaftsministeriums, in dem die Größe und Macht Standard Oils dokumentiert seien, beabsichtige, den Konzern anzuklagen. Das komplexe Netzwerk von 8.800 Meilen Pipelines und 68,2 Millionen Barrel Rohöl, die jährlich in die Raffinerien gelangten, sprach für sich.

In der neuen, reformorientierten Regierung konnte Standard die Schwierigkeiten nicht mit Bestechungsgeldern lösen. Die ständigen gerichtlichen Auseinandersetzungen verlangten allmählich ihren Tribut. Im Sommer 1907 verurteilte ein Bundesgerichtshof die Tochtergesellschaft von Standard in Indiana wegen ihrer langjährigen Praxis, von Eisenbahngesellschaften Rabatte zu verlangen. Eine Strafe in Höhe von 29 Millionen Dollar mußte gezahlt werden. Obwohl die Rechtsanwälte von Standard mit Erfolg gegen dieses Urteil Berufung einlegten und eine Neuverhandlung vor dem Berufungsgericht durchsetzten, verlangte Frank Kellogg, ein speziell von Roosevelt ernannter Ankläger, im Mai 1908 die Auflösung von Standard New Jersey, der „Konzernmutter". Während die Anwälte von Standard den Fall bis zum Obersten Gerichtshof durchboxten, fällte das Gericht unter Vorsitz von Oberrichter White am 15. Mai 1911 das Urteil gegen den Konzern. In einer ausführlichen Urteilsbegründung stellte der Oberste Gerichtshof fest, daß Standard einen „maßlosen" Konzern darstelle, und ordnete die Auflösung des Zusammenschlusses aus 38 Tochtergesellschaften an. Man verlangte, daß die Aktionäre die ursprünglichen Aktien zurückerhalten sollten, die sie später gegen Konzernaktien eingetauscht hatten.

Das Vorgehen gegen den Konzern ließ Rockefeller noch reicher werden. Er besaß immerhin 244.500 der insgesamt 983.383 Aktien. Als ehemaliger Aktionär der vielen Firmen, die zu Standard gehörten, sah sich Rockefeller plötzlich im Besitz eines gestreuten Aktienportfolios verschiedener Ölunternehmen. Unabhängig von der Konzernmutter, gediehen viele der jetzt selbständigen Tochtergesellschaften weiter. Die Aktien vieler ehemaliger Konzerntöchter waren am Aktienmarkt sehr gefragt. Viele Investoren wollten Anteile dieser gut geführten Unternehmen besitzen. Allan Nevins, der unermüdliche Biograph Rockefellers, schätzte 1913 dessen Vermögen auf 900 Millionen Dollar.

Da sich Rockefeller nicht mehr länger an der Führung des größten Industrieunternehmens des Landes beteiligen konnte, verbrachte er den größten Teil seiner beiden letzten Lebensjahrzehnte in Pocantico Hills und The Casements, seinem Haus in Ormond in Florida. Dort spielte er Golf und widmete sich dem Garten. Er starb 1937 hochbetagt im Alter von 97 Jahren.

Reengineering der Raffinerie

Gleich nach der Gründung des Standard-Oil-Konzerns 1882 machten sich die Komitees an die Rationalisierung und Konsolidierung der weitverzweigten, manchmal auch völlig unterschiedlichen Geschäftsbereiche von Standard. Sie suchten nach Größenvorteilen und einer operativen Effizienzsteigerung. Kostensenkungen waren der einzige Weg, die Gewinnmargen in jener Zeit aufrechtzuerhalten, in der die Ölförderung rapide zunahm. Ein Ansatzpunkt war die große Zahl an Raffinerien, die Standard über die Jahre erworben hatte. Zwischen 1882 und 1885 reduzierte der Konzern die Zahl seiner Raffinerien von 53 auf 22, mottete veraltete technische Einrichtungen ein, steigerte aber gleichzeitig die Produktivität der restlichen. 1885 produzierten drei Raffinerien Standards in Bayonne (New Jersey), in Philadelphia und in Cleveland – die drei größten der Welt – fast 40 Prozent der Gesamtproduktionsmenge von 17,7 Millionen Barrel. In diesem Jahr lag die gesamte amerikanische Produktionsquote bei 21,5 Millionen Barrel.

Diese Konsolidierung verstärkte den Marktvorteil von Standard gegenüber den wenigen verbliebenen unabhängigen Gesellschaften noch mehr. Mitte der achtziger Jahre hatte die erfolgreichste selbständige Raffinerie die durchschnittlichen Kosten pro Gallone auf 1,5 Cent gesenkt. Gleichzeitig gingen die Durchschnittskosten pro Gallone bei Standard von 0,543 Cent im Jahr 1882 auf 0,452 Cent im Jahr 1885 zurück. In demselben Zeitraum verdoppelte sich fast der Gewinn, er stieg von 0,53 Cent pro Gallone 1882 auf ein Cent pro Gallone 1885.

John Pierpont Morgan, Wall-Street-Bankier

4.
J.P. Morgan rettet das Land

Im Herbst 1907 stand die Zukunft des amerikanischen Finanzsystems auf dem Spiel. Der schweren Rezession von 1903 war eine Phase stabilen Wachstums gefolgt, die dann in eine Zeit hektischer Spekulationen mündete. Als sich das Wirtschaftswachstum verlangsamte, gerieten die Konzerne in eine ernste Finanzierungskrise. Im Oktober war ein New Yorker Finanzier bei einem tollkühnen Übernahmeversuch der United Copper Company gescheitert, was zum Zusammenbruch eines größeren Konzerns und zweier Brokerhäuser führte. Dadurch wurde ein Run auf die New Yorker Trusts und Banken ausgelöst, und besorgte Anleger standen auf den Straßen Schlange, um ihre Ersparnisse zu retten. Da Geld und Kredite plötzlich knapp waren, wurden ehrgeizige Finanzleute ruiniert, und sogar die größten und bedeutendsten Institutionen – einschließlich der New Yorker Börse – hatten Schwierigkeiten, für die Abwicklung ihrer Tagesgeschäfte die notwendigen Mittel zusammenzukriegen. Da es kein staatliches Instrumentarium zur Bekämpfung der Finanzkrise gab, mußten die Behörden hilflos zusehen.

Zu diesem Zeitpunkt betrat die einzige Person die Bühne, die die Situation retten konnte: John Pierpont Morgan. Als herausragender Unternehmensstratege der Nation, als mächtigster Finanzier und einflußreicher Mann hinter U.S. Steel und General

Electric beendete Morgan seinen Halbruhestand und bemühte sich, ein krisengeschütteltes System wieder in Ordnung zu bringen. Ende Oktober und Anfang November 1907 versammelte der 70jährige Wall-Street-Veteran eine Gruppe prominenter Banker in seiner Privatbibliothek – ein informelles „Rettungskommando" war geboren. Immer wieder gelang es ihm, in nur wenigen Stunden riesige Geldsummen aufzutreiben, um Institutionen wie die New Yorker Börse und die Stadtverwaltung von New York am Leben zu erhalten. In letzter Minute überzeugte Morgan die Chefs der Trusts von der Gründung eines Rettungsfonds zur Unterstützung ihrer in Schwierigkeiten geratenen Kollegen.

Morgans Führungsrolle während dieser Krise stellte den krönenden Abschluß einer Karriere dar, die vom Bürgerkrieg bis zur Präsidentschaft von Woodrow Wilson andauerte. „Es war der absolute Höhepunkt von Einfluß und Begeisterung für Morgan", schrieb sein Biograph Lewis Corey. Durch sein Tun wurde die Finanzwelt von der Notwendigkeit einer zentralen Regierungsbehörde – der Federal Reserve – überzeugt, die sich nach seinem Beispiel um die Stabilität des modernen Bankwesens und der Finanzmärkte kümmern sollte.

Die Vertrauenskrise im Herbst 1907

J.P. Morgan wurde 1837 geboren. Er stammte von walisischen Vorfahren ab, die 1636 in die Massachusetts Bay Colony gekommen waren. Sein Vater, Junius Spencer Morgan, war ein international bekannter Bankier und hatte für eine erstklassige Ausbildung seines Sohnes und dessen glatten Einstieg in die Finanzwelt gesorgt. Die Karriere von J.P. begann 1856. In den darauffolgenden vier Jahrzehnten setzte er seine Bankerfahrungen ein, um weite Teile der Eisenbahnindustrie zu kontrollieren. Seine Anteile streuten so weit, daß die *New York Tribune* 1895 schrieb: „Es gibt derzeit nur wenige Wall-Street-Geschäfte, an denen J.P. Morgan & Co. nicht irgendwie beteiligt ist." Aber Morgans Führungsqualität war noch beeindruckender als seine Beteiligungen. Um die Jahrhundertwende hatte Morgan immer wieder bewiesen, daß er Ordnung in das Chaos bringen und ganze Industriebereiche nur durch seine starke Persönlichkeit beeinflussen konnte.

Im Herbst 1907 machte er sich auf den Weg nach Richmond in Virginia, um an dem dreiwöchigen Episkopalkonvent teilzunehmen, der alle drei Jahre stattfand. Er bezog eine Villa, die ihn allein 5.000 Dollar Miete für die drei Wochen kostete. Trotz dieser feudalen Umgebung hatte er keine Ruhe. Immer wieder bekam er beunruhigende Telegramme aus New York, die vor kommenden Finanzkatastrophen warnten. „Wenn während des Essens ein Telegramm kam, öffnete er und las es; dann legte er gewohnheitsgemäß beide Hände auf den Tisch, blickte mit festem Blick starr vor sich hin und dachte wenige Minuten lang ganz konzentriert nach", erinnerte sich später Bischof William Lawrence, ein anderer Teilnehmer des Konvents.

Morgan gab zum Teil Theodore Roosevelt, dem großen Gegner der Trusts, die Schuld am schlechten Wirtschaftsklima. In den vorausgegangenen Jahren hatte die Roosevelt-Regierung eine offen feindselige Haltung gegenüber vielen Großunternehmen eingenommen, die von Morgan und seinen Verbündeten beherrscht wurden. Der Präsident war der Hauptgegner von Industriezusammenschlüssen im Land, während die Bankiers ihre Hauptverfechter waren. Im August 1907 wetterte der Präsident von der Kanzel herab gegen die „reichen Verbrecher". Morgan, der überzeugte republikanische Finanzexperte, ärgerte sich über diese offene Kriegserklärung des Präsidenten. „Ich stimmte sogar für die Demokraten, um diesen Kerl aus dem Weißen Haus zu kriegen", sagte Morgan einmal. „Wenn er seinen Willen durchgesetzt hätte, dann hätten wir uns alle in die Karten blicken lassen müssen."

Auf Roosevelts Drängen hin hatte die Regierung die Geschäftspraktiken von Rockefellers riesiger Standard Oil Company untersucht. Ein Gericht hatte Standard zu einer Zahlung von 29 Millionen Dollar verurteilt, nachdem man herausgefunden hatte, daß das Unternehmen illegal Nachlässe von den Eisenbahngesellschaften erpreßt hatte. Das Urteil sowie Pläne für eine stärkere Regulierung durch eine ermutigte zwischenstaatliche Handelskommission setzten die marktführenden Eisenbahnaktien unter Druck. Zunehmende Anzeichen für eine weitverbreitete Kreditkrise strapazierten den Markt noch zusätzlich. Als sich die überhitzte Wirtschaft wieder etwas abgekühlt hatte, wurde es sogar für erstklassige Unternehmen schwer, Geld auf den Kapitalmärkten aufzutreiben. Die *Dun's Review* berichtete, daß 8.090 Unternehmen mit Gesamtverbindlichkeiten von mehr als 116 Millionen Dollar in den ersten neun Monaten des Jahres 1907 in Konkurs gingen.

Aber jeder Großbrand wird durch einen Funken verursacht, und der Wall-Street-Spekulant F. Augustus Heinze lieferte ihn. Heinze war Präsident der Mercantile National Bank und besaß Anteile an einigen anderen Unternehmen. Am Montag, den 14. Oktober, stieg an der Börse der Preis von United-Copper-Aktien innerhalb von 15 Minuten von 37 7/8 Dollar auf 60 Dollar. Aber als der Übernahmeversuch von Heinze am Dienstag, den 15. Oktober, scheiterte, fielen die Aktien um 35 Punkte. Am nächsten Tag fielen sie sogar bis auf zehn. Der schockierende Kurssturz der United-Copper-Aktien drückte die Aktienpreise auf ein Vierjahrestief. Aber der gescheiterte Übernahmeversuch führte zu einem noch größeren Problem: Die Mercantile National Bank mußte schließen. Die beiden Brokerfirmen, bei denen Heinze sein Geld angelegt hatte und die an der gescheiterten Übernahme beteiligt waren, nämlich Gross & Kleeberg und Otto C. Heinze & Company, schlossen ebenfalls ihre Türen.

Die fallenden Aktienpreise brachten viele andere Finanzinstitutionen, vor allem die Trusts, in Schwierigkeiten. Die Geschäftsbanken hielten normalerweise 25 Prozent ihrer Kontokorrentverbindlichkeiten als Rücklagen. Die Trusts allerdings hielten sich nicht an solche Vorgaben. Außerdem zahlten die Trusts oft gefährlich hohe Zinsen, um Einlagen anzulocken. Und da sie Geld gegen Wertpapiere im Depot verliehen, bedeutete der drastische Fall der Aktienpreise, daß sie über immer geringere Sicherheiten für die Kredite verfügten. Den Anlegern wurde klar, daß den Trusts das Bargeld ausging, und sie waren um die Sicherheit ihres Geldes besorgt.

Obwohl sich Morgan über die Gerüchte von den Schwierigkeiten der Trusts Gedanken machte, blieb er in Richmond. Sein Status hätte bei einer hastigen Rückkehr nach New York unter Umständen eine noch größere Panik ausgelöst. „Wir waren der Meinung, daß es falsch gewesen wäre, wenn er Angst angesichts der Situation gezeigt hätte, und daß er wie geplant zurückkehren sollte", erinnerte sich später sein Berater George Perkins.

Samstag, 19. Oktober: Morgan wird aktiv

Die Verwirrung in New York resultierte teilweise aus der Tatsache, daß es keine privatwirtschaftliche oder staatliche Behörde gab, die eine Reihe von Schutzvorkehrungen für die Finanzmärkte geboten hätte. Und seitdem Andrew Jackson in den dreißiger Jahren des 19. Jahrhunderts die Bank der Vereinigten Staaten geschlossen hatte, fehlte dem Land eine Zentralbank zur Kontrolle der Geldmenge und Aufsicht der Bankgeschäfte. Während periodischer Bankkrisen, vor allem 1873 und in den neunziger Jahren, gab es Forderungen nach einer stärkeren Beteiligung des Bundes. Aber immer verstummten die Stimmen wieder, wenn sich die Banken oder andere Finanzinstitute erholt hatten. Obwohl jeder Staat eine ganze Reihe von Bankgesetzen hatte, war keine Regierungsbehörde – auf Bundes-, Staats- oder lokaler Ebene – ermächtigt, zur Unterstützung bei finanziellen Schwierigkeiten einzugreifen, selbst für den Fall, daß mehrere Institutionen gleichzeitig betroffen wären.

Am Wochenende wurde die Situation so ernst, daß Morgan handeln mußte. Er hatte es mit einem doppelten Problem zu tun. *The Wall Street Journal* schrieb am Montag, den 21. Oktober, als die Aktien auf ihren niedrigsten Stand seit 1903 gefallen waren: „Man könnte sagen, daß wir außer mehr Geld auch mehr Vertrauen brauchen." Deshalb änderte Morgan seine Einstellung: „Die in New York haben Schwierigkeiten: Sie wissen nicht, was sie tun sollen, und ich auch nicht, aber ich gehe zurück", teilte er Bischof Lawrence mit. Er hatte Erfahrungen als Vermittler zwischen Unternehmen. Einmal hatte er ernste Meinungsverschiedenheiten dadurch ausgeräumt, daß er die konkurrierenden Chefs der Eisenbahngesellschaften auf seiner 50 Meter langen Yacht, der Corsair, so lange zusammen festhielt, bis sie eine Übereinkunft getroffen hatten. Im Grunde war Morgan sehr ordnungsliebend. Er war Bankier, kein Spekulant. So eilte Morgan zurück nach Manhattan, um die Hauptrolle in einem mehraktigen Drama zu übernehmen.

Nach seiner Rückkehr aus Virginia bestellte er James Stillman von der National City Bank und George F. Baker von der First National Bank in seine Bibliothek, die mit dem gleichen roten Brokat wie im Chigi Palast in Rom tapeziert war. Später sollten sich dem Dreiergespann noch Morgans Partner George Perkins und die beiden jungen Finanzexperten Benjamin Strong und Thomas Lamont von Bankers Trust anschließen. Außerdem erschienen auch noch John D. Rockefeller, der Eisenbahnvorstand Edward Harriman und der Finanzier Jacob Schiff. Morgan war nicht nur die Hauptfigur dieses eilig inszenierten Dramas, er war der Regisseur. Wie George B. Cortelyou, der Finanzminister, später sagte: „Er wurde von den Geschäftsleuten, die sich freiwillig zusammengefunden hatten, um etwas gegen die Notlage zu unternehmen, einheitlich als führende Kraft angesehen. ... Man erwartete von ihm Anleitung und Führung."

Morgan hatte ähnliche Rollen schließlich schon mindestens zweimal vorher gespielt und war der Regierung bei gescheiterten Versuchen zur Überwindung finanzpolitischer Krisen zur Seite gesprungen. 1877 hatte sich der Kongreß vertagt, ohne Zahlun-

gen an die Soldaten anzuweisen. Morgan bot die monatlich erforderlichen 550.000 Dollar für die Soldzahlungen der Frontsol-
daten an und führte ein Auszahlungssystem ein. 1895 kam er der
Regierung erneut zu Hilfe, als die amerikanischen Goldreserven
einen beängstigenden Tiefstand erreicht hatten. Damals reiste er
in einem privaten Eisenbahnwaggon nach Washington und gab
folgende Erklärung ab: „Ich bin hergekommen, um den Präsidenten zu sprechen, und ich werde so lange warten, bis ich ihn
sehe." Der Bankier und Präsident Grover Cleveland trafen am
folgenden Tag zusammen. Bald danach traf Morgan Vorkehrungen, um Gold im Wert von 50 Millionen Dollar aus Europa über
den Verkauf von Industrieschuldverschreibungen sicherzustellen, und bewahrte damit das Finanzministerium vor einer Zahlungsunfähigkeit. Ende 1907 war klar, daß Morgan wieder ein-
springen mußte. Bei der zugespitzten Finanzkrise trat die
Unfähigkeit der Bundesregierung offensichtlich zutage, denn der
Kongreß war in Ferien und Präsident Roosevelt auf Bären- und
Hirschjagd in den Wäldern von Louisiana. Gleichzeitig trieben
sich die „Bären" frei und sicher auf der Wall Street herum.

Montag, 21. Oktober:
Der Run auf die Trusts verursacht
ein Chaos

Anders als im Falle der beiden vorher überwundenen Krisen gab
es für die gegenwärtige Situation keine einfache Lösung. Charles
T. Barney, ein bekannter Finanzier, der die gewaltige Knickerbocker Trust Company leitete, war bei Heinze und an der ruinierten Mercantile National Bank beteiligt. Erregte und besorgte
Anleger, die befürchteten, daß Knickerbocker das gleiche Insol-
venzschicksal wie Mercantile bevorstünde, standen, ausgerüstet
mit leeren Beuteln und Taschen, vor dem Hauptbüro Knickerbockers am Montag morgen Schlange, um ihren Teil der Einlagen in Höhe von 60 Millionen Dollar zu retten. „Der größere

Teil der Menge waren offensichtlich Menschen mit kleinerem Vermögen, Büroangestellte und Vertreter der Firmen aus dem Distrikt", schrieb die *New York Times*.

Währenddessen fragte sich Morgan, dessen eigene Firma bei Knickerbocker Geld angelegt hatte, ob diese Anleger schon das ganze sichtbare Ausmaß der Katastrophe darstellten. In den letzten Jahren seiner Karriere spielte man oft im Scherz auf die hellseherischen Fähigkeiten des einflußreichen Bankiers an. Aber jetzt übte er wirklich Macht über Leben und Tod der krisengebeutelten Trusts à la Knickerbocker aus. In einer Marathonsitzung hörte sich Morgan die dringlichen Einwände der Vertreter Knickerbockers an. Obwohl sich Barney und Morgan persönlich kannten und Morgan faktisch an Knickerbocker beteiligt war, stufte das ad hoc gebildete Rettungskomitee Knikkerbocker als hoffnungslosen Fall ein. „Ich kann nicht weiterhin den Sündenbock für alle spielen", sagte Morgan. „Irgendwo gibt es Grenzen." Am Dienstag um 12.30 Uhr machte Knickerbocker Konkurs, nachdem vorher acht Millionen Dollar an die Einleger ausbezahlt worden waren.

Mittwoch, 23. Oktober:
Morgan beendet den Aderlaß

Als Morgan nachmittags das Büro verließ, versuchte er, die nervöse Öffentlichkeit etwas zu beruhigen. „Wir tun alles, was wir können und so schnell wir können, aber es gibt noch kein endgültiges Ergebnis", teilte er mit. Trotzdem wurde am Mittwoch, den 23. Oktober, die Trust Company of America, die ein großes Aktienpaket an Knickerbocker hielt, von einem ähnlichen Schicksal heimgesucht. Gleich nach neun Uhr morgens versammelten sich mehr als 1.000 Einleger vor den Büros der Bank in der Wall Street. Die Straßen des Finanzviertels waren voll von Menschen. Am frühen Morgen hatte Oakleigh Thorne, der Präsident des Trusts, versucht, die Menge zu beruhigen: „Wir haben genügend Bargeld vorrätig und sehen die Situation gelassen." Aber die Öffentlichkeit war nicht beruhigt, vor allem deshalb nicht, weil auch bekannte Persönlichkeiten in Panik gerieten. Thomas McAvoy, der Chef von Tammany Hall, änderte öffentlich seine Meinung. Wenige Tage vorher hatte er einige 1.000 Dollar in der Trust Company angelegt. Um elf Uhr vormittags versicherte er Freunden, daß er „volles Vertrauen in das Institut" habe. „Später änderte Mr. McAvoy allerdings seine Meinung und stellte sich auch in die Schlange", wie die *New York Times* berichtete.

Gegen Mittag kämpfte sich Oakleigh Thorne durch die Menge zum Büro von Morgan in die Wall Street 23 und bat aus Liquiditätsgründen um eine Bargeldspritze von 2,5 Millionen Dollar. Morgan steckte in einem Dilemma. Er war skeptisch gegenüber den Trusts, die seiner Meinung nach von Natur aus auf wackligen Füßen standen. Wenn er über die Unterstützung der Trusts sprach, dann war seine Haltung folgende: „Warum sollte ich mich einmischen? Meine Angelegenheiten sind vollkommen in Ordnung." Aber schließlich gab er doch widerwillig dem öffentlichen Druck nach. Er sah ein, daß weitere Konkurse wie der von Knickerbocker nicht nur große und kleine Anleger ruinierten, sondern zu Anstürmen auf Banken und generell zu Mißtrauen und Abzug des Kapitals aus den wenigen gesunden Firmen führen würden.

Morgan verlangte von Thorne Sicherheiten. Strong erinnerte sich später folgendermaßen daran: „Mr. Morgan hatte einen Block vor sich und rechnete. Und als ihm die Sicherheiten für eine Vorauszahlung ausreichten, beauftragte er Mr. Stillman damit, die National City Bank anzurufen, um Zahlungsmittel in der bestimmten Höhe herüberzuschicken."

Nach genauer Prüfung der Situation kam er schließlich zu dem Ergebnis, daß die Trust Company of America es wert sei, gerettet zu werden. „Damit ist dieser Fall erledigt", erklärte Morgan. Um drei Uhr nachmittags schickte er dann genügend Bargeld, damit der Trust geöffnet bleiben konnte. Später kam ein Dienstbote aus Morgans Büro mit einer großen Kiste, gefolgt von Männern mit Koffern voller Bargeld und Wertpapieren. Die Rettungsaktion dauerte die ganze Nacht hindurch, weil besorgte Anleger Schlange standen. Unter Morgans Leitung stimmte eine Gruppe von Banken der Gründung eines Fonds von zehn Millionen Dollar zur Rettung des kranken Trusts zu. Die Trust Company of America blieb zahlungsfähig, verlor aber 47,5 Millionen Dollar.

Das improvisierte Vorgehen verschaffte den Trusts zwar eine kurze Atempause, bot aber keine langfristige Lösung. Die Sache wurde noch dadurch verschlimmert, daß die Präsidenten der Trusts sich nicht gegenseitig helfen wollten. Deshalb hielten Morgan und seine Kollegen es für nötig, einen Rettungsfonds zu gründen, um die anhaltende Krise zu überwinden.

Als sich Washington schließlich des Ernstes der Lage bewußt war, kam der Finanzminister George Cortelyou am Dienstag nacht auf Ersuchen von Morgan nach New York. Um 0.30 Uhr stattete Morgan ihm einen Höflichkeitsbesuch ab, der sich als voller Erfolg erwies. Am nächsten Tag bot Cortelyou die begrenzte Unterstützung der Regierung an. Am Mittwoch versprach Cortelyou Regierungsgelder in Höhe von 25 Millionen Dollar für ausgewählte New Yorker Banken, die mit dem Kapital die in Schwierigkeiten geratenen Banken und Trusts stützen sollten.

Donnerstag, 24. Oktober: Eine Kreditkrise bedroht die New Yorker Börse

Trotz der starken Finanzspritze von seiten der öffentlichen Hand gab es am Donnerstag neue Anstürme auf die Banken. Die Hamilton Bank in New York und zwei Banken in Brooklyn wurden vorübergehend geschlossen. Obwohl die Banken zahlungsfähig waren, hielten die Menschen ihr Geld zu Hause unter der Matratze für sicherer angelegt als im Tresorraum einer Bank.

Banken und Trusts verfügten nicht über das notwendige Bargeld, um alle Einlagen auszahlen zu können. Deshalb kündigten sie die laufenden Kredite und gewährten keine neuen, und so verschärfte sich die Krise noch weiter.

Das nächste Beinaheopfer dieser Kreditverknappung war die New Yorker Börse. Börsenmakler und Devisenhändler wickelten über Tagesgelder ihre Geschäfte ab. Der Tagesgeldsatz – der Satz also, zu dem Institute und Privatpersonen sich gegenseitig unbefristet Kredite gewährten – lag normalerweise bei sechs Prozent. Und auch als verzweifelte Kreditnehmer sogar 100 Prozent anboten, fanden sich keine Kreditgeber.

Kurz vor Mittag ging der Präsident der New Yorker Börse, Ransom H. Thomas, hinüber zur Wall Street 23 und teilte Morgan mit, daß er angesichts fehlender Mittel nicht bis zum offiziellen Schluß um 15 Uhr offen halten könne. Die Börse müßte geschlossen werden. Morgan war sich sofort der Folgen für die Öffentlichkeit bewußt. „Sie darf keine Minute früher geschlossen werden", erklärte er. Er rief schnell die Chefs der größeren Banken der Stadt zusammen und teilte ihnen mit, daß sie innerhalb von zehn Minuten mit 25 Millionen Dollar erscheinen sollten. Kurz nach 14 Uhr, als verkündet wurde, daß knapp 25 Millionen Dollar zusammen wären, ertönten Beifallsrufe aus dem Börsensaal.

In *The Wall Street Journal* war in einem Leitartikel zu lesen: „Die Aktion von J.P. Morgan & Co., der Börse 25 Millionen Dollar zu zehn Prozent anzubieten, zählte zu den Ereignissen des Tages, die verdeutlichten, daß die finanzstärksten Unternehmen an der Wall Street die Situation genau beobachteten und bereit standen, um den Banken die notwendige Unterstützung zukommen zu lassen."

25. bis 27. Oktober:
Ein anstrengendes Wochenende

Die ganze Woche über pendelte Morgan zwischen seinem Büro in der Wall Street und seiner Bibliothek und war 24 Stunden lang erreichbar. „Er schien die Menschenmengen auf der Straße überhaupt nicht wahrzunehmen, so sehr war er mit seinen Gedanken beschäftigt", schrieb der Bankier Herbert Satterlee. „Er verkörperte Macht und Entschlossenheit."

Als Anführer der Rettungsaktion wurde jeder Schritt von Morgan beobachtet und all seine Äußerungen schriftlich festgehalten. Morgan wog ungefähr 90 Kilogramm und war 1,80 Meter groß. Er hatte Ansätze einer Glatze, einen Hängeschnurrbart, eine auffallend große Nase – eine vollendete Zielscheibe der Karikaturisten. Bemerkungen wie „Ich schulde der Öffentlichkeit nichts" machten ihn nicht gerade beliebter.

Unter den damaligen Umständen war Morgan allerdings gezwungen, an die Öffentlichkeit zu treten. Am Nachmittag des 24. Oktober, einem Donnerstag, versuchte er, die Öffentlichkeit zu beruhigen. „Wenn die Menschen ihr Geld in den Banken lassen, ist alles in Ordnung", sagte er. Über das Wochenende wurden die Pfarrer gebeten, diese Botschaft von der Kanzel in ihren Gemeinden zu verbreiten. Am Samstag rief der Rabbi Joseph Silverman der Synagoge Emmanu-El in der Fifth Avenue zum Optimismus auf und drängte die Menschen, doch ihre Habgier abzulegen und ihr Geld nicht zu horten. Am Sonntag hielt Erzbischof Farley eigens für Geschäftsleute eine Messe in der katholischen Kirche St. Raphael ab. „Ich habe Vertrauen in die Zahlungsfähigkeit der Banken", verkündete er. Aber am Sonntagabend warteten trotzdem wieder viele besorgte Menschen in strömendem Regen vor der Lincoln Trust Company in der Fifth Avenue in der Nähe der 25. Straße, um ihr Geld abzuheben.

28. bis 29. Oktober: Morgan verhindert den Konkurs der Stadt New York

Am Montag, den 28. Oktober, kam es zu einer erneuten Krise. Der Stadt New York fehlten 30 Millionen Dollar, um die Gehälter für Lehrer und andere Angestellte zu bezahlen. Die Stadt hatte bisher dazu regelmäßig kurzfristige Staatsanleihen ausgegeben. Aber angesichts der Lage auf dem Finanzmarkt und des allgemeinen Liquiditätsengpasses konnte die Stadt keine Kredite aufnehmen.

Statt an den Staat oder die Bundesregierung wandte man sich an die faktische Autorität: an Morgan. Bürgermeister George B. McClellan und andere Beamte suchten ihn in seiner Bibliothek auf und teilten ihm mit, daß die Stadt kurz vor der Zahlungsunfähigkeit stünde.

Wenn die größte Stadt der Nation pleite machte, würde dies eine verheerend schlechte Nachricht für die Märkte und die Nation sein. Morgan reagierte sofort. Am Dienstag, den 29. Oktober, organisierte er ein Bankenkonsortium, um für 30 Millionen sechsprozentige Staatsanleihen der Stadt zu kaufen, mit einer Option auf den Kauf weiterer 20 Millionen. Dann veranlaßte Morgan die Banken, ihre Anleihen einer Buchungsstelle zu übertragen, die Zertifikate im Wert von 30 Millionen Dollar ausgab, die über die Anleihen gedeckt waren.

Diese Zertifikate wurden unmittelbar den Konten der Stadt, bei der National City Bank und der First National Bank, gutgeschrieben. Mit diesem Fonds konnte die Stadt ihren dringlichsten Finanzbedarf decken und ihren allgemeinen Verbindlichkeiten nachkommen.

1. bis 4. November: Morgan organisiert einen Hilfsfonds

Am Mittwoch und Donnerstag schien die Panik nachzulassen. Trotz der Unterstützung der Trust Company of America und einiger anderer kleinerer Trusts standen viele kapitalschwache Institute weiterhin am Rande des Ruins. Morgan und seine Kollegen beschlossen, daß die solventen Firmen einen Rettungsfonds einrichten sollten. Über das Wochenende versammelten sich die Präsidenten der Trusts im Westzimmer der Bibliothek, während die Bankiers und andere Berater von Morgan nächtliche Sitzungen in dem großzügig ausgestatteten Ostzimmer abhielten.

„Einen unpassenderen Tagungsort für besorgte Banker konnte man sich kaum vorstellen", schrieb Morgans Partner Thomas Lamont. In diesem Finale zwang Morgan die Trustpräsidenten zur Unterschrift unter einen Kredit in Höhe von 25 Millionen Dollar für die Trusts. Am Montag morgen, den 4. November, um 4.45 Uhr gaben die erschöpften Banker nach und setzten ihre Unterschrift unter den Vertrag. „Hier unten, King", sagte Morgan zu Edward King, dem Sprecher der Trustpräsidenten. „Und hier ist der Füller."

In diesen spannenden letzten Stunden war Morgan auch an Manövern beteiligt, die einer Firma direkte Vorteile brachten, an der er beteiligt war. Als er Vorkehrungen getroffen hatte, um Moore & Schley aus der Klemme zu helfen, einem vor dem Ruin stehenden Brokerhaus, sorgte Morgan auch dafür, daß U.S. Steel einen der Haupt-Aktiva von Moore & Schley kaufen konnte: ein großes Aktienpaket an der Tennessee Coal & Iron Company.

Mittwoch, 6. November:
Die Krise ist beigelegt

Am Mittwoch registrierte der Markt erste Gewinne, die die Panik endgültig beendeten. Noch am gleichen Tag bewilligte die Bundesregierung neues Fremdkapital in Form von Anleihen mit niedrigen Zinsen, deren Erlöse auf die Banken verteilt werden sollten. Das Gold, das auf dem Höhepunkt der Krise aus Europa angefordert worden war, traf nach und nach ein. Gold im Wert von sieben Millionen Dollar war bereits da, und die Lusitania war gerade mit einer Ladung Gold im Wert von zehn Millionen Dollar eingelaufen.

Der Vorhang war am Ende des letzten Aktes gefallen, und großer Beifall brauste für den Regisseur auf. „Morgan hat die verzwickte Situation wieder in Ordnung gebracht", verkündete eine Schlagzeile. Auch der Kommentar in *The Wall Street Journal* war ganz überschwenglich: „Nichts in der Geschichte der Wall Street war so bedeutsam und dramatisch wie die Tages- und Nachtsitzungen in der Bibliothek von Mr. Morgan, dem führenden Finanzgenie an der Wall Street. ... Er war der Mann der Stunde, der unangefochtene Führer, der die Wirtschaft des Landes vor einer Katastrophe bewahrte."

Eine Ära geht zu Ende,
und Morgan setzt sich zur Ruhe

Nach dieser Panik ging Morgan in den Ruhestand, aber nach seinem Plan wurden weitere Sicherheitsmaßnahmen ergriffen. Politiker und Bankiers sahen die Notwendigkeit, daß die Regierung eine stärkere Rolle bei der Integration des Finanzsystems übernehmen muß. „Es mußte etwas geschehen", sagte Senator Nelson W. Aldrich. „Wir haben vielleicht nicht immer Pierpont Morgan, wenn wir in eine Bankkrise geraten."

Das Ergebnis langer Überlegungen war der Aldrich-Vreeland Currency Act, im Mai 1908 vom Kongreß verabschiedet. Diese Maßnahme sollte dazu dienen, künftige Geldverknappungen dadurch zu verhindern, daß die nationalen Banken unter Aufsicht des Finanzministeriums Schuldverschreibungen ausgeben konnten, die nicht durch Bundesanleihen gedeckt waren. Das Gesetz sah auch einen Währungsausschuß vor, der den Kongreß bei der staatlichen Währungspolitik beraten sollte. Dieser gesetzgebende Prozeß führte schließlich 1913 zum Federal Reserve Act, der ein zwölfstufiges Federal Reserve System unter Führung des Federal Reserve Board, des Zentralbankrates, einführte. Durch die Kontrolle der staatlichen Geldmenge und die Sicherstellung der Kapitalverfügbarkeit für die Banken gewährte nun die Federal Reserve die Sicherheit, die 1907 nur Morgan bieten konnte.

Obwohl die Führungsetage von J.P. Morgan & Company großen Einfluß auf die Gesetzgebung hatte, konnte Morgan die Verabschiedung des Federal Reserve Act nicht mehr erleben. Mitte Februar 1913 wurde Morgan in Ägypten krank, reiste nach Rom und mietete sich im dortigen Grand Hotel ein, wo er am 31. März im Alter von 75 Jahren verstarb. Morgan hinterließ ein geschätztes Vermögen von 68,3 Millionen Dollar. Sein Sohn John Pierpont Morgan Jr. übernahm das Familienunternehmen und blieb Vorsitzender der J.P. Morgan & Company bis zu seinem Tod 1943. Aber er besaß nicht das Charisma seines Vaters. *The Wall Street Journal* schrieb am 1. April 1913: „Es wird keinen Nachfolger für Morgan geben."

Eine Gelegenheit inmitten einer Krise

Während der allgemeinen Börsenpanik lehnte J.P. Morgan eine Provision für den Kredit an die Stadt New York ab. Er profitierte also nicht von der Krise. Aber er wäre nicht Morgan gewesen, wenn er sich eine gute Gelegenheit zum Profit hätte entgehen lassen, die sich ihm während des zweiten Wochenendes bot. Das Brokerhaus Moore & Schley war praktisch zahlungsunfähig. Zu seinen wertvollsten Aktiva zählten 157.000 Aktien, die die Mehrheit an der Tennessee Coal, Iron & Railroad Company (TCI), hielten, einer der wenigen noch übrig gebliebenen Konkurrenten von Morgans Riesen-Unternehmen U.S. Steel.

Hätten Moore & Schley mit diesen Aktien auf einen Schlag den Markt überschwemmt, wäre eine neue Bankkrise vorprogrammiert gewesen. Morgan legte also einen Plan vor: Die U.S. Steel Corporation sollte die stark verbilligten Aktien mit seinen eigenen hochnotierten Anleihen kaufen.

Da eine derartige Transaktion deutlich gegen die Kartellgesetze verstoßen hätte, schickte Morgan schnell zwei seiner Stellvertreter los, um sich die Einwilligung von Roosevelt einzuholen. Am Sonntagabend, den 3. November, machten sich der Industrielle Henry Frick und Elbert H. Gary von U.S. Steel nach Washington auf. Konfrontiert mit der Aussicht auf ein neues Finanzdebakel, stimmte der Präsident der Transaktion zu. Am Montag gab das Weiße Haus sein Einverständnis, daß es keine rechtlichen Schritte gegen die Übernahme unternähme. „Dieser Schritt diente ausschließlich dem öffentlichen Wohl", sagte der große Kartelljäger später. Der Finanzanalyst John Moody schätzte später die TCI-Aktien, die Morgan für 50 Millionen Dollar erworben hatte, auf ungefähr eine Milliarde Dollar. Dieses für Morgan positive Ergebnis änderte allerdings nichts an seiner generellen Meinung über Roosevelt. Als der Präsident 1909 wieder auf eine seiner legendären Safaris nach Afrika ging, sagte der Bankier: „Ich hoffe, daß der erste Löwe, dem er begegnet, seine Pflicht tut."

Henry Ford sitzend auf seiner Erfindung, Model-T, 1896

5.
Henry Ford und das T-Modell

Am 26. Mai 1927 schaute Henry Ford zu, wie das
15millionste T-Modell in seiner Fabrik in Highland
Park, Michigan, vom Band lief. Sein
„Universalauto" war der industrielle Erfolg seiner
Zeit, und deshalb sollte die anschließende Feier eigentlich ein Anlaß zur Freude sein. Aber Ford war
wahrscheinlich auch etwas traurig gestimmt an diesem Tag: Er ahnte wohl, daß sich das lange Produk-
tionsleben seines T-Modells dem Ende näherte. So
stieg er mit etwas gemischten Gefühlen mit seinem
Sohn Edsel, dem Präsidenten der Ford Motor Company, in den Wagen. Mit dem glänzenden schwarzen
Coupé fuhren beide zu dem 15 Meilen entfernt gele-
genen Entwicklungslabor. Dort parkten sie den T
neben zwei anderen Oldtimern: dem ersten Auto,
das Ford 1896 gebaut hatte, und dem Prototypen des
T-Modells. Henry drehte mit jedem Fahrzeug eine
kleine Runde: Der reichste Mann des Landes fuhr
das einfachste Auto, die Verkörperung des amerikanischen Traums von Freiheit und Mobilität für
alle.

Henry Ford erfand weder das Auto noch das
Fließband, aber er prägte beides entscheidend am
Beginn des neuen technischen Zeitalters. Tatsächlich hat niemand wie er den Lebensstil der amerikanischen Nation in diesem 20. Jahrhundert derart
grundlegend verändert. Verbesserungen am Monta-

geband erlaubten, das T-Modell immer kostengünstiger herzustellen, und so wurde der Verbrennungsmotor für den Durchschnittsbürger erschwinglich.

Das T-Modell förderte offenbar das Unabhängigkeitsgefühl der Amerikaner, die ihren Pioniergeist an die Industrialisierung verloren hatten. Aber die von Ford entwickelten Methoden einer effizienten Autoproduktion beschleunigten gerade diese Industrialisierung. Das T-Modell repräsentierte wie sein Erfinder hohe Ideale und eine enorme praktische Bedeutung.

Ein Tüftler in einer wachsenden Industrie

Eigentlich hätte Henry Ford Farmer werden sollen. Er wurde 1863 in Dearborn, Michigan, auf der Farm seiner Eltern geboren. Sein Vater war Ire, seine Mutter holländischer Abstammung. Schon als Junge zeigte Henry seine erfinderische Begabung, die er zum Bau von Maschinen nutzte, um sich die Feldarbeit etwas zu erleichtern.

Als er 13 Jahre alt war, sah er eine Dampfmaschine auf einer langen Landstraße dahinpoltern – ein Anblick, der seine Begeisterung für Maschinen weckte. Im Alter von 16 Jahren verließ er gegen den Willen seines Vaters die Farm und ging nach Detroit, wo er eine Mechanikerlehre begann. Die nächsten zwölf Jahre ging es beruflich für ihn ständig aufwärts, und er wurde bei Edison Illuminating Company Chefingenieur. Mit 24 Jahren heiratete er Clara Bryant, eine Freundin seiner Schwester. Er nannte sie „die Gläubige", weil sie ihn von Anfang an zu seinen Plänen für eine Kutsche ohne Pferde ermunterte. Während Henry Ford die Dampfmaschinen und Turbinen überwachte, die für Detroit Elektrizität erzeugten, experimentierten amerikanische und europäische Erfinder mit solchen Maschinen für kleine Personenfahrzeuge. Am 29. Januar 1886 erhielt Karl Benz ein Patent für ein primitives Auto mit Benzinmotor, das er etwas später im gleichen Jahr auf den Straßen von Mannheim vorführte. Und 1893 bauten Charles und Frank Duryea aus Springfield, Massachusetts, das erste Fahrzeug mit Benzinmotor in den Vereinigten Staaten.

In den neunziger Jahren des vorigen Jahrhunderts galt jeder Mechaniker, der mit Werkzeug und Werkbank umgehen konnte und etwas Phantasie besaß, als eine riesige Kapazität in einer Industrie, die noch in den Kinderschuhen steckte. Ford verfolgte weiterhin seine Karriere bei Edison, widmete sich aber nebenbei dem Bau eines funktionstüchtigen Autos. 1891 legte er Clara einen Konstruktionsentwurf für einen Verbrennungsmotor vor, den er auf die Rückseite eines Notenblattes gezeichnet hatte. Die Realisierung dieser Konstruktion war zwar noch eine andere Frage, aber immerhin. An Heiligabend 1893 gelang ein erster Versuch mit dem neu entwickelten Motor – in der Küchenspüle.

Der Motor war nur das Herzstück des neuen Automobils, das Ford bauen wollte. An Wochenenden und in den meisten Nächten fand man ihn in einem Schuppen hinter seinem Haus. Hier beschäftigte er sich mit dem Bau der übrigen Teile seines Autos. Er arbeitete unglaublich fanatisch, und so nannten ihn seine Nachbarn den verrückten Henry. Aber am 4. Juni 1896 um zwei Uhr nachts durchbrach der verrückte Henry die Wand seines Schuppens und kam leicht benommen hinter dem Lenkrad eines Autos zum Vorschein – seines Automobils. In den folgenden Wochen konnte man den stolzen Ford oft auf den Straßen von Detroit umherfahren sehen.

Einige Zeit später nahm Ford an einem Bundestreffen der Angestellten Edisons teil. Thomas A. Edison war jahrelang Fords Idol. Bei diesem Treffen wollte Edison den jungen Erfinder kennenlernen, nachdem sich überall herumgesprochen hatte, daß dieser merkwürdige Mechaniker aus Detroit wirklich ein Automobil gebaut hatte. „Junger Mann, Sie haben die richtige Idee", meinte Edison. „Machen Sie weiter so." Am Rande sei bemerkt, daß Edison Ford von der Entwicklung eines elektrizitätsgetriebenen Autos abriet, dies sei reine Zeitverschwendung.

Wieder in Detroit zurück, bewies Ford, daß er nicht nur Hobby-bastler, sondern auch Geschäftsmann war: Er verkaufte seinen Prototyp für 200 Dollar. Drei Jahre lang verfolgte er die Ent-wicklung der Automobilherstellung und machte eigene Fort-schritte. Um 1889 produzierten 30 amerikanische Hersteller – fast alle in New England ansässig – 2.500 Autos. Trotz dieser beachtlichen Eigenproduktion beherrschte die Nachfrage nach Importwagen den amerikanischen Binnenmarkt. 1898 erlebte die heimische Fahrradindustrie einen ungewöhnlich starken Auf-tragsrückgang, und zur Rettung ihrer bedrohten Fabriken ent-schlossen sich viele Fahrradhersteller, ihre freien Kapazitäten mit der Produktion von Autos auszulasten.

Ford, nun 36 Jahre alt, erhielt eine leitende Position und Teil-haberschaft an einer neugegründeten Firma, der Detroit Auto-mobile Co., und verließ Edison Illuminating Company. Am an-deren Ende der Stadt, etwa zur gleichen Zeit, wurde ebenfalls eine neue Firma gegründet, die spätere Oldsmobile. Die Detroit Automobile Co. machte Bankrott, ohne je ein Auto gebaut zu haben, und Ford wurde von den verärgerten Investoren entlas-sen. Aus der Konkursmasse ging übrigens nach einer Reorgani-sation die Cadillac Motor Car Company hervor.

Ein Auto für alle

Ford verfolgte, trotz vieler Widerstände, weiterhin seinen Traum vom Auto als Massenverkehrsmittel. Frühe Automobilwerbung fand weitgehend noch auf Rennstrecken statt. Dort versuchten Hersteller, die Straßentauglichkeit ihrer Produkte der Öffent-lichkeit zu beweisen. Bei diesen Vorführungen belasteten sie ihre Autos bis an die Grenzen des Möglichen. 1901 steckte Ford sein ganzes Können und Konstruktionswissen in zwei große Rennwagen. Einen davon schickte er in ein Rennen über zehn Meilen gegen ein Auto, das Alexander Wilson gebaut hatte, da-mals führender Autohersteller in Ohio. Das Rennen fand in Grosse Pointe, Michigan, statt, Fords Auto errang den Sieg.

Nach diesem Ereignis erklärte sich der Kohlenhändler Alexander Malcomson dazu bereit, Ford bei einem neuen Unternehmen finanziell unter die Arme zu greifen. 1903 gründeten die beiden die Ford Motor Company, eine Gesellschaft, getragen von einem Dutzend Investoren. Obwohl die Firma auf dem Papier über ein Startkapital von 100.000 Dollar verfügte, startete das Unternehmen in Wirklichkeit nur mit einem verfügbaren Kapital von ungefähr 28.000 Dollar. Manche Investoren brachten ihr Kapital in anderer Form ein: Die Gebrüder John und Horace Dodge lieferten als Einlage Motoren.

Die Firma kaufte größere vorgefertigte Bauteile ihrer neuen Modelle hinzu, damals durchaus üblich. Mechaniker-Teams montierten die Autos von Hand auf Werkbänken zusammen. Sie mußten sich die notwendigen Teile zusammensuchen, bis ein Auto fertiggestellt war. 1903 bauten 125 Ford-Arbeiter 1.700 Autos in drei verschiedenen Versionen. Die Autos waren vergleichsweise teuer, und die hohe Gewinnmarge erfreute die Aktionäre. Malcomson gründete eine zweite, eigene Automobilfirma. Als diese Konkurs anmelden mußte, mußte er seine Vermögenswerte einschließlich seiner Ford-Beteiligungen veräußern. Ford selbst erwarb genügend Anteile, um so die Aktienmehrheit der Ford Motor Company zu erhalten. Der wichtigste Teilhaber hieß James Couzens, ein früherer Angestellter von Malcomson. Erst leitender Manager, dann Vizepräsident, schließlich Finanzdirektor der Ford Motor Company, stand er praktisch als zweiter Mann über viele Jahre hinweg im Produktionsbereich des T-Modells seinen Mann.

Die Ausrichtung des Unternehmens auf die Produktion noch kostengünstigerer Modelle hat Ford immer beschäftigt. 1907 machte er seinen neuen Einfluß geltend, die Autoproduktion zu drosseln – eine konsequente Maßnahme, die mit der Finanzkrise in diesem Jahr in Zusammenhang stand. Diese überlegte wie entschlossene Handlungsweise rettete wahrscheinlich die Firma. Ford vertrat beharrlich die Auffassung, hohe Preise verhinderten letztlich ein Wachstum des Marktes. 1906 hatte er sich nach reiflicher Überlegung entschlossen, ein noch preiswerteres Mo-

dell mit einer geringeren Gewinnmarge auf den Markt zu bringen: das N-Modell. Viele seiner Geldgeber waren damit nicht
einverstanden. Der N-Wagen wurde nur ein bescheidener Erfolg,
und Ford verfolgte energisch die Konstruktion des Autos, das er
eigentlich auf den Markt bringen wollte – das spätere T-Modell.

„Ich will ein Automobil für die große Masse bauen", verkündete er. Eine solche Aussage kam einem Aufruf zur Revolution
gleich. Bis dahin war das Automobil ein Statussymbol, mühevoll
in Handarbeit geschaffen. Aber Ford hatte sich vorgenommen,
aus dem Auto einen alltäglichen Gebrauchsgegenstand für jedermann zu machen. „So wie eine Nadel der anderen gleicht,
wenn sie die Nadelfabrik verläßt, oder ein Streichholz dem anderen", betonte er. Dies war der erste von vielen ungewöhnlichen Schritten, die Ford im Laufe seiner unberechenbaren Karriere unternahm. Reizbar, brillant, bewußt exzentrisch, verließ er
sich mehr auf seinen Instinkt als auf rational begründbares un-
ternehmerisches Denken. Der berühmte Wirtschaftswissen-
schaftler John Kenneth Galbraith meinte später: „Wenn es ir-
gendeine Gewißheit darüber gibt, was einen Unternehmer
auszeichnet, dann trifft sie sicherlich nicht auf Ford zu."

Im Winter 1906 hatte sich Ford heimlich einen vier mal fünf
Meter großen Raum in seiner Fabrik in der Piquette Avenue,
Detroit, abgetrennt. Mit wenigen Kollegen arbeitete er zwei Jahre lang an der Konstruktion und Planung des T-Modells. Von
Anfang an führten die Entwickler gewissenhafte Materialprü-
fungen durch. Auch beobachtete Ford die Konkurrenz sehr genau. Während eines Autorennens untersuchte Ford die Trümmer
eines französischen Autos; er stellte dabei fest, daß viele Teile
aus einem ungewöhnlich leichten Stahl bestanden. Das Team in
der Piquette Avenue fand heraus, daß es sich bei dem französischen Stahl um eine Vanadiumlegierung handelte. Niemand in
Amerika kannte die Herstellungsformel. Die Zerreißfestigkeit
der besten amerikanischen Stahllegierungen, die damals in der
amerikanischen Automobilherstellung verwendet wurden, lag
bei 30.000 Kilogramm. Die Zerreißfestigkeit des Vanadium-
stahls lag viel höher, nämlich bei 85.000 Kilogramm. Zur Pro-

duktionsvorbereitung des neuen Modells ließ Ford einen Metall-
urgen einstellen und investierte in ein Stahlwerk. Die Folge war:
In den nächsten fünf Jahren waren die einzigen Autos mit Va-
nadiumstahl französische Luxusautos und das Ford-Modell T.
Ein T-Modell hatte vielleicht ebenso viele Pannen, aber es würde nicht zusammenbrechen.

Das Auto, das schließlich aus der geheimen Konstruktionsab-
teilung ans Licht der Öffentlichkeit gelangte, sollte Amerika für
immer verändern. 825 Dollar nur mußte ein Kunde für das T-
Modell bezahlen, und schon konnte er mit einem eigenen Auto
nach Hause fahren. Die Daten: 600 Kilogramm leicht, aufgrund
des Vierzylindermotors mit 20 PS stark, einfach zu fahren, zwei
Gänge sowie ein „Umlauf"-Getriebe mit Pedalbedienung. Das
kleine Auto war einfach, stabil und vielseitig verwendbar und
weckte Begeisterung. Selbst sein Erfinder konnte sich dieser
Faszination nicht entziehen. Als Henry Ford den Prototyp zur
ersten Probefahrt aus der Fabrik fahren wollte, war er zu aufge-
regt. Ein Mitarbeiter mußte das Lenkrad übernehmen.

Das Auto wurde am 1. Oktober 1908 an den ersten Kunden
ausgeliefert. Bereits im ersten Jahr wurden mehr als 10.000
Stück davon verkauft, ein neuer Verkaufsrekord für ein Auto.
Der Verkauf der „alten Kiste" oder des „Klapperkastens", wie
der T hieß, wurde durch verschiedene Werbemaßnahmen angekurbelt. Es gab eine „Ford Clinic" in New York, in der Mechaniker das Auto präsentierten, und Rodeos auf dem Land, wo
Cowboys versuchten, mit dem T-Modell Kälber einzufangen.
1909 sponserte der Bergbau-Magnat Robert Guggenheim ein
Gelände-Autorennen von New York nach Seattle, das nur zwei
Autos heil überstanden: beides T-Modelle. „Ich glaube, Mr.
Ford hat die Lösung für ein Volksauto", resümierte Guggenheim.

In den ersten Jahren wurde das T-Modell in der Piquette
Avenue noch herkömmlich produziert. Allerdings konnte so die
steigende Nachfrage nach dem neuen Ford nicht mehr befriedigt
werden. Ford war klar, daß nicht nur eine neue Fabrik notwendig
war, sondern auch ein neues Produktionssystem.

Henry Ford war als Chef des Unternehmens der Überzeugung, daß große Bargeldreserven absolut notwendig sind, und mit dieser Strategie konnte er eine neue Produktionsanlage für das T-Modell ohne Einmischung oder externen Druck entwickeln. Die neue Fabrik in Highland Park wurde 1910 eröffnet, ein Entwurf des führenden Industriearchitekten Alfred Kahn. Der Größe nach war sie einmalig. Sie erstreckte sich über 250 Quadratmeter. John D. Rockefeller, dessen Standard-Oil-Raffinerien immer die modernste Architektur repräsentierten, nannte Highland Park „ein Wunderwerk der Industrie".

In den ersten Jahren wurde die vierstöckige Fabrik in Highland Park streng hierarchisch organisiert, von oben nach unten. Die Montage begann in der vierten Etage, dort wurde die Karosserie gefertigt, ging dann zur dritten Etage, wo die Räder montiert und die Karosserien lackiert wurden. Nachdem die Montage im zweiten Stock beendet war, gelangten die Autos über eine Endrampe ein Stockwerk tiefer, an den Büros des ersten Stocks vorbei. Die Produktion stieg in den ersten drei Jahren um fast 100 Prozent jährlich, von 19.000 im Jahr 1910 auf 34.500 im Jahr 1911 bis zur schwindelerregenden Zahl von 78.440 im Jahr 1912. Und das war erst der Anfang!

„Ich bin dabei, das Automobil zu demokratisieren", sagte Ford 1909. „Wenn ich damit fertig bin, wird sich jeder ein Auto leisten können und fast jeder wird eins besitzen." Mittel zum Zweck war eine ständige Preissenkung. Als das T-Modell 1912 für 575 Dollar zum ersten Mal verkauft wurde, kostete es weniger als ein üblicher Jahresdurchschnittslohn. Entgegen herkömmlicher Denkweise war Ford die Umsatzsteigerung wichtiger als ständig steigende Gewinne. Die Gewinnmarge pro Auto ging tatsächlich zurück, als er den Verkaufspreis von 220 Dollar radikal senkte. Aber der Umsatz explodierte, der Verkauf stieg 1913 auf 248.000 Stück. Außerdem bewies Ford, daß eine strategische und systematische Preissenkung zu Gewinnsteigerungen führen kann. Der Reinerlös kletterte von drei Millionen Dollar 1909 auf 25 Millionen Dollar 1914. Als der amerikanische Marktanteil der Ford-Wagen von beachtlichen 9,4 Prozent im Jahr 1908 auf beeindruckende 48 Prozent im Jahr 1914 anstieg, beherrschte das T-Modell den Weltmarkt.

1910 automatisierte Ford in der Fabrik Highland Park die Produktion. Aber die Experimente sollten in den nächsten 17 Jahren weitergehen. Die Maxime von Ford lautete: „Es gibt immer Möglichkeiten zur Verbesserung." Ford und seine Experten nahmen jeden Aspekt der Montage unter die Lupe und probierten neue Methoden zur Produktivitätssteigerung aus. Der Chef selbst beanspruchte für sich, den effizientesten Ansatz zur Produktionssteigerung auf einer Reise nach Chicago entdeckt zu haben: das Montageband. „Die Idee kam mir, als ich im Schlachthof von Chicago die Laufrollen an der Decke sah, über die die geschlachteten Tiere transportiert wurden", berichtete Ford später. Die Metzger zerlegten die Tiere nach und nach, bis nichts Verwertbares mehr übrig blieb. Ford kehrte diesen Arbeitsvorgang einfach um. Bei der Autoproduktion gestaltete sich der Einsatz des Montagebandes aber wesentlich komplizierter, da die Teile, die auf extra Montagebändern gefertigt wurden, nahtlos in den Fertigungsprozeß eingefügt werden mußten. Der zeitlichen Abstimmung kam dabei eine entscheidende Bedeutung zu: Ein einziges Hindernis auf einem der kleineren Bänder konnte den gesamten Ablauf verzögern. Das erste in Dienst gestellte Fließband wurde mit einem Schwungradmagnetzünder getestet, was eine Zeitersparnis von sechs Minuten und 50 Sekunden gegenüber der alten Methode brachte. Als ähnliche Bänder in der ganzen Fabrik in Higland Park eingebaut wurden, verringerte sich die Montagezeit für ein Chassis des T-Modells von zwölf Stunden und 30 Minuten auf fünf Stunden und 50 Minuten.

Die Bandgeschwindigkeit erhöhte sich erst, als Fords Fertigungsingenieure mit Arbeitsschlitten, Gleitbahnen und Transportbändern sowie anderen Ideen experimentierten. Das erste funktionstüchtige Montageband in der Automobilindustrie wurde kontinuierlich verbessert. Die Fabrikarbeiter waren von dieser technischen Neuerung natürlich direkt betroffen. Als Ford im Januar 1914 ein „endloses kettengetriebenes" Transportband entwickelt hatte, um das Chassis von einer Arbeitsstation zur anderen zu transportieren, hatte jeder Monteur seinen festen Platz. Drei Monate später baute das Unternehmen ein Fließband in „Körperhöhe" – alle Teile und das Band waren auf Hüfthöhe angebracht, so daß die Arbeiter die ihnen zugeteilten Aufgaben ausführen konnten, ohne sich einen Schritt von der Stelle bewegen zu müssen.

1914 stellten die 13.000 Arbeiter bei Ford 260.720 Autos her. Im Vergleich dazu benötigte die Konkurrenz 66.350 Arbeiter für den Bau von 286.770 Autos. Kritiker behaupteten, die Aufteilung des Montageprozesses in stumpfsinnige, eintönige Schritte mache die meisten Ford-Arbeiter zu gedankenlosen Automaten. Die Manipulation der Bandgeschwindigkeit käme einer ferngelenkten Sklaventreiberei gleich. Die Männer in der Montage mußten nicht mehr wie früher technisch begabt sein. Sie waren nur Handlanger, keine Facharbeiter. Ford hatte eher die Gesamtbeschäftigungslage im Blick, als er sagte: „Ich habe gehört und weiß, daß viele denken, daß jetzt bei der Arbeit keine Geschicklichkeit mehr nötig sei und der Sinn der Arbeit verlorengegangen sei. Das stimmt nicht. Wir stellen höhere Anforderungen an die Planung, das Management und den Bau von Werkzeugen, und von den Resultaten dieser Anforderungen profitiert der, der weniger geschickt ist."

Aber die ungelernten Hilfsarbeiter, oft Einwanderer, motivierte diese Fließbandarbeit nicht. Sie verdienten durchschnittlich 2,38 Dollar für einen harten Neunstundentag. Die Vereinfachung der Arbeit hatte eine nicht vorhersehbare negative Folge: die Fluktuation. 1913 blieben von 963 eingestellten Arbeitern im Schnitt nur 100 längerfristig in der Firma. Um eine Belegschaft von 13.600 Mitarbeitern in der Fabrik zu haben, investierte Ford ständig in eine kurzfristige Ausbildung. Und obwohl das Unternehmen ein Bonusprogramm und großzügige Leistungen einführte – ein Krankenhaus, Sportplätze und Spielplätze für die Familien der Arbeiter –, blieb das Problem der Fluktuation bestehen. Die übrige Branche nahm wohl oder übel die hohe Fluktuation als Negativerscheinung der Fließbandmontage hin.

Diese Unternehmer kalkulierten die gestiegenen Arbeitskosten in den Preis für ihre Autos mit ein. Henry Ford hingegen wollte am Preis für ein Modell T nicht rütteln lassen, sondern nur die Wertschöpfung verbessern. Seine Lösung war ein mutiger Schritt, der im ganzen Land Folgen hatte.

Am 5. Januar 1914 verkündete Henry Ford einen neuen Mindestlohn von fünf Dollar pro Achtstundentag und zusätzlich eine Gewinnbeteiligung für die Arbeiter. Es war das Stadtgespräch im ganzen Land. Ford wurde als Freund der Arbeiter bezeichnet, als wahrer Sozialist oder als Wahnsinniger, der sein Unternehmen in den Bankrott trieb. Viele Geschäftsleute – einschließlich der noch verbliebenen Aktionäre in der Ford Motor Company – hielten seinen Vorschlag für unverantwortlich. Aber Ford schlug alle Kritik in den Wind: „Nun, man weiß, daß man mit den Menschen reden kann, wenn man sie gut bezahlt", führte er aus. Ford wußte um die menschliche Komponente der Massenproduktion. Ihm war klar, daß eine feste Stammbelegschaft die Kosten senken und zufriedenere Arbeiter unweigerlich zu größerer Produktivität führen würde. Die Zahlen gaben ihm recht. Zwischen 1914 und 1916 verdoppelte sich der Unternehmensgewinn von 30 auf 60 Millionen Dollar. „Die Zahlung von fünf Dollar für einen Achtstundentag war einer der erfolgreichsten Schritte zur Kostensenkung, die wir je gemacht haben", kommentierte er später.

Weitere Auswirkungen blieben nicht aus. Ein Versuch, die Ford-Fabrik gewerkschaftlich zu organisieren, scheiterte an der guten Bezahlung von fünf Dollar pro Tag. Der geschickteste Schachzug aber war, daß das neue Lohnniveau bei Ford aus Automobilarbeitern Autokunden machte. Durch die Autokäufe kam zumindest ein Teil dieser fünf Dollar wieder Henry Ford zugute. Sie trugen außerdem zum Produktionsanstieg bei, was wiederum die Kosten pro Auto weiter senkte.

Die zentrale Rolle, die das T-Modell im kulturellen, sozialen und wirtschaftlichen Leben spielte, machte Henry Ford zu einem der populärsten Männer Amerikas. Dieser riesige Erfolg genügte ihm noch nicht. Er hielt sich für einen großen politischen Gelehrten und für ein Allroundgenie und fühlte sich dann berufen, sich in nationale und sogar internationale Angelegenheiten zu mischen. Bevor die Vereinigten Staaten in den Ersten Weltkrieg eintraten, war er wie viele andere über die Schrecken des Krieges entsetzt. Ende 1915, also noch im Ersten Weltkrieg, charterte er ein „Friedensschiff" in Richtung Frankreich in der naiven Absicht, mit einer privaten Delegation von Gleichgesinnten den Krieg sofort zu beenden. 1918 verlor Ford eine Wahlkampagne zum amerikanischen Senat.

1915 zog sich James Couzens von der Ford Motor Company zurück, nachdem er einsehen mußte, daß es Henrys Unternehmen war und blieb und keine andere Meinung zählte. 1916 stieß Ford die Aktionäre mit seiner Absichtserklärung vor den Kopf, angesichts der Rekordgewinne nur eine armselige Dividende auszuschütten. Die Aktionäre klagten daraufhin, und 1919 bestätigte das Oberste Gericht von Michigan das Urteil eines anderen Gerichts, daß es unrecht war, angemessene Dividenden zu verweigern. Die Ford Motor Company wurde zu Dividendenzahlungen in Höhe von 19 Millionen Dollar verurteilt. Henry Ford drohte auf den eskalierenden Streit hin mit entsprechenden Ankündigungen in der Öffentlichkeit. Er, Henry Ford, wolle das Unternehmen verlassen und ein neues gründen. Er entwarf sogar entsprechende Pläne und diskutierte lang und breit über das nächste Auto, das er bauen würde.

Aus Angst, der Wert der Ford-Aktien könnte fallen, wollten die Minderheitsaktionäre plötzlich schnell verkaufen. Makler, von Ford autorisiert, kauften in aller Stille Anteil für Anteil auf. Die Verkäufer erzielten aufgrund der Gerüchteküche zwar nicht den eigentlichen Wert der Aktien, aber sie machten alle einen guten Schnitt. James Couzens, der raffinierteste von allen, erzielte bei diesem Aktienpoker den höchsten Preis pro Aktie. Er widmete sich anschließend seiner Karriere im amerikanischen Senat. (Im Gegensatz zu seinem früheren Chef gewann er seinen Wahlkampf.) Spekulationsgewinne und Rücklagen von 30 Millionen Dollar halfen ihm bei seinem politischen Start. Ford indessen gewann die vollständige Kontrolle über die Ford Motor

Company zu einem Preis von 125 Millionen Dollar – 106 Millionen Dollar für den Erwerb der Aktien, 19 Millionen für die gerichtlich angeordnete Dividendenzahlung: eine wahnsinnige Investition, finanziert mit einem Bankkredit von über 75 Millionen Dollar.

Am 11. Juli 1919 unterzeichnete er die letzte Aktienumschreibung, dabei tanzte der 55jährige Mogul vor Begeisterung. Das Aktienkapital wurde unter Henry, Clara und Edsel Ford aufgeteilt und plaziert.

1921 beherrschte das T-Modell von Ford 60 Prozent des Neuwagenmarktes. Fabriken in aller Welt produzierten dieses Fahrzeug wie U-Bahn-Fahrscheine. Fords einziges Problem war es, wie er oft erklärte, herauszufinden, wie er die nach wie vor bestehende riesige Nachfrage befriedigen konnte. Zur Erweiterung der Produktionskapazität kaufte er 1921 die Lincoln Motor Car Company.

Die unternehmerischen Pläne schienen mittelfristig und langfristig auf solidem Boden zu stehen, und so hatte Ford endlich den Rücken frei, sich einem neuen, großen Projekt zu widmen – dem Entwurf und Bau der weltweit größten und effizientesten Automobilfabrik am River Rouge nahe Detroit. Sie wurde auf einer Fläche von mehr als 800 Hektar gebaut und bot ausreichend Platz für 75.000 Mitarbeiter, die aus dem Rohmaterial in nur 41 Stunden fertige Autos produzieren konnten. River Rouge, nach seinem Standort benannt, besaß eine 90 Meilen lange Eisenbahnlinie, ein eigenes Kraftwerk, eigene Stahlwerke und Fertigungseinrichtungen. Kein Detail wurde übersehen: Selbst Altpapier wurde in einer fabrikeigenen Papiermühle zu Pappe verarbeitet. River Rouge sollte den künftigen Bedarf an T-Modellen der nächsten Jahrzehnte decken. Als das Superwerk aber endlich die volle Produktion aufnehmen konnte, hätte ein Zehntel der Fabrik genügt, um die gesunkene Nachfrage zu befriedigen.

Die Fahrt des T-Modells geht zu Ende

Am 4. Juni 1924 lief in Highland Park, immer noch die Haupt-
produktionsstätte, das zehnmillionste T-Modell vom Band. Obwohl sich die „Klapperkiste" auch in diesem Jahr sechsmal so
gut wie konkurrierende Modelle verkaufte, näherte sich ihr
grenzenloser Siegeszug einem jähen Ende. Ein anderer Autohersteller trat in diesem Preissegment am Markt auf: General
Motors. Fords Beherrschung des Massenmarktes war beendet.

Anfang der zwanziger Jahre war General Motors nur ein
schwerfälliger Zusammenschluß verschiedener Autofirmen und
Teilezulieferer, eher ein Instrument der Börsenspekulation als
ein effizienter Autohersteller. Mitte des Jahrzehnts jedoch er-
neuerte sich GM unter der brillanten Führung von Alfred P.
Sloan, Jr. GM bot preisgünstige Chevrolets mit einer Kom-
fortausstattung an, die dem T-Modell fehlte. Einen Chevy-Motor
mußte man nicht ankurbeln, er verfügte bereits über einen elektrischen Anlasser. An die Stelle eines stabilen, aber antiquierten
Getriebes konnte der Chevy mit einer weichen Dreigangschal-
tung aufwarten. Der Markt begann sich langsam zu verändern.
Preis und Wert waren nicht mehr die wichtigsten Faktoren. Die
Kunden erwarteten plötzlich Design und Fahrkomfort. Obwohl
das T-Modell Mitte der zwanziger Jahre nur noch 290 Dollar
kostete, verlangten die Händler einen neuen Ford, der den Kun-
denansprüchen besser gerecht wurde.

Aber Henry Ford lehnte ab. Sein geliebtes T-Modell sollte am
Markt bleiben. Einmal, als er in Urlaub war, entwickelten Mitarbeiter ein technisch verbessertes Modell T. Sie überraschten
ihn damit bei seiner Rückkehr. Ford reagierte sauer. Er trat gegen die Windschutzscheibe und trampelte wütend auf dem Au-
todach herum. „Wir hatten verstanden", erinnerte sich einer seiner Mitarbeiter, „für ihn war das Modell T sein einziger Gott,
und wir sollten unseren Irrglauben aufgeben." Nur eine Person
warnte ihn ständig vor der drohenden Krise: sein Sohn Edsel,
der während des Dividendenprozesses 1919 Präsident der Ford
Motor Company wurde. Es war nur eine von vielen Diskussio-

nen, bei denen Edsel den kürzeren zog und die ehemals innige Beziehung zwischen den beiden zunehmend von Mißtrauen geprägt wurde.

Der Chevrolet nahm dem langweiligen T-Modell weiterhin Umsatz weg. 1926 erreichten die Verkaufszahlen für den T ihren tiefsten Stand. Die harte Realität überzeugte Henry Ford. Am 25. Mai 1927 verkündete er plötzlich die Produktionseinstellung für das T-Modell. Kurz darauf schloß er die Highland-Park-Fabrik für sechs Monate. Diese Schließung diente aber nicht einer Umrüstung: Kein neues Modell befand sich in Arbeit. Ford schickte die Arbeiter einfach von einem Tag zum anderen nach Hause, um mit der Konstruktion seines neuen Modells anzufangen. Glücklicherweise hatte Edsel schon heimlich Skizzen von den Konstrukteuren anfertigen lassen. Er war bereit, trotz privater Spannungen, eng mit seinem Vater am neuen Auto, dem Modell A, zusammenzuarbeiten. Seine Einführung im Dezember 1927 wurde ein voller Erfolg, der das Unternehmen wieder auf feste Füße stellte. Mit der Produktionsaufnahme war River Rouge zur Hauptfabrik von Ford geworden.

Als das letzte T-Modell vom Band rollte, bedeutete dies nicht das Ende, sondern erst den Beginn einer Ära, die dieses kleine Auto eingeläutet hatte. Die Autos – mehr als die Hälfte davon T-Modelle – erhielten einen festen Platz in der amerikanischen Gesellschaft. Sie verstopften die Straßen der großen Städte im Osten, auf allen neu angelegten Straßen Südkaliforniens konnte man sie sehen. Mit ihnen konnte man von der Post, über Maschinengewehre bis zu Särgen und Schulkindern alles transportieren, und sie veränderten praktisch die ganze Gesellschaft. Außerdem wurden sie ein entscheidender Faktor des Wirtschaftswachstums. Henry Ford hatte ein Auto für die Masse gebaut, und dieses Auto war die Grundlage einer Autokultur, von der jede nachfolgende Generation erfaßt wurde.

Nachdem die Ford Motor Company in den zwanziger Jahren ihre eigene Krise überwunden hatte, war sie 1929 einer von 44 amerikanischen Autoherstellern, die von den Hunderten, die sich am Beginn des 20. Jahrhunderts auf dem Markt tummelten, übriggeblieben. In diesem Jahr beherrschten Ford, General Motors und die neugegründete Chrysler Corporation 80 Prozent des Marktes. Sie gingen als die „großen Drei" in die amerikanische Wirtschaftsgeschichte ein.

Henry Ford starb am 7. April 1947 im Alter von 83 Jahren. Er überlebte damit sein T-Modell um Jahre. Ein Jahrhundert war vergangen, seit er das erste Auto gebaut hatte. Die Welt blieb weitgehend die, die Henry Ford in Bewegung gesetzt hatte: eine Welt, in der Autos für alle da sind.

Ein monumentaler Rechtsstreit

1879 beantragte Rechtsanwalt George Selden aus Rochester ein US-Patent für ein Straßenfahrzeug mit Benzinmotor. Meldefristen wurden auf beiden Seiten versäumt, doch es geschah etwas Seltsames. Selden, der niemals ein Auto gebaut hatte, erhielt 1895 trotzdem ein Patent auf dieses Fahrzeug, lange nachdem andere bereits Automobile bauten. Für eine Gewinnbeteiligung von einem Prozent überschrieb Selden 1897 das wertvolle Patent an eine Gruppe New Yorker Finanziers, die es hart verteidigten. In den ersten Jahren dieses Jahrhunderts entschied diese Gruppe dann, daß die Autohersteller sich der Association of Licensed Automotive Manufacturers (ALAM) anzuschließen hätten, über die Lizenzgebühren in Höhe von 1,75 Prozent des Jahresumsatzes eingezogen werden sollten. Die meisten Autohersteller des Landes ergaben sich ihrem Schicksal und traten der ALAM bei.

Sogar Henry Ford wollte 1903 beitreten, aber die ALAM überschritt ihre Kompetenzen, als sie ihm Verkaufspreise vorschreiben wollte. Ford weigerte sich, dem Verband beizutreten und Lizenzgebühren zu zahlen. Die ALAM klagte. Noch bevor der Fall

vor Gericht verhandelt wurde, bekämpften beide
Seiten sich in der Öffentlichkeit auf ganzseitigen
Zeitungsanzeigen. Ford bot in seinen Anzeigen sowohl Käufern wie Verkäufern seiner Autos sogar an,
für den Schaden, der aus dem Rechtsstreit in Zusammenhang mit dem Selden-Patent entsteht, auf-
zukommen. (Nur 50 Kunden nahmen dieses Angebot an.)

1909, sechs Jahre nach Beginn des Rechtsstreits,
verhandelte man den Fall endlich vor dem Bundes-
gericht New York, das die Gültigkeit des Selden-
Patents bestätigte. Fords gesamtes Imperium geriet
ins Wanken, dennoch blieb er hartnäckig. 1911 hob
das Berufungsgericht das Urteil auf. Es erklärte das
Patent von Selden zwar für gültig, aber nur für Fahr-
zeuge, die in ihrem Erscheinungsbild dem wackeli-
gen Vehikel ähnelten, das er 1879 zur Patentanmel-
dung skizziert hatte! Das bahnbrechende Urteil
befreite nicht nur Ford von der Tyrannei des Selden-
Patents, sondern ebenso alle amerikanischen Auto-
mobilhersteller. Henry Ford hatte sehr viel Geld in
Anwälte und diesen Prozeß gesteckt – aber das
Resultat war es wert. Er äußerte zufrieden:
„Wahrscheinlich hat nichts so wirkungsvoll für das
Ford-Auto und die Ford Motor Company geworben
wie diese Klage."

Charles Merrill, Mitbegründer von Merrill Lynch

6.
Charles Merrill und die
Demokratisierung des Aktienbesitzes

Als eine Untersuchung von *Forbes* 1947 die 50 markantesten Persönlichkeiten der Wirtschaft ermittelte, bekleideten fast alle eine Chefposition bei Herstellerkonzernen wie General Motors oder U.S. Steel. Nur Charles Merrill, ein 62jähriger College-abbrecher fiel aus dem Rahmen. Er verdiente sein Geld an der Wall Street. Zu Beginn des 20. Jahrhunderts stellte Merrill die Welt der Investments auf den Kopf. Seine Vision: Aktien und Wertpapiere sollten an Einzelhandelskunden aus der Mittelschicht verkauft werden. Sein Engagement machte Wertpapiere zu einem Konsumgut der amerikanischen Wirtschaftskultur, genauso wie Autos oder Lebensversicherungen.

Nachdem er mehrere Jahre lang an der Wall Street gearbeitet hatte, gründete Merrill im Januar 1914 seine eigene Firma. Einige Monate später stieß sein Freund Edmund Lynch dazu. Als Spezialist für die erfolgreiche Emission der Aktien von Supermärkten und Einzelhandelsketten übernahm Merrill deren Verkaufsstrategien für seine Finanzprodukte. Mit einem Gespür für günstige Gelegenheiten fusionierte er in den späten dreißiger Jahren mit einer großen Brokerfirma, der E.A. Pierce & Co. Merrill wurde so zum eifrigen Verfechter des „Aktieneinzelhandels". Während der Wirtschaftskri-

se sah er seine Hauptaufgabe in der Wiederherstellung des zerstörten Vertrauens der Öffentlichkeit in
die Kapitalmärkte. Seine vielen Firmenvertreter mit
ihrem wirtschaftspopulistischen Gebaren stießen bei
den Börsianern alter Schule auf ein müdes Lächeln.
Anhaltende Kampagnen in der Öffentlichkeit unterstützten Merrill Lynch bei seinem Bemühen, dem
alten Ziel einen Schritt näher zu kommen: „die Wall
Street zum kleinen Mann zu bringen".

Der Erfolg des Unternehmens von Charles Merrill zeigte sich erst in den fünfziger Jahren, als die
New Yorker Börse seine Bemühungen voll und ganz
unterstützte. Sie ermöglichte Investoren, Aktien
über Ratenkauf zu erwerben. Obwohl die Invest-
mentwelt erst nach seinem Tod wirklich demokrati-
siert wurde, gilt Charles Merrill ohne Zweifel als
Vorreiter dieser Entwicklung. Heute kann man seinen Erfolg an mehr als 30 Millionen Amerikanern
ablesen, die ein Aktienkapital – bestehend aus offenen Investmentfonds, Rentenpapieren und Renten-
versicherungssystemen – besitzen.

Ein junger Mann aus Florida faßt Fuß an der Wall Street

Charles Merrill wurde 1885 in dem Dörfchen Green Cove
Springs, außerhalb von Jacksonville, Florida, geboren. Sein Vater Charles Morton Merrill war Landarzt und Besitzer einer örtlichen Drogerie. Hier zeigte der junge Charlie sein frühes Verkaufstalent. Er steigerte den Umsatz von Milk-Shakes durch
Mischen mit einem Schuß Alkohol, und dann erhöhte er den
Preis.

Merrill ging in den Norden, um dort die Universität zu besu-
chen. Zeitweilige finanzielle Schwierigkeiten der Familie zwan-

gen ihn, das Studium zu unterbrechen, bevor er seinen endgültigen Abschluß am Amherst College machen konnte. Zuerst versuchte er sich an der juristischen Fakultät, gab allerdings bald
wieder auf. Eine Saison lang betätigte er sich sogar als Halbprofi
im Baseball in Mississippi. Ein Job als Reporter bei der *Tropical
Sun* in West Palm Beach vermittelte ihm das, was er später als
„die beste Ausbildung, die ich jemals hatte" umschrieb: „Ich
lernte die menschliche Natur kennen."

Trotz seines unsteten Lebens verlobte er sich mit einer Frau,
die er in Amherst kennengelernt hatte. Als der Vater seiner
Verlobten ihm einen Job als Büroangestellter mit einem Wochenlohn von 15 Dollar in dessen Textilfirma Patchogue-
Plymouth Mills anbot, ging Charles Merrill nach New York. Als
er in Manhattan ankam, erschütterte gerade die Finanzkrise von
1907 die gesamte Geschäftswelt. Diese Krise erwies sich aber
auch als Chance. Die Kreditknappheit zwang die Unternehmer
zu ungewöhnlichen Überlebensstrategien. In einem Akt der Verzweiflung beauftragte Merrills Chef den 22jährigen Gehilfen
damit, zu versuchen, von der National Copper Bank einen Kredit
zu bekommen. Merrill besaß Persönlichkeit und Verkaufstalent,
beides typische Bausteine für seine spätere Karriere. Er kämpfte
sich geschickt zum Bankpräsidenten durch und konnte ihn überreden, ihm einen Kredit in Höhe von 300.000 Dollar zu gewähren.

„Meine beiden Jahre (bei Patchogue-Plymouth) waren wie
eine Universitätsausbildung in allgemeinem Kredit- und Fi-
nanzwesen sowie in Kostenrechnung und Verwaltung", sagte er
später. Seinen Job sollte er aber nicht mehr lange ausüben. Der
Junggeselle hielt sich für eine bürgerliche Ehe noch nicht reif. Er
besuchte lieber Clubs und verkehrte in der Gegend des YMCA,
des Christlichen Vereins junger Männer in der 23. Straße, wo er
Edmund Lynch, Absolvent der John Hopkins University, ken-
nenlernte. Lynch arbeitete als Vertreter für Sodaaufbereiter.
Merrill war es nach der Auflösung der Verlobung äußerst unangenehm, noch für den Vater seiner Ex-Verlobten zu arbeiten. Er
nahm deshalb eine Stelle als einziger Angestellter der neuen

Wertpapierabteilung einer Wall-Street-Firma, George H. Burr &
Company, an. Schon bald holte er seinen Freund Lynch nach.

Bei Burr & Co. definierte Merrill das Wertpapiermarketing
neu. Reiche Kunden der Wall Street blieben für einen unerfahre-
nen Broker ohne Beziehungen unerreichbar. Merrill entschied
sich also, einen anderen Kundenkreis aufzubauen. Was Henry
Ford für die breite Vermarktung des T-Modells war, leistete
Merrill auf dem Wertpapier- und Aktiensektor. Bei dem Versuch, neue Kunden an Land zu ziehen, schrieb er in der Novem-
ber-Ausgabe von *Leslie's Weekly* 1911 einen Artikel mit der
Überschrift: „Mr. Durchschnittsanleger". „Tausende von Kunden, die über die gesamten Vereinigten Staaten verstreut sind,
sind unendlich mehr wert, als von der schwankenden Kaufkraft
einer vielleicht insgesamt reicheren, aber kleineren Anleger-
gruppe abhängig zu sein", stellte er fest.

1912 kam der Wertpapierhändler mit einem anderen Aspekt
des Wall-Street-Geschäfts in Berührung, der seine zukünftige
Strategie entscheidend mitprägen sollte. George Burr wollte die
Emission für eine Ladenkette übernehmen, die von Sebastian
Kresge geführt wurde. Er beauftragte seinen jungen Manager mit
der Aufgabe, diesen Klienten an Land zu ziehen. Merrill gewann
nicht nur den Kunden, er half Kresge auch dabei, Vorzugsaktien
im Wert von zwei Millionen Dollar zu verkaufen. Bei diesem
Geschäft entdeckte er auch ein neues Phänomen des Einzelhan-
dels: Filialgeschäfte, die alle einem einzelnen Betreiber ge-
hörten, breiteten sich damals zunehmend aus. In nur wenigen
Jahrzehnten sollte dieser Ladentyp das Einkaufsverhalten der
Amerikaner grundlegend verändern.

Merrill wird zum Finanzierungsexperten von Ladenketten

Merrill wollte sein eigener Chef werden. Deshalb gründete er im
Januar 1914 sein eigenes Büro in der Wall Street 7. Edmund

Lynch kam im Juli dazu. Sie schloßen einen Gesellschaftervertrag und nannten die Firma Merrill, Lynch & Co. Beide verfügten über nur wenig Kapital. Die geringe Erfahrung glich ein enormer Unternehmungsgeist aus. Das Duo stürzte sich Hals über Kopf auf das Finanzdienstleistungsgeschäft. Aufgrund seines Erfolgs bei Kresge zog Merrill einen Auftrag zur Emission der sechs Millionen Dollar einer Ladenkette namens J.G. McCrory Co. an Land. Unglücklicherweise mußten sie die Emission verschieben, da die Börse wegen Ausbruchs des Ersten Weltkriegs vorübergehend geschlossen wurde. Die Partner brachten schließlich im Mai 1915 die überzeichnete Emission auf den Markt. Der Reingewinn dieses Geschäfts betrug netto 300.000 Dollar. Im selben Jahr erhielten Merrill und Lynch die Verkaufsrechte für eine zweite Emission von Kresge. Um ihre zunehmenden Aufträge bewältigen zu können, stellten die beiden Unternehmer neue Mitarbeiter ein, unter ihnen Winthrop Smith, der sich zu einem der erfolgreichsten Gefolgsmänner der Firma Merrill, Lynch Co. entwickeln sollte.

Die meisten Führungskräfte an der Wall Street sahen in Ladenketten eine vorübergehende Modeerscheinung. Merrill jedoch sah in ihnen die künftige Art des Einkaufs in Amerika. „Ladenketten waren für unsere Anleger kein Mysterium", schrieb er. „Ihre Familien waren mit ihnen aufgrund ihrer täglichen Einkäufe vertraut und kannten die steigende Resonanz. Aber für die Wertpapiere (der Läden) gab es keinen großen Markt. Ich sah eine Möglichkeit, eine wirkliche öffentliche Dienstleistung anzubieten und gleichzeitig viel Geld zu verdienen."

Merrill imitierte den Marketingstil der Ladenketten, um Wertpapiere zu verkaufen. 1917 startete er ohne Genehmigung der New Yorker Börse die erste Werbekampagne für Kriegsanleihen, er bot sie zum Verkauf „ohne Gewinn oder Provision" an. Er benutzte sie als eine Art Lockmittel. „Menschen, die aus Patriotismus erstmals Anleihen kaufen, werden es auch weiterhin tun, weil sie die geeignetste Form einer sicheren Anlage sind." Mit diesen Worten wird er in dem Buch „A Piece of the

Action" Joseph Noceras zitiert. Obwohl es mit Ende des Ersten Weltkriegs keine Kriegsanleihen mehr gab, war diese frühe Initiative zur Vermarktung von Wertpapieren ein Vorbote des künftigen Geschäftsstils von Merrill.

Im Nachkriegsjahrzehnt spezialisierte sich die Firma auf die Finanzierung von Lebensmittelläden, Warenhausketten und anderen Einzelhandelsgeschäften. In den meisten Fällen machte Merrill vom Vorrecht eines Emissionärs Gebrauch, ein großes Aktienpaket für sich selbst behalten zu dürfen. „Wenn eine Aktie gut genug zum Verkauf ist, dann ist sie auch gut genug zum Kauf", bekräftigte er. Aber es ging um mehr als nur eine Marketingmethode. Mit steigenden Aktienwerten stieg Merrills Macht. Als Großaktionär stand ihm ein Mitspracherecht bei der Entwicklung der Unternehmen zu. Einmal übernahm Merrill die Kontrolle über eine Kette: 1926 erwarb seine Firma die Safeway Stores, und Merrill sorgte dann dafür, daß eine Reihe weiterer Lebensmittelgeschäfte sich dieser Kette anschlossen. Das neue erweiterte Unternehmen Safeway überlebte den harten Wettbewerb jener Jahre und blieb eine der größten und erfolgreichsten Lebensmittelketten Amerikas.

Ein Prophet durchsteht die Depression

Als sich Ende der zwanziger Jahre die langanhaltende Hausse ihrem vermuteten Höhepunkt näherte, sah Merrill die drohende Katastrophe voraus. In bemerkenswerter Weitsicht schickte er am 31. März 1928 Briefe an seine Klienten. Darin hieß es: „Jetzt ist der Zeitpunkt gekommen, sich seiner Schulden zu entledigen. Verkaufen Sie genug Wertpapiere, um Ihre Verbindlichkeiten zu verringern, oder tilgen Sie sie vollständig. ... Wir drängen Sie nicht, die Wertpapiere unüberlegt zu verkaufen, aber raten Ihnen aus guten Gründen dazu, von den derzeit hohen Kursen zu profitieren und Ihre private Finanzsituation in Ordnung zu bringen." Wie so oft in der Geschichte verhallten auch diese Kassandrarufe fast ungehört. Ende 1928 bot Merrill dem scheidenden Präsidenten Calvin Coolidge eine lukrative Teilhaberschaft in seiner Firma an. Einzige Bedingung: Coolidge sollte sich gegen die zunehmende Spekulation aussprechen. Der Präsident lehnte ab. In der Tat wich Merrills Vorahnung so drastisch von der Meinung ab, daß er an seinem eigenen Verstand zu zweifeln begann. Doch ein Besuch beim Psychiater räumte alle seine Zweifel aus dem Weg. Der Arzt hatte bereits den Rat von Merrill befolgt und seine Anteile verkauft. „Charlie, wenn Sie verrückt sind, dann bin ich es auch."

Merrill blieb weiterhin bei seinen düsteren Prognosen. 1929 schrieb er einen Brief an Lynch, in dem er ihm mitteilte, daß er das Risiko der Firma minimieren wolle. „Der Finanzhimmel trübt sich. Ich traue den Prognosen nicht und habe Bedenken hinsichtlich unserer Geldmenge", schrieb er. „Wenn ich unrecht damit habe, daß ich auf einer Liquidation bestehe, dann ist es ein Luxus, den ich mir erlauben kann und den Du und meine Partner mir nachsehen sollten ..." Merrills Prophezeiungen traten im Oktober 1929 ein. Während der Crash viele Aktienmakler in den Bankrott trieb, blieb Merill, Lynch & Co. solvent. Aber Merrill sah voraus, daß eine gesamtwirtschaftliche Erholung viel Zeit in Anspruch nähme. Im Februar 1930 transferierte er die Kundenkonten der Firma und einen Großteil seines Kapitals zum Brokerhaus E.A. Pierce & Co., das aufgrund einer ungewöhnlich starken Kapitaldecke den Zusammenbruch überlebt hatte.

Merrill hatte also die Krise an der Wall Street und die Nachwehen der Depression gut überstanden, er kümmerte sich jetzt um seine eigenen Investitionen. Er nahm Einfluß aufs Management der Ladenketten, an deren Finanzierung er beteiligt war. Ferner kaufte er Anteile eines Unternehmens namens MacMarr. 1931 schlug er dessen 1.300 Läden Safeway zu. Dadurch wurde Safeway größer als jede andere Lebensmittelkette, mit einer Ausnahme: A & P und Kroger. Im darauffolgenden Jahr gründete Merrill den *Family Circle*, ein Magazin mit Massenauflage, das in den Lebensmittelläden verkauft wurde. Trotz seines großartigen Erfolgs in der Einzelhandelsbranche spukte die Wall Street immer noch in seinem Kopf herum.

Merrill erschließt einen
neuen Kundenkreis

Als sich die Wirtschaft langsam wieder von ihrem Schrecken erholte, hielt Merrill die Zeit für gekommen, seine neue Verkaufslehre unter den Brokern zu verbreiten. In E.A. Pierce sah er einen neuen Gesinnungsgenossen. Durch Aufkauf in Not geratener Firmen hatte sich Pierce zum größten amerikanischen Brokerhaus entwickelt. 39 Geschäftsstellen, die über die gesamten Vereinigten Staaten verteilt waren, zählten zu diesem Unternehmen. Obwohl sich die wirtschaftlichen Bedingungen langsam wieder verbesserten, stand auch Pierce kurz vor der Zahlungsunfähigkeit, weil er sich finanziell übernommen hatte. Ende 1939 erfuhr Merrill von Winthrop Smith, daß diese Firma durchaus Gewinne machen könnte, wenn sie eine Kapitalspritze bekäme.

Merrill war vorsichtig. Der Crash hatte die Öffentlichkeit gegenüber der Wall Street in hohem Maße sensibilisiert. Im November 1939 ergab eine Umfrage von Roper, daß einer von elf Amerikanern die Börse für einen Fleischgroßhandel hielt. Die Öffentlichkeit hielt die Wall Street weiterhin für einen Insiderclub, der dazu diente, seinen Mitgliedern und auserwählten „Freunden" private Vorteile zu verschaffen. Das gesamte System war nun mal auf kapitalkräftige Anleger angelegt, deren Handelsgeschäfte und Vermögen fette Provisionen versprachen. Die größeren Firmen, von denen nur wenige Büros außerhalb von New York oder in anderen Großstädten unterhielten, bekundeten kein Interesse, ihre Dienstleistungen Kleinanlegern anzubieten. Wie die *New York Times* 1940 richtig feststellte: „Zu wenige Häuser waren darauf ausgerichtet, den 1000-Dollar-Kunden mit Gewinn zu bedienen."

Von den großen Wall-Street-Strategen war nur Merrill davon überzeugt, daß mit Kleinanlegern Geld zu verdienen sei. Seine Einzelhandelserfahrung hatte ihn gelehrt, daß Amerikaner mit bescheidenen Mitteln einen interessanten Kundenkreis darstellen konnten. So entschloß sich Merrill, das Risiko mit E.A. Pierce einzugehen. Er arrangierte im Januar 1940 einen Zusammenschluß von Merrill, Lynch & Co. und Pierce. Dabei erwarb er einen 56-Prozent-Anteil durch eine Kapitalspritze von 2,5 Millionen Dollar aus seinem Privatvermögen. Die Finanzen des Firmenzusammenschlusses waren solide, es gab bereits etablierte Vertretungen in einigen Großstädten. Aus der neuen Teilhaberschaft entwickelte sich ein erfolgreiches Brokerhaus.

Merrill begann direkt nach der Übernahme damit, ein Marketingsystem für Aktien und Anleihen aufzubauen. Wie Homer Shannon später in *Forbes* schrieb, hatte Merrill erkannt, „daß der Crash von 1929 und die anschließende zehnjährige Depression eine vollständige Neuorientierung auf seiten der Waren- und Wertpapierhändler sowie der Investmentbanker verlangte". Die Fusion wurde im Januar 1940 bekanntgegeben, trat aber erst zum 1. April unter dem neuen Namen Merrill Lynch, E.A. Pierce & Cassatt in Kraft. (Obwohl Lynch 1938 ausgeschieden war, bestand Merrill darauf, daß dessen Name aufgenommen wurde.) Als das neue Unternehmen seine Geschäfte aufnahm, verkündete es seine kundenorientierte Strategie, von Merrill folgendermaßen umschrieben: „Wir müssen die Wall Street zum kleinen Mann bringen – und wir müssen die erfolgreichen Vertriebsmethoden der Ladenketten dabei einsetzen."

Das erste Gebot lautete Kostenkontrolle. Er sah sich den arbeitsintensiven Ablauf der Broker an, die an der Börse Aufträge plazierten und Abschlüsse tätigten. 1940 kostete jede Transaktion ungefähr 14 Dollar, der Firma brachte sie nur zehn Dollar Gewinn ein: ein Verlustgeschäft. Da 85 Prozent des Geschäfts am Telefon abgewickelt wurden, gelangte Merrill zu der Überzeugung, daß „es absoluter Unsinn ist, wegen 15 Prozent einen goldenen Palast zu finanzieren". Deshalb verlegte er die Firmenzentrale in ein billigeres Bürogebäude (Pine Street 70) und ließ die Fassade mit Bildern von Ladenketten wie Safeway, McCrory und Kresge bemalen.

Um die Mannschaft auf das neue Unternehmen einzuschwören, veranstaltete Merrill eine zweitägige Konferenz im Wal-

dorf-Astoria. Aber er erkannte, daß die Einweisung seiner Angestellten in die neue Lehre nur der erste Schritt sein konnte.
Wichtiger fand er, die Öffentlichkeit vom Erfolg seiner neuen
Strategie zu überzeugen. 1940 schrieb er in einem Brief an die
Partner und Manager seiner Firma: „Wir im Wertpapiergeschäft
haben eine Aufgabe zu erfüllen – wir müssen das Vertrauen in
den Wertpapiermarkt ... wiederherstellen. ... Wir werden aus
unseren Plänen und Geschäften keine Geheimnisse machen."

Der sichtbarste Beweis dieser neuen Transparenz war die
Veröffentlichung eines Jahresberichts. Wie der langjährige Ver-
kaufsdirektor schrieb: „Während der neun Geschäftsmonate des
Jahres 1940 machten wir einen Verlust von 308.000 Dollar. Mr.
Merrill entschied, daß unsere Kunden Anspruch auf Informationen über den Geschäftsverlauf hätten, und deshalb veröffentlich-
ten wir unseren ersten Jahresbericht." 1941 war die Vorstellung,
daß eine privatwirtschaftliche Firma ihre Bilanzen vor aller Welt
offenlegte, einfach ohne Beispiel. Die Wall-Street-Firmen zogen
es vor, ihre Geschäfte mit dem Schleier eines Geheimnisses zu
umgeben. Aber Merrill wußte, daß er mit solchen öffentlichen
Berichten das öffentliche Vertrauen gewinnen konnte. Diese
Veröffentlichungen waren zugleich eine kostenlose Werbung.
Zeitungen und Magazine brachten lange Artikel über die Unternehmensgewinne. Für die Öffentlichkeit waren die Geschäftser-
gebnisse der Firma Maßstab für die Gesamtleistung der Wall
Street, ebenso wie heutzutage die Ergebnisse von Wal-Mart dem
Einzelhandel als Barometer dienen.

Das neue Geschäftsgebaren von Merrill brachte ihm viel Kritik ein. Aber Merrill ließ sich nicht verunsichern, sein Sen-
dungsbewußtsein war ungebrochen. Er zitierte immer gern eine
Passage aus Heinrich V. von Shakespeare, in der sich der junge
König mit folgenden Worten an seine Brüder und seinen Cousin
wendet: „Wir wenigen, wir selten Glücklichen, wir Brüder."
Aber Merrills „Brüder" wurde älter. 1944, als die Firma ungefähr zehn Prozent des Umsatzes der New Yorker Börse abwik-
kelte, lag das Durchschnittsalter der Kundenbetreuer bei 52 Jahren. Merrill sah in den eingefleischten Brokern, die durch die

alte Schule der Wall Street gegangen waren, ein Hindernis für eine Verjüngung. Er gelangte zu der Überzeugung, daß frische, engagierte und jüngere Mitarbeiter nötig seien. Nur denen glaubte er seine eigenen Vorstellungen vermitteln zu können. Deshalb gründete die Firma 1945 eine Schule, die Veteranen des Zweiten Weltkriegs zu Brokern ausbilden sollte. Sorgfältig ausgewählte Bewerber bekamen ein Gehalt während ihrer Teilnahme an dem sechsmonatigen Intensivkurs. Nach erfolgreichem Abschluß wurden diese Mitarbeiter in die Zweigstellen der „Vorposten" wie Omaha geschickt. Dort wurde im Dezember 1949 das 100. Büro eröffnet.

Merrill richtete als eine der ersten Wall-Street-Firmen Zweigstellen in Kleinstädten ein. Als erstes Unternehmen zahlte es den neuen Kundenbetreuern feste Gehälter und keine Provisionen. Das signalisierte den Kunden, daß die Broker nicht gezwungen waren, eine schnelle Mark mit dem Verkauf schlechter Anlagen zu machen.

Als die Werbekampagne gerade in Gang kam, mußte sich der führende Kopf des Unternehmens vom Geschehen zurückziehen. Nach einigen Herzanfällen 1944 verboten ihm die Ärzte, ins Büro zu gehen. Während die operative Kontrolle der Firma an den geschäftsführenden Partner Winthrop Smith überging, blieb Charles Merrill weiterhin der Spiritus rector der Firma. Er kontrollierte die Tagesgeschäfte der Brokerkette von seinen Wohnsitzen in Palm Beach, Southamptom (Long Island) und Barbados aus. Er verbrachte die meisten Tage am Telefon und gab seinen Managern entsprechende Anweisungen.

Neue Kunden durch Werbung und Information

Merrill war fest davon überzeugt, daß sich informierte Kunden eher für eine Anlage entscheiden würden. Die Firma verbreitete ihre Botschaften über mehrere Massenmedien: Merrill Lynch erstellte Unternehmens- und Branchenberichte, seine Analysten produzierten massenweise Informationsmaterial. Die Firma veröffentlichte außerdem einfache Broschüren zu Themen wie „Umgang mit Anlagerisiken" oder „Wie lese ich einen Geschäftsbericht?". 1947 verteilte man 75.000 kostenlose Exemplare des zweiwöchentlich erscheinenden *Investor's Reader* an potentielle Kunden – ähnlich wie Werbeprospekte im Lebensmittelhandel. Alle Informationsbroschüren konnte man sich schicken lassen oder in den Büros der Zweigstellen abholen.

Das Brokerhaus steckte – was damals sehr ungewöhnlich war – einen wesentlichen Teil seiner Gewinne in die Werbung. 1949 wurden 2.774 verschiedene Anzeigen in 288 verschiedenen Zeitungen geschaltet. „Das primäre Ziel der Werbemaßnahmen bei Merrill & Lynch ist es, die Menschen zu informieren, und nur sekundär, sie in den Laden zu locken", betonte Jack Adams, Führungskraft bei Albert Frank-Guenther Law, einer Werbeagentur, welche die Aktion für Merrill & Lynch organisierte. Die Anzeigen reichten in der Größe von Todesanzeigen bis zu langen Abhandlungen über Anlagegeschäfte. Viele hatte Louis Engel verfaßt, der 1946 als Werbeleiter eingestellt worden war. Er schaltete u.a. eine ganzseitige Anzeige in der *New York Times* unter der Überschrift: „Was jeder über Aktien und Anleihen wissen sollte." Sie bot klare Antworten auf Fragen wie: Was sind Aktien? Was sind eine Hausse und eine Baisse? Wie verhalte ich mich gegenüber einem Broker?

Diese betriebliche Informationspolitik brachte Charles Merrill und seinem Unternehmen die Anerkennung der Finanzpresse ein. „Er hat mehr für das Renommee des Verkaufs von Wertpapieren getan als irgend jemand anderes", schrieb *Forbes* 1947. Aber die Öffentlichkeit blieb weiterhin mißtrauisch. Eine Untersuchung des Federal Reserve Board, also des amerikanischen Zentralbankrates, aus dem Jahr 1949 ergab, daß 69 Prozent aller Familien mit einem Jahreseinkommen von über 3.000 Dollar sich gegen eine Anlage in Stammaktien aussprachen. Bei einer Umfrage der *Dispatch-Pioneer Press* in St. Paul (Minnesota) fand man 1949 heraus, daß 90 Prozent der Spitzen-

verdiener der Stadt noch nie eine Aktie oder Industrieschuldverschreibungen gekauft hatten. Die Zahlen in anderen Städten des
Landes sahen vergleichbar aus.

Diese Ergebnisse brachten Charles Merrill schier zur Verzweiflung. „Die Amerikaner haben im letzten Jahr mehr als
neun Milliarden Dollar für neue Autos ausgegeben, sind aber nur
bereit, 580 Millionen Dollar für den Kauf von Stammaktien der
Industrie auszugeben", wetterte er. Aus seiner Sicht lag das daran, daß seine Kollegen im Wertpapiergeschäft kaum Interesse
daran hatten, positive Nachrichten zu verbreiten. 1950 schrieb
Merrill in einem Brief an seine Kunden: „Die Mehrzahl der
Wertpapierhändler hat noch nicht einmal einen Finger krumm
dafür gemacht, die notwendige öffentliche Aufklärungsarbeit zu
unterstützen." In diesem Jahr betreuten die 106 Büros seiner
Firma mit 3.389 Angestellten 104.800 Kunden.

Merrills Traum wird Wirklichkeit

In den fünfziger Jahren fiel Merrills Aufklärungsarbeit auf
fruchtbaren Boden. Der Dow-Jones-Index stieg um mehr als das
Fünffache von 120 auf 679 Punkte. Aufgrund der Vormachtstel-
lung Amerikas im Welthandel, staatlicher Programme sowie
eines ständigen Wirtschaftswachstums stieg ein Großteil der
Bevölkerung in die Mittelschicht auf und gelangte zu einem
relativen wirtschaftlichen Wohlstand. 1952 besaßen 82 Prozent
der Familien eine Lebensversicherung, 52,8 Prozent verfügten
über Sparkonten, 41,9 Prozent hatten US-Sparschuldverschrei-
bungen, und 20,9 Prozent hatten eine Rentenversicherung.
Trotzdem konnten nur wenige Aktien ihr eigen nennen. Die
Brookings Institution ermittelte, daß nur 6,49 Millionen Amerikaner (entspricht 4,2 Prozent der Gesamtbevölkerung) Aktien
besaßen. Die meisten Aktienbesitzer waren nach damaligen
Maßstäben wohlhabend. 75 Prozent der Bevölkerung mit einem
Jahreseinkommen unter 5.000 Dollar befanden sich im Besitz
von nur 32 Prozent der Aktien.

Während des kalten Krieges war der Aktienkauf eine patriotische Pflichtübung. Er wurde auch gefördert und als eine starke Waffe gegen sowjetische Expansionsbestrebungen gesehen. „Unser Ziel sollte es sein, daß jeder Amerikaner Aktionär bei einem Wirtschaftsunternehmen ist", sagte der Chef von General Motors, Alfred Sloan. „Unter solchen Umständen kann der Trend zum Sozialismus aufgehalten, vielleicht sogar verhindert werden."

Dieser Rhetorik des kalten Krieges folgte der Vizepräsident der New Yorker Börse, Ruddick Lawrence, im Januar 1954, als er den monatlichen Investment Plan (MIP) einführte, um – spät genug – das öffentliche Vertrauen in die Börse zu stärken. Dieser MIP ermöglichte es Kunden, ihre Aktien in Raten zu erwerben. Nach den neuen Plänen konnten Anleger monatlich einen festen Betrag anlegen, angefangen bei einer Mindesthöhe von 40 bis zu maximal 999 Dollar. Das Geld wurde in Aktien angelegt, auch wenn es sich nur um geringe Summen handelte. Lawrence nannte das Programm „eine Idee des demokratischen Kapitalismus" – alle Amerikaner sollten die Möglichkeit haben, sich an der amerikanischen Wirtschaft zu beteiligen. Die MIPs paßten natürlich perfekt zu den langjährigen Bemühungen Merrills, Kleinanleger in die Büros seiner Filialen zu kriegen. Bis April 1954 hatte die Firma 40 Prozent der plazierten MIPs verkauft, weil diese wie Safeway überall im Land Filialen und einen bekannten Markennamen besaßen. 1954 hatten die 608 New Yorker Börsenmitglieder 1.247 Büros in den Vereinigten Staaten, 119 davon gehörten Merrill.

Merrill Lynch verband die Kampagne der New Yorker Börse mit seiner eigenen. 1954 rüstete die Firma drei blau-silberfarbene Busse mit Schreibtischen, schnurlosen Telefonen und Börsenfernschreibern aus, die Kurse von 70 verschiedenen Aktien anzeigten. Engagierte Kundenbetreuer übernahmen die Beratung von Interessenten. Von ihren Standorten in Chicago, Boston und New York aus schwärmten sie in entlegene Vorstädte aus, parkten an Supermärkten, Bahnhöfen und Fabriken, verbreiteten die Wunder der Dividenden und Kapitalsteigerungen ins

Landesinnere. Dieses Vorgehen war, meinte Winthrop Smith, „nur die logische Konsequenz unserer Überzeugung, daß Finanzdienstleistungen viel breiter zugänglich gemacht werden müssen". Es sollte gezeigt werden, daß man Aktien genauso einfach wie Kartoffelchips kaufen könne.

Kein Ort war zu klein oder zu groß für die riesigen Werbebusse. Im Mai 1955 sponserte die Firma eine „Weltfinanzmesse", eine Art „Erweckungsveranstaltung". Nach einem Rundgang durch eine Ausstellung, von Spitzenunternehmen wie General Motors und IBM ausgerichtet, wurden die Besucher in ein „Seminar über Kapitalanlage" von Merrill & Lynch geschleust. Anschließend wurden Mechanismen des Kaufs von Aktien und Anleihen anschaulich erläutert. Im darauffolgenden Jahr eröffnete Merrill Lynch ein Aktieninformations- und Repräsentations-Center mitten im geschäftigen Grand-Central-Bahnhof, neben Zeitungsständen, Blumenläden und Imbißständen.

Merrill Lynch wird zu einer Wall-Street-Institution

Das anhaltende Rühren der Werbetrommel zahlte sich aus. Merrill & Lynch wurde im In- und Ausland zum bekanntesten Brokerhaus. Als Vertreter der sowjetischen Presse im Oktober 1955 New York besuchten, machten sie an zwei Bastionen des Kapitalismus halt: dem New Yorker Börsensaal und der Zentrale von Merrill, Lynch & Co. in der Pine Street 70.

Als immer mehr Amerikaner ihr Vermögen von Sparkonten mit ihren niedrigen Zinsen abzogen und in Aktien und Anleihen anlegten, stieg die Zahl der Aktienbesitzer Ende 1956 auf 8,6 Millionen. Eine erfreuliche Steigerungsrate um 33 Prozent gegenüber 1952. Nach Schätzungen der New Yorker Börse traten jährlich 500.000 Menschen der amerikanischen Aktionärsfamilie bei. Zwischen 1952 und 1956 fiel das Durchschnittseinkommen der Aktionäre von 7.000 auf 6.200 Dollar, und das geschätzte Durchschnittsalter der zwischen 1952 und 1956 neu hinzugekommenen 2,14 Millionen Aktionäre lag bei 35. „Die Zeit der Golfclubkontakte und reichen Schulkameraden ist vorbei, und das Vermögen wird neu verteilt", bekräftigte Louis Engel 1954. „Heute kaufen viele zehn oder 20 Aktien. Wir haben das Gefühl, daß der gestreute Aktienbesitz eine verdammt gute Sache ist. Wir haben natürlich immer noch einige große Kunden.", kommentierte Engel.

Merrill war es nicht gegönnt, die Erfüllung seiner Visionen zu erleben. Er mutete sich körperlich einfach zuviel zu – so blieb er bis in sein achtes Lebensjahrzehnt ein legendärer Trinker. 1953 ließ er sich am Herzen behandeln. Sein Gesundheitszustand verbesserte sich danach leicht. Seinen letzten öffentlichen Auftritt hatte er bei einer zweitägigen Konferenz im Hotel Statler. Es paßte zu ihm, daß er in den letzten Wochen vor seinem Tod im Oktober 1956 noch darauf bestand, sich selbst um die Veröffentlichung der Unternehmensergebnisse im Jahresbericht zu kümmern. Ein Geschäftspartner erinnerte sich später: „Der Bericht durfte erst erscheinen, nachdem er jedes Wort und jede Darstellung genehmigt hatte."

Das moderne Unternehmen

Als größter Wertpapierhändler und Hauptförderer von Kleinanlegern blieb die Firma Merrill, Lynch & Co. ein Branchenpionier noch Jahrzehnte nach dem Tod ihres Gründers. Charles Merrill, der Personengesellschaften für „antiquiert" hielt, hatte sich lange bei der New Yorker Börse dafür eingesetzt, Börsenmitgliedern zu erlauben, eine Kapitalgesellschaft zu gründen. Ein solcher Schritt hätte aber dazu geführt, daß moderne Unternehmensmethoden in der Wall Street Einzug gehalten hätten. Entscheidender wäre allerdings gewesen, daß dies die Liquidität und Finanzstabilität der Firmen verbessert hätte. 1953 erlaubte die New Yorker Börse ihren Mitgliedern endlich, Kapitalgesellschaften zu gründen. Aber es gab rechtliche Probleme. Merrills Tod, drei Jahre später, hinderte seine von ihm gegründete Firma daran, vor 1958 von dieser Möglichkeit zu profitieren. Im Dezember des gleichen Jahres wurde Merrill & Lynch mit 117 Gesellschaftern, 126 Zweigstellen und einem Kapital von 43 Millionen Dollar die erste größere Kapitalgesellschaft an der Wall Street.

13 Jahre später leistete die Firma erneut Pionierarbeit für die Gesellschaftsform an der Wall Street. 1970 gab die New Yorker Börse ihren Mitgliedsfirmen die Erlaubnis, das zu tun, worin diese andere Unternehmen schon seit dem 19. Jahrhundert unterstützt hatten: an die Börse zu gehen. Im Juni 1971 war Merrill & Lynch das zweite an der Börse notierte Brokerhaus und verkaufte vier Millionen Aktienanteile zu je 28 Dollar. Seitdem hat praktisch jedes größere Brokerhaus diesen Weg gewählt. Heute ist von allen größeren Investmentfirmen nur noch Goldman Sachs eine private Gesellschaft.

Walt Disney an seinem Zeichenbrett

7.
Walt Disney und sein Unterhaltungsimperium

1928 erlebte Walt Disney einen so schweren beruflichen Rückschlag, daß seine Karriere beendet schien. Der 26jährige Trickfilmzeichner hatte die Rechte an seinem ersten erfolgreichen Entwurf eines Zeichentrickfilms, nämlich „Oswald the Lucky Rabbit" in einem Produktionsvertrag mit seinem New Yorker Filmverleiher naiverweise abgetreten. Obwohl Disney aus dem Debakel mit leeren Händen hervorging, gab er nicht auf. Disney, den der aus England stammende politische Karikaturist David Low einmal „die bedeutendste Figur in der Malerei seit Leonardo" nannte, lernte aus seiner frühen schlechten Erfahrung. Innerhalb eines Jahres eroberte er im Sturm die Unterhaltungsindustrie. Der Zeichner hatte sich jetzt bestens mit den Rechten über geistiges Eigentum vertraut gemacht. Er besaß ein angeborenes Talent zur Schaffung unvergeßlicher Charaktere und bezaubernder Phantasiewelten. Disney avancierte zum führenden Kopf eines neuen Unternehmensimperiums.

Als Chef seines eigenen Studios setzte Disney nicht nur seine eigene schöpferische Kraft ein, sondern er schuf auch eine Arbeitsatmosphäre, in der andere ihre Phantasien entfalten konnten. Er debütierte mit Mickymaus, dieser selbstbewußten Figur, die es zu internationaler Berühmtheit brachte. Er orientierte sich an einer Vielzahl von Kinderge-schichten und Märchen wie „Pinocchio" und „Schneewittchen". Disney stattete seine eigenen Fi-guren mit realistischen menschlichen Eigenschaften und Gefühlen aus und sprach so Erwachsene und Kinder gleichermaßen an. Aber Disney verließ sich nicht allein auf den Kinokartenverkauf als Einnah-mequelle. Er zog immer maximalen kommerziellen Nutzen aus seinen Kreationen und fand neue Wege, um seine Figuren zu vermarkten. Als er scheinbar alle vorhandenen Vertriebsmöglichkeiten ausgenutzt hatte, ersann er noch eine neue: Disneyland.

Walt Disney, eine vielseitige Persönlichkeit, hatte viele charakterliche Facetten. Er war durchaus nicht nur der freundliche „Onkel", als der er in sei-nen Fernsehserien auftrat. Disney arbeitete uner-müdlich, war aber nie mit sich zufrieden. In fast ei-nem halben Jahrhundert gelang ihm der Aufbau eines in unternehmerischer wie soziologischer Hin-sicht einzigartigen Imperiums. In seinen Projekten vermischten sich Phantasie und Wirklichkeit.

Ein junger Erfinder erobert die Filmbranche

Walt Disney wurde am 5. Dezember 1901, als vierter Sohn des Ehepaares Elias und Flora Disney in Chicago geboren. Seine Familie gehörte der amerikanischen Mittelschicht an. Walt hatte noch eine jüngere Schwester. Der Vater besaß ein unruhiges und aggressives Temperament. Als er mit seiner Familie auf eine Farm in Missouri zog und seine Söhne weiterhin lieblos wie Angestellte behandelte, liefen die beiden älteren von zu Hause weg. Die Farm machte nach vier Jahren pleite. Die Disneys gaben den Wohnsitz auf und zogen nach Kansas City. Dort kaufte Elias Disney einen Zeitungsvertrieb. Roy und Walt wurden als Zeitungsjungen losgeschickt. Beide bezogen oft Prügel – um 1910 eine normale Erziehungsmethode. Doch ihr Vater verlor nur zu oft Beherrschung. Die Mutter, Flora Disney, tröstete dann ihre Jungen; die Brüder mochten sich. Als Walt zehn Jahre alt war, ging auch Roy von zu Hause fort. Die Kindheit von Walt Disney, in der er durchaus auch schöne Zeiten auf der Farm oder im Elternhaus in Kansas City erlebte, war aber überschattet von den schlechten Launen seines Vaters und der Tatsache, daß seine älteren Brüder das Haus verlassen hatten.

Walt Disney bezog sich oft in seinen Arbeiten auf seine frühen Ängste und Freuden. Wie viele einsame Kinder tröstete sich auch Walt stundenlang damit, sich imaginäre Freunde mit Papier und Bleistift zu zeichnen. Als die Familie nach Chicago umzog, fand er eine andere Ausdrucksform für sein offenkundiges Zeichentalent: Er wurde Art Director der Schülerzeitung an der McKinley School. Langsam kam ihm der Gedanke, daß Herumkritzeln mehr als nur ein etwas verrücktes Hobby sein konnte. Er tauschte schon bald seine Karikaturen gegen kostenloses Haareschneiden ein. In jener Zeit trat Amerika auf seiten der Alliierten in den Ersten Weltkrieg ein. Mit 16 meldete sich Disney als Kriegsfreiwilliger bei den Sanitätern. Endlich in Frankreich angelangt, war der Krieg zu Ende, und er mußte mehr LKWs als Krankenwagen fahren. Schon bald nahm er den Stift zur Hand und zeichnete Karikaturen zur Unterhaltung seiner Kameraden.

Nach dem Krieg kehrte Disney nach Chicago zurück. Er ließ sich schließlich in Kansas City nieder, dort arbeitete sein Bruder Roy als Banker. Er versuchte sich als Karikaturist, und nachdem er beim *Kansas City Star* abgelehnt wurde, entschied er sich, als Grafiker bei der örtlichen Werbeagentur Pesmen-Rubin anzufangen. Zur gleichen Zeit wuchs das Interesse des 18jährigen an Zeichentrickfilmen, einem neuen Medium, das aufgrund der plötzlichen Popularität einer Figur namens „Felix the Cat" sehr populär wurde. 1920 unterzeichnete Walt schließlich einen Vertrag als Illustrator bei der Kansas City Film Ad Company zu

einem Wochenlohn von 40 Dollar. Diese Firma produzierte
Trickfilmkinowerbungen von 60 Sekunden Länge.

Als Disney sich mit den Grundlagen der Filmanimation vertraut machte, wurde ihm auch klar, daß er keine große Lust ver-
spürte, Comics für Produktwerbung zu zeichnen. Er hatte „Felix
the Cat" gesehen, auch er wollte sein Talent nutzen, um gute
Unterhaltung zu machen. Bei Pesmen-Rubin und bei Kansas
City Film arbeitete Disney eng mit einem anderen Künstler zusammen, mit Ubbe Iwerks. 1922 gründeten beide ihre eigene
Firma Laugh-O-gram zur Produktion kurzer Zeichentrickfilme.
Statt neuer Figuren nahmen beide Animatoren beliebte Figuren
aus sehr bekannten Kindergeschichten wie „Goldilocks and the
Three Bears". Aber ihr Verleiher machte Konkurs, noch bevor
sie ihren ersten Film verwirklichen konnten. Disney sann über
die kommerzielle Verwendung einiger seiner Ideen nach. Er
hielt seine Idee, in dem Trickfilm eine reale Person auftreten zu
lassen, für eine bis dahin noch nie dagewesene, aber originelle,
unterhaltende Variante. Obwohl diese Technik bereits früher
existierte und auch schon eingesetzt wurde, weckten Disney und
Iwerks damit zum ersten Mal kommerzielles Interesse. Disney
begann mit der Produktion von „Alice im Wunderland"; in dem
Streifen trat ein Kind als Schauspielerin auf. Vor der Fertigstellung des Films ging ihm leider das Geld aus. Disney wußte aber,
daß er in dieser Richtung weitermachen wollte.

1923 verließ Walt Disney Kansas City, um dorthin zu gehen,
wo junge Filmemacher ihr Glück machen konnten: nach Hollywood. Mit 40 Dollar in und dem fast fertigen Trickfilm „Alice
im Wunderland" in der Tasche bestieg Disney einen Zug Richtung Westen. Als ein Mitreisender ihn nach seinen Absichten
fragte, antwortete er: „Ich gehe nach Hollywood, um bei großen
Filmen Regie zu führen."

Disneys Traum war gar nicht so unrealistisch. Hollywoods
blühende Filmindustrie brauchte Talente, und mit Phantasie und
Ehrgeiz konnte man es in der „Traumfabrik" weit bringen. Dennoch gestaltete es sich für Disney äußerst schwierig, einen Fuß
in die Tür zu bekommen. In Los Angeles angekommen, wohnte

er zunächst bei seinem Onkel Robert. Von dort klapperte er die
Studios ab. Er mußte allerdings schnell feststellen, daß große
Regisseure nicht unbedingt von der Straße weg engagiert wur-
den.

Ohne Arbeit, machte Disney das, was er unter den gleichen
Bedingungen in Kansas City schon einmal getan hatte: Er
machte sich selbständig. „Wenn man keinen Job findet, dann
gründet man sein eigenes Geschäft." Walt hatte zwei starke Ak-
tivposten aufzuweisen: seinen Bruder Roy, einen gerissenen
Geschäftsmann, der in Los Angeles lebte und sich von einer
Tuberkulose erholte, sowie „Alice im Wunderland". 1923
schrieb er an Margaret Winkler, eine erfolgreiche Verleiherin in
New York, und behauptete in dem Brief, daß er „gerade etwas
Neues und Raffiniertes für Zeichentrickfilme entdeckt habe! ...
Eine neue Idee, die alle anspricht und ganz bestimmt ein Erfolg
wird, ... eine raffinierte Verbindung von lebenden Figuren und
Cartoons." Winkler sah sich „Alice" an, machte einige Verbes-
serungsvorschläge und ermutigte Disney, den Film fertigzustel-
len. So gründeten er und Roy in der Garage von Onkel Robert
das Animationsstudio Disney Brothers. Im Oktober 1923 bestellte Margaret Winkler sechs Filme der „Alice" zu einem Preis von
1.500 Dollar pro Stück. Disney war nun tatsächlich im Geschäft.
Als die Serie auf den Markt kam, wurde auch Ubbe Iwerks von
dem neuen Unternehmen als Cartoonist unter Vertrag genommen.

Nach Fertigstellung der „Alice"-Serie heiratete Disney Lillian
Bounds, eine Druckerin aus den Studios. Seine Vertriebsmana-
gerin Margaret Winkler heiratete etwa zur gleichen Zeit, sie
übertrug die Leitung der Vertriebsfirma ihrem Ehegatten Charles
Mintz. Mintz und Disney wollten eine neue Zeichentrickfigur –
ähnlich wie „Felix the Cat" – kreieren. Walt skizzierte ein Ka-
ninchen, und Mintz gab ihm spontan den Namen „Oswald the
Lucky Rabbit". Oswald wurde zur Grundlage einer Serie viel
beachteter Kurzfilme, sogenannter „Shorts". Disneys Erfolg war
aber nur von kurzer Dauer. In seiner Naivität hatte er einen Produktionsvertrag unterschrieben, der besagte, er müsse die Car-

toons herstellen, während die Firma Mintz die Rechte an der Figur hielt. Als Disney 1928 nach New York fuhr, um seinen Vertrag zu erneuern, legte Mintz die brutalen Fakten auf den Tisch: Mintz und Universal besaßen die Rechte an Oswald, und er hatte bereits mit Disneys besten Trickfilmzeichnern darüber gesprochen: Sie würden jetzt für ihn arbeiten. Der Verleiher hatte den genialen Schöpfer Oswalds buchstäblich ausgetrickst. Nach diesem bitteren Lehrgeld legte Disney ein Gelöbnis ab: „Nie wieder arbeite ich für jemand anderen."

Mit Mickymaus in die Unabhängigkeit

Nach der Auseinandersetzung mit Mintz bestiegen Walt und Lillian müde einen Zug zurück nach Kalifornien. Als die Wagen westwärts tuckerten, wurde Walt klar, daß er sein neues Studio bald wieder aus Geldmangel schließen müßte, es sei denn, es gelang ihm, eine neue Figur zu kreieren. Seine Gedanken kreisten bald um Mäuse. „Ich habe eine besondere Affinität zu Mäusen", sagte er später immer wieder gerne. „In meinem Papierkorb raschelten die Mäuse, wenn ich spät abends noch arbeitete. Ich fing sie ein und setzte sie in kleine Käfige auf meinem Schreibtisch. Eine von ihnen war mein besonderer Freund."

Nach Kalifornien zurückgekehrt, sah die erste Skizze, die Walt nun von seiner neuen Mausfigur anfertigte, zu sehr wie eine Karikatur seiner selbst aus. Deshalb erarbeitete Ubbe mit ihm etwas Niedlicheres – etwas, das eigentlich aussah wie Oswald, nur mit den Ohren einer Maus. Sie entschieden sich, die Maus einfach Mickymaus zu nennen. Der erste Film mit Mickymaus in der Hauptrolle lief als Cartoon mit dem Titel „Plane Crazy", der die Mißgeschicke Mickys in einem Flugzeug schilderte. Der Streifen kostete 1.800 Dollar. Ihm folgte „The Gallopin' Gaucho". Aber erst der dritte Mickymaus-Film, „Steamboot Willie", sollte die Welt der Zeichentrickfilme für immer verändern.

Nach der Premiere von „The Jazz Singer" im Oktober 1927, dem ersten Synchronfilm, war Disney davon überzeugt, daß man Micky sowohl sehen als auch hören sollte. Wenn ein Al Jolson im Film sprechen konnte, dann sollte dies Micky auch können. Weil der Ton perfekt zum Bild passen sollte, wurde „Steamboot Willie" damals zu einer technisch komplizierten Angelegenheit. Disney engagierte ein komplettes Orchester für die Musikaufnahme. Der ausgeklügelte Trickfilm bestand allein aus 20.000 handgezeichneten Einzelbildern. Der Firma ging das Geld aus, Walt mußte seinen geliebten Sportwagen verkaufen. Aber Disney war risikobereit. „Ich glaube, das ist unsere Chance", schrieb er an Roy von New York aus. „Versuch', auf alles, was wir haben, einen hohen Kredit aufzunehmen, und dann packen wir die Sache richtig an." Die Produktionskosten von „Steamboat Willie" beliefen sich auf ungefähr 15.000 Dollar, aber diese Investition lohnte sich. Die Uraufführung am 18. November 1928 als Vorfilm zu dem Kinofilm „Gang War" wurde ein voller Erfolg. Als die Welt zum ersten Mal diesen anspruchsvollen Trickfilmdialogen lauschte, hörten sie die Stimme von Walt Disney, der selbst die Rolle der Maus sprach.

Mit Unterstützung eines tüchtigen Presseagenten wurde Mickymaus über Nacht berühmt. Überwältigende Kritiken der Presse folgten. Micky avancierte schnell zur Mode- und Kultfigur, und zwar nicht nur bei Kindern. Nach dem Erfolg von „Steamboat Willie" war Disney ein gefragter Mann. Jeden Monat kamen neue Folgen von Mickymaus auf den Markt. Einige Studios, einschließlich Universal, wollten den Vertrieb für Disney übernehmen, auch Angebote, die Firma komplett zu kaufen, gab es. Aber Disney, der oft bis zur Erschöpfung arbeitete, hatte kein Interesse daran, aufgekauft zu werden. „Ich möchte meine Individualität behalten", bekräftigte er. Er versuchte, die Studios zu umgehen, und so vertrieb er seine Cartoons über unabhängige Kinos. Aber er sah auch voller Sorge, daß er kaum etwas von dem Vermögen zu sehen bekam, das Micky verdiente.

1930 schließlich, nachdem er bereits sieben Jahre in Hollywood kämpfte, kapitulierte er, schloß mit einem Studio einen

Handel ab und unterzeichnete bei Columbia Pictures einen Vertriebsvertrag über 7.000 Dollar pro Film. Beide Parteien teilten
sich diese Summe, aber immerhin behielt Disney die Copyrights.
„Mickymaus ist für mich das Symbol von Unabhängigkeit",
meinte er 1948. „In der Not geboren, löste der kleine Kerl unsere
unmittelbaren Probleme. Er lieferte uns die Mittel, unser Unternehmen zu seiner heutigen Größe auszubauen und das Medium
Zeichentrickfilm zu neuen Dimensionen der Unterhaltung zu
führen."

Eine Maus wird zum Kassenschlager

Columbia übernahm den weltweiten Vertrieb von Disney. 1930
gelangte die Maus plötzlich zu phänomenalem Weltruhm. Die
Italiener nannten sie Topolino, in Spanien wurde sie zu Miguel
Ratoncito und in Schweden zu Musse Pigg. „Manchmal habe ich
versucht herauszufinden, warum Micky die ganze Welt fasziniert-
te. Jeder wollte das wissen", erzählte Disney 1961. „Soweit ich
weiß, hat es niemand herausgefunden. Sie ist ein netter kleiner
Kerl, der nie irgend jemandem etwas tut, der ohne eigenes Verschulden in die Patsche gerät, aber immer wieder ein Lachen auf
den Lippen hat."

Es dauerte nicht lange, bis Disney das Marktpotential seiner
Schöpfung jenseits der Filmleinwand erkannte. Angesichts der
Popularität seines Stars wollten sich viele Firmen an der Ver-
marktung Mickeys beteiligen. Aber Disney hatte seine eigenen
Ideen. Lange bevor die amerikanische Unternehmenswelt den
Begriff „Multimedia" kannte, hatte Disney schon ihr Prinzip
verstanden. Er baute das Image der Maus weiter aus und machte
sie noch populärer. 1930 veröffentlichte er ein Mickymaus-
Buch, das sich im ersten Jahr gleich 97.938 mal verkaufte. Mit
der Firma King Features schloß er einen Vertrag zur Entwicklung eines Mickymaus-Comics ab. Überall schossen
Mickymaus-Clubs wie Pilze aus dem Boden.

Die Trickfilm-Maus schien zum Weltstar geboren zu sein. 1932 engagierte Disney den New Yorker Geschäftsmann Kay Kamen, um Wege zu finden, wie man Mickey weiter kommerziell nutzen könnte. Obwohl Produkt- und Technologielizenzen ziemlich verbreitet waren, führte Micky diese Konzepte zu neuen Höhen. Der erste Schritt Kamens war die Lizenzvergabe an die National Dairy Products Company zur Herstellung von Mickymaus-Eistüten. Das Unternehmen verkaufte gleich im ersten Monat zehn Millionen Stück.

Ende 1932 waren Unternehmen von RCA bis zu General Food an der Vermarktung der Maus beteiligt. Disney erhielt ungefähr fünf Prozent des Großhandelspreises der Lizenzprodukte. Im ersten Jahr brachten Kamens Geschäftsideen dem Unternehmen netto 300.000 Dollar ein, das entsprach einem Drittel des Gesamtgewinns. Langlebigstes Produkt aus diesen ersten Verträgen war die Mickymaus-Uhr. Die Ingersoll-Waterbury Company hatte sie 1933 auf den Markt gebracht, und in den ersten zwei Jahren verkauften sich 2,5 Millionen Stück davon.

Der Wink des Schicksals, dem Walt mit seinem ersten Mickymaus-Tonfilm gefolgt war, schien sich ins Negative zu wenden. Walt Disney übernahm sich einfach: Ein neuer Mickymaus-Film pro Monat und die Ausschlachtung aller nur möglichen Vermarktungschancen waren einfach zu viel. Er erlitt einen Nervenzusammenbruch, seine Frau fand ihn eines Tages bewußtlos. Als er nach einer langen Genesungszeit wieder an die Arbeit ging, engagierte sich Disney leidenschaftlicher als jemals zuvor für den Aufbau seines Unternehmens.

Steigende Gewinne in den dreißiger Jahren machten es dem Walt Disney Studio möglich, die Qualität seiner Trickfilme zu verbessern. Während seine Figuren über die Lizenzen den Markt massenweise überschwemmten, stellte Disney klar: Seine Filme seien nicht nur kommerzielle Produkte, sondern auch eine ernst zu nehmende neue Kunstform. Aus diesem Grund eröffnete sein Studio als erstes 1932 eine eigene Zeichenschule, an der junge Trickfilmzeichner unterrichtet wurden. Disney stellte die neueste Filmtechnologie und die besten Materialien zur Verfügung. Im gleichen Jahr brachte Disney einen Film mit dem Titel „Flowers and Trees" heraus. Der Film war zur Musik von Schubert und Mendelssohn gedreht und war der erste Cartoon in der Filmgeschichte im neuen Technicolorverfahren. Er gewann den ersten von 48 Oscars, die das Studio zu Disneys Lebzeiten bekam.

Die verbesserte Qualität aus dem Disney-Studio wurde in der neuen Serie namens „Silly Symphonies" sichtbar. Sie wurden nach dem Konzept produziert, daß man auf Dialoge verzichten kann, wenn ein Cartoon wirkungsvoll von Musik untermalt wird. Der Silly-Symphonies-Film 1934 mit dem Titel „The Wise Little Hen" stellte Disneys zweiten zeitlosen Weltstar vor: Donald Duck. Nach dem kommerziellen Erfolg von Mickymaus war Disney klar, daß er die Gewinne nur durch noch eigenwilligere Figuren steigern konnte. Deshalb entwickelten er und seine Künstler ein ganzes „Individualisten-Ensemble" in großartiger Besetzung: Donald Duck und die Hunde Pluto und Goofy. Zur Realisierung seiner immer größeren Pläne erhöhte 1934 Disney die Zahl seiner Mitarbeiter auf 187. Da er sein Studio als eine „Ideenfabrik" ansah, war die Firmengröße von Vorteil. „Uns kann der Stoff nicht ausgehen", sagte Disney, der Seite an Seite mit einem Stab von Textern, Zeichnern und Komponisten zusammenarbeitete. „Wenn unsere kreative Organisation an Größe zunimmt und ihre Mitarbeiter immer kreativer werden, werden die Ideen an Umfang und Qualität zunehmen."

Trotz immer neuer Figuren war allen klar: Micky war und blieb nach wie vor die Nummer eins im Herzen des Chefs. Walt Disney brachte eine überdimensionale Mickymaus-Uhr an seiner Bürowand an und ließ die Maus auf Gehaltsschecks des Unternehmens drucken. Und der Mann, der Micky erstmals die Stimme geliehen hatte, sprach von seiner Schöpfung wie von einem menschlichen Wesen. „Der kleine Kerl scheint sich ungeachtet von Rasse, Hautfarbe oder Nationalität Freunde zu machen", sagte Disney 1935. Und in Japan, wo er Miki Kuchi hieß, stand er an Popularität dem Kaiser in nichts nach. Der Schöpfer Mickys gelangte selbst zu Ruhm. 1937 reiste er nach England, bei einem Diner mit der Königin von England begegnete er H.G.

Wells. Im darauffolgenden Jahr erhielt er Ehrentitel von den Universitäten Harvard und Yale. Manchmal verwischte sich im Leben Disneys die Grenze zwischen Schöpfer und Star bis zur Auflösung. Bei Entgegennahme einer Auszeichnung des Völkerbundes in Paris sprach er sogar in seiner Dankesrede mit der Stimme der Mickymaus.

„Schneewittchen" macht den Weg frei

1934 entschied sich Disney zu etwas, das vor ihm noch niemand in Hollywood gewagt hatte: die Produktion eines Zeichentrickfilms in voller Spielfilmlänge. Der Stoff: „Schneewittchen und die sieben Zwerge". Disney gab damit dem Zeichentrickfilm eine neue Dimension an künstlerischer Raffinesse mit einem noch größeren Realitätsbezug. Für eine Sequenz engagierte er eine Ballettänzerin. Er filmte sie und stellte ihre Bewegungen zeichnerisch Bild für Bild nach. Ursprünglich gab es ein Budget über 250.000 Dollar, doch multiplizierten sich die Unkosten schnell. Disney war sehr anspruchsvoll, das kostete Geld. Die Zeichner produzierten 250.000 Einzelbilder. Als das Gesamtbudget eine Million Dollar überstieg, wurde Disneys Hauptkreditgeber, die Bank of America, nervös. Das Unternehmen wurde als „Disneys Wahnsinn" bekannt. Eine Gruppe von Negativlingen höhnte. „Es wurde prophezeit, daß sich keiner anderthalb Stunden lang einen Zeichentrickfilm ansehen würde", erinnerte sich später Disney. „Aber wir hatten uns dazu entschieden, daß es nur einen erfolgreichen Weg zur Produktion von ‚Schneewittchen' gibt. Wir mußten alles auf eine Karte setzen und die Arbeit vorantreiben. Es konnte hinsichtlich Zeit, Geld oder Talent keine Kompromisse geben."

„Schneewittchen und die sieben Zwerge" hatte am 21. Dezember 1937 Premiere. „Die gesamte Hollywood-Prominenz stürmt in meinen Film", jubelte Disney. Im ganzen Land strömten die Zuschauer in die Kinos. „Schneewittchen" spielte seine Produktionskosten schnell wieder ein, allein bei der ersten Verleihphase flossen 8,5 Millionen Dollar in die Kasse. (Seitdem wird der Film in regelmäßigen Abständen in den Kinos gezeigt, die Gesamtgewinne summieren sich.) 1939 erhielt die Produktion einen speziellen Akademiepreis, eine große Statue von Schneewittchen mit den sieben Zwergen Überreicht wurde sie von Shirley Temple. Und auch diesmal vermarktete Disney den Film nicht nur in den Kinos. Der Film enthielt einige hübsche eingängige Lieder, von diesen wurde „Wistle While You Work" als Schallplatte vermarktet.

Durch ihren Erfolg ermutigt, entschieden sich Walt und sein Bruder Roy, Vizepräsident der Walt Disney Productions, 100.000 Dollar in den Kauf eines Grundstücks von 200.000 Quadratmetern in Burbank, Kalifornien, zu investieren. Sie errichteten ein modernes Animationsstudio auf diesem Grundstück, und Walt beliebte zu sagen: „Schneewittchen hat das Haus gebaut." Walt schuf sich damit ideale Arbeitsbedingungen. In grüner Umgebung animierten kleine Räume – die Disney bevorzugte – zum kreativen Arbeiten. Insgesamt wirkten die Studioneubauten wie ein emsiges kleines Dorf.

Disney bestand darauf, von seinen Angestellten mit Walt angeredet zu werden. Streng kontrollierte er die kreative Arbeit, obwohl er selbst seit Mitte der zwanziger Jahre keine Zeichnungen mehr angefertigt hatte. Die Atmosphäre, die er in dem Studio erzeugte, war wohltuend entspannt – ohne jedoch zu familiär zu sein. Seine kreativen Mitarbeiter brauchten keine festen Arbeitszeiten einzuhalten, er versorgte sie mit den neuesten und besten Arbeitsmaterialien. Disney flößte aber auch Respekt ein. „Eines Tages stieg ich im Studio in den Fahrstuhl und wollte in den dritten Stock", schrieb Charles Snow, Texter bei Disney, „plötzlich stieg Walt zu mir in den Fahrstuhl. Aus Angst, etwas Falsches zu sagen, drückte ich auf den zweiten Stock und stieg sofort aus, als sich die Türen öffneten – ein Stockwerk tiefer als ich wollte –, nur um dem Chef aus dem Weg zu gehen."

In diesem campusartig angelegten Studio konzentrierte sich Disney ganz auf die Herstellung von Zeichentrickfilmen. Sein zweiter Trickfilm in Spielfilmlänge, nämlich „Pinocchio", kostete mit seinen 2,6 Millionen Dollar noch mehr als „Schneewittchen". Disney ließ seine Leute 175 verschiedene Modelle Pinocchios anfertigen, bevor ihm eins zusagte. Natürlich hatten diese anspruchsvollen und teuren Entwicklungen Folgen. Trotz der Popularität seiner meisten Filme waren die Walt Disney Productions Ende der dreißiger Jahre hoch verschuldet. Ursache waren die zu hohen Produktionskosten und ein neuer Vertriebsvertrag, diesmal mit RKO, sowie der Bau des Studios in Burbank, der 3,8 Millionen Dollar verschlungen hatte. 1940 hatten die Schulden eine Höhe von 4,5 Millionen Dollar erreicht. Um diese Summe zu senken, akzeptierte das Unternehmen ein Übernahmeangebot und verkaufte 1940 Aktien im Wert von vier Millionen Dollar.

Mit diesem Kapitalzufluß konnte Disney seine Schulden decken und die Produktion dreier neuer Filme finanzieren: „Pinocchio" (1940), „Fantasia" (1940) und „Bambi" (1942). Disneys damals ehrgeizigster Film „Fantasia" enthielt keine Dialoge, nur erzählenden Text zwischen den Episoden. Es war ein völlig stummer Cartoon zur Musik „Rite of Spring" von Stravinsky und „Night on Bald Mountain" von Modest Mussorgsky. „Fanatasia" verschlang 2,28 Millionen Dollar und war der erste abendfüllende Spielfilm mit Mickymaus. Disney scheute keine Kosten, er engagierte den berühmten Dirigenten Leopold Stokowski, der suchte die Musik aus und brachte sie mit den Bildern in Einklang. Obwohl der Film Anerkennung bei Kritikern fand, avancierten weder „Fantasia" noch „Pinocchio" noch „Bambi" zum Kassenschlager.

Obwohl keiner der Filme den Erfolg von „Schneewittchen" wiederholen konnte, erweckten sie weiter öffentliches Interesse an Walt Disneys künstlerischem Talent. Ohne die hübschen Prinzessinnen und edlen Prinzen der „Schneewittchen"-Story enthielten „Pinocchio" wie „Bambi" unbequeme nachdenkliche Töne. Einige Kritiker stuften Bambi wegen der etwas eigenwilligen Darstellung des Waldes, der Todesangst der Tiere vor ihren Jägern und der Feuersbrunst sogar als eine Art Horrorfilm ein. Erst später spielten diese drei Filme ihre Produktionskosten und schließlich einen Gewinn ein. Disney selbst verwirklichte mit diesen Arbeiten seinen Traum: Er war ein großer weltberühmter Regisseur geworden. „Ich hatte nicht bewußt geplant, mit den Filmtraditionen zu brechen", betonte er 1940 in einem Gespräch über „Fantasia". „Aber wenn niemand etwas Neues gewagt hätte, stünde der Film nicht da, wo er heute ist. ... Irgend jemand mußte seinen Kopf hinhalten."

Diversifizierung in Krieg und Frieden

Vor Ausbruch des Zweiten Weltkrieges 1939 erwirtschafteten die Walt Disney Productions 45 Prozent der Einnahmen im Ausland. Der Krieg drehte diesen Hahn ab. Infolge der Bombardierung Pearl Harbors erreichte der Krieg auch plötzlich das Disney-Studio in Burbank. Die amerikanische Armee beschlagnahmte einen Großteil des Geländes. Eine nahegelegene Lockhead-Fabrik sollte gegen feindliche Bombenangriffe verteidigt werden. 1942 befand sich das Studio in einer Zwangslage. Nachdem die Armee wieder abgezogen war, wurde Disney, wohl um einen Verlustausgleich zu schaffen, mit Regierungsaufträgen überschwemmt. Der Krieg erforderte die Produktion von Erziehungs- und Propagandafilmen. Disney setzte seine Phantasie ein, um seinem Land in dieser schweren Zeit beizustehen.

Neben der Produktion informativer Zeichentrickfilme produzierte Disney den Film „The New Spirit", in dem Donald Duck über die Notwendigkeit sprach, regelmäßig seine Einkommensteuer zu zahlen. Als der Finanzminister Henry Morgenthau Jr. das Filmkonzept kritisierte, weil er einen achtbareren, menschlichen Charakter in der Rolle des Steuerzahlers erwartet hatte, wurde Disney böse: „Ich habe Ihnen Donald Duck gegeben. In unserem Studio ist das gleichbedeutend damit, als hätte man Ihnen MGM Clark Gable zur Verfügung gestellt", antwortete er wütend.

Während des Krieges entwickelte Disney auch Comic-Abzeichen für verschiedene Militäreinheiten. „Hier lernten wir die eigentliche Bedeutung der Diversifizierung", sagte er. Am Tag der Landung der Alliierten in der Normandie am 6. Juni 1944 kämpfte Mickymaus an vorderster Front mit. Die Figur war voll und ganz in die nationale Volkskultur integriert.

Ein kommerzieller Unterhaltungsfilm aus dem Studio, in den Kriegsjahren produziert, handelte von Bombern: „Victory through Air Power". Aber das Thema dieses Zeichentrickfilms sprach die kriegsmüde Öffentlichkeit nicht an. Als sich am Ende des Krieges der Markt für Filme zur psychologischen Kriegsführung auflöste, war das Studio hoch verschuldet. Disney entschied sich für die Produktion einer neuen Form von unterhaltenden Live-Berichterstattungen. Außerdem strebte er eine formale und inhaltliche Erneuerung der Zeichentrickfilme an. Die Dokumentarfilme der „True-Life Adventure"-Serie mit wilden Tieren in den Hauptrollen konnten billiger produziert werden als Trickfilmproduktionen. 1948, das Jahr, in dem die fünfmillionste Mickymaus-Uhr verkauft wurde, brachte Disney den ersten Film der Serie „Seal Island" auf den Markt. Der Film, der das Leben der verspielten Robben auf den Pribilof Islands Alaskas zeigte, gewann einen Academy Award als beste Dokumentation und war überraschenderweise ein Kassenschlager. Disney schob schnell eine Serie mit 30minütigen Naturdokumentationen nach.

1953 war Walt Disney nun schon 30 Jahre in Hollywood. Berühmt dafür, aus dem Trickfilm eine wirkliche Kunst gemacht zu haben, bewundert von Filmemachern ebenso wie von Kindern und Eltern.

Die Kinder liebten natürlich „Disney" und die großen Geschichten, für die sein Name stand. Aber trotz dieser Erfolge konnten sich die Walt Disney Productions finanziell nur geradeso über Wasser halten. Ein Schritt in die richtige Richtung war 1953 die Gründung der Vertriebstochtergesellschaft Buena Vista als Ersatz für die langsam einschlafende Beziehung zu RKO. Dieser interne Vertrieb funktionierte so erfolgreich, daß das Studio zum ersten Mal das Geld aus dem Verleih in die eigene Tasche stecken konnte.

Mitte der fünfziger Jahre wandte sich Disney der Vermarktung im Fernsehen zu. Nach der Produktion einiger Fernsehshows unterzeichnete er 1954 mit ABC einen langfristigen Exklusivvertrag. Er wurde damit zum ersten führenden Hollywood-Produzenten. Die Fernsehshow „Disneyland", moderiert von Walt Disney selbst und mit Trick- und Naturfilmen unterlegt, feierte 1954 Premiere. Der Disney-Zauber vollbrachte wahre Wunder auf dem kleinen Bildschirm: Bei der ersten Sendung erzielte die Show erstaunliche 41 Punkte auf der Nielson-Skala, das heißt, 30,8 Millionen von 75 Millionen potentiellen Zuschauern hatten sich eingeschaltet. Im nächsten Jahr gründete Disney den Mickymaus-Club, ein neues Fernsehphänomen, das sich sowohl an Kinder wie an Erwachsene wandte. Die Show brachte nicht nur die Kinderstars wie Annette Funicello hervor, sondern steigerte auch den Umsatz von Disneys Lizenzprodukten. Auf dem Höhepunkt der Popularität der Show Mitte der fünfziger Jahre wurden täglich 25.000 Paar Mickymaus-Ohren verkauft.

Das magische Königreich

Bei allem, was er tat, ließ Disney sein Publikum an seiner eigenen Phantasie teilhaben. Er suchte ständig nach einem Weg, um seine Vision tatsächlich verwirklichen zu können. In einer mutigen Abkehr von der üblichen Medienunterhaltung entschloß er sich, einen Freizeitpark zu bauen. Auf die Idee verfiel er, als er seine Töchter auf einem Karussell beobachtete. „ ... Ich hatte das Gefühl, daß es so etwas geben müßte wie eine Art Familienpark, wo die Eltern zusammen mit ihren Kindern Spaß haben könnten", erinnerte er sich später. In einer Aufzeichnung von 1948 beschrieb er zum ersten Mal das Aussehen eines Mickymaus-Parks. Nachdem er das Stanford Research Institute mit der Durchführung einer Studie über den idealen Standort beauftragt hatte, kaufte er einen 250.000 Quadratmeter großen Orangenhain in Anaheim, 25 Meilen südlich von Los Angeles, nahe der

Santa-Ana-Autobahn. Sein Studio, das von Roy und anderen wichtigen Teilhabern geführt wurde, zögerte, und deshalb gründete Disney eine eigene Firma zur Planung dieses Unternehmens, die Walt Disney, Inc., und steckte seine gesamten Ersparnisse in sein ehrgeiziges Projekt.

Wieder einmal war das visionäre Denken Walt Disneys seinen Geschäfts- und Berufskollegen in Hollywood weit voraus. Es war schwierig, Geldgeber für das Projekt zu finden, das mit fünf Millionen Dollar veranschlagt war und am Ende 17 Millionen kostete. „Kaum einer konnte sich vorstellen, was mir vorschwebte", sagte er. „Ich wollte alle die Dinge tun, die es in den Unterhaltungsparks auch gibt, aber auf eine neue Art." Als Teil des Fernsehvertrages stimmte ABC einer Investition von 500.000 Dollar zu, zog aber einen Eigenkapitalanteil von 35 Prozent ab.

Als Disneyland allerdings Gestalt annahm, erkannten die Unternehmen langsam die kommerziellen Möglichkeiten dieses Freizeitparks. Entweder kauften sie sich Konzessionen zum Verkauf eigener Produkte oder zahlten dafür, daß ihre Namen genannt wurden. Diese Einnahmen waren wichtig, weil die Baukosten für den Park das Budget bei weitem überschritten. Als das Phantasialand am 17. Juli 1955 seine Tore öffnete und das Ereignis im Fernsehen live übertragen wurde, war es sofort eine Sensation. In der ersten Woche bezahlten mehr als 170.000 Besucher den Eintrittspreis von einem Dollar für Erwachsene und 50 Cent für die Kinderkarte.

Disneyland, der größte Unterhaltungskomplex des Landes, bot den Amerikanern den ersten Riesen-Freizeitpark der Welt. Beobachtern war klar: Es handelte sich um eine Art interaktiver Darstellung von Disneys phantasievollen Schöpfungen der letzten 30 Jahre. Die Besucher konnten die Hauptstraße entlangbummeln, sich mit als Mickymaus kostümierten Schauspielern photographieren lassen und durch einen Nachbau des Dornröschenschlosses wandern. Wie die Zeichentrickfilme von Disney bemühte sich auch dieser familienfreundliche Park um eine möglichst authentische Realität – die perfekte Illusion.

Disneys Familienpark wurde genau zur richtigen Zeit eröffnet. Amerika befand sich mitten im Babyboom. Zwischen 1946 und 1964 wurden 76,4 Millionen Kinder geboren. 10.000 Kinder strömten täglich mit ihren Eltern nach Disneyland. Als der zehnmillionste Besucher am letzten Tag des Jahres 1957 eintrat, gab ein durchschnittlicher Tagesbesucher 2,70 Dollar für Vergnügungsfahrten und Eintritt aus, zwei Dollar für Essen, 18 Cent für Souvenirs. Diese Zahlen verwandelten sich zu immensen Gewinnen, als die nachgebaute Welt Disneys plötzlich die amerikanischen Naturwunder als Touristenziel überrundete. 1959 registrierte Disneyland fünf Millionen Besucher – mehr als die Grand Canyon, Yellowstone und Yosemite National Parks zusammen aufweisen konnten. Die Attraktivität von Disneyland dehnte sich auch weit über die Grenzen Amerikas aus. Bei seinem historischen Besuch der Vereinigten Staaten 1959 wurde der sowjetische Ministerpräsident Chruschtschow wütend, als das Außenministerium seinen geplanten Besuch im Disneyland aus Sicherheitsgründen absagen mußte.

Ein Phantasieimperium entsteht

Durch die Vermarktung seiner Figuren machten die Walt Disney Productions in den fünfziger Jahren jedes Jahr Gewinne. Als dann auch noch die Walt Disney Company über 500 Fernsehshows produziert hatte und sich der Vergnügungspark als Riesenerfolg herausstellte, meinte der Unternehmensgründer: „Unser Geschäft ist immer noch die Filmproduktion." Aber das stimmte nicht mehr so ganz. Die Filme, die sein Studio weiterhin drehte, standen nur am Anfang eines integrierten Marketingprozesses, den Disney über die Jahre hinweg ausgebaut hatte. Jede Erweiterung der Disney-Familie wirkte sich auf viele verschiedene Zweige aus. Zum Beispiel bereitete das Studio 1962 die Fertigstellung einer neuen Zeichentrickgeschichte mit dem Titel „The Sword in the Stone" vor, die auf der Sage König Arthurs basierte. Als Teil der Marketingstrategie vergab Disney auf der

Grundlage des Films Verlagslizenzen an die Printmedien zur Herstellung von Comics und fest gebundenen Büchern. Die Lieder aus dem Musical wurden als Schallplatten und als Notenblätter verkauft. Einige der mehr als 100 Lizenznehmer stellten König-Arthur-Schwerter und andere Produkte aus diesem Film her. Disney sorgte auch dafür, daß der Film auch in seinen Medien entsprechend beworben wurde: Die Werbung lief blockweise in seinen Fernsehshows. Aufgrund cleverer Neuverpackung des ursprünglichen Materials hatte sich Walt Disneys Unternehmen zu einem omnipotenten Riesen verwandelt. 50 Prozent der Gewinne stammten aus dem Filmgeschäft, ein Drittel aus Disneyland, fünf Prozent aus Fernsehsendungen, der Rest aus Lizenzen. Vor der Eröffnung des Vergnügungsparks übernahmen Walt Disney Productions ein Drittel von Disneyland, kurze Zeit später alles.

Zwei Projekte beanspruchten die gesamte noch vorhandene Kraft Walt Disneys in seinen letzten Lebensjahren. Zu Beginn der sechziger Jahre beklagten die Filmkritiker, daß Disney-Filme wie „The Sword in the Stone" oder „Der fliegende Pauker" ihre hohe Qualität verloren hätten. Disney persönlich kümmerte sich um die Produktion von „Mary Poppins" (1964). Er kontrollierte jeden Takt dieses Films, und der preisgekrönte Erfolg wurde zu einem der Höhepunkte in seiner ganzen Karriere.

Die zweite Aufgabe erfolgreich zu lösen gestaltete sich schon zeitaufwendiger und schwieriger. 1965 konnte man bereits 50 Millionen Menschen in Disneyland als Besucher zählen, aber Disney hielt dieses Ergebnis für unbefriedigend. „Disneyland wird niemals beendet sein, solange es Phantasie auf der Welt gibt", pflegte er zu resümieren. Der leidenschaftliche Verfechter von Disneyland wollte sich nicht damit abfinden, daß die Oase spielerischer Phantasie für den Großteil der im Osten lebenden Amerikaner so schwierig zu erreichen war. Um die Reichweite seines Imperiums weiter auszubauen, begann er 1958 mit der neuen Planung von Disney World. Er suchte und fand 1965 ein passendes Grundstück. Für ungefähr fünf Millionen Dollar kaufte er 110.000 Hektar Land außerhalb von Orlando, Florida.

Das Sumpfgebiet inmitten dieses amerikanischen Staates wurde zum Standort des neuen Parks, ein wahrhaftes Eldorado der Familienunterhaltung. „Es ist wirklich das größe Projekt, das wir in 42 Jahren angepackt haben", verkündete Disney. „Wir wollen etwas für die Bildung tun, etwas für den Zusammenhalt der Familie, etwas, das dem ganzen Staat Ehre macht." Der 400-Millionen-Dollar-Park wurde 1971 eröffnet. Er war keine Kopie von Disneyland an der Ostküste. Er hatte Vorbildcharakter für die Stadtplanung, besaß Ausstellungsflächen, Hotels und schließlich das EPCOT (Experimental Prototype Community of Tomorrow) Center – eine futuristische Ausstellung mit Pavillons, in denen unterschiedliche Länder dargestellt wurden.

Walt Disney erlebte die Fertigstellung von Disney World oder Walt Disney World (wie es offiziell zu seinem Gedenken umbenannt wurde) nicht mehr. Er verstarb am 15. Dezember 1966 im Alter von 65 Jahren an Lungenkrebs. Er hatte sich mit seinem Unternehmen ein Denkmal gesetzt, das zum festen Bestandteil jeder amerikanischen Familie wurde.

Disneys Innovationen im Zeichentrickfilm und in der Welt des Marketing waren auch Folgen seines rastlosen, treibenden Charakters. „Ich bin von Natur aus ein Experimentator", sagte er zwei Monate vor seinem Tod, während der Verleihung des Showman-of-the-Year-Preises. „Bis heute glaube ich nicht an Fortsetzungen."

Ständige Wiederholung

Vor dem Aufkommen des Videoverleihs wurden Filme einmal gezeigt, um dann wieder in den entsprechenden Archiven zu verschwinden. Große Erfolge wie „Vom Winde verweht" wurden zwar in den großen Filmtheatern wiederholt, aber der wirtschaftlich entscheidende Knackpunkt bei dieser Art

der Vermarktung war die Uraufführung eines Strei-
fens.

Disney fand jedoch schon bald heraus: Auch
nachfolgende Generationen können einen Famili-
enfilm für sich neu entdecken, so als ob er brandneu
wäre. Das Publikum der Zeichentrickfilme schätzte
er auf ungefähr sieben Jahre.

Die erste Fassung von „Schneewittchen" spielte
mit 8,5 Millionen Umsatz mehr als seine Unkosten
ein. Das war aber nur ein bescheidener Anfang. Allein in den USA wurde der Film 1993 schon wieder
sechsmal in die Kinos gebracht. Die Synchronisati-
on in zehn Sprachen und der Vertrieb in 64 Länder
der Erde erzielten einen Gesamtumsatz von 100
Millionen Dollar. „Fantasia", der bei seiner Erstauf-
führung 1940 kaum die Gewinnschwelle erreichte,
wurde in den sechziger Jahren erneut gezeigt und
schließlich ein Erfolg. Zuletzt wurde er 1990 aufgeführt, seinem 50. „Filmgeburtstag". Bei der Verwer-
tung ihrer Filme entwickelte die Walt Disney Company ebenfalls eine einzigartige Strategie für den
Videomarkt: Die Filme wurden immer nur für kurze
Zeit auf den Markt gebracht, damit der Kaufanreiz
auch künftig erhalten blieb. Videos bestätigten Walt
Disneys Prognose, daß Zeichentrickfiguren ein viel
längeres kommerzielles Leben hätten als ihre Ge-
genspieler aus Fleisch und Blut. Cartoons werden
nicht unmodern. Ihre Stars haben keine Affären,
werden nie alt oder gehen in Pension: Sie bleiben
unsterblich.

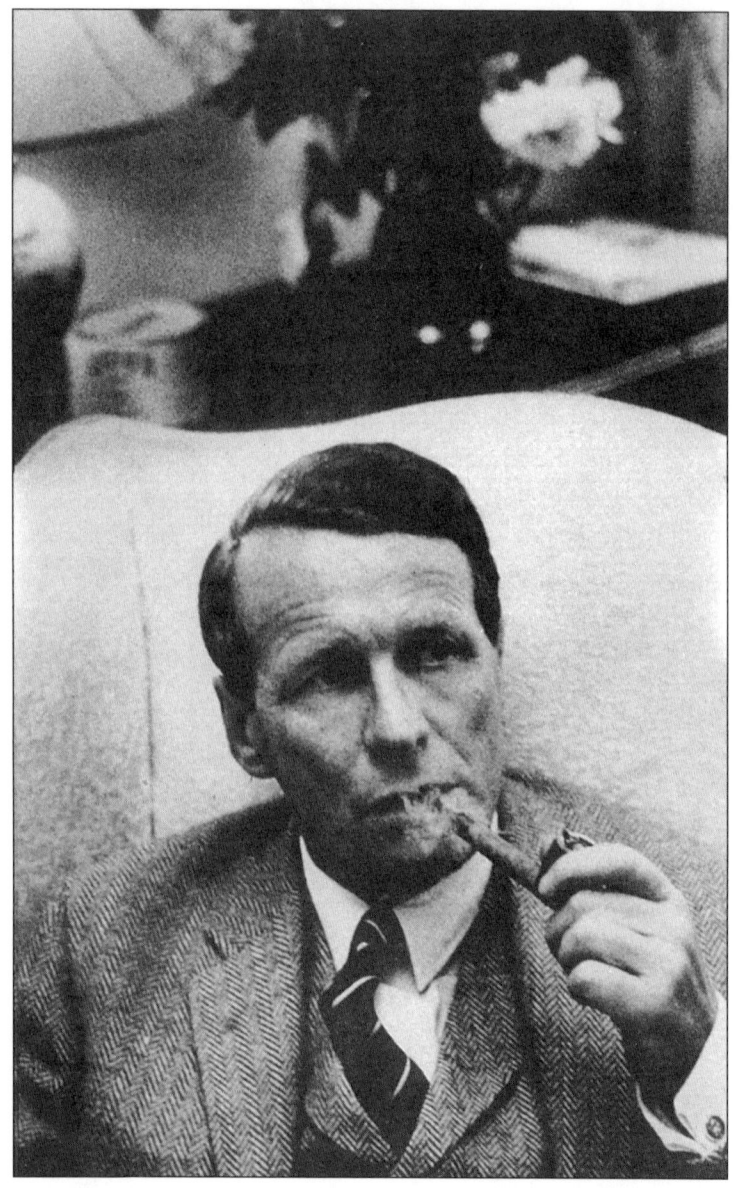

David Ogilvy, Vorsitzender von Ogilvy & Mother, 1963

8.
David Ogilvy
und die moderne Werbung

Von den zahllosen Geschichten über Newcomer, die es in Amerika zu Ruhm und Vermögen gebracht haben, sind nur wenige so unterhaltsam und außergewöhnlich wie die von David Ogilvy. Als unkonventioneller Engländer, der sich das Studium amerikanischer Sitten und Gebräuche zur Lebensaufgabe gemacht hatte, wurde der ehemalige Oxford-Studienabbrecher zum extravaganten und erfolgreichen Werbefachmann. Seine 1948 gegründete Firma entwickelte sich schnell zu einer der größten Werbeagenturen der Welt. Die geschickte Verknüpfung von Forschung und bewußter Selbstvermarktung ließ Ogilvy mit den Worten des Autors Martin Mayer zu „einer der liebenswertesten und ungewöhnlichsten Persönlichkeiten der amerikanischen Geschäftswelt" werden. Die oft kopierten Werbefeldzüge seiner Firma oder die ihnen zugrundeliegenden Theorien haben die Vorstellung von Werbung grundlegend verändert. David Ogilvy ging als eine Art Werbephilosoph in die Geschichte ein – vor allem auch mit seinem 1983 geschriebenen Buch „Ogilvy on Advertising".

Am Anfang seiner schillernden Karriere, Während er für das Gallup-Institut arbeitete, erwarb Ogilvy profunde Kenntnisse über wissenschaftliche

Testmethoden zur Meinungsforschung. Sein Innovationsbeitrag lag darin, dem Einfluß der wissenschaftlichen Meinungsforschung in der Werbung Geltung zu verschaffen, in einer Branche, die sich mehr an Emotionen als an Fakten orientiert. Bei dem Versuch, die Theorie in die Praxis umzusetzen, gründete Ogilvy seine eigene Firma – ein mutiger Schritt, wenn man bedenkt, daß er über fast keine Erfahrung verfügte. Schnell machte er sich einen Namen mit dem Entwurf unkonventioneller Werbekampagnen. Uns heute vertraute Markennamen wurden in dieser Zeit von ihm kreiert. Wenn Ogilvy versuchte, die Werbetrommel für die Produkte seiner Kunden zu rühren, verließ er sich nicht allein auf eingängige Sprüche oder erotische Bilder. Statt dessen setzte er auf nüchterne, harte Fakten. Statistiken aus Meinungsumfragen legten den Stil und Inhalt seiner Werbungen fest. Ogilvy entwickelte exakte, gültige Formeln zum idealen Verhältnis von Text und Bild. Seine Kampagnen erwiesen sich als immens erfolgreich, weil er immer wieder den Nachweis lieferte, daß sich Fakten tatsächlich in Verkaufszahlen übersetzen lassen.

Als sich Ogilvy in den sechziger Jahren vom Tagesgeschäft seiner Firma zurückzog, zählte Ogilvy & Mather zu den größten Werbefirmen der Welt, und ein Großteil der Werbebranche hatte seine wissenschaftlichen Methoden übernommen, bei denen David Ogilvy Pionierarbeit geleistet hat. Er zeigte, daß eine Verkaufsargumentation auf der Basis gewissenhafter Forschung, geschickt verpackt und im richtigen Moment am richtigen Ort plaziert, eine größere Wirkung haben kann als ein gedankenloser, ungezielter Werbeschuß.

Eine ruheloser Engländer auf dem Weg nach Amerika

David Ogilvy lebte als Kind zu Beginn unseres Jahrhunderts in einem englischen Landhaus, das einmal Lewis Carroll gehörte. Seine Erziehung verlief etwas weniger phantasievoll, als sie sich der Autor von „Alice im Wunderland" vielleicht vorgestellt hatte. Sein Vater, ein humanistisch gebildeter Mann und Börsenmakler, wurde durch den Ersten Weltkrieg finanziell ruiniert. Trotz seines Schicksals schaffte der Vater es, seinen Sohn auf die angesehene Fettes School in Schottland zu schicken. Obwohl David nicht zu den besten Schülern gehörte, erhielt er ein Stipendium für das Christ Church College, Oxford, um Geschichte studieren zu können. „Ich sollte Historiker werden und kein Werbefachmann", meinte er später in einem seltenen Moment von Bescheidenheit. „Aber ich hatte nicht das Zeug dazu."

Ogilvy, ein unruhiger junger Mann auf Abenteuersuche, tauschte schließlich die dunklen Klostermauern Oxfords gegen Paris ein, wo er Arbeit als Küchenhilfe im Hotel Majestic fand. Als Frankreich ihm auf die Nerven ging, kehrte er nach England zurück, um Küchenöfen der Marke Aga zu verkaufen. Ogilvy rief Schulen und Großküchen an und versuchte auf diese Weise, den englischen Köchen die Großherde zu verkaufen. Er erwies sich dabei als so erfolgreich, daß die Firma ihn bat, einen Leitfaden über seine Verkaufstaktik zu schreiben. 1935 schrieb er eine Abhandlung über das Produkt mit dem Titel „The Theory and Practice of Selling the Aga Cooker". Vollgepackt mit Fakten über den Herd, enthielt diese Schrift Ratschläge, welche Arten von Verkaufsargumenten bei welchen Kunden am besten greifen.

Ogilvy schickte ein Exemplar der Broschüre seinem Bruder Francis, leitender Direktor bei der ehrwürdigen Londoner Werbefirma Mather & Crowther. Francis war begeistert, er stellte David sofort als Nachwuchskraft ein. In den nächsten drei Jahren genoß David Ogilvy das Leben eines jungen Städters. „Ich ging in Konzerte und besuchte Bälle, die bis in den Morgen dauerten, ... und flirtete mit den Mädchen", erinnerte er sich später. „Aber während dieser Zeit habe ich mich ans harte Arbeiten gewöhnt. Als mein Gehalt verdoppelt wurde, hatte ich Blut geleckt." Während dieser Zeit begann er bereits damit, seine eigenen Theorien über Werbung zu entwickeln. Bei einer Präsentation vor Kollegen bei M & C stellte er 1936 seine sechs Hauptthesen vor. „Jedes Wort in der Werbung zählt", lautete eine. „Konkrete Zahlen müssen an die Stelle der Erzeugung einer bestimmten emotionalen Atmosphäre treten. Phrasen müssen den Fakten weichen, leere Appelle den verlockenden Angeboten."

Aus dem Munde eines 25jährigen ohne große Erfahrung hörten sich diese Vorschläge vielleicht wie die gedanklichen Auswüchse eines frühreifen Bürschchens an. Aber sie bildeten die Eckpfeiler seiner Werbetheorie, und seine Ideen machten ihn zum erfolgreichsten Werbefachmann unseres Jahrhunderts.

Eine von David Ogilvys Aufgaben war die Durchsicht amerikanischer Werbekampagnen, die ein Zeitungsausschnittsdienst verschickte. Diese informative Tätigkeit machte ihn neugierig auf Amerika, und so suchte er nach einem Weg, den Atlantik überqueren zu können, „zum Teil, weil ich beweisen wollte, daß ich allein und ohne Unterstützung meines Bruders Erfolg haben konnte".

Immer noch abhängig von der Gunst seines Bruders, überzeugte er 1938 die Firma, ihn in die Vereinigten Staaten zu schicken. Er wollte dort die Methoden amerikanischer Werbung studieren. Ogilvy überquerte ganz stilvoll den Altlantik und pflegte nach seiner Ankunft in New York auch weiterhin seinen hohen Lebensstandard. Er lernte dank der Hilfestellung seiner Cousine, der Autorin Rebecca West, den Theaterkritiker Alexander Woollcott und seinen Freundeskreis kennen, zu dem Harpo Marx und auch Ethel Barrymore gehörten.

Nachdem er 1939 einen Bericht an seinen Arbeitgeber verfertigt hatte, kündigte er seine Stelle und ging nach Princeton. Schließlich erhielt er die Möglichkeit, seine eigenen Nachforschungen über die amerikanischen Konsumgewohnheiten zu ergänzen: David bekam einen Job bei Dr. George Gallup, dem großen Theoretiker der modernen Meinungsumfrage, dessen Unternehmen in der College-Stadt angesiedelt war. (Gallup gehörte zu dem seltenen Schlag von Akademikern, die eine wissenschaftliche Theorie in ein einträgliches Geschäft umwandeln konnten. Nach seiner Anstellung bei Young & Rubicam als Forschungsdirektor gründete er sein eigenes Unternehmen für Meinungsforschung.) Gallup beauftragte Ogilvy mit einem Projekt, das Ogilvy „Audit of Marquee Values" nannte. Ogilvys Aufgabe bestand darin, Interviews zu organisieren, um öffentliche Reaktionen auf Namen von Stars und Filmtitel vor Filmtheatern zu erheben. Obwohl ihm die Arbeit nur einen Wochenlohn von 40 Dollar einbrachte, war diese Erfahrung für ihn von unschätzbarem Wert.

Ogilvy lernte, daß die Präferenzen der Konsumenten aus den Antworten bei sorgfältig formulierten Fragen vorhergesagt werden könnten. Ogilvy erfuhr auch eine Menge Neues über den amerikanischen Geschmack und Zeitgeist. „Wenn Sie sich jemals dazu entscheiden sollten, Ihr Glück im Ausland zu suchen, dann bemühen Sie sich am besten um einen Job bei der regionalen Gallup-Umfrage. Dort lernen Sie, was die Einheimischen von ihrem Leben erwarten, was sie über die großen Themen des Tages denken und was ihre Gewohnheiten sind."

Ogilvy verließ Gallup nach Ausbruch des Zweiten Weltkrieges, um für den englischen Geheimdienst in Washington zu arbeiten. Während der Kriegsjahre besuchte er Amish-Land in Lancaster, Pennsylvania. Obwohl der überschwengliche Engländer dort fehl am Platz zu sein schien, interessierte er sich für dieses einfache Leben.

Nach dem Krieg pachtete er dort einige Morgen Land und versuchte sich im Anbau von Tabak. „Meine Jahre in Lancaster County waren die wertvollsten meines Lebens", erinnerte er sich. „Aber mir wurde klar, daß ich niemals meinen Lebensunterhalt als Farmer verdienen kann."

Die Gründung einer neuen Werbeagentur

Ogilvy verbrachte einige Jahre auf dem ruhigen Land in Pennsylvania, aber dann zog es ihn wieder in das spannende Leben einer Großstadt wie New York. Mit inzwischen 38 Jahren sah er allerdings nicht mehr wie der strahlende Neuankömmling aus. Er wollte unbedingt zurück in die Werbung. Zunächst dachte er daran, sich um einen Job bei Young & Rubicam zu bemühen. „Aber ich glaubte nie daran, daß Y & R mich anstellen würden – ich dachte nicht, daß ich irgendwelche Referenzen hätte", sagte er 1976 im Interview. „Deshalb konnte ich mich eigentlich nur selbständig machen." Es war ein gewagtes Unternehmen: Er hatte nur 6.000 Dollar, keine Kunden, keine Referenzen, um sie künftigen Kunden zu zeigen, und vor allem keine Arbeitserfahrungen in der amerikanischen Werbung. Aber er hatte das Bewußtsein, etwas zu haben, worauf es ankam: die richtige theoretische Ausbildung. „Dr. Gallup hatte mich mit seinen Erkenntnissen gelehrt, welche Faktoren über Erfolg oder Mißerfolg von Werbungen entscheiden. ... Und ich hatte alle Bücher über Werbung gelesen, die es gab."

In einer Branche, in der praktische Erfahrung mehr als Buchwissen zählt, hatte Ogilvy allerdings einen Aktivposten: seinen Bruder. Während David in Amerika weilte, war Francis zum leitenden Direktor bei Mather & Crowther aufgestiegen. Francis war eifrig bemüht, seinem intelligenten Bruder zu helfen. So überzeugte er seine Geschäftspartner davon, David mit 45.000 Dollar unter die Arme zu greifen und ihm zu erlauben, ihren Firmennamen zu übernehmen. Francis gewann auch noch eine andere englische Werbeagentur, S. H. Benson Ltd., die weitere 45.000 Dollar in ein Joint-venture einbrachte, von dem sie sich einen lukrativen Brückenschlag nach Nordamerika versprach. Als Bedingung für ihre Investitionen verlangten die britischen Firmen, Ogilvy müsse einen Amerikaner zur Führung des neuen Unternehmens einstellen. „Sie glaubten nicht, daß einer ihrer Landsleute die amerikanischen Hersteller davon überzeugen könnte, ihm irgendeinen Auftrag zu geben", schrieb er. Des-

halb stellte Ogilvy Anderson Hewitt ein, eine Führungskraft bei
J. Walter Thompson, der über gute Beziehungen verfügte.
1948 öffnete die Firma mit Namen Hewitt, Ogilvy, Benson &
Mather ihre Pforten. Der stolze Inhaber der neuen Agentur
dachte nicht im geringsten daran, alles langsam anzugehen. Am
zweiten Tag erstellte Ogilvy eine Liste mit den fünf für ihn in-
teressantesten Kunden: General Foods, Bristol-Myers, Campbell
Soup, Lever Brothers und Shell Oil. „Sich solche hohen Ziele zu
stecken war in gewisser Weise eine verrückte Anmaßung", gestand er sich selbst später ein.

Ogilvys erste Kampagne galt seiner eigenen neugeborenen
Firma. Er informierte die Wirtschaftspresse von seiner Existenz.
Unaufgefordert verschickte er Erfolgsberichte an Hunderte von
Managern, obwohl es kaum etwas über Erfolge zu berichten gab.
Mit der Hilfe seiner Londoner Verbindungen zog er einige klei-
nere britische Kunden wie Guinness Ale und Wedgwood China
(die nur 40.000 Dollar jährlich für Werbung investierten) an
Land. Ansonsten war die Reaktion nicht gerade überwältigend.
Ogilvys Firma war schließlich eine von 3.000 amerikanischen
Werbeagenturen, die um größere Kunden konkurrierten. Kon-
servative Agenturen arbeiteten mit etablierten Firmen bereits seit
Jahren zusammen. „Sechs Wochen nach der Eröffnung meiner
Agentur brauchte ich so dringend einen Auftrag, daß ich einem
jungen Mann aus meinem Bekanntenkreis einen Anteil von zehn
Prozent anbot, wenn er einen Kunden bringt." Zum Glück für
Ogilvy lehnte der Mann ab.

Hewitt rettete die Geschichte, nachdem die Partner nach fünf
Monaten drei Viertel ihres Kapitals verbraucht hatten. Hewitts
Onkel, der Präsident von J.P. Morgan & Co., arrangierte für das
junge Unternehmen einen Kredit in Höhe von 100.000 Dollar
ohne Sicherheiten. Viel wichtiger aber war, daß Hewitt die Sun
Oil Company, einen Drei-Millionen-Dollar-Kunden, an Land
zog. Nachdem man diesen Spitzenkunden gewonnen hatte, war
die kleine Firma im Geschäft.

Obwohl Ogilvy in einer im großen und ganzen bürokratischen Branche arbeitete, war er wie ein Hansdampf in allen Gas-

sen. „Meinen größten Spaß hatte ich in der Anfangszeit von Ogilvy & Mather, als ich sowohl Marktforschungs- als auch Kreativdirektor war. Freitags nachmittags schrieb ich Marktforschungsberichte an den Kreativdirektor. Am Montag morgen wechselte ich den Hut, las meine Berichte und entschied, was – wenn überhaupt – damit anzufangen sei."

Ein Auftrag für Hathaway, einen kleinen Hemdenfabrikanten aus Maine, verhalf Ogilvy zu Popularität. Hathaway stand ganz im Schatten des führenden Hemdenherstellers Arrow und wollte seinen Umsatz mit einer Werbekampagne ankurbeln. Aber man konnte nur 30.000 Dollar pro Jahr dafür ausgeben. Arrow investierte ungefähr zwei Millionen Dollar in seine Werbung, die von der eingesessenen Agentur Young & Rubicam durchgeführt wurde. Aber Ogilvy war davon überzeugt, daß er einen Treffer landen und als David buchstäblich Goliath schlagen könnte. Große Firmen wie Young & Rubicam neigten zum erstarrten konservativen Werbestil. Sie waren gegenüber cleveren Unternehmen, die auf mutige Ideen setzten, eindeutig im Nachteil.

Auf der Suche nach einer Art „Aufhänger" kam Ogilvy eine Idee, als er auf seinem Weg zu einem Phototermin bei Hathaway an einer Drogerie vorüberkam. Spontan kaufte er eine Augenklappe für anderthalb Dollar, die im Schaufenster des Ladens lag. Er setzte die Klappe einem Dressman auf und entwickelte eine Werbeserie, in der das Model die verschiedensten Tätigkeiten ausübte: vom Traktorfahren bis zum Kauf eines Renoir. Die Kampagne zog sehr viel Aufmerksamkeit auf sich und wurde oft kopiert. „Warum genau sie so erfolgreich war, werde ich wohl niemals wissen", schrieb Ogilvy über diese Kampagne. Das elegante, europäisch aussehende Model von Hathaway hatte mehr als nur eine oberflächliche Ähnlichkeit mit seinem Schöpfer. Ogilvy identifizierte sich stark mit seiner Firma. Fast schien es so, als hätte er dasselbe mit den Kampagnen erreicht, die seine Agentur produzierte. Die Männerwerbung von Hathaway wurde zum Klassiker in den Annalen der Werbung. Ihr Erfolg trug wesentlich zum Aufbau der Firma bei, die bereits 1953 einen Umsatz von zehn Millionen Dollar erreichte.

Die Augenklappe bei Hathaway stellte den ersten größeren Versuch Ogilvys dar, ein Markenimage zu erzeugen, einer seiner einzigartigen Beiträge für die Branche. „Jede Werbung sollte als Beitrag zu dem komplexen Symbol, dem Markenimage, konzipiert werden", schrieb er.

Ogilvy machte bestimmt nicht als erster diese Beobachtung. Aber er entwickelte als erster eine praktische Möglichkeit zur Anwendung dieser Philosophie. Nur so gelang der Aufbau eines Markenimages.

Ogilvy konnte seine Theorie über das Markenimage bei einem anderen Produkt ausprobieren, als eine Organisation für Wirtschaftsförderung aus Puerto Rico 1954 die Firma mit einer Tourismuskampagne beauftragte. Er erkannte, daß das Hauptproblem des Klienten das allgemein vorherrschende Negativbild war. „Wir müssen an die Stelle des negativen Images, das heute in den Köpfen der meisten Festlandbewohner vorherrscht, ein attraktives Image setzen", meinte er. Er arbeitete eine Kampagne aus, die die Geschichte Puerto Ricos herausstellte und es als Wiedergeburt einer Insel porträtierte. In seinen eigenen unbescheidenen Worten: „(Die Kampagne) hatte eine nachhaltige Wirkung auf das Schicksal von Puerto Rico. Sie ist, glaube ich, das einzige Beispiel einer Werbekampagne, die das Image eines Landes umgekrempelt hat."

Seine Theorie vom Markenimage baute er beim nächsten größeren Kunden der Firma weiter aus, Schweppes, einem Kunden, den er 1955 an Land zog. Ogilvy machte Commander Edward Whitehead, Chef der amerikanischen Niederlassung der britischen Getränkefirma, zu einem Werbestar. In *Forbes* konnte man dazu lesen: „Es war eine beeindruckende Kampagne, mit der Schweppes in diesem Land eingeführt wurde. Sie nutzte aus, daß die Amerikaner vom Snobismus der Briten fasziniert waren, und bildete den vornehmen, bärtigen Commander Edward Whitehead ab." Der Umsatz von Schweppes in Amerika stieg nach der Kampagne in nur neun Jahren um 500 Prozent. Als Ausdruck der Kontinuität erschien Whitehead 18 Jahre lang in der Werbung.

Ogilvy arbeitete auch am Aufbau eines eigenen Markenimages. Er hatte ein schneidiges Aussehen und besaß die Fähigkeit, mit Leichtigkeit Autoren und historische Persönlichkeiten zitieren zu können. Sich selbst hielt er für „konservativ extravagant". Die *New York Times* schrieb 1958: „Vor allem Kleidung und Benehmen unterscheiden den 47jährigen Mr. Ogilvy von anderen, besonders von den eigenen Werbeleuten. Viele von denen laufen immer im gleichen Anzug herum." In einer Branche, in der die Männer (und es gab praktisch nur Männer) alle dunkle Anzüge und rote Krawatten trugen, fiel er in seinem hellen Tweedanzug mit Halstuch enorm auf. Seine Brille saß weit unten auf der Nase, und oft rauchte er Pfeife.

Sein eigenes Image baute Ogilvy zwar erfolgreich auf, für die administrativen Details bei Ogilvy, Benson & Mather bewies er jedoch weniger Geschick. („Hewitt" wurde aus dem Namen gestrichen, nachdem Anderson Hewitt Mitte der fünfziger Jahre aus der Firma ausschied.) Ogilvy erkannte, daß das Wachstum der Firma seine Managementfähigkeit überschritt, und stellte deshalb 1957 Esty Stowell, ehemaliger Manager bei Benton & Bowles, als stellvertetenden Vorsitzenden ein. Stowell hatte einen guten Ruf als Marketingspezialist. Unter seiner Leitung erarbeiteten sich alle Abteilungen der Agentur einen guten Ruf. Stowell übernahm auch die volle Managementverantwortung für die wachsende Agentur. „Mit einem Seufzer der Erleichterung übertrug ich ihm das Management jeder Abteilung in der Agentur, mit Ausnahme der Kreativabteilung. Von diesem Punkt an entwickelte sich unsere Agentur in großen Schritten." Stowell hatte die Erfahrung und das Zeug, bedeutende neue Kunden wie etwa Maxwell House Coffee (für die die Firma später die Dauerkampagne „Gut bis zum letzten Tropfen" konzipierte) an Land zu ziehen.

Obwohl Ogilvy eigentlich ein Newcomer in der Szene war, brachte er es in weniger als einem Jahrzehnt zum Riesenerfolg. Niemand war sich dieses Status mehr bewußt als er. „Ich zweifle, ob je ein Werbetexter so viele Erfolge in einem derart kurzen Zeitraum produziert hat", schrieb der Brite 1978 in der typischen

Unbescheidenheit. „Aufgrund des Erfolgs von Ogilvy & Mather war die Akquise neuer Klienten so einfach wie Fischefangen in einem Faß." Der Erfolg machte die Firma auch zu einem attraktiven Übernahmeziel vieler großer etablierter Agenturen. Seit 1955 mußte Ogilvy größeren Firmen eine Abfuhr erteilen, die den Laden übernehmen wollten.

Produktverkauf mit klaren Fakten

Nicht jeder Schritt von Ogilvy erwies sich als Geniestreich. Er riet einem Kunden, Eleanor Roosevelt 35.000 Dollar dafür zu zahlen, daß sie im Fernsehen für die Margarine Good Luck Werbung machte. Diese Investition erwies sich als Fehlschlag, weil sich die Leute mehr an die Frau in dem Werbespot als an das Produkt erinnerten. „Damals wußte ich noch nicht, daß es ein Fehler ist, Berühmtheiten einzusetzen", sagte Ogilvy. „An sie erinnerte man sich, aber das Produkt wurde vergessen."

Diese Einsicht von Ogilvy mußte aber erst noch zur Normalität werden. Die Konsequenzen aus dem Fehleinsatz von Berühmtheiten führten zu einer intensiveren Weiterentwicklung seiner Werbetheorie. Wie er später sagte: „Machen Sie Ihr Produkt zum Helden der Werbung." Ogilvy kam zu der Überzeugung, daß das Produkt absolut im Mittelpunkt zu stehen hatte, weil ihn seine Erfahrung aus der Meinungsumfrage lehrte, daß der Konsument selbständig dachte. „Der Konsument ist kein Dummkopf, er ist Ihr Verbündeter. Sie beleidigen seine Intelligenz, wenn Sie annehmen, daß ein einfacher Slogan oder ein paar leere Attribute ihn davon überzeugen, irgend etwas zu kaufen. Er will alle Informationen, die Sie ihm nur geben können", sagte er.

Ogilvys Ansichten über die Bedeutung von Fakten kamen 1958 in der Werbekampagne für die britische Firma Rolls-Royce besonders zum Ausdruck. Nachdem er den Auftrag erhalten hatte, las Ogilvy drei Wochen lang alles mögliche über das Luxusauto. „Wir machten eine Liste aller Fakten, die wir über das

Auto bekommen konnten, und faßten sie dann für die Werbung zusammen. Wir formulierten 25 Überschriften, und der Werbeleiter suchte die beste aus." Das Ergebnis war eine ganzseitige Werbung mit 13 Punkten, die aus 719 sorgfältig ausgewählten Worten über das 14.000 Dollar teure Auto bestand. Die Überschrift lautete: „Bei 60 Meilen stammt das leiseste Geräusch in diesem neuen Rolls-Royce von der elektrischen Uhr." „In meiner Rolls-Royce-Werbung gab es nur Fakten. Keine Adjektive, keinen kultivierten Lebensstil." Dieses Vorgehen erwies sich als äußerst erfolgreich. Die Werbung erschien nur in zwei Tageszeitungen und zwei Magazinen und kostete 25.000 Dollar, zog aber eine immense Aufmerksamkeit auf sich. Gut formuliert, überzeugend und unaufdringlich wurde sie zu einem Musterbeispiel für künftige Arbeiten.

Weitere Kampagnen für immer mehr Kunden folgten, einschließlich American Express und Shell Oil (ein anderer von Ogilvys Traumkunden). Ogilvy begann, die Kampagnen wissenschaftlich zu untermauern. Er war zwar von der Wirksamkeit eines faktenorientierten Ansatzes überzeugt – es blieb aber die Frage offen, auf welche Fakten eines Produktes es am meisten ankommt. Gallup und andere Meinungsforscher hatten Untersuchungen über die Faktoren durchgeführt, aufgrund derer die Menschen Werbungen lesen und sich an sie erinnern. Die Ergebnisse nutzte Ogilvy, um die ideale verkaufsfördernde Mischung aus Image und Information herauszufinden. Bei der Vorbereitung einer Kampagne für Helena Rubinstein Ende der fünfziger Jahre befragte er Konsumenten, aufgrund welcher Kriterien sie ein Hautpflegeprodukt am ehesten kaufen. Die Untersuchung ergab, daß „reinigt tief bis in die Poren" an erster Stelle rangierte. Deshalb wurde das Produkt auch „Tiefenreiniger" genannt. Ogilvy führte diese Voruntersuchungen deshalb durch, weil er davon überzeugt war, daß die Agentur die Verantwortung für konkrete Ergebnisse hatte. Mit den vorher durchgeführten Untersuchungen konnte die Werbeagentur ihrem Klienten eine entsprechende Marketingberatung bieten. „In unserer Agentur akzeptieren wir die Verantwortung für den Verkauf. Entweder wir fördern den Umsatz, oder wir werden gefeuert", sagte er.

1963 machte seine Firma mit ihren 90 Kunden, einschließlich der fünf Spitzenunternehmen, die er sich damals, 1948, als Kunden gewünscht hatte, einen Jahresumsatz von 55 Millionen Dollar. Und die Agentur war jetzt auch in Chicago und Los Angeles vertreten. Im selben Jahr veröffentlichte Ogilvy ein Buch mit dem Titel „Confessions of an Advertising Man", von dem sich über 800.000 Buchexemplare verkauften. Es erschien in zwölf Sprachen und machte ihn quasi berühmt. Es hätte auch unter dem Titel „Advertisements for Myself", also „Werbung für mich selbst", erscheinen können, weil es sehr viel Selbstlob, Name-Dropping und Prahlerei enthielt. Er nannte seine Firma „mein Atelier". Bei einem Amerikaner hätte man solche Selbstdarstellung für affektiert gehalten, sie paßten aber zu dem Markenimage des Briten.

In dem Buch beschrieb Ogilvy neben seinem sensationellen Aufstieg in der Madison Avenue auch seine Werbephilosophie en détail, einschließlich der 15 Regeln über den guten Kunden.

„Werbung", so lehrte er, „kann genauso wie ein Triebwerk konzipiert werden. Und ihre Leistung kann genauso präzise gemessen werden, und zwar auf Basis der von meiner Firma und den Meinungsforschern durchgeführten Untersuchungen." Die Überschriften waren entscheidend: „Die Überschrift wird fünfmal so oft gelesen wie der Haupttext." Und weil die Forschung gezeigt hatte, daß Negativformulierungen in den Überschriften gefährlich sein konnten, drängte er seine Werbetexter dazu, das Eigeninteresse der Leser durch Formulierungen wie „How to" anzusprechen. Hinsichtlich des Textes „zeigt die Forschung, daß das Interesse der Leser bei mehr als 50 Worten rasch nachläßt". Und er riet zu einer Konzentration auf Beratung oder Service, weil dadurch „ungefähr 75 Prozent mehr Leser angezogen werden als durch eine Werbung, die sich nur um das Produkt dreht". Durch Experimente hat Ogilvy sogar Rezepte für die erfolgreiche Werbung entwickelt. „Wenn Sie Ihren Werbetext mit einem großen Anfangsbuchstaben beginnen, können Sie den Leserkreis um durchschnittlich 13 Prozent erhöhen", empfahl er. „Wenn Sie Überschriften zwischen den Abschnitten einfügen, erhöhen Sie den Leserkreis um durchschnittlich zwölf Prozent."

Mit seinem Buch „Confessions" erreichte Ogilvy die Bekanntheit, nach der er sich sehnte. Und tatsächlich bot man ihm 1964 sogar die Hauptrolle in einem Broadway-Stück an. Er lehnte ab, auch deshalb, weil die Arbeit in der Agentur immer mehr von seiner Zeit beanspruchte.

Der Gang an die Börse

Die britischen Firmen, die Ogilvy Starthilfe gewährt hatten, verkauften allmählich ihre Anteile an ihn. Ende 1964 fiel der Anteil von Mather & Crowther auf acht Prozent, Benson schied ganz aus, Ogilvy besaß persönlich 31 Prozent. Gleichzeitig war aber Mather & Crowther – größtenteils unter der geschickten Führung von Francis Ogilvy – schnell gewachsen. Der Umsatz war zwischen 1954 und 1964 von acht Millionen auf 53 Millionen Dollar gestiegen. Nach dem Tod von Francis 1964 nahm Ogilvy Verhandlungen mit der Firma auf, bei der er ursprünglich gelernt hatte. Im Januar 1965 fusionierten beide Firmen und gründeten Ogilvy & Mather, oder O & M, wie man das Unternehmen auch oft nannte. Nach vollzogener Fusion war Ogilvy Präsident einer Firma mit 600 Mitarbeitern und einer starken Präsenz auf zwei Kontinenten. Von dem gemeinsamen Gesamtumsatz in Höhe von 120 Millionen Dollar im Jahr 1965 wurden 59 Prozent in Nordamerika, 28 Prozent in Großbritannien und 13 Prozent in Europa erwirtschaftet.

Der zum König unter den Werbephilosophen avancierte Ogilvy lehnte den Vorstandsposten ab. „Ich bin kein Verwalter. Ich möchte keiner sein und werde auch keiner", erklärte er. In einer Unternehmensbeschreibung von 1960 hieß es: „David Ogilvy ist Werbetexter bei Ogilvy, Benson & Mather. Er ist außerdem Vorsitzender des Vorstands. Im Dezember 1965 beförderte Ogilvy einen Kollegen, John (Jock) Elliott Jr., zum Vorstandsvorsitzenden und konnte sich somit weiter ganz auf die kreative Arbeit konzentrieren."

Aber Ogilvy hielt sich nicht völlig aus den Finanzangelegenheiten heraus. Er brachte das Unternehmen im April 1966 an die Börse. Ogilvy & Mather verkaufte 349.883 Aktien zu einem Stückpreis von 22 Dollar und war damit die sechste Werbeagentur, die an der Börse notiert wurde. Gleichzeitig war sie die Nummer neun auf dem Weltmarkt mit einem Gesamtumsatz von 150 Millionen Dollar. Ogilvy, der 161.000 Aktien besaß, verkaufte 61.000 bei der Emission und hielt immer noch einen wesentlichen Anteil an der Firma. Er investierte einen Teil des Geldes in einen zweiten Wohnsitz, ein prachtvolles Schloß aus dem zwölften Jahrhundert in Südfrankreich. Dort verbrachte er einen immer größeren Teil seiner Zeit; 1975 gab er formell seine Kontrolle über die kreative Arbeit auf.

Unter der Führung der Manager, die Ogilvy eingestellt und geschult hatte, befand sich das Unternehmen weiterhin auf Wachstumskurs. „In einem gnadenlosen und unkalkulierbaren Geschäft ragte O & M wie eine Show zur Hauptsendezeit ohne Werbeunterbrechungen heraus", schrieb *Forbes* 1977. „Es gab kein Verlustjahr, seit das Unternehmen 1966 an die Börse gegangen war." 1976 wurden 7,7 Millionen bei einem Gesamtumsatz von 800 Millionen Dollar verdient. Noch bemerkenswerter als die stetig steigenden Dividenden war die Loyalität einiger Kunden – in dieser Branche sehr ungewöhnlich. American Express, das 1962 einen Auftrag von einer Million an die Agentur vergab, blieb Kunde von O & M, auch als das Unternehmen immer größer wurde. 1984 steckte American Express jährlich 70 Millionen Dollar in die Werbung.

Ogilvy wird weise

1981 war die Agentur so groß geworden, daß sie Hunderte von Büros in 35 Ländern unterhielt. Mit 1.600 Kunden machte das Unternehmen einen Gesamtumsatz von 1,7 Milliarden Dollar.

Praktisch aus seinem Ruhestand heraus behielt David Ogilvy sein expandierendes Imperium im Auge und schrieb ein Buch, das seine 50jährige Erfahrung in der Werbebranche auf den Punkt brachte. Charakteristischerweise wählte er seinen Namen für den Titel des Lehrbuches, das 1983 unter dem Titel „Ogilvy on Advertising" erschien. Mit dieser großen Synthese aus jahrelangem Nachdenken und Experimentieren hatte der anmaßende junge Newcomer seine Metamorphose zu einem weisen Elder Statesman vollendet. Vollgestopft mit „Ogilvysmen" wie „Werbung mit Neuigkeiten werden 22 Prozent mal häufiger erinnert als Werbungen ohne Neuigkeiten", wurde das Buch „Ogilvy on Advertising" immer wieder nachgedruckt und ist zu einem Standardlehrbuch geworden.

Ogilvy empfing seine Besucher auf seinem Schloß sehr stilvoll und bot Seminare für Journalisten und Kollegen an. In der Pose eines alternden Sonderlings wetterte er häufig über die Geschmacklosigkeiten zeitgenössischer Werbung, vor allem im Fernsehen. „Alle zehn oder 15 Jahre wird die Werbung von einer Krankheit namens Unterhaltung befallen", sagte er 1988 in *Forbes*. „Das ist sehr schlecht, weil diese Leute absolut kein Interesse am Verkauf haben. Sie halten sich selbst nicht für Verkäufer. Sie halten sich für Entertainer und Genies."

Als eine Art emeritierter Professor war Ogilvy in den vielen Büros seiner alten Firma, die er gelegentlich besuchte, weiterhin präsent. Schon 1988 baute Ogilvy eine interne On-line-Datenbank namens „Ogilvy On-line" auf. In ihr waren Anmerkungen, Briefe und andere Schreiben des Gründers enthalten. Wie die Vizepräsidentin Suzan Nanfeldt der *Advertising Age* erzählte: „Der Computer hält uns darüber auf dem laufenden, womit sich David gerade beschäftigt."

Ogilvys starker Unabhängigkeitsdrang ließ auch nicht nach, als O & M zu den größten Agenturen der Welt aufstieg. Ogilvy kritisierte die Fusionen und Übernahmen, die in den achtziger Jahren auf die Werbebranche überschwappten. „Megafusionen sind etwas für Größenwahnsinnige", sagte er. „Diese großen Fusionen bringen den Leuten in den Agenturen nichts. Eher das

Gegenteil trifft zu." Zu seinem großen Kummer startete die Londoner WPP Group PLC 1989 eine feindliche Übernahme. Als die beiden Agenturen sich schließlich über die Bedingungen einig waren, zahlte WPP 864 Millionen Dollar für das Unternehmen, das David Ogilvy 40 Jahre vorher mit 6.000 Dollar und einem Haufen Theorien begründet hatte.

Als die Ogilvy-Gruppe nicht mehr unabhängig war, sah die Welt der Werbung anders aus, als sie David Ogilvy noch von den fünfziger und sechziger Jahren her gekannt hatte. Als er seinen Laden damals aufmachte, waren Zeitungen und Magazine die primären Werbeträger. Aber Ende der achtziger Jahre durchdrang die Werbung jeden Aspekt des amerikanischen Lebens. Werbung gab es nicht nur in den Zeitungen, Magazinen und auf Reklametafeln, sondern auch auf Hunderten von Fernsehkanälen, Tausenden von Radiosendern, in den U-Bahnen, auf den Bussen – sogar im Cyberspace. Die Werbeagenturen setzten noch wesentlich raffinierter Forschungsergebnisse und regelmäßige Konsumentenbefragungen ein, um die Produkte zu testen. Sie benutzten Computer, um die immer größer werdende Datenmenge über Gewohnheiten, Geschmäcker und Präferenzen der amerikanischen Konsumenten zu erforschen. Die Werbung hatte eine schöne neue Welt betreten, in der einige der 80jährigen Theorien altmodisch erschienen. Aber die Raffinesse der modernen Ära war auch eine logische Fortführung der Werbewelt, die David Ogilvy mit aufgebaut hat.

Der Abschied von Provisionen

1960, als die Liste von Spitzenkunden immer länger wurde und das Unternehmen einen guten Ruf hatte, war David Ogilvy auf dem besten Weg, in den exklusiven Club der Top-Werbeleute aufgenommen zu werden. Aber Ogilvy blieb seiner provokativen Einstellung treu. Unermüdlich untergrub er die üblichen und langjährigen Geschäftspraktiken der Branche:

die 15-Prozent-Provision. Solange es die Branche schon gab, zahlten die Unternehmen den Agenturen 15 Prozent der Gesamtausgaben ihrer Kampagnen, unabhängig von Größe, Qualität oder Effektivität der geleisteten Arbeit. Die Provision wurde als eine der elementaren Geschäftsgrundlagen gehütet und nur selten in Frage gestellt.

Zu den wenigen Andersdenkenden gehörte Ogilvy. „Wir sehen in dem Provisionssystem einen Anachronismus", schrieb er einem Unternehmen, das einen Werbeauftrag für 15 Millionen Dollar zu vergeben hatte. „Nach unserer Meinung ist die Beziehung zwischen Kunde und Agentur dann am befriedigendsten, wenn die Vergütungen für die Agentur nichts mit der Höhe der Werbeausgaben zu tun haben, zu der sie den Kunden überreden kann." Er war davon überzeugt, daß seine Agentur mit einer festen Vergütung eine wirklich unparteiische Beratung bei Werbekampagnen durchführen könne.

Das Unternehmen, das sich nach einer neuen Agentur umsah, war Shell Oil. Und dessen Management war mit Ogilvy einer Meinung. „Wir hielten die Provision inzwischen für völlig unmoralisch – so, wie wenn man einem Arzt 15 Prozent der Kosten der Medikamente zahlt, die er verschreibt", sagte der Werbeleiter von Shell, Cyrill Martineau. Im November 1960 verblüffte Shell die Werbeszene: Das Unternehmen kündigte seinen Werbeauftrag bei J. Walter Thompson, übertrug ihn an Ogilvy, Benson & Mather und teilte mit, daß man OB & M ein festes Honorar und keine Provision zahlen würde.

Mit dem festen Honorar von Shell machte Ogilvy das, was er am besten konnte: Er lenkte die Aufmerksamkeit auf sich. Aber der Schritt erwies sich als ein erfolgreiches Arrangement für seine Firma. Ogilvy errechnete die Vergütung in der Form, daß er die Kosten der Firma für die Werbung für Shell schätzte und 25 Prozent als seinen Gewinn aufschlug. Im Gegensatz dazu realisierten die Werbefirmen nach dem alten Provisionssystem im allgemeinen einen Gewinn von 21 Prozent.

Ray Kroc vor einem seiner allgegenwärtigen
McDonald's-Restaurants

9.
Ray Kroc, McDonald's und die Fast-food-Industrie

1954 besah sich ein 52jähriger Verkäufer von Milk-Shake-Maschinen einen Hamburger-Stand im kalifornischen San Bernardino. Dieser Mensch träumte von einer riesigen neuen Branche: Fast food. In seinen besten Zeiten erwies sich Raymond Kroc, Gründer der McDonald's Corporation, als ein Industriepionier, vergleichbar einem Henry Ford. Sein Fast-food-Imperium aus Hamburgern, Pommes und Milchmixgetränken revolutionierte die amerikanische Gastronomie. Ein ausgeklügeltes Betriebs- und Liefersystem stellte sicher, daß Kunden in Topeka die gleichen Pommes Frites wie die in New York City erhielten. Diese Qualitätsbeständigkeit machte McDonald's zum Symbol für das amerikanische Fast-food-System.

1960 gab es schon mehr als 200 McDonald's-Verkaufsstellen im ganzen Land. Der Siegeszug dieses Fast food wurde durch niedrige Franchisegebühren begünstigt. Ray Kroc kreierte eine der faszinierendsten Lebensmittelmarken aller Zeiten. Sein Gewinn war zunächst nicht der Rede wert. Im Grunde war es erst die unternehmerische Entscheidung, Immobilien als Finanzmittel einzusetzen, die McDonald's zu einem erfolgreichen Betrieb machte. 1956 gründete Kroc die Franchise Reality Corporation. Er kaufte Grundstücke und vermietete sie an die begeisterten Franchisenehmer. Mit diesem Schachzug verdiente McDonald's wirklich Geld, mit dem Unternehmen ging es aufwärts. Kroc schaltete dann in ganz Amerika Werbespots zur Unterstützung des rasch boomenden Franchising. Anfang der siebziger Jahre stagnierte in den USA das Wachstum der Firma. Deshalb riskierte Kroc einen erfolgreichen Vorstoß zur Globalisierung von McDonald's. Während dieses spektakulären Booms vollführte Kroc einen geschickten Drahtseilakt: Auf der einen Seite bestimmten einheitliche Standards den Geschäftsalltag, auf der anderen ermunterte und förderte er aber gleichzeitig Unternehmensgeist und neue Ideen auf allen innerbetrieblichen Ebenen. Viele dieser Ideen trugen zum erstaunlichen Erfolg des Unternehmens bei. Der Hamburger-König erwirtschaftete so ein Vermögen von 500 Millionen Dollar – und ganz nebenbei änderte er auch die Eßkultur der amerikanischen Nation. Er prägte eine Nahrungsmittelindustrie, die zu den größten Exportartikeln Amerikas zählt. Mit seinen Hamburgern vom Fließband zeigte Kroc der Welt, wie sich ein differenziertes Prozeßmanagement auf den einfachsten Konsumartikel anwenden läßt. Unternehmen, die es also McDonald's unbedingt nachmachen wollen, müssen erst einmal die Grundprämissen ihrer Dienstleistung definieren und die Arbeitsabläufe analysieren. An erster Stelle stehen Feinabstimmungen, um das System reibungslos funktionieren zu lassen. Heute profitieren von der Pionierarbeit Unternehmen aller Art, vom Pizzalieferanten über Versicherungsmakler bis hin zu Spielzeugverkäufern. Garantieren solche Abläufe eine dauerhafte Qualität, sorgen sie für zufriedene Kunden, dann werden auch entsprechende Gewinne fließen.

Die Entdeckung der Zukunft in San Bernardino

Als Verkäufer von Milk-Shake-Maschinen besuchte Ray Kroc regelmäßig seine Kunden. Ein Besuch des 52jährigen Verkäufers aus Chicago bei zwei seiner größten Kunden in Kalifornien veränderte Krocs Leben von Grund auf. Maurice und Richard McDonald hatten 1930 New Hampshire verlassen und wollten ihr Glück in Hollywood versuchen. Die Stadt des Glamours brachte beiden Brüdern kein Glück. Auf Umwegen gelangten die zwei Männer in den Besitz eines Drive-in-Restaurants in San Bernardino, einem staubigen Vorort 55 Meilen östlich von Los Angeles.

Die meisten Restaurants dieser Art kauften ein oder zwei Multimixer, mit denen man gleichzeitig bis zu fünf Milk-Shakes mixen konnte. Aber die McDonalds hatten acht Multimixer gekauft. Beide Brüder wollten offensichtlich ihre Mixkapazität erhöhen. Kroc war also neugierig zu erfahren, wodurch die McDonalds ihren Absatz so gesteigert hatten, daß sie jetzt 40 Milk-Shakes gleichzeitig herstellen wollten. Er machte sich deshalb auf den Weg nach San Bernardino. Was er dort sah, veränderte schlagartig sein Leben. Kroc stand im Schatten der beiden leuchtenden goldenen Bögen des Standes, die bei Dunkelheit den Himmel erleuchteten, und beobachtete Schlangen von Menschen, die außerhalb des achteckigen Restaurants anstanden. Durch die voll verglasten Wände des Gebäudes konnte er die Männer sehen, die weiße Papierhütchen und weiße Uniformen trugen und in dem blitzsauberen Restaurant eifrig damit beschäftigt waren, den Arbeiterfamilien Hamburger, Pommes Frites und Shakes zu servieren. Die Kunden fuhren mit ihren Autos vor. „Zweifellos passierte hier etwas, sagte ich mir", wie Kroc später in seiner Autobiogrphie mit dem Titel „Grinding It Out" ausführte. „Das mußte die erstaunlichste Verkaufsstrategie sein, die ich jemals gesehen hatte."

Anders als viele Restaurantbetriebe, die Kroc bisher kannte, schnurrte dieser Laden wie ein gut geölter Motor. *Forbes* schrieb dazu: „Kurz gesagt, die Brüder brachten Effizienz in ihr Schnellrestaurant." Sie hatten neun Gerichte auf der Karte – Hamburger, Pommes Frites, Shakes und Kuchen. Es gab keine Sitzgelegenheiten, und es gab Pappbecher sowie Plastikgeschirr statt Gläser und Porzellan. Die Grundzüge einer Fließbandherstellung für Hamburger hatten die Brüder bereits entwickelt, Bestellungen erledigten sie in weniger als 60 Sekunden. Die Preise waren auffallend niedrig gehalten: 15 Cent für den Hamburger, zehn für Pommes Frites. Kroc wußte sofort, hier liegt seine Zukunft. „Als ich das an diesem denkwürdigen Tag 1954 sah, fühlte ich mich wie ein moderner Newton, der gerade eine Erfindung gemacht hatte", berichtete Kroc später. „In meinem Motelzimmer träumte ich nachts intensiv davon, was ich an dem Tag gesehen hatte. Bilder von McDonald's Restaurants an allen Straßenecken schwirrten an mir vorüber."

Kroc war endlich seinem Schicksal begegnet. 1906 hatte Krocs Vater seinen vierjährigen Sohn Raymond zu einem Phrenologen mitgenommen. Dieser, ein medizinisches Fossil des vergangenen Jahrhunderts, gab vor, gesicherte Erkenntnisse, Voraussagen über Charakter und Fähigkeiten des kleinen Raymond aus der Schädelform und -größe ableiten zu können. Nachdem er den Kopf des Jungen abgetastet und untersucht hatte, erklärte der Phrenologe, das Kind würde später einmal im Nahrungsgewerbe arbeiten.

Kroc hatte ein intuitives Gespür für die Gastronomie. Er besaß außerdem sehr viele Kenntnisse der Branche, weil er in den vergangen 30 Jahren Papierprodukte und Milk-Shake-Maschinen an Restaurants in ganz Amerika verkauft hatte. Auf seinen Reisen konnte Kroc eine erstaunliche Vielzahl von Betrieben sehen – Cafés, kleine Speiselokale, Hamburger-Stände und Eissalonketten. In der einfachen amerikanischen Gastronomie kannte er sich bestens aus. Kroc kam zu dem Ergebnis: Zu viele seiner Kunden überlassen ihr Geschäft mehr dem Zufall als solider kaufmännischer Überlegung. Zu ihrem großen Ärger bot ihnen Kroc ständig ungefragt seinen Rat an, wie sie ihr Geschäft verbessern könnten. „Ich hielt mich für einen Kenner der Küche", betonte er. „Ich bildete mir ein, sagen zu können, welche Betriebe die Leute ansprechen und welche nicht."

Kroc glaubte felsenfest, der Laden der Brüder McDonald könnte noch viel, viel größeren Erfolg haben, wenn beide expandierten. Deshalb machte er ihnen gleich am nächsten Tag einen Vorschlag. „Warum eröffnen Sie nicht eine Reihe solcher Läden?" Die Brüder wandten ein, sie hätten bereits Lizenzen mit geringem Gewinn nach Phoenix und Sacramento verkauft. Im Grunde genommen, handelte es sich bei den beiden nur um durchschnittliche Geschäftsmänner, die mit den 100.000 Dollar, die sie pro Jahr verdienten, ganz zufrieden waren. Sie verspürten wenig Lust, viel Energie in den Aufbau einer Restaurantkette zu stecken.

Aber Kroc, eine alte Verkäuferseele mit mehr als 30jähriger Erfahrung, gab nicht so schnell auf. Er zog alle nur möglichen Register, schließlich überzeugte er die beiden von folgendem Handel: Kroc würde die McDonald-Lizenzen zum Niedrigpreis von 950 Dollar verkaufen. Dafür würde er 1,4 Prozent des Gesamtumsatzes bekommen, und 0,5 Prozent würden die Brüder erhalten. Die Lizenznehmer mußten also nur 1,9 Prozent ihres Gesamtumsatzes abführen.

Diese Vereinbarung war für die McDonalds viel vorteilhafter als für Kroc, weil er von seinen geringen Einnahmen seine allgemeinen Betriebs- und Marketingkosten bestreiten mußte – und außerdem seinen Lebensunterhalt. Kroc verdiente zwar jährlich 12.000 Dollar mit dem Verkauf von Multimixern, aufgrund starker Konkurrenz war das Geschäft aber rückläufig. Er war zu alt, um wieder ganz von vorne anzufangen. Der Verkäufer glaubte, daß selbst sein bescheidener Lebensstandard mit seiner Frau Ethel in der Vorstadt Arlington Heights, Illinois, nicht mehr zu halten wäre, sollte dieser Versuch scheitern. „Wenn ich bei den McDonalds scheitere, weiß ich nicht mehr, wo ich hingehen kann", meinte er.

Service wird zum Erkennungszeichen

Mit dem Deal in der Tasche machte sich Kroc an die Erfüllung seiner Träume – McDonald's-Restaurants von Küste zu Küste. Er errichtete die erste Zweigstelle der Ladenkette. In Des Plaines, Illinois, außerhalb von Chicago, startete Kroc seinen Versuchsballon: dieselben niedrigen Preise, eine kleine Karte und schneller Service wie in San Bernardino. Bei der Eröffnung des Ladens am 15. April 1955 erzielte das Geschäft immerhin einen beachtlichen Umsatz von 366,12 Dollar und gelangte schnell in die Gewinnzone. Kroc wachte über den Laden wie eine junge Mutter über ihr Baby. Er beaufsichtigte selbst die Küche und kratzte mit einem Spachtel selbst den Kaugummi von den Parkplätzen. Für Kroc war die Kopie des Geschäfts der Brüder McDonald erst der Anfang. Er wußte, beim Aufbau einer Kette war Disziplin das Wichtigste. Das bedeutete Optimierung der standardisierten Betriebsabläufe und deren Wiederholbarkeit. 40 Jahre vorher hatte schon Henry Ford erkannt, daß die Massenproduktion von Autos, das Zusammensetzen präzise vorgefertigter Teile einen effizienten Montageprozeß erforderte. Krocs Einsicht bestand darin, dieselbe Perfektion auf die Herstellung seiner Sandwiches anzuwenden. Er vertrat die Meinung, daß es „eine Wissenschaft der Herstellung und des Verkaufs eines Hamburgers gibt", und gab seinen Rindfleischfrikadellen genaue Spezifikationen: Fettgehalt: unter 19 Prozent, Gewicht: 45 Gramm, Dicke: 48,5 Millimeter, Zwiebeln: sieben Gramm. Kroc baute Ende der fünfziger Jahre sogar ein Lebensmittellabor in einem Vorort Chicagos, um eine Methode zur perfekteren Herstellung der Pommes Frites zu entwickeln.

Das aufstrebende Unternehmen wurde Krocs Leidenschaft. „Ich glaube an Gott, die Familie und McDonald's – und im Büro ist diese Reihenfolge umgekehrt", pflegte er immer zu sagen. Es schien trotzdem so, als käme McDonald's immer an erster Stelle. Aus seiner langjährigen Verkaufserfahrung wußte Kroc, daß ein Geschäft den Gesetzen Darwins unterliegt: Wer sich nicht entsprechend dem Markt anpassen kann, würde unweigerlich das Schicksal der Dinosaurier erleiden. Das Privatleben Krocs war offenbar diesen enormen Belastungen eines unternehmerischen Neubeginns nicht gewachsen. Ethel konnte sich wohl für das berufliche Engagement ihres Ehegatten nicht annähernd so begeistern wie Ray. Seine buchstäblich eingefleischte Leidenschaft für die Gastronomie führte zur Trennung. „Unser Streit hatte die Dramatik einer Oper von Wagner", schrieb Kroc. „Wir hatten uns nichts mehr zu sagen." Die 39jährige Ehe wurde schließlich 1961 geschieden.

Beim Aufbau seiner Kette, das wußte Kroc, mußte sich McDonald's gegen die Konkurrenz durchsetzen. Als er 1955 mit dem Geschäft anfing, waren A&W, Dairy Queen, Tastee-Freez und Big Boy bereits etablierte Ketten, der erste Burger King (der damals InstaBurger King hieß) war gerade in Miami eröffnet worden. Infolgedessen unternahm Kroc große Anstrengungen, sich mit McDonald's von seinen Konkurrenten abzuheben. Der entscheidende Unterschied zwischen Kroc und seinen Gegnern lag in der Weltanschauung: Kroc sah im Franchisenehmer den Geschäftspartner und nicht ausschließlich den Kunden. Noch auf seinen Verkaufsreisen mit dem Multimixer stellte er fest, wie die Franchisegeber ihren Franchisenehmern Gewinne aus der Tasche zogen, ohne sich um deren langfristiges Überleben zu kümmern. Kroc gelobte, nicht in diese vordergründig lukrative, aber letztlich unergiebige Falle zu tappen. „Meine Überzeugung war es, daß ich dem einzelnen Betreiber, wo ich nur konnte, helfen mußte. Sein Erfolg ist die Garantie meines Erfolgs", bekräftigte er seine Meinung.

Statt die Lizenznehmer einfach nur mit Milk-Shakes und Eiscreme zu beliefern, wollte Kroc seinen neuen Partnern ein funktionierendes Betriebssystem verkaufen, das alle Seiten zufriedenstellte. Mit anderen Worten, er verwandelte den Service in eine Marke. Das waren die revolutionären Methoden, mit denen McDonald's seine Kette aufbaute, in der ein Laden in Delaware und ein Laden in Nevada Hamburger in exakt gleicher Größe und Qualität anbieten konnten. Alle enthielten dieselbe Anzahl

Gurkenscheiben, dieselbe Menge Senf und Ketchup und lagen auf ähnlichen Tabletts neben den Pommes Frites, deren Frittierzeit hier wie dort die gleiche war. Kroc erinnerte sich: „Perfektion ist nur sehr schwer zu erreichen, und Perfektion war das, was ich für McDonald's anstrebte. Alles andere war für mich zweitrangig." Der hohe Anspruch war Strategie. „Unser Ziel war natürlich, gleichbleibende Qualität auf der Basis des guten Rufes des Systems zu garantieren. Die Qualität sollte nicht von einem einzelnen Laden oder Betreiber abhängen", sagte Kroc.

Zu den ersten Geschäftspartnern Krocs zählten Mitglieder des Rolling-Green-Country-Clubs, die seinen gut laufenden Laden gesehen hatten, der eine gute Werbung war. 1958 hatte Kroc schon 79 Lizenzen verkauft, einige davon an die Kollegen des Rolling Green. Viele potentielle neue Kunden, deren Neugier durch einen Restaurantbesuch geweckt worden war, sprachen Kroc an. Andere Interessierte antworteten auf seine Zeitungsannoncen. Einer von ihnen war der 23jährige Fred Turner, den Kroc 1955 zu einem Stundenlohn von einem Dollar zum Braten von Hamburgern eingestellt hatte. Turner teilte die Begeisterung seines Chefs für die maschinelle Herstellung der Hamburger und wurde schnell zum Liebling von Kroc, der nur eine Tochter hatte. „Ich habe einen Sohn – er heißt Fred Turner", schrieb Kroc. Turner wurde seine rechte Hand, und zusätzlich mit zwei Angestellten arbeitete Turner im Hauptbüro. June Martino, Krocs Sekretärin aus seinen Multimixer-Tagen, sowie Harry Sonneborn, ein ehemaliger Finanzmanager bei Tastee-Freez, der seine Mitarbeit für einen Wochenlohn von 100 Dollar angeboten hatte, ergänzten die Führungsriege der ersten Stunde.

Mit Immobilien zum Erfolg

Obwohl die Franchisebetriebe von McDonald's im gesamten Mittelwesten wie im Westen wie Unkraut nach einem Frühjahrsregen aus dem Boden schossen, schien der Erfolg des Unternehmens nur von kurzer Dauer zu sein. Obwohl der ursprüngliche Deal mit den Brüdern McDonald Kroc bei den ersten Franchisenehmern durchaus beliebt gemacht hatte, führte er sein gerade flügge gewordenes Unternehmen auf direkten Kurs in die Insolvenz. 1960, als der Umsatz in den Kettenrestaurants auf 75 Millionen Dollar kletterte, machte McDonald's nur einen spärlichen Reingewinn von 159.000 Dollar. „Kurz gesagt, Krocs Konzept zum Aufbau von McDonald's war finanziell am Ende", schrieb John Love in seiner Geschichte von McDonald's. Und Krocs Kartenhaus brach nach und nach unter dem eigenen Gewicht zusammen. Er konnte seinen unverzichtbaren Angestellten wie Martino oder Sonneborn keine Gehaltserhöhungen zahlen und entlohnte sie, indem er ihnen 30 Prozent des Unternehmens überschrieb. Er verringerte seinen Eigenkapitalanteil und trat 22 Prozent der McDonald's-Anteile an zwei Versicherungsunternehmen ab, damit er 1961 einen Kredit in Höhe von 1,5 Millionen Dollar aufnehmen konnte.

Aber auch dieser Kredit, den er nur unter extrem erschwerten Bedingungen erhielt, stillte nur kurzfristig den Kapitaldurst der Firma: Kroc brauchte eine Riesensumme – nämlich 2,7 Millionen Dollar –, um die Brüder McDonald abzufinden. Seine mittlerweile schwierige Beziehung zu ihnen war Anlaß für ständigen Ärger. Sie hielten sich nicht an die genau vorgeschriebenen Standards für Lizenzen, die sie selbst in Kalifornien verkauft hatten. Das Schlimmste in Krocs Augen war allerdings der selbstherrliche Verkauf einer Lizenz an einen Konkurrenten in Cook County, Illinois, der Heimat Krocs. Solche Aktionen verstärkten das Verlangen Krocs, das wachsende Unternehmen allein führen zu wollen. Wie sehr er auch seine Verbindung mit den Brüdern McDonald bedauerte, so sehr waren die mehr als 200 Filialen mit ihrem Namen verbunden. „Ich brauchte den Namen", klagte er. „Wie weit käme ich mit einem Namen wie Kroc Burger?" Er brauchte unbedingt die Verwertungsrechte des Namens McDonald. Deshalb nahm er 1961 erneut eine Hypothek auf. Ein New Yorker Vermögensverwalter arrangierte einen

Kredit in Höhe von 2,7 Millionen Dollar aus einigen College-Stiftungen und Rentenfonds, wobei die Zinszahlungen sich prozentual aus dem Umsatz von McDonald's errechnen sollten.

Hoch verschuldet und ohne Aussicht auf bessere Gewinne stand Kroc einem klassischen Dilemma gegenüber: Expandieren konnte er sich ebenso wenig leisten wie Warten. Glücklicherweise hatte Harry Sonneborn eine Lösung anzubieten. Seine Idee war es, McDonald's Kapital zu verschaffen, indem man potentielle Standorte mietet oder kauft und anschließend an die Franchisenehmer untervermietet, und zwar zunächst mit einem Aufschlag von 20, später dann von 40 Prozent. Nach diesem Plan müßte McDonald's nach Standorten suchen und Mietverträge mit einer Mindestlaufzeit von 20 Jahren bei festem Mietzins abschließen. Die Franchisenehmer bezahlten dann entweder einen Mindestbetrag oder eine prozentuale Umsatzbeteiligung. Wenn Umsätze und Preise mit den Jahren stiegen, habe das Unternehmen bei praktisch konstanten Kosten immer höhere Mieteinnahmen.

Kroc übernahm diese Idee Sonneborns und gründete 1956 eine Tochtergesellschaft, die Franchise Realty Corporation, zur Umsetzung dieser Strategie. In den darauffolgenden Jahren flog Kroc mit einem kleinen Flugzeug im ganzen Land herum und suchte in den Vorstadtbezirken mit Wohnblocks, Schulen und Kirchen nach entsprechenden Objekten. Fruchtbaren Boden für neue Standorte der „Goldenen Bögen" zu finden, lautete die Devise. In den Einkaufsgebieten der Vorstädte waren die Mieten in gutbesuchten Nebenstraßen günstig. Schon nach kurzer Zeit trug das Immobiliengeschäft Früchte. Einen großen Teil des Endgewinns von McDonald's stammte aus diesem Geschäftszweig. Wie Kroc dazu trocken bemerkte: „Dadurch erzielte McDonald's erstmals reale Gewinne."

Die Immobilienstrategie paßte perfekt zu den größeren Zielvorstellungen. Statt ausschließlich Gebietslizenzen zu vergeben, die dem Inhaber das Recht einräumten, in einem genau abgeteilten Gebiet so viele Läden aufzumachen, wie er wollte, verkaufte Kroc nur Einzellizenzen zu der niedrigen Gebühr von 950 Dollar. Dadurch wurde sichergestellt, daß Betreiber, die Unternehmensregeln mißachteten, nur eine Filiale eröffnen konnten. Als Vermieter konnte Kroc Veträge abschließen, die eine weitere Mitsprache seinerseits ermöglichten. Die Mietverträge zwangen die Lizenznehmer zu einer Anpassung an die Unternehmenspolitik, und Kroc konnte so viel besser dafür sorgen, daß Aussehen und Geschmack der McDonald's-Ware in Bangor, Maine, und Butte, Montana, identisch waren.

Er überließ nun die stabile Finanzlage des Unternehmens den kompetenten Händen des Harry Sonneborn. Kroc selbst machte sich an die Expansion und den Aufbau eines professionellen Managements des stetig wachsenden Industrieimperiums. Nach seiner neuen Konzeption war jeder Franchisenehmer gleichzeitig ein Fabrikmanager. Er wußte, daß ein moderner Industriekonzern nur durch professionelles Management geleitet werden kann, und führte deshalb 1961 ein Ausbildungsprogramm in einer neuen Filiale in Elk Grove Village, Illinois, ein, das später Hamburger University genannt wurde. Dort machten Lehrkräfte die Franchisenehmer und Manager mit den wissenschaftlichen Führungsmethoden eines erfolgreichen McDonald's vertraut und paukten ihnen Krocs Evangelium von Qualität, Service, Sauberkeit und Wertschöpfung ein. „Ich packte die Hamburger aufs Fließband", erzählte Kroc gern. Die Hamburger-Universität bekam auch ein Forschungs- und Entwicklungslabor für neue Zubereitungs-, Tiefkühl-, Lager- und Servicemethoden.

Obwohl Kroc Größe und Form der Hamburger diktierte, ließ er den Franchisenehmern in anderen Bereichen großen eigenen Spielraum. Er wußte, daß McDonald's den unternehmerischen Energien der vielen Manager freien Lauf lassen und gleichzeitig die für den effizienten Ablauf eines weit ausgedehnten Industrieunternehmens wichtigen Standards und Prinzipien aufrechterhalten mußte. Wie der Chronist über McDonald's, John Love, schrieb: „Krocs geniale Fähigkeit lag darin, ein System aufzubauen, in dem sich alle Mitglieder an die Regeln des Unternehmens hielten, aber gleichzeitig für ihre individuelle Kreativität honoriert wurden."

Der Gang an die Börse

Nirgendwo sonst kam der Gegensatz zwischen zentraler Kontrolle und operativer Autonomie deutlicher zum Ausdruck als bei der Werbung. Zu Weihnachten Ende der fünfziger Jahre drehten Turner und andere Manager die „Chicago-Runde" in dem „Santa Wagon", einem Eisauto, das zu einer Art rollendem Pendant eines Drive-in umgebaut war. Aber trotz dieser Vorliebe für altmodischen Straßenverkauf besaß McDonald's keine unternehmensweite, schlüssige Werbestrategie. Statt dessen ermutigte Kroc seine Manager dazu, ihre eigenen Kampagnen über den Äther zu schicken, nachdem Jim Zein, Manager aus Minneapolis, 1959 nach einer Radiowerbung eine explosionsartige Umsatzsteigerung erlebt hatte. Die beiden Franchisenehmer John Gibson und Oscar Goldstein aus Washington D.C. folgten diesem Rat, entschieden sich für Kinder als Zielgruppe und sponserten die lokale Kindershow Bozo's Circus. Als der Sender diese Show 1963 absetzte, engagierten die beiden den Hauptdarsteller, den 25jährigen Fernsehansager Willard Scott; er sollte eine neue Clownfigur für die regionale Werbung entwickeln. So wurde eines der langlebigsten Symbole der Fast-food-Werbung geboren: Ronald McDonald.

Diese erfolgreiche Werbung forcierte das schnelle Wachstum des Unternehmens. 1965 stand McDonald's mit 710 Filialen in 44 Staaten und einem Umsatz von 171 Millionen Dollar sowie einer ordentlichen Bilanz endlich in voller Blüte. Am 15. April des gleichen Jahres ging man an die Börse, zehn Jahre nachdem Kroc den Laden in Des Plaines eröffnet hatte. 300.000 Aktienanteile zu einem Preis von je 22,50 Dollar wurden verkauft. Viele der Aktien kamen von Kroc selbst, der bei diesem Verkauf drei Millionen Dollar verdiente, sowie von Sonneborn und Martino. Als Investoren auf den fahrenden Zug aufsprangen, stieg der Aktienpreis gleich am ersten Tag auf 30, schon bald kletterte er auf 49 Dollar.

Kroc investierte viel Geld in die Expansion, um die Konkurrenz hinter sich zu lassen, denn der Unternehmenserfolg zog viele Nachahmer an. Sie alle wollten von der zunehmenden Industrialisierung der Fast-food-Branche profitieren. 1965 gab es bereits 1.000 Filialen von Kentucky Fried Chickens, 325 Burger Chefs und 100 Burger Kings. Jede dieser Ketten expandierte Ende der sechziger Jahre dermaßen rasant, daß die Fast-food-Branche 1970 ein Umsatzvolumen von 6,2 Milliarden Dollar erreichte; diese Summe entsprach 17,8 Prozent aller Ausgaben in der Gastronomie.

In einer solchen Situation bedeutete Abwarten Stillstand. „Wenn man sich auf seinen Lorbeeren ausruht, baut man schnell ab", war ein beliebter Spruch von Kroc. Deshalb eröffnete McDonald's nicht nur in einer halsbrecherischen Geschwindigkeit neue Restaurants, sondern fügte seinen marktwirtschaftlichen Strategien eine neue hinzu: die überregionale Werbung. Kroc hatte mit aller Kraft an der Entwicklung einheitlicher Standards im gesamten System gearbeitet und investierte jetzt Kapital in den Aufbau eines einheitlichen Images. 1967 gab McDonald's 2,3 Millionen Dollar, also ein Prozent seines Umsatzes, für seine erste bundesweite amerikanische Werbekampagne aus – eine beispiellos hohe Summe für eine Fast-food-Kette. Das Unternehmen baute die Ronald McDonald-Kampagne der beiden Franchisenehmer aus Washington weiter aus und stellte dem Clown eine Reihe zusätzlicher kinderfreundlicher Charaktere an die Seite wie Hamburglar, Mayor McCheese und Grimace, eine purpurrote Kreatur, die gierig nach Shakes und Pommes Frites war. „Wir waren nicht mehr im Hamburger-Geschäft, wir waren im Showbusineß", resümierte Kroc gerne.

Kroc untermauerte die Werbekampagne mit einigen neuen Produkten, die häufig von Franchisenehmern entwickelt worden waren. Jim Delegatti, ein Manager aus Pittsburgh, wollte seinen Umsatz steigern und führte 1967 testweise einen neuen Doppeldecker-Hamburger ein, den er Big Mac taufte. McDonald's nahm dieses Sandwich in weniger als einem Jahr in das Programm der gesamten Kette auf, seitdem ist er das Markenzeichen des Unternehmens. Auch andere neue Gerichte wie etwa der Filet-o-Fish oder der Egg McMuffin waren Erfindungen der

Manager von McDonald's und ebenso willkommen in der Hamburger Central, wie die Zentrale hieß.

Eine globale Institution

Aufgrund des rasanten Wachstums in Verbindung mit intensiver Werbung wurde McDonald's Anfang der siebziger Jahre zur größten Fast-food-Kette des Landes und ein Symbol amerikanischer Eßkultur. Der Herrscher von McDonald-Land wurde zu einer nationalen Institution. Als 1972 mehr als 2.200 McDonald's-Filialen eine Milliarde Dollar Umsatz machten, erhielt Kroc den Horatio Alger Award von Norman Vincent Peale. Der Wert seiner Aktienanteile stieg auf ungefähr 500 Millionen Dollar. Aber im Grunde seines Herzens blieb Kroc ein einfacher Mann, der stolz von „der bäuerlichen Abstammung seiner einfachen Vorfahren" erzählte. Anders als viele neureiche Industrielle fand er keinen Geschmack an großer Kunst oder gesellschaftlichen Ereignissen. Statt dessen waren ihm weiterhin seine einfachen Brötchen das liebste. „Man braucht schon ein gewisses Vorstellungsvermögen, um die Schönheit eines Hamburger-Brötchens zu erkennen", schwärmte Kroc. „Ist es denn irgendwie ungewöhnlicher, in den sanften Formen eines Brötchens Grazie zu entdecken, als liebevoll über Härchen einer Anglerfliege nachzudenken?"

Ebenso wie die Ford Motor Company den prüfenden Blick sensationshungriger Journalisten und reformorientierter Politiker auf sich zog, erregte der ungeheure Industriegigant Ray Krocs überall Aufmerksamkeit. Als die Produkte von McDonald's zum wesentlichen Bestandteil der Speisekarte einfacher Amerikaner wurden, forderte dies den Snobismus der elitären Lebensmittelindustrie heraus. Mimi Sheraton vom Magazin *New York* verkündete: „Das Essen bei McDonald's ist unglaublich scheußlich und einfach unverzeihlich." Auch die Ernährungwissenschaftler konnten sich nicht mit den Nahrungsangeboten von McDonald's anfreunden. Wie der Harvard-Professor Dr. Jean Mayer schrieb:

„Das typische McDonald's Essen – Hamburger, Pommes Frites und Kaffee – trägt kaum zu einer sinnvollen Ernährung bei. ... Dieses Essen erhöht den Cholesterinspiegel und führt zu Herzerkrankungen."

Auch die Politiker nahmen von dem Unternehmen Kenntnis. Als 1974 der Marktanteil des Unternehmens den von U.S. Steel überstieg, klagte Senator Lloyd Bentsen: „Etwas ist faul an unserer Wirtschaft, wenn Hamburger im Aktienmarkt eine Hausse und Stahl eine Baisse erleben." Aber der künftige Finanzminister ignorierte die Tatsache, daß die Hamburger zu einem Industrieprodukt fast gleicher Bedeutung wie Stahlblech geworden waren, weil der Industrieriese McDonald's ein gewaltiger Abnehmer von Rohmaterial war. Das Unternehmen kaufte ungefähr ein Prozent des Rindfleisches des gesamten amerikanischen Großhandels und riesige Mengen Kartoffeln. Jeder Laden schuf Arbeitsplätze – und bot einem von 15 jungen Amerikanern einen Job. Zur Verbreitung seiner sprunghaft gestiegenen Umsätze verkündete McDonald's seine neuesten Zahlen auf den „Goldenen Bögen" der Kette. Und die vielen Milliarden wurden in den höchsten Etagen des Landes registriert. Präsident Richard Nixon fragte Kroc bei einer Begegnung Anfang der siebziger Jahre: „Wieviel sind es jetzt, acht oder neun Milliarden?" Kroc antwortete: „Mr. President, es sind zwölf Milliarden."

Viele Analysten hielten das steile Wachstum von McDonald's für unhaltbar. Aber Kroc war davon überzeugt, daß das Unternehmen zum Überleben weiterhin wachsen müsse. „Ich glaube nicht an Sättigung", meinte er. „Wir denken und handeln weltweit." Kroc hatte die Vision von mit 12.000 „Goldenen Bögen" als Außenstellen eines riesigen Wirtschaftsimperiums. In den Vereinigten Staaten kam 1972 auf 90.000 Einwohner ein Laden. Außerhalb der Grenzen Amerikas gab es drei Milliarden Menschen, die noch nie in einen Big Mac gebissen hatten. Ebenso wie Henry Ford sich mit seinem T-Modell den Auslandsmarkt erschloß, nahm Ray Kroc ein ehrgeiziges Unternehmen in Angriff. McDonald's drang 1971 nach Japan und Deutschland vor. 1977 exportierte es das Fast-food-Sandwich in das Land des

Sandwich mit der Eröffnung seiner 3.000. Filiale in London. „Mit aller Leidenschaft der zurückgekehrten Pilger hatte sich McDonald's vorgenommen, Europa die Freuden des echten amerikanischen Hamburgers zu bescheren", bemerkte *Forbes.* Der Aufbau von Brückenköpfen in den europäischen Hauptstädten war aber nur der Anfang. Im Laufe des Jahrzehnts erwirtschafteten die 1.000 neuen Läden im Ausland 27 Prozent der jährlichen Umsatzsteigerung. Die „Goldenen Bögen" schossen praktisch auf jedem Kontinent aus dem Boden – in Südamerika, Europa und Asien. Die Kette wurde überall zum Inbegriff für amerikanische Unternehmen und den Einfluß Amerikas, so daß die marxistischen Untergrundkämpfer, die 1979 einen McDonald's in San Salvador in die Luft sprengten, die terroristische Tat als einen vernichtenden Schlag gegen das „imperialistische Amerika" darstellten.

Obwohl sich Kroc 1968 von der Unternehmensleitung zurückzog und Fred Turner das Ruder übergab, blieb er ein lebendiges Symbol für die Ursprünge des Unternehmens. Kroc behielt weiterhin Einfluß auf die Tagesgeschäfte. Er prüfte die Anfangsumsätze aller neuen Filialen und kontrollierte von seinem Büro in Südkalifornien die Umsatzentwicklung der Läden. „Trotz des Erfolgs von McDonald's und seines privaten Vermögens von 340 Millionen Dollar machte Kroc sich immer noch Sorgen", schrieb *Forbes* 1975. „Wenn er auf Reisen war, bestand er darauf, daß sein Chauffeur ihn mindestens zu sechs McDonald's als Überraschungsinspektionen fuhr."

Ray Kroc verstarb im hohem Alter von 81 Jahren im Januar 1984, kurz bevor bei McDonald's der 50milliardste Hamburger verkauft worden waren. Er erlebte den größten Triumph seines Unternehmens nicht mehr. Als 1985 der Immobilien-Portfolio im Wert von 4,16 Milliarden Dollar über dem von Sears lag, nahm die New Yorker Börse das Unternehmen in den Dow Jones, das Tagesbarometer der nationalen Wirtschaft, auf. Damit bestätigte die Wall Street die Behauptung von Ray Kroc, daß man Frikadellen am Fließband produzieren kann.

Anpassung an fremde Kulturen

Ein Schlüsselfaktor des anhaltenden Erfolgs von McDonald's ist die Internationalisierung. Das Unternehmen ist heute in mehr als 65 Ländern vertreten, und ungefähr ein Drittel aller neuen Filialen wird heute im Ausland eröffnet. Anfang der neunziger Jahre prophezeite Fred Turner, daß letztlich der internationale Umsatz höher als der amerikanische liegen wird.

Staatliche Bürokratie und unzuverlässige Lieferanten waren die Hindernisse, die das amerikanische Unternehmen im Ausland überwinden mußte. Die größte Herausforderung lag jedoch woanders:

McDonald's muß sein einzigartiges amerikanisches Produkt dem regionalen Geschmack anpassen. Obwohl McDonald's im Ausland immer auf seinem rigiden System bestand, war das Unternehmen in bezug auf andere Merkmale des Restaurantablaufs dennoch flexibel. Zum Beispiel wurde der Name der Kette in Japan in Makudonaldo umgewandelt, damit ihn die Japaner besser aussprechen können, und sein Maskottchen wurde Donald McDonald. Die Hamburger-Zentrale erlaubte den lokalen Betreibern auch eigene Werbekampagnen. „Unser Name ist zwar amerikanisch, aber wir sind alle Iren", lautete eine Kampagne in Dublin.

Heute weisen die Speisekarten in den ausländischen McDonald's-Restaurants deutliche Unterschiede gegenüber Amerika auf. Als McDonald's Anfang der siebziger Jahre in Deutschland Restaurants eröffnete, wurde auch Bier verkauft. Auf den Philippinen gibt es McSpaghetti und in Norwegen den MacLak, ein Sandwich mit Lachs.

Joseph Wilson, Präsident von Xerox

10.
Ein Unternehmen gibt nicht auf:
Joseph Wilson und der Xerox 914

„**Da** die Herausgeber von *Forbes* ziemlich schnell mit ihrer Kritik von Fehlern anderer sind, wollen wir an dieser Stelle eine amüsante Geschichte über uns selbst erzählen", schrieben die Herausgeber des Magazins 1965. Sie erinnerten sich daran, daß Joseph Wilson, der damals Präsident bei der Haloid Corporation war, 1957 in ihr Büro kam und von den Plänen seiner Firma berichtete, ein neues Kopiergerät zu bauen. „Die Leute von *Forbes* waren beeindruckt", schrieb das Blatt weiter. „Der Präsident war ein aufrichtiger, enthusiastischer und sehr redegewandter Mann. Er war von seinem Projekt überzeugt. Er beherrschte die Fakten und Zahlen aus dem Effeff. Er kannte sich in Finanzdingen und in der Technologie aus. Er beantwortete alle unsere Fragen ganz wunderbar verständlich und professionell. Und was machte *Forbes* aus der Story? Nichts."

Dafür gab es einen guten Grund: Damals war Haloid ein kleiner Herstellerbetrieb für Photopapier, machte nur bescheidene Gewinne und hatte auch nur wenige Mitarbeiter. Seine Pläne, „einen vollständig neuen Industriezweig zu gründen", schienen dann doch etwas allzuweit hergeholt. In Wirklichkeit konnte damals praktisch niemand den ungeheuren Erfolg dieses Unternehmens voraussehen, das 1961 in Xerox umbenannt wurde. Nicht einmal Joseph Wilson selbst.

1957 hatten Wilson und seine Kollegen ein Jahrzehnt harter Arbeit in die Entwicklung kommerzieller Anwendungen der damals primitiven Kopiertechnologie investiert, die viele Großunternehmen ablehnten. Bei der Entwicklung dieser Technologie sicherte sich das Unternehmen die Exklusivrechte. Jahre bevor Haloid sein Produkt vermarkten konnte, hatte das Management Millionen Dollar riskiert.

Aber 1959 lohnte sich der Einsatz allmählich: Das Unternehmen brachte das Kopiergerät 914 auf den Markt. Der erste moderne Kopierer wog ungefähr 300 Kilogramm und war etwa halb so groß wie ein großer Tisch. Er spuckte in einem extrem langsamen Tempo sechs Kopien pro Minute aus und kostete immerhin gesalzene 29.500 Dollar. Aber der 914 stellte die bestehenden Vervielfältigungsmaschinen absolut in den Schatten, genauso wie es der visionäre Wilson gesagt hatte, und markierte den Beginn eines ganz neuen Industriezweigs. Aber nicht nur die Technologie machte aus dem 914 das erfolgreichste Produkt der sechziger Jahre. Haloid führte auch eine kreative Verkaufsstrategie ein, wodurch der 914 für jedermann erschwinglich und problemlos wurde: Das Unternehmen entschied sich für ein Leasing der Maschinen und nicht für den Verkauf.

Frustration führt zu Innovation

Als der 914 eingeführt wurde, gab es bereits andere Kopiergeräte am Markt. Thomas Edison selbst hatte ein Vervielfältigungsgerät erfunden, und die A.B. Dick Company hatte bereits 1887 eine Art Kopierer auf den Markt gebracht. Aber die Mimeographie war sehr weit von moderner Vervielfältigungstechnik entfernt. Man mußte einen Text auf Kohlepapier tippen, das Kohlepapier dann in die Maschine legen und die Seiten in einem mühsamen und die Hände schmutzig machenden Vorgang „abziehen". Dieser Stand der Technik verbesserte sich etwas in den dreißiger Jahren mit der Verbreitung von Offsetdruckmaschinen, die aber groß, teuer, zu langsam und unpraktisch für ein kleineres Unternehmen waren.

Ein phantasievoller und rastloser Patentanwalt brachte alles ins Rollen. Chester Carlson war äußerst frustriert, wie lang es dauerte, um Fotokopien der Patentunterlagen anzufertigen. „Es muß einen schnelleren und besseren Weg geben, diese Unterlagen zu kopieren", sagte er.

Der 29jährige Carlson hatte am California Institute of Technology Physik studiert, bevor er sich für ein Rechtsstudium entschied. 1935 begann er, an der Phototechnik herumzubasteln. Carlson ging zunächst zu einer der größten Forschungsquellen der Welt: der New York Public Library. Dort las er über einen ungarischen Wissenschaftler, der Pulver und statische Elektrizität dazu verwendete, Bilder zu vervielfältigen. Er glaubte, daß er mit diesen Entdeckungen einen besseren Papierkopierer konstruieren könnte, richtete sich ein behelfsmäßiges Labor in einer Wohnung über einer Bar in Astoria, Queens, ein und nahm seine eigenen Versuche mit der „elektronischen Photographie" auf. Mit der Unterstützung von Otto Korneis, einem Physiker und deutschen Flüchtling, verbrachte Carlson den größten Teil dreier Jahre mit Mischen und Testen von Chemikalien nach verschiedenen Methoden. Nach vielen Versuchen und Irrtümern entwickelte er schließlich ein fünfstufiges Verfahren, das durch elektrische Ladungen, Pulver und Hitze Bilder erzeugen konnte. Eine kleine Revolution, da keine chemischen Reaktionen erforderlich waren und man keine schmutzige Druckerfarbe verwenden mußte. Am 22. Oktober 1938 testete er erfolgreich sein neues Verfahren und kopierte ein Stück Papier, auf dem „22.10.38 Astoria" stand.

Carlson versuchte, seine Entdeckung bei den amerikanischen Technologiegiganten an den Mann zu bringen, aber die Chefs von IBM, Kodak und RCA hielten den jungen Erfinder für einen verrückten Hobbyforscher. Etwas mehr als 20 Unternehmen winkten ab. „Es war sehr schwierig, jemanden davon zu überzeugen, daß meine dünnen Platten und groben Kopien den Schlüssel zu einer gewaltigen neuen Industrie darstellten", sagte Carlson später.

Schließlich fand er doch bei jemandem Gehör. Dr. R.M. Schaffert, der Chef der Graphic Art Division am Battelle Memorial Institute, einem gemeinnützigen Forschungsinstitut in Columbus, Ohio, erkannte das Potential des Verfahrens von Carlson: „Die Erfindung von Mr. Carlson scheint brauchbar zu sein, und wenn sie vernünftig funktioniert, darf man mit ihrer breiten kommerziellen Verwendung rechnen. Dieses Verfahren scheint den Forschungsaufwand zu lohnen." Battelle erwarb einen 60prozentigen Anteil an den Forschungsergebnissen von Carlson. 1944 machte sich Carlson, der jetzt mit einem Team von Wissenschaftlern von Battelle zusammenarbeitete, an die Weiterentwicklung seiner Technologie.

Vom Labor auf den Markt

1944 wurde die Haloid Corporation in Rochester, New York, mit einer Krise konfrontiert. Das Unternehmen war 1906 gegründet worden, verkaufte Photopapier, belieferte Firmen wie Eastman-Kodak und war mit der Zeit ständig gewachsen. Während des Zweiten Weltkriegs lösten die vielen Aufklärungsaufnahmen der Armee einen Boom in der Photopapierindustrie aus. Die Geschäfte von Haloid florierten. Die Firma machte 1947 den beachtlichen Umsatz von sieben Millionen Dollar und einen Gewinn von 138.000 Dollar. Aber die Nachfrage nach den Produkten ging bei Kriegsende rapide zurück. Das Unternehmen mußte um seinen kleinen Marktanteil zittern.

1945 wurde Joseph C. Wilson, ein Enkel eines der Gründer von Haloid, Präsident des Unternehmens. Er erkannte, daß die Firma sich auf neue Produktbereiche konzentrieren mußte, wenn sie überleben wollte. „Wir durften nicht mehr länger vollständig vom Photopapier abhängig sein", sagte er. „Wir brauchten neue Produkte für den Markt." Es gab unter anderem Produktideen für neue Photopapierarten. Die Entwicklung von Produkten für seismographische Aufzeichnungen sollte ebenfalls vorangetrieben werden. Aber nichts davon besaß die Stoßkraft zum Durchbruch, den Haloid brauchte.

John Dessauer, Chef der Forschungs- und Entwicklungsabteilung bei Haloid, durchforstete Hunderte von technischen Zeitschriften auf seiner Suche nach neuen Möglichkeiten. In einem Artikel im *Monthly Abstract Bulletin* von Kodak stieß Dessauer auf eine Zusammenfassung eines Artikels über die Arbeit von Battelle über Elektrophotographie. Weil das Verfahren große Ähnlichkeiten mit Photographie hatte und Spezialpapier brauchte, sah Dessauer darin ein bedeutsames Potential für einen neuen Geschäftsbereich. Wilson war hellauf begeistert: „Es war noch unausgegoren, aber für mich steckte hier ein außergewöhnliches Potential drin."

Die beiden Männer machten sich sofort auf den Weg zu Battelle nach Columbus. Was sie dort sahen, gefiel ihnen. „Natürlich war es bis zu einer Markteinführung noch ein langer Weg. Aber wenn es soweit käme, müßten wir dabei sein", sagte Wilson. Er war ein kluger Mann, sehr belesen und würzte seine Reden und Präsentationen mit Zitaten von Philosophen und Schriftstellern.

Wilson wandte sich zunächst an Sol Linowitz, einen Rechtsanwalt aus Rochester, der schon oft für Haloid tätig gewesen war. Bei ihrem ersten Treffen handelten sie die Rechte an der neuen Technologie, die viele andere Großunternehmen abgelehnt hatten, aus. 1946 kam es zu einer Einigung: Haloid sollte jährlich 25.000 Dollar an Battelle bezahlen plus acht Prozent des künftigen Umsatzes aus der Elektrophotographie. Dafür bekäme er die Rechte an der Weiterentwicklung von Carlsons Technologie.

Geduld, Patente und Prognosen

Wilson und sein Team wußten, daß ein langer, kostspieliger und riesiger Forschungs- und Entwicklungsaufwand notwendig sein würden, um ihr Ziel zu erreichen. Sie konzentrierten sich deshalb auf kurzfristige Möglichkeiten. Zunächst einmal war ein Name für das Verfahren gefragt. 1948 hatte ein Forschungsmitarbeiter vom Battelle, gleichzeitig Professor der Altphilologie an der Ohio State University, einen neuen Begriff geprägt: Xerographie, der aus dem Griechischen abgeleitet wurde, und soviel wie „Trockenschrift" bedeutet. Den Managern bei Haloid gefiel der Begriff. „Er war kurz, ungewöhnlich und anders als alles Bisherige in der Werbung", schrieb Dessauer später.

Wilson wollte der Öffentlichkeit unbedingt mitteilen, daß er an einer außergewöhnlichen neuen Entwicklung arbeitete. So beeilte er sich, einen Pressetermin für die erste Demonstration der Xerographie bekanntzugeben: den 22. Oktober 1948, zehn Jahre nach Carlsons erstem Kopierversuch. An diesem Tag erklärten Wilson und Wissenschaftler vom Battelle auf einer Konferenz der Optical Society of America in Detroit das Verfahren zum ersten Mal der Öffentlichkeit. Sie präsentierten einen roten Kasten, der in einer Minute eine einzelne Kopie herstellte. Bald danach gab Joseph R. Wilson, der Vater von Wilson, ein mutiges Versprechen: „Die erste kommerzielle Anwendung der Xerographie, der Kopierer XeroX, das Modell A, wird 1950 gebaut."

Aber diese Prognose war doch zu utopisch. Die Wissenschaftler bei Haloid sahen sich nicht in der Lage, bis 1950 eine funktionsfähige Maschine zu bauen – auch nicht bis 1955. Alle Entwicklungsschritte der Xerographie erwiesen sich als sehr kompliziert. Während seine Firma an der Neuentwicklung arbeitete, traf Joseph C. Wilson einige Vorkehrungen, um ihr kurzfristiges Überleben sicherzustellen. 1950 verhandelten Linowitz und Wilson erneut über den Vertrag mit Battelle mit dem Ziel, alleiniger Lizenzinhaber zu werden und dadurch anderen Unternehmen den Zugang zu den Entdeckungen Carlsons zu verbieten. Aber dies linderte nicht die täglichen Sorgen der Firma. Das Grundpatent von Carlson lief 1957 aus, danach hätten kapitalkräftigere Firmen als Haloid die Technologie ungestraft verwenden können. Wilson erkannte schnell, daß die einzige Chance zur Absicherung der getätigten Investitionen und der Zukunft für Haloid darin bestand, Forschung und Entwicklung zu forcieren und neue Patente zu gewinnen. „Wenn wir die Rechte an der Weiterentwicklung der Xerographie besitzen, dann ist unsere Position weniger angreifbar", sagte er. Allein 1953 erhielt Haloid zehn neue Patente in der Xerographie. Im folgenden Jahr wurde Linowitz, der Anwalt, der ursprünglich nur für die Verhandlung mit Battelle engagiert worden war, Vizepräsident der Firma. Er übernahm die Verantwortung für eine neue Lizenz- und Patentabteilung.

Da Wilson und seine Wissenschaftler bei Haloid nur langsam mit der Entwicklung eines funktionstüchtigen Kopierers vorankamen, fanden sie sich mit einem allmählichen Fortschritt ab. Die Forschung warf gewinnbringende Anwendungen in Form neuer Produkte ab, die zumindest teilweise die Xerographie-Technologie als Grundlage hatten. Beispielsweise brachte Haloid 1955 den Copyflo auf den Markt, die erste vollautomatische Xerographie-Maschine, ein Gerät, mit dem man Abzüge von Mikrofilmen machen konnte.

Geld und Moral

Zwischen 1947 und 1960 investierte Haloid 75 Millionen Dollar in die Xerographie-Forschung – das Doppelte seiner Betriebsgewinne. Um Kapital zu bekommen, nahmen die Manager Kredite auf, gaben Anteilsscheine aus und hielten sich irgendwie über Wasser. 1951 nahm die Firma bei der Lincoln Alliance

Bank einen Kredit in Höhe von einer Million Dollar auf. Viele eigene Mitarbeiter kauften Aktien als Ausdruck ihrer Solidarität. „Alle Teammitglieder setzten auf das Projekt", teilte Dessauer 1967 dem *New Yorker* mit. „Ich selbst hatte sogar eine Hypothek auf mein Haus aufgenommen." Wilson stellte sicher, daß diejenigen, die keine Aktienanteile kaufen konnten, auch einen persönlichen Anteil an der Unternehmenszukunft hatten: 1945 legte er einen Gewinnbeteiligungsplan vor.

Obwohl es bei Haloid einen starken familienähnlichen Zusammenhalt gab, waren die fünfziger Jahre schwierig für die Firma. „Verschiedene Mitglieder unserer eigenen Gruppe kamen und sagten mir, daß das verdammte Ding niemals funktionieren wird", erinnerte sich John Dessauer.

Die Aufrechterhaltung der Moral im Forschungsstab erwies sich als schwierige Aufgabe. Aber Wilson hielt das Unternehmen zusammen. „Haloid ist einer großen Sache auf der Spur", beliebte er zu sagen. Er hielt konzentriert und entschlossen an seinem Ziel fest, dabei war er bemerkenswert loyal gegenüber seinen Angestellten. Er lehnte es ab, jemanden, auch nur vorübergehend, zu entlassen.

Als Chef behielt er auch einen Überblick über die Forschung. „Wilson hatte die Fähigkeit, Projekte und Probleme in ihrem größeren Kontext zu sehen, vernachlässigte aber nur selten die feinen Details", schrieb ein ehemaliger Angestellter bei Xerox, Blake McKelvey, in einer unveröffentlichten Biographie über Wilson. „Nach ihren häufigen Reisen zu Battelle fertigte er ein Protokoll der diskutierten Themen, getroffenen Entscheidungen und geplanten Aktionen an oder beauftragte Dessauer damit."

Immer auf dem laufenden über die Fortschritte des Unternehmens zu sein war deshalb notwendig, weil alle größeren Firmen wie Kodak, 3M, American Photocopy Equipment und Smith-Corona Marchant Kopiergeräte entwickelten und produzierten. Aber dank der Patentstrategie von Haloid durfte keine andere Firma die Xerographie verwenden. Haloid war davon überzeugt, daß dieser entscheidende Unterschied sein Trumpf war.

Wilson setzte auf die Zukunft des Unternehmens und hielt Haloid unabhängig, statt große Firmen als Teilhaber aufzunehmen. Er wollte die Früchte schon allein ernten, wenn die Xerographie einmal Gewinne bringen sollte. Aus diesem Grund war Haloid dazu gezwungen, sich die notwendigen finanziellen Voraussetzungen mit allen möglichen Tricks zu verschaffen. 1954 bekam das Unternehmen von der Massachusetts Mutual Life Insurance Company einen Kredit in Höhe von drei Millionen Dollar, um auf dem 400.000 Quadratmeter großen Grundstück, das Haloid in Webster erworben hatte, eine neue Fabrik zu bauen. Das Gelände lag in einer ländlichen Kleinstadt, ungefähr 25 Kilometer von Rochester entfernt. Zwei Jahre später, 1956, kaufte Haloid die vier Grundpatente der Xerographie sowie die Lizenzrechte an deren Verbesserung von Battelle. Das Unternehmen bezahlte diese Transaktion mit der einzigen Währung, die es besaß: etwas Bargeld, seine Aktien und sein Versprechen. Battelle bekam 25.000 Anteile, 500.000 Dollar in bar für die nächsten drei Jahre sowie die garantierte Zusage von drei Prozent am Umsatz der Xerographie bis 1965.

Der 914 entsteht

Mitte der fünfziger Jahre war es bis zum sagenumwobenen Kopierer mit dem Namen 914, so genannt weil er Papierkopien bis zu einer Größe von neun mal 14 Inches herstellen konnte, noch ein langer Weg. Obwohl andere Produkte auf den ständig wachsenden Markt für Kopierer kamen, überstürzte Wilson nichts in bezug auf den 914, weil er wußte, daß sein Produkt perfekt sein mußte. 1958 investierte Haloid fast zwei Millionen seines Gewinns, der 27,5 Millionen Dollar betrug, in die laufende Forschung. Offiziell wurde das Unternehmen in Haloid-Xerox, Inc. umgetauft und ein vielversprechender Bericht veröffentlicht: „Im Laufe der nächsten Jahre werden wir Kopiergeräte, Vergrößerer für Mikrofilme und Computerdrucker auf den Markt bringen. Wir erwarten ständig neue Xerographie-Produkte in den nächsten Jahren." 1956 schloß die Firma eine Partnerschaft mit Rank, einem britischen Unternehmenszusammenschluß. Rank-Xerox, wie das Unternehmen danach hieß, sollte Xerographie-Produkte außerhalb Nordamerikas verkaufen. Gleichzeitig legte Wilson die Grundlagen für die Einführung des 914. Aber die Bemühungen schlugen mehrmals fehl. Als Wilson und einige Manager von Haloid einen Prototyp in London vorführen wollten, fing der Kopierer zu qualmen an und hätte fast einen Brand im Picadilly Hotel ausgelöst.

Noch während die unmittelbare Einführung des 914 angekündigt wurde, mühten sich die Wissenschaftler von Haloid weiterhin in den Labors der Firma ab. Der 914 bestand aus 1.260 Teilen, die alle im Einklang funktionieren mußten. Auf Knopfdruck sollte ein Lichtstreifen eine Vorlage ablichten und dann die Ablichtung auf eine seleniumbeschichtete Drehtrommel übertragen, die elektrostatisch aufgeladen war. Die Trommel, die nach demselben Muster wie das Bild auf dem Dokument aufgeladen wurde, drehte sich durch eine Kammer mit pulverisierter Druckerfarbe (oder Toner), die auf dem aufgeladenen Bild haften blieb. Danach preßte die Trommel das Bild aufs Papier.

Die einfache Beschreibung dieses Vorgangs hätte die Kunden für die neue Maschine kaum begeistert. Deshalb mystifizierte Wilson den 914. Bei einer Rede vor der Philadelphia Securities Association 1959 nannte Wilson die Xerographie „eine grundlegend neue Art der visuellen Kommunikation".

Der 914 schafft eine neue Industrie

Im August 1959 schickte Wilson ein Rundschreiben an seine Abteilungsleiter: „Wir stehen entweder vor unserem größten Erfolg oder unserem größten Fehler – der Einführung des 914."

Das mit äußerster Sorgfalt entwickelte Produkt kostete anfangs 29.500 Dollar – ein gewaltiger Betrag für ein Stück Büroeinrichtung. Haloid-Xerox wußte, daß bei einem solchen Preis kein Massengeschäft möglich sei, und er entschied sich deshalb zu einer Vertriebsstrategie, die das Produkt zum sicheren Erfolg führen sollte. Die Geräte wurden vermietet und nicht verkauft. Xerox legte eine Monatsgebühr von 95 Dollar fest, einschließlich 2.000 Blatt kostenlose Kopien. Die Kunden bezahlten demnach vier Cent pro Kopie, die in jedem Gerät auf einem Zähler registriert wurden. Wilson nannte die Leasingstrategie die „wichtigste Entscheidung – mit Ausnahme der Unterstützung der Xerographie selbst".

Außerdem übernahm Haloid-Xerox die Wartung des 914, der trotz jahrelanger Forschung und Tests seine Mucken hatte. Wie der Wirtschaftschronist John Brooks später schrieb: „Er mußte gefüttert und gepflegt werden. Er kann einem Angst machen, kann aber gebändigt werden. Er spielt manchmal verrückt, reagiert aber,wenn man ihn behandelt."

Der erste 914 wurde am 1. März 1960 auf einem hart umkämpften Markt plaziert. 30 Unternehmen, unter ihnen 3M und Eastman-Kodak, wetteiferten um Anteile an einem Markt, der auf 200 Millionen Dollar gestiegen war. Aber der 914 war einfacher und schneller als seine Konkurrenten und viel leichter zu bedienen. Man mußte nicht erst eine Vorlage erstellen. Die Benutzer konnten das Dokument einfach mit der Schrift nach unten auf die Glasplatte des 914 legen. Außerdem funktionierte er mit Normalpapier, während viele andere Geräte noch Spezialpapier brauchten. Der 914 war eben anders. „Was andere Kopiergeräte im Vergleich zum Kohlepapier sind, ist der 914 für andere Kopierer", verkündete eine Werbebroschüre.

Geschickte Marketingmaßnahmen wie zum Beispiel eine Präsentation im Hauptbahnhof von New York verhalfen dem Produkt zum Durchbruch. Der Umsatz des Unternehmens verdoppelte sich fast von 31 Millionen 1959 auf 59 Millionen Dollar im Jahr 1961. 1961 waren 10.000 Kopierer aufgestellt. Peter McColough, der zum Vizepräsidenten des Verkaufs aufgestiegen war, stockte schnell das Verkaufs- und Wartungspersonal auf und eröffnete neue Büros in allen Großstädten. Am 18. April 1961, nur wenige Wochen bevor die Aktien des Unternehmens an der angesehenen New Yorker Börse notiert wurden, stimmten die Aktionäre einer offiziellen Namensänderung in Xerox Corporation zu.

Im folgenden Jahr, als der Umsatz auf 176 Millionen Dollar geklettert war, berichtete *Forbes* nicht nur über die Existenz des Unternehmens, sondern schrieb auch über dessen Zukunft. „Möglicherweise handelt es sich bei Xerox nicht so sehr um ein Unternehmen als vielmehr um eine eigene Industrie." 1962 war das Geschäft mit Bürokopierern von 40 Millionen gegenüber vor zehn Jahren auf 400 Millionen Dollar gestiegen. Der 914 war, wie die *Financial World* schrieb, „der Cadillac unter den Kopierern".

Obwohl der 914 praktisch über Nacht zum Erfolg wurde, änderte sich Joe Wilson nicht. Vielmehr kam durch den Unternehmenserfolg sein persönlicher, einzigartiger Führungsstil erst richtig zur Geltung. 1961 schrieb ein Journalist der *New York Times,* der ihn bei einem Vortrag vor Wertpapieranalysten beobachtete, daß sich „Wilson eher wie ein Universitätsprofessor anhört, der fortgeschrittene Semester unterrichtet, als ein Verkäufer, der seine Verkaufsargumente vorträgt. Er zitiert ausführlich aus ‚Don Juan' von Lord Byron ... und erinnert seine Zuhörer an die vielfältigen Erkenntnisse von Dostojewski und Montaigne".

Viele Unternehmenschefs hätten sich zufrieden zurückgelehnt und den Erfolg ihres Produkts beobachtet. Nicht so Wilson. „Unser Geschäft enthält unendlich viele Möglichkeiten, weil wir alle Branchen, alle Berufsgruppen und jede Art von Unternehmen beliefern", meinte er. Tatsächlich hielt sich das Unternehmen selbst für seinen größten Konkurrenten. „Unsere Philosophie ist es, daß keine Produktlinie eines Unternehmens, auch nicht unsere, ewig existiert", sagte Peter McColough. „Wir glauben, daß wir selbst unsere Produkte erneuern müssen und es keinem anderen überlassen dürfen."

Sogar als der 914 weitgehend akzeptiert wurde, arbeiteten die Wissenschaftler von Xerox an einem Ersatz. Die nächste Karte, die Xerox in dem Kopierpoker spielte, war der 813 – dieser

konnte Kopien der Größe von acht mal 13 Inches machen. Das
Gerät, dessen Entwicklungskosten sich auf 20 Millionen Dollar
beliefen, war kleiner als der 914. Beim 813, der viel teurer als
der 914 war, verwendete Xerox im wesentlichen dieselben
Technologien und Verfahren wie beim erfolgreichen 914, ver-
kleinerte allerdings die Teile so, daß das Gerät auf einen
Schreibtisch paßte.

Trotz der Einführung neuer Produkte wie des Modells 813,
das ebenfalls vermietet wurde, brachte der relativ günstige und
erschwingliche 914 weiterhin den meisten Umsatz. Mit seiner
Hilfe entwickelte sich das Unternehmen zu einem der größten
des Landes. Aber in der Chefetage bei Xerox verhielt man sich
nicht wie in anderen Spitzenunternehmen. „Anders als bei anderen 500-Millionen-Dollar-Unternehmen wird Xerox weiterhin
von risikofreudigen Unternehmern geführt, die das Unternehmen
fast aus dem Nichts heraus aufgebaut haben," schrieb *Forbes*
1965. Joe Wilson blieb bis 1968 am Ruder und war immer darum bemüht, sein Unternehmen neue, andere Wege gehen zu
lassen. Er kannte fast alle seine Mitarbeiter mit Vornamen und
verbrachte um Weihnachten herum einen ganzen Tag damit,
jedem Arbeiter von Xerox die Hand zu schütteln.

1964 zitierte er in einer Ansprache vor Vertretern der Stadt
Rochester Robert Frost, und dieses Zitat brachte seinen Managementstil genau auf den Punkt: „Zwei Wege trennen sich in einem Wald, und ich, ich gehe den, der am wenigsten benutzt
wird. Und das ist der ganze Unterschied." Mit derselben Philosophie führte er die Xerographie zu einem kommerziellen Erfolg. Wilson hatte eine Vision. „Die Unternehmer müssen damit
aufhören, sich nur als Verkäufer zu sehen, und damit anfangen,
sich als Menschen zu verhalten, die an den Dingen und Themen
der Menschheit genauso interessiert sind wie Lehrer, Wissenschaftler oder Sozialarbeiter", forderte er. Wilson spielte eine
zentrale Rolle in lokalen Organisationen wie der University of
Rochester (einem frühen Investor von Haloid) und verwandelte
Xerox in ein soziales Unternehmensmodell. Wilson und andere
Topmanager der Firma diskutierten soziale Verbesserungen. Das

Unternehmen gab seinen Mitarbeitern auch bezahlten Urlaub für die freiwillige Mitarbeit in sozialen Bereichen.

Durch Kundenservice und Forschung an die Spitze

Wilson hätte es sich nicht leisten können, derart verständnisvoll und human zu sein, wenn er sich nicht auch in dem gesunden und erfolgreichen Unternehmen, das er aufgebaut hatte, so verhalten hätte. 1965 beschäftigte Xerox 4.000 Vertreter in 48 Städten, die eng mit der Zentrale und dem Wartungspersonal zusammenarbeiteten, um die Kunden zufriedenzustellen. Damit die Außendienstvertreter auch einen Anreiz hatten, den Kontakt mit dem Kunden zu pflegen, legte das Unternehmen fest, daß jedem eine feste Provision sowie ein prozentualer Anteil an der Jahresmietgebühr zustand. Außerdem gab es im Unternehmen so etwas wie eine Gewinnbeteiligung. 1965 kostete die Herstellung eines Kopierers ungefähr 2.400 Dollar. Damals zahlten die Kunden nur 25 Dollar monatliche Mietgebühr plus vier Cent pro Kopie bei einem Minimum von 2.000 Kopien. Da der Durchschnittsbenutzer ungefähr 8.000 Kopien monatlich anfertigte und Xerox das Papier sowie anderes Zubehör an die Kunden lieferte, machte das Unternehmen mit jedem aufgestellten Kopierer einen geschätzten Jahresumsatz von 4.500 Dollar.

Kundenzufriedenheit stand immer an oberster Stelle; der Erfolg von Xerox lockte potentielle Konkurrenten wie Pitney-Bowes, Litton Industries und Olivetti Underwood an. Mitte der sechziger Jahre befanden sich insgesamt 40 Unternehmen mit Kopierern auf dem Büromaschinenmarkt. Aber deren Geräte waren eben nicht so effizient wie der 914. 1965 befanden sich 60.000 Kopierer vom Typ 914 in zahllosen Büros, die 62 Prozent des Umsatzes in Höhe von 392,6 Millionen Dollar ausmachten. Im darauffolgenden Jahr, als der Umsatz die Spitze von 500 Millionen Dollar erreichte, hielt Xerox 61 Prozent des

Marktes für Kopierer – eine erstaunliche Zahl angesichts der großen Anzahl der Konkurrenten.

Wilson paßte sich ständig an die Veränderung des Marktes an. Er und Dessauer kannten die Konkurrenz und bewilligten weiterhin große Forschungssummen. Wie Sol Linowitz 1965 sagte: „Die Patente sind unser Kernstück und nicht einfach nur ein Anhängsel." 1966, als das Unternehmen sein 500. US-Patent für Xerographie-Produkte erhielt, wurden 40 Millionen Dollar des Jahresumsatzes von 500 Millionen Dollar in die Forschung investiert, und das zahlte sich aus. 1965 führte Xerox sein leistungsstarkes Modell 2400 ein (das 2.400 Kopien pro Stunde anfertigen konnte). Dieses Modell wurde wie der 914 vermietet und nicht verkauft. Die Kopien wurden gestaffelt verkauft, wobei die Kosten für eine Kopie schließlich auf einen halben Cent fielen.

Xerox war ein kulturelles Phänomen. Als die geschätzte Zahl der Kopien in den Vereinigten Staaten von 20 Millionen Mitte der fünfziger Jahre auf 14 Milliarden im Jahr 1966 anstieg, wurden die Begriffe „Xerox" und „Kopie" synonym. Billige und gute Kopien sorgten für eine schnelle Informationsverbreitung. Aber als der Kopierer schon längst die Kommunikation radikal verändert hatte, sorgte die Maschine in bestimmten Bereichen für Angst und Ablehnung. „Die Xerographie führt zu einem Terrorregime in der Verlagslandschaft, weil jeder Leser Autor und Verleger werden kann", schrieb der Medienkritiker Marshall McLuhan 1966.

Dennoch blieb Xerox weiterhin auf Expansionskurs. 1967 wurden die Arbeiten am Xerox Square, einem 30stöckigen Bürokomplex mitten in Rochester fertiggestellt. Zwischen 1960 und 1970 konnte sich Xerox einer jährlichen Steigerungsrate von 47 Prozent pro Aktie rühmen. Im selben Zeitraum stieg der Aktienwert um das 66fache gegenüber seinem Preis von 1960. Mit seinem Erfolg entstand eine ganze Klasse von „Xerox-Millionären". Nicht alle waren jedoch Manager des Unternehmens. 1942 investierte ein Taxifahrer aus Rochester 1.000 Dollar in Haloid. 30 Jahre später war sein Anteil mehr als zwei Millionen Dollar wert. 1969 zählte Xerox 38.000 Angestellte, der Gesamtaktienwert betrug 8,2 Milliarden Dollar. Praktisch den gesamten Anstieg des Aktienwertes kann man dem Modell 914 zuschreiben.

Ein Kampf zur Wiederholung des früheren Erfolgs

Wilson war klar, daß die guten Zeiten nicht für immer andauern würden. Wenn Xerox mit derselben Geschwindigkeit wie seit 1960 weiter wachsen würde, dann müßte der Umsatz in nur wenigen Jahrzehnten das amerikanische Bruttosozialprodukt übersteigen. Auf der Jahreskonferenz 1966 verkündete Wilson: „Unsere Zukunft hängt heute davon ab, was wir in anderen Bereichen als den Kopierern unternehmen."

Xerox hatte bereits 1962 in andere Geschäftsbereiche investiert und durch den Kauf der University Microfilms Inc. den Ausbildungsbereich erschlossen. In den folgenden Jahren fügte das Unternehmen seiner Holding einige gewinnträchtige Lehrbuchverlage zu. Aber erst Peter McColough schipperte das Unternehmen in unbekannte Gewässer. Er übernahm den Vorstandsvorsitz, als Joseph Wilson 1968 zurücktrat, und versuchte, das jetzt etablierte Unternehmen in verschiedene neue Richtungen zu lenken. Er verlegte die Zentrale von Rochester, New York, nach Stamford, Connecticut, weil er der Meinung war, daß die Unternehmenszentrale näher an New York – der Technologie- und Finanzmetropole des Landes – angesiedelt sein sollte.

Als IBM mit der Entwicklung eines kommerziellen Kopierers anfing, entschied sich McColough dummerweise zum Angriff auf die Heimatdomäne von Big Blue: Computer. Statt mit der erfolgreichen, aber mühsamen Entwicklung des 914 weiterzumachen, wollte McColough den einfacheren Weg gehen und eine bereits existierende Firma kaufen. 1969 erwarb Xerox die

Scientific Data Systems (SDS), einen Hersteller von Großrechnern mit einem Bestand von 900 Millionen Dollar. Aber die besten Tage von SDS waren vorbei; Xerox machte sechs Jahre später SDS dicht und mußte die gesamte Investition als Verlust abschreiben. McColough baute auch ein Forschungszentrum in Silicon Valley in Kalifornien auf, um neue Computertechnologien zu entwickeln. Mitte der siebziger Jahre entwickelten die dort versammelten Computerspezialisten das, was einer der ersten Personalcomputer hätte werden können. Aber die Manager in der Zentrale entschieden sich gegen die Einführung der Maschine und verpaßten damit eine entscheidende Gelegenheit. Was sie preisgaben, enthielt die Grundlagen für den späteren Macintosh von Apple.

Neben den Mißerfolgen in diesen neuen Bereichen erlebte Xerox auch harte Zeiten in seinem Kerngeschäft. Sein Kopierer der nächsten Generation, das Modell 9200, wurde mit Entwicklungskosten von 300 Millionen Dollar fertiggestellt und kam 1971 auf den Markt. Aber dieses Mal war das Produkt von Xerox nicht ein Deut besser als die neuen Produkte seiner Konkurrenz. Die Umsatzzahlen waren enttäuschend. Dennoch beschuldigte die Federal Trade Commission (FTC) – die über die Einhaltung des Wettbewerbsrechts wacht – Xerox illegaler Monopolbildung im Bereich der Bürokopierer. Laut FTC hielt Xerox 86 Prozent des Weltmarktes für Bürokopierer mit einem Umsatz von 1,1 Milliarden Dollar. Das Unternehmen prozessierte drei Jahre lang gegen die Beschuldigung und erzielte schließlich einen Vergleich. Die Beschuldigung der FTC entbehrte angesichts dessen, wie japanische Unternehmen wie Canon, Minolta, Ricoh und Sharp den amerikanischen Markt mit hochwertigen und preiswerten Bürokopierern in den siebziger Jahren überschwemmten, jeglicher Grundlage. Diese Importe hatten einen solchen Erfolg, daß 1982 der Anteil von Xerox am weltweiten Kopiererumsatz auf 41 Prozent sank.

David Kearns übernahm 1977 das Ruder bei Xerox und versuchte ein Comeback. Er konzentrierte sich auf das Kerngeschäft der Kopierer und zog sich von der Computerbranche zurück. Das kränkelnde Unternehmen erkämpfte sich wieder einen ansehnlichen Marktanteil. Heute ist Xerox wieder stark im Kopierergeschäft vertreten. 1994 machte das Unternehmen 17,8 Milliarden Dollar Umsatz, wobei 15,1 Milliarden aus Geschäftsbereichen stammen, die etwas mit der Dokumentverarbeitung zu tun haben. Die Technologie, die Chester Carlson in einer Wohnung in Queens entwickelt hatte, bringt heute dem Unternehmen einen Umsatz in der Größe des Bruttosozialprodukts von Guatemala.

Ein teures Produkt wird erschwinglich

Die Entscheidung von Xerox zum Leasing statt zum Verkauf des 914 war ebenso begrüßt worden wie sie umstritten war. Einige Manager des Unternehmens waren der Meinung, daß ein Verkauf der Maschine zu einem Einzelhandelspreis von 29.500 Dollar dem kapitalschwachen Unternehmen große Gewinne eingebracht hätte. Aber Joseph Wilson dachte in der Regel langfristiger. Er hatte den Erfolg anderer Unternehmen wie IBM beobachtet, die Büromaschinen vermieteten, und ihm war klar, daß alle kurzfristigen Umsatzsteigerungen mit einer langsameren Wachstumsrate einhergingen. Die Zukunft zeigte, daß er mit seiner intuitiven Prognose richtig lag. Die Preispolitik führte dazu, daß sich die Maschinen schnell in Groß- und Kleinunternehmen etablierten, und machte den 914 zu einem Muß für jedes Büro.

Außerdem konnte Xerox von den günstigen Steuerbestimmungen profitieren. Das Steuerrecht erlaubte es Unternehmen, ihre Maschinen und Büroausstattungen abzuschreiben. Da Xerox im Besitz aller produzierten Maschinen blieb, konnte das Unternehmen sämtliche Produktionskosten abschreiben.

Diese Strategie erwies sich als gewinnbringend. Tausende von Xerox-Kopierern wurden in den sechziger Jahren an Kunden vermietet. Xerox konnte so jährlich einen bestimmten Prozentsatz vom Gesamtwert jeder Maschine von seinem zu versteuernden Gewinn abziehen. 1967, als schätzungsweise 190.000 Xerox-Kopierer im Einsatz waren, wies das Unternehmen 239 Millionen Dollar an Mieteigentum und entsprechende Bestände in seiner Bilanz aus. Xerox konnte dadurch seinen zu versteuernden Gewinn wesentlich senken und seinen Cash-flow erhöhen, wodurch das Unternehmen noch mehr Geld in Forschung und neue Produkte stecken konnte.

Howard Clark, Vorstandschef von American Express

11.
American Express
und die Kreditkarte

An Tankstellen, in Restaurants und an Flugschaltern hören die Kunden auf der ganzen Welt immer dieselbe Frage: „Bar oder per Kreditkarte?" Diese Frage hörte man vor 50 Jahren noch sehr selten, aber heute stehen wir kurz vor einer bargeldlosen Gesellschaft. Verbraucher und Unternehmen bezahlen regelmäßig Waren und Dienstleistungen in Milliardenhöhe, ohne daß auch nur eine Münze den Besitzer wechselt. Das Produkt, das zu dieser Veränderung führte, heißt American Express Card beziehungsweise, um mit den Worten von *Forbes* zu sprechen: „Das Zauberkunststück, das Ende des 20. Jahrhunderts Schecks, Bargeld und Kreditkonten überflüssig machte."

Die American Express Card ging – wie übrigens auch jede andere Kreditkarte – aus der größten Erfindung des Unternehmens hervor, dem Reisescheck, der 1891 zum ersten Mal auf den Markt gelangte. Mit einem American-Express-Reisescheck bekam jeder Tourist in kürzester Zeit in Rotterdam, Rom oder Adelaide Bargeld. Ein vollkommen neues Konzept – man verkaufte den Menschen Vertrauen als Kredit. Diese Pioniertat fand große Resonanz. Seitdem beherrscht American

Express dieses Finanzkonzept wie kein zweites Unternehmen.

American Express bemühte sich stets darum, das Vertrauen der Kunden zu stärken. Zum Beispiel wurden alle Mitarbeiter der weltweiten Büros angewiesen, jedem Reisenden in Schwierigkeiten zu helfen. Aufgrund der großen Akzeptanz und seiner Kompetenz entwickelte sich das Unternehmen zum größten Reiseveranstalter der Vereinigten Staaten. Mit seinen weltweiten Beziehungen und fundierten Finanzkenntnissen hatte das Unternehmen bereits einen guten Ruf, als es 1958 das damals neue Gebiet der Kreditkarten betrat.

Teil der Unternehmenskultur von American Express war seit seiner Gründung 1850 ein sehr zurückhaltendes, sogar nüchternes Auftreten. Von wenigen Ausnahmen waren die Chefs damit zufrieden, im Hintergrund zu stehen – hinter einem Namen, der für Kompetenz und Vertrauenswürdigkeit stand. Die Manager von American Express während der ersten 100 Jahre waren derart konservativ, daß viele Innovationen ungewollt eintraten oder nicht einmal bewilligt worden waren. Gleichzeitig legte das Unternehmen reichliche Bargeldreserven beiseite, wachte über sein Kerngeschäft und verfolgte in seiner Geschäftspolitik einen sicheren Kurs in guten wie in schlechten Zeiten. Mit einem standfesten Management und der Einstellung „Sicherheit zuerst" in allen Finanzfragen konnte 1950 die Einhundertjahrfeier des Unternehmens stattfinden. Aber um ein Haar wäre der Einstieg in das Kreditkartengeschäft, das sich zur wichtigsten Ertragsquelle des Unternehmens entwickeln sollte, mißlungen.

Das Durchhaltevermögen von American Express ist, wie *Forbes* es 1989 ausdrückte, darauf zurückzuführen, daß „kurz gesagt eine Kreditkarte nicht einfach nur ein Gebrauchsgegenstand ist, (sondern) etwas über ihren Inhaber aussagt". Das Unternehmen hat es verstanden, die Karte nicht nur als lästiges Finanzaccessoire anzusehen, sondern als ein eigenständiges Statussymbol persönlicher finanzieller Möglichkeiten.

Ein Großzusteller wird Reiseveranstalter

American Express ging 1850 als Kompromißlösung eines erbitterten Streits zwischen Expreßgutfirmen in New York hervor. Das Expreßgutgeschäft entstand in den vierziger Jahren des 19. Jahrhunderts im Zuge technischer Verbesserungen im Transport- und Logistikwesen. Ein ähnlicher Vorgang wiederholte sich mit Federal Express in den siebziger Jahren unseres Jahrhunderts. In beiden Fällen hatten diese Dienstleistungsunternehmen Erfolg mit der schnellen, korrekten Zustellung von Transportgütern aller Art an Privatpersonen und Unternehmen. Diese waren gern bereit, für einen schnelleren und zuverlässigeren Service als den des U.S. Postal Service mehr zu bezahlen.

Henry Wells hatte seine Expreßgutfirma Wells & Company in den vierziger Jahren aufgebaut. Er profitierte mit seiner Firma von einer neuen, gerade fertiggestellten Eisenbahnverbindung zwischen Albany und Buffalo. Er war eine achtbare, liebenswerte Persönlichkeit und ein Humanist (er gründete später eines der ersten Colleges für Mädchen, das Wells College im Staate New York). 1842 unterbreitete er einem Eisenbahnfrachtagenten, der William G. Fargo hieß, das Angebot, in seine Firma einzutreten. Die beiden stritten sich oft. Die persönlichen Differenzen hinderten sie aber nicht daran, eine Reihe neuer Unternehmen zu gründen. Eins trägt einen der bekanntesten und berühmtesten Namen amerikanischer Unternehmergeschichte: Wells Fargo & Company.

Beide Firmenchefs teilten die Meinung, daß mit der Besiedlung Amerikas auch der Bedarf an Verkehrsverbindungen wachsen würde. Fargo hatte den Expreßgutservice bereits bis nach Chicago ausgeweitet. Ein anderer, aus dem nördlichen Teil des Staates New York kommender raffinierter Geschäftemacher, John Butterfield, war mit seinem Netz von Postkutschenlinien zu einer ernsthaften Konkurrenz geworden. Trotz erbitterter Rivalität zwischen beiden Firmen konnte keiner den anderen besiegen. Alle Beteiligten mußten die bittere Wahrheit verkraften, daß es besser war, ihre Firmen zusammenzulegen, bevor sie sich gegenseitig aus dem Geschäft katapultierten.

1850 trafen sich Henry Wells, John Butterfield, William Fargo, William und John Livingston, James Wasson sowie der Anwalt James McKay in Buffalo, New York, um über die Fusionsbedingungen zu verhandeln. Tage später kamen sie endlich zu einer Einigung und gründeten ein neues Unternehmen – die American Express Company. Der Vertrag hatte jedoch einen Haken: Eine Vertragsklausel legte ausdrücklich fest, daß das Unternehmen sich automatisch nach zehn Jahren auflöst.

Zehn Jahre lang beobachteten sich die Partner mit eifersüchtigen, mißtrauischen Argusaugen. Kein Partner unterstützte den anderen. Als Wells und Fargo eine Ausweitung der Fuhrgeschäfte nach Kalifornien vorschlugen, war Butterfield natürlich dagegen. Wells und Fargo waren sich allerdings einig, daß man sich dieses Geschäft nicht einfach entgehen lassen sollte. Und so wurde 1852 die Wells Fargo & Company als eigenständige Tochtergesellschaft der American Express gegründet. Der Ponyexpreß und ihr solides Bankenwesen machten die Firma im Westen Amerikas weithin bekannt und berühmt.

Die Spannungen im Vorstand von American Express führten zu Differenzen in der Unternehmensführung, die innerbetriebliche Atmosphäre war von gegenseitigem Mißtrauen geprägt. Trotz dieser Probleme arbeitete die Firma nach außen hin weiter verläßlich und professionell korrekt – ein Unternehmen, das im 19. Jahrhundert einen klangvollen Namen etablieren konnte.

Die Unternehmenszentrale in Buffalo, später in New York, spann ihr Firmennetz entlang der Eisenbahnlinien über die gesamten Vereinigten Staaten. Ausnahmen bildeten New England und auch ein paar andere Plätze, die von anderen Wettbewerbern beansprucht wurden.

Nach zehn Jahren verdiente die Firma so viel, daß die verfeindeten Partner schließlich einer wichtigen Entscheidung zustimmten: Sie wollten das Unternehmen nicht mehr auflösen, wie es ursprünglich im Gründungsvertrag festgeschrieben war. Sie fanden einen Weg, um diese Auflösungsklausel zu umgehen: Sie verkauften den kompletten Unternehmensbesitz, behielten aber den Namen. Mit diesem Namen gründeten sie eine neue Firma. 1880 unterhielt American Express bereits mehr als 4.000 Büros in 19 Staaten. Die Kunden konnten vertrauensvoll ihre Pakete, Briefe oder Kuverts mit Bargeld verschicken.

Ein Konkurrent kam überraschenderweise 1864 mit einem neuen Dienstleistungsangebot auf den Markt: Das U.S. Post Office bot den ersten bargeldlosen Zahlungsverkehr an: die Geldanweisung. 1881 wurde William Fargos Bruder J.C. zum Präsidenten der American Express Company ernannt. Er war ein leicht reizbarer Mensch, der seine eigenen Ziele verfolgte; so dachte er zunächst nicht im geringsten daran, Geldanweisungen auszustellen, weil man sie leicht fälschen konnte. Als ein brillanter Angestellter namens Marcellus Berry eine Möglichkeit fand, wie man fälschungssichere Schecks herstellen konnte, bot American Express eigene Geldüberweisungen zu einer etwas geringeren Gebühr als das U.S. Post Office an. Danach wagte das Unternehmen seinen ersten Vorstoß in Richtung Internationalisierung. Firmen wie Kidder, Peabody & Company sowie Baring Brothers gewann man als Vertragspartner, um die Auszahlungsanweisungen von American Express bei ausländischen Banken sicherzustellen.

Ende der achtziger Jahre machte J.C. Fargo eine Europareise. Er reiste mit einem Kreditbrief einer größeren amerikanischen Bank. Ein „Kreditbrief" war so etwas wie ein Sparbuch, auf das bestimmte Banken im Ausland an den Kreditbriefinhaber Bargeld auszahlten. Die abgehobene Summe und der verbliebene Restbetrag wurden in das Buch eingetragen. Aber diese Kreditbriefe waren ein Ärgernis, sogar für Fargo. „Ich hatte eine Menge Ärger damit, auf meine Kreditbriefe Bargeld ausgezahlt zu bekommen", beklagte sich J.C. nach seiner Rückkehr bei Marcellus Berry. „Sobald ich mich etwas abseits von der Route bewegte, waren sie nicht mehr wert als ein Stück Papier. Wenn der Präsident von American Express schon solche Probleme hat, welche Schwierigkeiten muß dann erst der einfache Reisende haben. Hier muß unbedingt etwas passieren."

Dieses „Etwas passieren" erwies sich nach Fertigstellung als ein langlebiges Produkt und war der erste Schritt in eine bargeldlose Gesellschaft: der Reisescheck. Marcellus Berrys damaliger Entwurf besitzt auch heute noch Gültigkeit, er ist fast identisch mit dem heutigen. Die Schecks erhielt man in Höhen von 100, 50, 20 und zehn Dollar. Aus Sicherheitsgründen unterzeichneten die Käufer oben links bei der Scheckausstellung und unterschrieben wieder, wenn der Scheck in einem Büro von American Express oder bei einer Auslandsbank eingelöst wurde. Ein wesentlicher Unterschied zwischen dem Scheck des 19. Jahrhunderts und seiner heutigen Ausgabe besteht darin, daß die Schecks eine Umrechnungstabelle für die damals stabilen Wechselkurse enthielten, für die American Express die volle Garantie übernahm.

Das Reisescheck-Geschäft entwickelte sich nur langsam: Das Unternehmen verkaufte 1891 nur 248 Stück (mit einem Gesamtwert von 9.120 Dollar). Das Konzept hatte verschiedene Schwächen, weil die Schecks nur in den wenigen American-Express-Büros eingelöst werden konnten. Die Firma löste dieses Problem über Einzelverträge mit Hotels und Banken, die diese Schecks dann auch in Zahlung nahmen. Als 1892 der Scheckverkauf auf 483.490 Dollar anstieg, veröffentlichte American Express eine Liste aller Institutionen, die ihre Schecks akzeptierten. 1909 war der Umsatz auf 23 Millionen Dollar gestiegen.

In den letzten 100 Jahren wurde viel Geld damit verdient, Konsumartikel der Oberschicht der Mittelschicht zugänglich zu machen. American Express gab mit dem ersten Reisescheck einen miniaturisierten Kreditbrief zum Preis von zehn Dollar plus Gebühr aus, mit dem zu jedem Zeitpunkt eine weltweite Sicherheit gegeben war.

Als oberster Boß des gesamten Unternehmens machte J.C. Fargo keinen Hehl aus seiner Vorliebe fürs reine Transportgeschäft, bargeldlose Hexerei war ihm suspekt. Der Reisescheck entwickelte sich jedoch zu einem lukrativen Geschäft. Ein einzigartiges Produkt, dieser Scheck, der nicht nur Bargeld einbrachte, sondern ebenso beachtliche Mengen Bargeld in die Filialen fließen ließ. Alle, die Reiseschecks kauften, aber nie einlösten, sponserten mit ihrem Geld die American Express Company. Auch diejenigen, die Schecks kauften, aber erst später einlösten, gaben der Firma so einen kostenlosen Kredit. Als diese Bargeldpools immer größer wurden, verfügte American Express durch Verkauf der Reiseschecks über entsprechende Bargeldreserven. Fargo perfektionierte zwar die geschäftlichen Abläufe, aber als einige Manager den Vorschlag machten, daß die Firma ihre weltweiten Kontakte zum Aufbau eines Reiseunternehmens nutzen sollte (in direkter Konkurrenz zu Thomas Cook & Son aus Großbritannien), erhob Fargo Einwände. Für ihn war und blieb American Express ein Dienstleistungsunternehmen mit den Schwerpunkten Finanzen und Transport.

Im Vergleich zu anderen Unternehmen befand sich American Express in ständiger Expansion. Überall, wo die Amerikaner hinreisten, grüßte sie ein freundliches Hinweisschild der Firma, sei es an einer abgelegenen Grenze oder auf den fernen Boulevards der Hauptstädte Europas. Die speziellen Produkte und Dienstleistungen des Unternehmens konnten sich ändern, ohne sich von den unternehmerischen Wurzeln zu entfernen.

Nachdem J.C.Fargo in Ruhestand gegangen war, weitete das Unternehmen sein Dienstleistungsangebot aus. 1915 gründete American Express schließlich seinen Touristenservice. „Wenn Sie Tickets an einen Reisenden verkaufen, dann können Sie nicht einfach nur mit einem Blumenstrauß zum Schiff gehen und ‚Auf Wiedersehen' sagen", sagte Frederick Small, der 1923 die Geschäfte in die Hand nahm. „Er muß auf seiner ganzen Reise betreut werden."

Das Unternehmen bot Reisebuchungen an, arrangierte Überseereisen, außerdem konnte man in den in- und ausländischen American-Express-Büros Geld wechseln. Schnell wurde die Firma zum größten Reiseveranstalter.

Während des Zweiten Weltkriegs existierte faktisch kein Reisegeschäft, die meisten europäischen Büros wurden geschlossen. Aber American Express überstand die schwierigen Zeiten aufgrund der Stabilität der Schecks. Amerikanische Soldaten kauften diese Schecks in großen Mengen. Mitten im Krieg übertrug Small die Geschäfte an seinen Vertrauten, Ralph Reed, einen Absolventen von Wharton, der 1919 als Assistent des Leiters des Rechnungswesens bei American Express angefangen hatte. Reed war durch und durch von American Express geprägt und hochmotiviert. Der Historiker Peter Z. Grossmann: „Er war wie Small davon überzeugt, daß American Express nicht einfach nur ein Unternehmen war, sondern eine Familie – so entschuldigte er alles, außer Illoyalität." Reed führte zum Ende seiner 16jährigen Amtszeit nur sehr widerstrebend die American Express Card ein.

Nach dem Krieg baute American Express einen Großteil seines Reiseservicenetzes wieder auf. Man wollte am wiederbelebten Touristikmarkt beteiligt sein. In den fünfziger Jahren stieg die bis dahin verständlicherweise verhaltene Nachfrage nach Europareisen wieder drastisch an, die durch einen starken Dollar und wachsenden Wohlstand Amerikas forciert wurde. American-Express-Büros gewannen bei den Reisenden wieder ihren alten Status als „Heimat in der Fremde" zurück. Das Pariser Büro in der Rue Scribe 11 konnte täglich bis zu 12.000 Touristen verzeichnen, die sich Post abholten, um Rat fragten, Züge oder Reisen buchten und Reiseschecks einlösten. American Express war ein Riesenerfolg, und der Bruttoertrag verfünffachte sich zwischen 1945 und 1957, als American Express einen Gewinn von 6,9 Millionen bei einem Umsatz von 54,7 Millionen Dollar erzielte.

American Express beobachtet die wachsende Kreditkartenbranche

Die Kundenkreditkarte war Anfang der fünfziger Jahre keine neue Erfindung, aber sie kam in neuem Gewand auf den Markt und führte bei den Managern von American Express zu großer Beunruhigung. Kreditkarten wurden zum ersten Mal 1914 von Einzelhandelsunternehmen ausgegeben, wenn man den Ausführungen über die Geschichte der Kreditkarte von Lewis Mandell Glauben schenken darf. Obwohl sie damals im Einzelhandel vor allem der Bequemlichkeit der Großkunden diente, war schon bald klar, daß solche Karten für jedermann nützlich sein konnten. In den vierziger Jahren boten Kaufhäuser wie Gimbel's eigene Kreditkarten mit einem revolvierenden Kredit an. Die Kunden konnten damit Waren einkaufen, sie mußten aber Sollzinsen für ihre ausstehenden Rechnungen bezahlen. Auch Restaurants und Tankstellen boten solche Kreditkarten an. Die ersten Kreditkarten konnten aber meist nur in einem bestimmten Kaufhaus oder einer einzelnen Kette benutzt werden.

1950 brachten die beiden Geschäftsleute Frank McNamara und Ralph Schneider die Diners-Club-Karte auf den Markt, die erste „Travel and Entertainment"-Card. Für einen jährlichen Mitgliedsbeitrag von drei Dollar erhielten die Mitglieder eine Karte. Damit konnten die Kunden ihre Rechnungen in Restaurants bezahlen, die fünf bis zehn Prozent des Rechnungsbetrags an Diners Club abführten. Dieser Prozentsatz wurde als „Handelsprovision" bekannt. Obwohl dieses Arrangement geringere Gewinne bei mit Karte bezahlten Rechnungen bedeutete, gingen viele Restaurantbesitzer auf diesen Vorschlag ein, weil sie sich davon trotz allem eine Umsatzsteigerung versprachen. Mit Diners Club positionierten sich McNamara und Schneider am Markt als Vermittler zwischen Restaurantbesitzern und Gästen. Sie garantierten den Restaurants die Zahlung der Rechnung und kassierten von den Kartenbesitzern.

Letztlich folgte American Express bei der Einführung seiner eigenen Kreditkarte dem Modell von Diners Club. Bereits 1946 legten Manager von American Express einen Plan für ein finanziell sehr konservatives Konzept vor; nach diesem sollten die Kunden Geld einzahlen und dann mit der Karte das Konto zur Verfügung haben. (Heute läuft dieses Kreditmodell unter dem Namen „Debit Card".) Reed lehnte ab und versuchte lange, diese Produkteinführung zu verhindern.

Für Ralph Reed war und blieb American Express ein Reiseunternehmen, und zwar das beste der Welt. Jedes Jahr buchten immer mehr Amerikaner ihre Reisen bei American Express und sicherten sich durch Reiseschecks von American Express ab. Reed, selbst ein typischer amerikanischer Globetrotter, kannte die Vorteile aus erster Hand. Er war genau das, was J.C. Fargo immer verachtet hatte: ein Mann einfacher Abstammung – ein Controller auf Urlaub, der jedes Jahr eine Europareise machte, um den Leuten zu Hause zu zeigen, wie einfach es war, sich unter die Großen der Welt zu mischen. Er verhielt sich durch und durch wie ein Tourist, allerdings mit einer Ausnahme: Die Presse berichtete immer ausführlich über Reeds Reisen.

Das Thema Kreditkarte kam nicht vom Tisch. In den fünfziger Jahren gehörte ein „Leben auf Pump" – wie der Gebrauch von Kreditkarten genannt wurde – mehr oder weniger schon zum Alltag. Die Kreditkarten paßten perfekt in die wachsende Wirtschaftslandschaft, weil sie den Amerikanern den Ratenkauf langlebiger Konsumgüter ermöglichten. Und für die zunehmend wohlhabendere Bevölkerung Amerikas waren Kreditkarten besonders praktisch auf Reisen. Die American Hotel Association gab eine Kreditkarte aus, die man bei allen angeschlossenen Hotels verwenden konnte, so wie es Avis und Hertz mit ihren Autovermietungen auch machten. Die Zeitschriften *Gourmet* und *Esquire* brachten ebenfalls Kreditkarten heraus, mit denen man in bestimmten Restaurants bezahlen konnte. Im November 1955 wurde Diners Club schon an der Börse notiert. Man zählte damals schon 200.000 Mitglieder, deren jährliche Restaurantrechnungen sich auf 20 Millionen Dollar beliefen.

Ralph Reed verhielt sich trotz des Erfolgs von Diners Club und dessen Nachahmern weiter zurückhaltend. Tatsächlich lehnte Reed 1956 die sich bietende Gelegenheit zur Übernahme von Diners Club ab.

Nachdem Reed allerdings die betrieblichen Verhältnisse von Diners Club genauer studiert hatte, wurde ihm klar, daß dessen Gründer zweifellos einigen Erfolg zu verbuchen hatten. Reed wies seinen stellvertretenden Vizepräsidenten Howard Clark an, „genau auszuarbeiten, wie American Express in den neuen Geschäftsbereich der Kreditkarten einsteigen könnte". Clark beauftragte daraufhin die Beratungsfirma Robert Heller & Associates mit der Durchführung einer Projektstudie. Und als Heller im Oktober 1956 davor warnte, daß die Karte „in der nahen Zukunft eine deutlich negative Auswirkung auf die Reiseschecks" haben könnte, versetzten seine Berater damit dem Unternehmen einen Tiefschlag.

Deutliche Anzeichen am Markt sprachen dafür, daß andere Kreditkartenunternehmen bereits Anteile an dem eigenen Markt für Reiseschecks erobert hatten. 1957 drängte Harry Hill, der Leiter eines Pariser Büros von American Express, die Zentrale dazu, schnell zu handeln.

„Ich möchte nachdrücklich darauf hinweisen, daß ich das Gefühl habe, daß in New York etwas unternommen werden muß, damit wir am Ball bleiben", schrieb er. „Immer mehr Menschen haben im Ausland ihre Diners-Club-Karte dabei, und wir verlieren weiter an Boden."

Aufgrund solcher Appelle konnte sich Reed schließlich doch noch zu der Entscheidung durchringen, das gesamte Know-how des Unternehmens buchstäblich auf eine Karte zu setzen. „Wir sollten wahrscheinlich mitmachen, solange die

Karteninhaber kreditwürdig sind", sagte er auf einer Konferenz im Dezember 1957, als sich das Unternehmen schließlich zu einem Konzept nach dem Vorbild von Diners Club entschieden hatte.

Ralph Reed hatte kein Interesse daran, ein neues Produkt aus dem Boden zu stampfen. Das hätte das Risiko insgesamt erhöht. Er wollte statt dessen bereits bestehende Unternehmen aufkaufen. Der erste Kauf war das Kreditkartengeschäft der American Hotel Association, die über 150.000 Mitglieder verfügte. Ebenfalls verleibte Reed sich die 40.000 Kartenbesitzer von Gourmet ein. Als nächstes setzte das Unternehmen das ein, worüber die Konkurrenten nicht verfügten: seinen ehrwürdigen Namen und seine Erfahrung. Als erstes wurde eine Marketingkampagne gestartet, die sich ganz eng am Namen American Express anlehnte. Da das Unternehmen seit langem schon in der Öffentlichkeit mit Reisen in Verbindung gebracht wurde, war man sich schnell klar darüber, daß auch die American-Express-Karte ein Qualitätssiegel brauchte. Dieses Gespür stellte sich als richtig heraus. Tausende von Interessenten antworteten auf die Zeitungsannoncen und wollten die Karte noch vor ihrer offiziellen Einführung. Der zweite Trumpf des Unternehmens wurde ausgespielt, indem es seine langjährigen Kontakte und seinen Ruf nutzte, um Verträge mit bekannten Unternehmen abzuschließen, die die Karte auch akzeptieren würden. Der bekannte Restaurantbesitzer Toots Shor in Manhattan, der immer das Ersuchen anderer Kreditkartenunternehmen strikt abgelehnt hatte, erklärte sich bereit und sagte: „American Express Card hat den Ruf, ordentlich und anständig zu sein, und wird wahrscheinlich eine bestimmte Gesellschaftsschicht zu mir führen."

Die Amerikaner gaben 1958 per Kreditkarte vier Milliarden Dollar aus, und American Express bekam schließlich ein Stück des Kuchens ab. Als die violettfarbenen Karten am 1. Oktober 1958 bei einer Pressekonferenz der Öffentlichkeit vorgestellt wurden, lagen bereits 250.000 Anträge vor. Zu den weltweit 17.500 Stellen, an denen die Karte akzeptiert wurde, zählten so berühmte Orte wie das Dorchester Hotel in London und das Maxim in Paris.

„Die Menschen sind sehr stark kreditorientiert, und wir haben die entsprechende Organisation dafür", versprach Ralph Reed, der selbst zahlendes Mitglied war (Kartennummer 101-000-001-6). „Letztlich ist es unsere Hoffnung, die Amerikaner von der Vielzahl an Kreditkarten in ihrer Brieftasche befreien zu können", sagte er. Mit der American Express Card konnte man in Hotels, Restaurants, Kaufhäusern sowie an den Flug-, Schiffs- und Bahnschaltern zahlen: Anders als die Karten anderer Firmen konnte man sie als Ersatz für Bargeld benutzen.

Reeds Optimismus galt auch als Zeichen der Arroganz eines dominierenden Unternehmens, das in einen neuen Markt einbrach. Zu seinem großen Kummer waren die ersten Resultate nicht sehr vielversprechend. Im März 1958 schätzte Michael Lively, der Generaldirektor der Kreditkartenabteilung geworden war, daß die Karte im ersten Jahr einen Verlust von einer Million Dollar einfahren würde. Obwohl American Express 1960 schon 750.000 Mitglieder zählte, die zusammen über 100 Millionen Dollar ausgaben, fuhr die Karte im dritten und vierten Jahr immer noch Verluste ein. Es stellte sich heraus, daß es schwieriger war, gleich groß einzusteigen, anstatt ein Unternehmen langsam von unten her aufzubauen.

American Express war nicht auf die logistischen Probleme des Einzugs monatlicher Zahlungen so vieler Kunden und Händler vorbereitet. „Eine Zeitlang konnten wir nicht einmal unsere Rechnungen rechtzeitig zustellen", sagte der Vizepräsident Clark B. Winter. Deshalb mußte American Express Verluste abschreiben. „Wir haben im letzten Jahr ungefähr zwei Millionen Dollar verloren, und wir haben alle nur erdenklichen Fehler gemacht", gab der Vorstandsvorsitzende Ralph Owen 1960 zu. Bei der hektischen Automatisierung der finanztechnischen Abläufe hatte das Unternehmen die falsche Technologie gewählt. Offensichtlich waren auch die falschen Leute damit beauftragt worden. Ende 1960 steckte das Kreditkartengeschäft ziemlich in der Klemme.

George Waters hat neue Ideen

Ralph Reed mußte den Karren nicht mehr aus dem Dreck ziehen. 1960 bewilligten die Direktoren ihm eine letzte Reise nach
Europa und ernannten gleichzeitig einen Nachfolger. Der neue
Mann war der 44jährige Anwalt Howard Clark, ein Harvard-
Absolvent. Er war 1945 nach seinem Dienst bei der Marine
zum Unternehmen gekommen. 1961 übertrug er die Verantwortung für die vor sich hin dümpelnde Karte an George Waters.

Der 45jährige Waters war bis vor kurzem CEO bei der Lebensmittelkette Colonial Stores in Atlanta gewesen. Er war ein
Spezialist für Datenverarbeitung, aber in einem Umfeld aufgewachsen, in dem Kredite verpönt waren. Sein Vater hatte zu
ihm oft gesagt: „Ein Mensch hat kein Recht auf Besitz, außer
auf eine Wohnung, wenn er nicht bar bezahlen kann." Trotz
dieses Hintergrunds war Waters genau der Richtige für diesen
Job. Mit Grips und Power bewegte er sich entschlossen in der
Geschäftswelt. Er war genau der Typ, den die Amex Card
brauchte.

Das erste Problem, mit dem Waters konfrontiert wurde, war
relativ einfach. Die Karte brachte nicht genügend Gewinne ein,
und Waters beschloß, daß eine Erhöhung der Jahresgebühr um
sechs Dollar den Umsatz ankurbeln könnte. Das hätte sie zwar
verteuert, aber nach Waters Vorstellungen war sie sowieso
nicht für jeden gedacht. Obwohl es in der Unternehmensleitung
Bedenken gab, daß dadurch Kunden abgeschreckt würden, hielt
auch Howard Clark diese drastische Maßnahme für notwendig.
„Ich sterbe lieber auf dem Operationstisch, als daß ich verblu-
te", bekräftigte er. „Erhöhen wir den Diskontsatz und den Preis
der Karte von sechs auf acht Dollar und warten, was passiert."
Waters behielt recht, die Umsätze begannen zu steigen.

Ein weiteres größeres Problem waren die Zahlungsrückstän-
de. Als American Express die Liste von Gourmets und das Geschäft der American Hotel Association Card aufkaufte, hatte
das Unternehmen eine große Zahl von Kunden übernommen,
ohne eine entsprechende Kreditprüfung durchzuführen. Das

Unternehmen war nur zögerlich gegen säumige Zahler vorge-
gangen. Eine heilige Tradition bei American Express sollte
nicht gebrochen werden: die Kunden zu hofieren und sie nicht
vor den Kopf zu stoßen. Aber Waters handelte schnell. Statt
wie üblich eine Frist von 90 Tagen einzuräumen, schickte er
nach einem Zahlungsrückstand von einem Monat Mahnungen
an die säumigen Kunden. Das Unternehmen verschickte auch
Humorkarten mit der ernsten Botschaft: „Und in Zukunft keine
Verspätung, ... wir drehen Ihnen den Hahn zu, wenn Sie nicht
bezahlen." Waters zögerte auch nicht eine Sekunde, säumigen
Kunden zu kündigen.

Als drittes Mittel zur Gewinnsteigerung erhöhte er den Diskontsatz – den Prozentsatz am Umsatz, den ein Händler an das
Unternehmen abführen mußte – von drei auf sieben Prozent.
Auch dadurch hätten Handelspartner des Unternehmens verlo-
rengehen können. Aber Waters war der Meinung, daß sich
American Express dies aufgrund seiner großen Dienstlei-
stungstradition und seines Bekanntheitsgrades erlauben könnte.
„Wenn Sie das beste Produkt haben, dann verkaufen Sie es mit
einem Aufschlag", beliebte er festzustellen. „Die Leute werden
bezahlen." Alle diese Maßnahmen führten das Unternehmen in
die Gewinnzone.

Mit den geänderten Strategien wurde auch die Karte selbst
geändert. Die Karte war jetzt grün und nicht mehr violett, und
ihr neues Design erinnerte bewußt an Bargeld. Für eine große
Kampagne, mit der der Kartenname unter die Leute gebracht
werden sollte, nahm das Unternehmen 1962 die Dienste einer
damals führenden Werbeagentur in Anspruch, nämlich Ogilvy,
Benson & Mather. Die Kampagne von Ogilvy stellte American
Express als „Unternehmen für Reisende" heraus.

American Express übernahm auch eine andere Strategie aus
dem Lehrbuch von Ogilvy und führte intensive Untersuchungen
zur Unterstützung seiner Marketingmaßnahmen durch. 1962
gab das Unternehmen eine Untersuchung in Auftrag, die ergab,
daß die Amerikaner jedes Jahr ungefähr 700 Millionen Dollar
Bargeld irgendwo vergaßen oder verloren. Die offensichtliche

Lehre daraus? Die Kunden sollten immer die American Express Card oder Reiseschecks benutzen – und kein Bargeld. Damit mehr Unternehmen die Karte akzeptierten, bewaffnete sich American Express mit Statistiken. Als sich zum Beispiel 1962 American Express mit American Airlines zusammentat, führte die Kartenabteilung eine Untersuchung durch, die zeigte, daß 24 Prozent der Tickets, die unter dem neuen Motto der Fluggesellschaft „Unterschreiben und Fliegen" verkauft wurden, über Kreditkarte abgewickelt wurden. Solche Daten wurden dazu eingesetzt, andere Fluggesellschaften vom Wert einer Zusammenarbeit mit American Express zu überzeugen.

Mit oder ohne Statistik, es war Waters Geschick zu verdanken, die Amex Card von den Konkurrenten abzuheben, also von Karten wie Diners Club oder der Carte Blanche. American Express nannte ihre Karteninhaber nun „Mitglieder", was darauf hindeuten sollte, daß der Besitz der Karte mit bestimmten Privilegien verbunden ist. Dieser Anspruch wurde durch exklusive Dienstleistungen untermauert, die nur ein Unternehmen mit weltweiten Kontakten anbieten konnte. 1963 verkündete das Unternehmen zum Beispiel, daß Karteninhaber in Übersee private Schecks bis zu 300 Dollar einlösen könnten. Konkurrenten wie Diners Club, die über kein vergleichbares Netzwerk verfügten, konnten mit diesem Angebot nicht mithalten. Aufgrund seiner erfolgreichen Werbung und seiner gestiegenen Zahl beteiligter Unternehmen überstieg mit 344 Millionen Dollar gegenüber 250 Millionen Dollar der Umsatz im Kreditkartengeschäft den von Diners Club.

Die Karte als Prestigeobjekt

Kreditkarten im Travel-and-Entertainment-Business waren zunächst vor allem etwas für Gutbetuchte – besonders für Geschäftsleute, die häufig auswärts zum Essen gingen oder auf Reisen waren. Aber die Kreditkarte wurde in den sechziger Jahren zum Symbol der Mittelschicht. Diese Entwicklung hing weitgehend mit den Bemühungen der Bank of America in Kalifornien zusammen. Die Bank hatte 1959 über ein Mailing an 1,5 Millionen Einwohner des Staates eine Kreditkarte auf den Markt gebracht. Diese Karte, eine der ersten „Bankkarten" funktionierte ganz anders als die Amex Card. Die BankAmericard kostete keine Gebühr und hatte ein Kreditlimit von nur 100 Dollar. Statt dessen verdiente die Bank ihr Geld damit, daß sie 1,5 Prozent Überziehungszinsen in Rechnung stellte. Demgegenüber war die Amex Card im wesentlichen nur eine Kundenkreditkarte, die keinen Überziehungskredit anbot und deshalb auch keine Zinsen erhob. Da die Bank of America den Karteninhabern einen Kredit für ihre Kleineinkäufe anbot, konzentrierte sie sich auf Verträge mit dem Einzelhandel, bei dem die Karteninhaber aus der Mittelschicht ihre Einkäufe machten.

Die BankAmericard (heute als „Visa" bekannt) baute sich zunächst eine starke Basis in Kalifornien auf, bevor sie sich 1966 über die Grenze begab und Lizenzen an andere Banken verlieh, die ihren Markennamen und ihren Abwicklungsmodus übernehmen durften. Just als die Amex ihre alten Rivalen Diners Club und Carte Blanche überholt hatte, wurde sie mit der BankAmericard und einer anderen Karte ähnlicher Herkunft konfrontiert. 1968 wurde die Master Charge Card die führende Bankkarte. Sie wurde von einem Bankenkonsortium herausgegeben, dem kein anderer als Wells Fargo vorstand.

American Express ließ sich Zeit damit, den Wettbewerb mit der BankAmericard und Master Charge aufzunehmen. Weil das Unternehmen sein Geld mit den Jahresgebühren und Provisionen und nicht mit Zinsen aus offenen Konten verdiente, versuchte man, mehr Karten unter die Leute zu bringen, die höhere Summen ausgaben. Unter der Führung von Waters begann American Express, Unternehmenskunden anzusprechen. 1966 konnte ein Unternehmen mit American Express eine Abmachung treffen und mehrere Karten an seine Angestellten ausgeben. Das Unternehmen bekam eine Gesamtrechnung, auf der die Ausgaben der einzelnen Karteninhaber detailliert aufgeführt waren.

Sogar als die Master Charge Card von Wells Fargo in den Brieftaschen von zehn Millionen Amerikanern steckte, wurde American Express nur noch hochmütiger und berechnete weiterhin eine vergleichsweise hohe Mitgliedsgebühr von zwölf Dollar, neben höheren Provisionen für Einkäufe mit der Karte. Das Unternehmen hielt aufgrund seines Service und seiner Verbreitung die Kosten für gerechtfertigt. „Während die anderen einige Fluggesellschaften und einige Restaurants haben, haben wir alle", sagte 1969 ein Vertreter der Marketingabteilung von American Express.

Gegen Ende des ersten Jahrzehnts der Karte hatte sich die American Express Company komplett umgewandelt. Der Nettogewinn stieg von neun Millionen im Jahr 1960 auf mehr als 75 Millionen Dollar im Jahr 1969. Während dieses Zeitraums stieg der jährliche Gewinn um 17 Prozent und verzeichnete eher Zuwachsraten wie die jungen, dynamischen Firmen als wie die etablierten, trägen.

Teilweise war dieses Wachstum anderen Geschäftsbereichen des Unternehmens zu verdanken. 1968 kaufte American Express zum Beispiel das Versicherungsunternehmen Fireman's Fund, die Investmentfirma Equitable Securities und sogar das Magazin *U.S. Camera*, das in *Travel and Leisure* umbenannt wurde. Trotz dieser regen Aktivitäten erwirtschafteten die beiden bargeldlosen Produkte – die American Express Card und die Reiseschecks – den größten Teil des Gewinns. Ende des Jahrzehnts hatte die Karte ihre Hauptkonkurrenten in dem riesigen Travel-and-Entertainment-Markt weit hinter sich gelassen. American Express hielt mehr als 60 Prozent des Marktes für Reiseschecks. 1970 berichtete American Express von einem Umsatzvolumen über 2,3 Milliarden Dollar im Kartengeschäft. Im Vergleich dazu: 395 Millionen für Diners Club und 220 Millionen Dollar für die Carte Blanche. Mit geschickten Werbe- und Marketingmaßnahmen verwandelte sich die Karte, die American Express zu Beginn des Jahrzehnts in ernste Verlegenheiten zu bringen schien, zu einem Statussymbol, und zwar sowohl für ihre Inhaber wie für das Unternehmen.

Obwohl der Siegeszug von American Express in den sechziger Jahren beeindruckend war, machte ihr Kartengeschäft nur einen kleinen Teil der gesamten Kreditkartenbranche aus. Zum Beispiel stieg allein zwischen 1967 und 1970 die Höhe der ausstehenden Kundenkredite von zwei Milliarden auf 13,8 Milliarden Dollar. Gleichzeitig schrieben viele Firmen, die Ende der sechziger Jahre in den Markt für Kreditkarten drängten, aufgrund lockerer Kontrolle Verluste. „Ende der siebziger Jahre beliefen sich die Kreditausfälle auf 116 Millionen Dollar, also bis zu mehr als 100 Prozent gegenüber 1969", schrieb *Forbes* 1971.

American Express war etwas vorsichtiger als andere in diesem Bereich – wie in allen Gebieten, in die das Unternehmen in den letzten Jahren eingestiegen war. Die Firma vermied Verluste aus ungedeckten Krediten, weil sie ihrer Kernstrategie treu blieb. Sie vergab keine Kredite, mit Ausnahme einer 30tägigen Gefälligkeitsfrist, und Außenstände mußten innerhalb eines Monats ausgeglichen werden. Von den Amex-Kunden erwartete man ein entsprechendes Verhalten.

In der jüngeren Vergangenheit hat American Express allerdings seine Haltung etwas geändert. Im Laufe ständiger Erneuerung entwickelte sich das Unternehmen zu einem komplizierten Gebilde aus Finanzdienstleistungen. Es expandierte über eine Reihe von Akquisitionen und kostenintensiven Neugründungen. Das traditionell ausgerichtete Unternehmen wurde zunehmend risikofreudiger, mit Resultaten, die oft entmutigend und katastrophal gewesen wären, wenn es nicht seinem Kerngeschäft treu geblieben wäre: der Amex Card.

Seit die Firma das Original auf den Markt gebracht hatte, gab es immer mehr Varianten von American-Express-Karten. Die Optima – das bislang letzte erfolgreiche Produkt in der Palette von American Express – bot sogar revolvierende Kredite wie die Bankkarten an. Und obwohl das Unternehmen alle operativen Geschäfte ausbaute, machten 1995 die Reisedienstleistungen immer noch 66 Prozent des Gesamtumsatzes von 15,8 Milliarden Dollar aus. Im selben Jahr bezahlten 38 Millionen Kunden weltweit Waren und Dienstleistungen im Wert von 162 Milliarden Dollar per Kreditkarte, während der Reisescheckumsatz den Höhepunkt von 26 Milliarden erreichte. Diese Zahlen summierten sich zu ungefähr drei Prozent des amerikanischen Bruttosozialprodukts.

Mehr als 100 Jahre nachdem American Express den ersten Reisescheck verkauft und fast 40 Jahre nachdem der erste Besitzer einer American Express Card eine kleine, edle, rechteckige Karte mit dem charakteristischen Firmenlogo aus der Tasche gezogen hat, sind wir näher an der bargeldlosen Gesellschaft als jemals zuvor. Nach und nach und mit so wenig Risiko wie möglich hat American Express gelernt, wie man Bargeld durch Vertrauen ersetzt.

Float

Fast ein Jahrhundert lang profitierte American Express von einer einzigartigen Geschäftsidee. Als das Unternehmen in den neunziger Jahren des vorigen Jahrhunderts mit dem Verkauf von Reiseschecks begann, lag zwischen dem Barkauf der Schecks und ihrer Einlösung eine deutliche Zeitspanne. Dadurch verwaltete American Express riesige Summen Bargeld, das man „Float" nannte. Ein entscheidender Aktivposten für das Unternehmen, den *Forbes* einmal mit „Bargeld, das Amex besitzt, während die Schecks ein Loch in Ihre Brieftasche brennen" charakterisierte. Das war gleichbedeutend mit einem ständigen, zinsfreien Kredit der Kunden an das Unternehmen. Und wenn aus irgendeinem Grund der Käufer die Schecks überhaupt nicht einlöste, dann mußte die Firma den „Kredit" noch nicht einmal zurückzahlen.

Über die Jahre legte das Unternehmen den Float in hochwertigen Staats- und Industrieobligationen an und in geringerem Maß in Aktien. Ende 1956 war der Float von American Express zu einem Investmentfonds in Höhe von 503 Millionen Dollar angewachsen. Und das Unternehmen verdiente damit fast genausoviel wie mit seinen anderen Geschäften. „American Express ist nur in zwei Geschäftsbereichen tätig, Kreditkarten und Float", sagte Donald Kramer 1970, Analyst bei Oppenheimer & Company, als der Float inzwischen 700 Millionen bis eine Milliarde Dollar betrug.

1978 wurde ein durchschnittlicher Scheck erst nach 30 Tagen eingelöst, und *Forbes* schätzte, daß American Express jährlich ungefähr 81 Millionen Dollar mit dem Float verdiente. 1995, als das Unternehmen berichtete, daß jeden Tag Reiseschecks im Wert von sechs Milliarden Dollar offenstünden, machte die Kapitalrendite aus diesen Investments einen wesentlichen Teil der 969 Millionen Dollar an Einnahmen aus Zinsen und Dividenden aus.

Mary Kay Ash, Gründerin von Mary Kay Cosmetics

12.
Mary Kay Ash und ihre Unternehmenskultur für Frauen

Mary Kay Ash trägt ganz bewußt eine Diamantbrosche mit dem Symbol einer Hummel. „Aerodynamisch gesehen, kann die Hummel eigentlich gar nicht fliegen", sagt sie. „Ihr Körper ist zu schwer, und die Flügel sind zu schwach. Aber die Hummel weiß das nicht und fliegt – einfach wunderbar."

1963, als sie 44 Jahre alt war und die meisten amerikanischen Frauen keine Ganztagsstelle hatten, gründete Mary Kay (wie sie im allgemeinen genannt wird) eine Firma zum Direktverkauf von Kosmetika. Von den bescheidenen Anfängen in einem Lager in Dallas entwickelte sich Mary Kay Cosmetics zu einem Unternehmen mit einem Jahresumsatz von mehr als 950 Millionen Dollar. 1976 war es das erste von einer Frau geführte Unternehmen, das an der New Yorker Börse notiert war. Aber wie konnte diese Hummel so hoch fliegen?

Mary Kays Erfolg basiert auf festen Unternehmensgrundsätzen in Verbindung mit Beharrlichkeit und schöpferischem Denken – über Markt, Unternehmensstruktur und Frauen. Mary Kay baute eine Unternehmenskultur auf der Grundlage von Training und Eigeninitiative von Frauen auf. Das unternehmerische Klima in ihrer Firma inspirierte Hunderttausende von Beraterinnen von Mary Kay, die eigentlich kleine Geschäftsfrauen waren. Mit einem eigenen Managementstil steigerte sie deren Selbstbewußtsein und Vertrauen durch kontinuierliche positive Hilfestellungen und materielle Anreize. Sie nutzte die wirtschaftliche und produktive Kraft amerikanischer Frauen und setzte so eine ökonomische Befreiungsbewegung in Gang.

Die Geburt eines Verkaufstalents

Mary Kathlyn Wagner wurde 1918 als Tochter eines Ehepaars geboren, das in Hot Wells, Texas, ein Hotel und Restaurant leitete. Sie erlebte schon als Kind, daß Frauen eine durchaus vitale Rolle in der Arbeitswelt spielen konnten. In den zwanziger Jahren, als ihr Vater an Tuberkulose erkrankte, bekam ihre Mutter Lulu eine Stelle als Geschäftsführerin in einem Restaurant in Houston, 25 Meilen vom Wohnort entfernt. „Während all der Jahre ernährte meine Mutter unsere Familie allein", erinnerte sich Mary Kay, die sich damals um ihren Vater und den Haushalt der Familie kümmern mußte. Obwohl diese Aufgaben eine große Belastung für das kleine Mädchen bedeuteten, vermittelten sie ihm ein ungewöhnliches Maß an Selbständigkeit. „Wenn ich beispielsweise neue Kleider brauchte, fuhr ich allein nach Houston", erzählte sie. „Ich machte diese Samstagsfahrten allein, weil meine beste Freundin nicht ohne Begleitung eines Erwachsenen mit der Straßenbahn fahren durfte. Wir waren ja auch erst sieben Jahre alt."

Obwohl sie in der Schule nur Einsen und die Oberschule bereits nach drei Jahren abgeschlossen hatte, konnte es sich Mary Kays Familie nicht leisten, sie aufs College zu schicken. Ihre Träume von einem Studium wurden noch weiter auf Eis gelegt, als sie mit 17 Jahren Ben Rogers heiratete, einen Musiker aus der Gegend. Das junge Paar bekam innerhalb von sieben Jahren drei Kinder: Ben, Marylyn und Richard. Mary Kay Rogers trat ganz in die Fußstapfen ihrer Mutter und machte sich daran, ihre junge Familie zu unterstützen; aber als junge Mutter, nur mit einem Oberschulabschluß, hatte sie zur Zeit der Wirtschaftskrise in Texas keine Chance, eine Arbeit zu finden. „ ... Ich brauchte einen gutbezahlten Job mit flexiblen Arbeitszeiten. Flexibilität war wichtig, weil ich wußte, daß ich bei meinen Kindern sein wollte, wenn sie mich brauchten", meinte sie.

Mitte der dreißiger Jahre klingelte eine Frau an der Tür, die mit Kinderbüchern hausieren ging. Die Vertreterin bot ihr eine ganze Buchreihe zum Geschenk an, wenn sie zehn dieser Bücher verkaufen würde. Mary Kay rief daraufhin bei ihren Freundinnen von der Tabernacle Baptist Church an. In weniger als zwei Tagen hatte sie zehn verkauft. „Ich hatte keine Bücher, um sie vorzuzeigen – alles, was ich besaß, war meine Begeisterungsfähigkeit", sagte sie. In den nächsten neun Monaten verkaufte Mary Kay Bücher im Wert von 25.000 Dollar.

Nachdem sie ihr Verkaufstalent entdeckt hatte, bewarb sie sich bei Stanley Home Products, einem Direktverkauf für Haushaltswaren. Mary Kay machte es Spaß, „Shows" in den Wohnungen von Freundinnen zu inszenieren. Sie verdiente gut mit den Provisionen, und dieser Direktverkauf spornte denselben natürlichen Ehrgeiz an, mit dem sie die Oberschule ein Jahr früher erfolgreich beendet hatte. „ ... Nichts faszinierte mich mehr als die Unternehmenswettbewerbe. Sie sprachen meinen Ehrgeiz an", stellte sie fest. 1937 besuchte Mary Kay die Versammlung von Stanley in Dallas, wo sie als Zuschauerin im Publikum zusehen konnte, wie Präsident F. Stanley Beveridge eine Verkaufskönigin krönte und ihr eine Handtasche aus Krokodilleder schenkte. Nach Ende dieser Veranstaltung nahm Mary Kay all ihren Mut zusammen, stellte sich Beveridge vor und verkündete ihm, daß sie im nächsten Jahr Verkaufskönigin würde. Und sie wurde es.

Ihr Verkaufstalent erwies sich als Glücksfall. Als ihr Mann vom Militärdienst im Zweiten Weltkrieg nach Hause zurückkehrte, reichte er die Scheidung ein. Mary Kay mußte nun allein für ihre Kinder sorgen. „Ich hatte ein Wertgefühl für meine Fähigkeiten als Ehefrau und Mutter entwickelt. Aber an dem Tag hatte ich das Gefühl, vollkommen versagt zu haben", schrieb sie. Während der nächsten 17 Jahre zog sie ihre Kinder allein auf und stand gleichzeitig beruflich ihren Mann. Sie stellte Dutzende von Verkäuferinnen ein und bildete sie aus, zunächst noch für Stanley Home Products und ab 1959 für die World Gift Company. Die Kinder packten mit an, ihr Sohn Richard stellte oft samstags die Bestellungen zusammen. Langsam erwachsen werdend, gingen ihre Kinder dann ihren eigenen Interessen nach. Ihr Ältester heiratete und zog nach Houston, wo er in einer Schweißwerkstatt arbeitete. Auch Marylyn heiratete und gründete eine Familie. Richard verkaufte Lebensversicherungen für die Prudential Life Insurance Company. Auch das Leben von Mary Kay änderte sich nochmals entscheidend, als sie 1960 George Hallenbeck, einen Geschäftsmann aus Dallas, heiratete.

Mary Kay stieg schließlich in die Position einer bundesweiten Ausbildungsleiterin bei World Gift auf. Als sie jedoch Mitte 1963 von einer Geschäftsreise zurückkehrte, mußte sie feststellen, daß ihr männlicher Assistent auf eine höhere Position als die ihre befördert worden war. Dieser Affront war der schlimmste, dem sie in dem Unternehmen jemals begegnet war. „Man sagte mir ständig: ‚Oh Mary Kay, Sie denken wie eine Frau.' Egal, wie sehr ich mich auch anstrengte, egal, wie gut ich meinen Job erledigte, immer wenn ich vor der goldenen Tür stand, mußte ich lesen: Nur für Männer." Sie kündigte sofort. Sie war 44, ohne Job und ohne Kinder, um die sie sich kümmern mußte; sie hatte die beiden Rollen verloren, die ihr Leben fast 27 Jahre lang bestimmt hatten. Sie fiel in ein tiefes Loch. „Ich hatte niemals eine schrecklichere Zeit in meinem Leben erlebt", berichtete sie. „Ich hatte das Gefühl, als sei mein Leben zu Ende. Ich wohnte gegenüber von einer Leichenhalle und sehnte mich auch oft dorthin."

Um ihre emotionale Krise zu überwinden, fing Mary Kay damit an, die Dinge aufzuschreiben, die sie in ihrem Leben erfolgreich abgeschlossen hatte, und die Hindernisse zu beschreiben, die sie überwunden hatte. Dabei kam ihr die Idee, ein Buch über Management zu schreiben. Es sollte eine Darstellung ihrer 25jährigen Erfahrungen im Direktverkauf werden. Als Teil des Entwurfs stellte sie eine Liste von Faktoren auf, die ein „Traumunternehmen" definierten. Und dann kam ihr eine bessere Idee: „Warum theoretisierst du über ein ideales Unternehmen?" fragte sie sich. „Warum gründest du nicht selbst eines?"

Ein Unternehmen für Frauen

Mary Kay entschied sich zur Gründung ihrer eigenen Direktverkaufsfirma – ein Unternehmen, das die Konsequenzen aus den jahrzehntelangen Erfahrungen als alleinerziehende Mutter in männlichen Unternehmenskulturen zog. Die Strukturen sollten den Teilzeitkräften flexible Arbeitszeiten ermöglichen und Frauen erlauben, ihr Engagement für die Familie aufrechtzuerhalten und gleichzeitig Geld zu verdienen. Obwohl sie natürlich auch Geld verdienen wollte, hatte Mary Kay ein höheres soziales Ziel im Auge. „Ich war nicht nur am Geld interessiert. Mein Interesse 1963 war es, den Frauen eine berufliche Perspektive zu bieten, die sonst nirgendwo existierte", schrieb sie später.

Nachdem sie das ideale Unternehmen skizziert hatte, fehlte ihr immer noch ein Produkt. Und das fand sie in ihrem eigenen Medizinschränkchen. Anfang der fünfziger Jahre, als sie eine Verkaufsparty für Haushaltswaren von Stanley in einer Vorstadt von Dallas durchführte, hatte Mary Kay festgestellt, daß alle Besucherinnen einen wunderbaren Teint hatten. Es stellte sich heraus, daß die Gastgeberin an ihre Freundinnen Döschen mit Gesichtscreme aus eigener Herstellung verkaufte. Der Vater der Frau, der Gerber war, hatte seine Fachkenntnisse dazu benutzt, um aus Tierhäuten einen Balsam herzustellen, der Gesichtshaut und Hände geschmeidig machte. Nachdem Mary Kay die Creme ausprobiert hatte, benutzte sie sie ständig. „Ich wußte, daß die Produkte etwas Besonderes waren, und deshalb kaufte ich 1963 die Grundrezeptur von den Erben des Gerbers", berichtete sie.

Ihre Produktwahl brachte sie jedoch in Konkurrenz zu Avon, einem riesigen Unternehmen mit einer 77jährigen Erfahrung in der Direktvermarktung von Kosmetika. Mary Kay entdeckte zwei Nischen. Erstens schien Avon damals offenbar keine Hautpflegeprodukte zu verkaufen. Sie besetzte mit ihrem Produkt also eine Marktlücke. Zweitens schlußfolgerte sie, daß das Markenzeichen von Avon, nämlich der Tür-zu-Tür-Verkauf, eine veraltete Verkaufsmethode war. Sie hatte das Gefühl, daß die Frauen inzwischen zu anspruchsvoll geworden waren, um noch auf einen Anruf von Avon zu reagieren.

Das Verkaufspersonal von Mary Kay, oder ihre „Beraterinnen", sollte die Produkte auf privaten Parties, sogenannten „Mary Kay Beauty Shows" vorführen, an denen jeweils nicht mehr als fünf oder sechs Gäste teilnehmen durften. „Ich sah in dieser Situation eine wunderbare Gelegenheit, die Frauen über die gesamte Hautpflege zu informieren", sagte sie überzeugend. Unter Rücksichtnahme auf die Bedürfnisse der Mütter konnten die Beraterinnen so viele Vorführungen pro Woche durchführen, wie sie wollten. Wenn die Frauen ausreichend über die Produkte informiert werden, so ihre Überlegung, und die Produkte wirklich gut sind, dann würden sie sich ja praktisch von selbst verkaufen.

Infolge ihrer schlechten Erfahrungen mit anderen Direktverkaufsfirmen würde das Unternehmen von Mary Kay keine Lizenzen vergeben oder Verkäuferinnen Gebietsschutz gewähren. Die Beraterinnen würden neue Kunden aus dem Kreis ihrer Bekannten rekrutieren. Als sie für Stanley Products arbeitete, hatte das Unternehmen sie von Houston nach Dallas versetzt, um dort einen neuen Markt aufzubauen. „Ich hielt das für offensichtlich unfair", meinte sie immer noch vorwurfsvoll. Sie gelobte, daß keine Mitarbeiterin von ihr dasselbe Schicksal erleiden müßte.

Mary Kay und ihr Mann kratzten ihre Ersparnisse von 5.000 Dollar zusammen, um einen kleinen Warenbestand anzulegen, und mieteten eine kleine Lagerfläche von ungefähr 400 Quadratmetern im Exchange Park, einem Bürokomplex in Dallas. Dann machte sich Mary Kay daran, ihre erste Truppe von Beraterinnen zusammenzusetzen, während sich George um die Finanzen kümmerte. Zusammen packten sie Döschen in Kartons und klebten Etiketten mit der Aufschrift „Beauty by Mary Kay" darauf.

Einen Monat vor der geplanten Eröffnung der Firma platzten die Pläne des Paares auf tragische Weise. Während George Hallenbeck beim Frühstück saß und den Wirtschaftsteil las, erlitt er einen Herzstillstand und starb am Frühstückstisch. Mary Kay war wieder allein, und um der Verzweiflung zu entgehen, stürzte sie sich in die Arbeit. „Für mich waren Arbeit und Leben ein und dasselbe. Und ohne meine Arbeit sah ich keinen Grund, morgens aufzustehen", sagte sie. Sie ignorierte den Rat ihres Anwalts, der der Witwe eine Broschüre zeigte, in der auf die große Zahl gescheiterter Kosmetikfirmen hingewiesen wurde; sie entschied sich dazu, ihren Plan energisch weiterzuverfolgen. Ihr Sohn Ben Rogers steuerte 4.500 Dollar von seinen Ersparnissen bei, und Richard Rogers kündigte seine Stelle, um an der Seite seiner Mutter zu arbeiten. „Ich verehrte den Boden, auf dem sie ging", sagte Richard.

Mary Kay brauchte nicht mehr Startkapital, weil sie eine kluge Geschäftsstrategie entwickelt hatte. Als erstes stellte sie neun Beraterinnen ein, die 50 Prozent des Einzelhandelspreises für Packungen mit fünf Produkten bezahlten: Reinigungscreme, Gesichtsmaske, Erfrischungswasser, Nachtcreme und Tagescreme. Die Frauen mußten im voraus bezahlen. „Es handelt sich nicht um fehlendes Vertrauen, sondern wir sind einfach absolut von der Richtigkeit überzeugt, die in unserem amerikanischen Cash-und-Carry-Kapitalismus zum Ausdruck kommt", betonte Mary Kay. Dadurch, daß die Beraterinnen im voraus bezahlten, konnte das neue Unternehmen starten, ohne Schulden zu machen. Mary Kay hatte 25 Jahre lang in diesem Bereich gearbeitet, sie wußte, daß ungedeckte Schulden des Verkaufspersonals oft Ursache für die Pleite von Direktverkaufsfirmen waren.

Beauty by Mary Kay (später Mary Kay Cosmetics) nahm an einem unheilvollen Tag den Verkauf auf: am Freitag, den 13. September 1963. Allen negativen Vorzeichen zum Trotz setzten sich die Produkte im Gebiet von Dallas allmählich durch. Mary Kay schrieb einen fünfseitigen Beratungsleitfaden, verfertigte Rundschreiben und motivierte die Beraterinnen dazu, die Informationen über das Unternehmen unter die Leute zu bringen. Richard erledigte die Bestellungen und hetzte zwischen dem Laden und einem weiteren Lager zwei Häuserblocks entfernt hin und her. Ben verließ zeitweise seine Arbeit, um mit anzupacken. „ ... Richard, Ben und ich rackerten uns täglich 16 bis 18 Stunden ab, um alles Notwendige zu erledigen", sagte Mary Kay. Die Firma überlebte die ersten entscheidenden Monate, sie begann zu wachsen und zu gedeihen.

Zur Feier des Abschlusses des ersten Geschäftsjahres, in dem ein Gesamtumsatz von 198.000 Dollar erzielt wurde, veranstaltete die Firma eine Party. Am 13. September 1964 versammelten sich die 200 Mitarbeiter der Firma in dem Lager eines neuen Geschäfts im Majesty Drive 1220 in Dallas. Mary Kay brachte genügend Hähnchen und Salate für die ganze Truppe mit und prämierte die Spitzenverkäuferinnen.

Diese Feier war der Beginn einer eigenen Strategie, um mit Inspiration, Begeisterung und materiellen Anreizen die Frauen zu motivieren, immer mehr Hautcremes zu verkaufen. „Den Frauen fehlte es im allgemeinen an Selbstvertrauen", meinte sie. „Wenn eine Frau zu unserem Unternehmen kam, dann bauten wir zuerst eine Vertrauensbeziehung zu ihr auf." Dazu zählten hauptsächlich ein postives Denken wie auch Anerkennung der kleinsten Leistung. „Lob, wo es angebracht ist, wurde in jeder Hinsicht zur Arbeitsphilosophie bei Mary Kay Cosmetics."

Als sich das Unternehmen in den sechziger Jahren weiterentwickelte, wuchs sich die jährliche Verkaufsschulung – auch das „Seminar" – von einer bescheidenen Hausparty zu einer luxuriösen Großveranstaltung aus. Jedes Jahr kamen Hunderte, später dann Tausende von Frauen in Dallas zusammen, um an Seminaren und motivierenden Vorträgen teilzunehmen. Höhepunkt war die abendliche Preisverleihung, wenn das Unternehmen die Namen der Beraterinnen bekanntgab, welche die besten Verkaufsziele erreicht hatten. Diese Siegerinnen kletterten auf der „Erfolgsleiter" von Mary Kay weiter empor. Für jede Sprosse gab es eine eigene Auszeichnung. Zu Beginn erhielten die Frauen Ordensbänder, sie konnten dann nach Schärpen, Abzeichen, Reverssteckern, Diamantarmbändern, Stecknadeln in der Form einer Hummel streben, und als krönendes Symbol des Supererfolgs bei Mary Kay gab es dann einen pinkfarbenen Cadillac.

Obwohl Mary Kay ihre Firma inmitten der ersten Unruhen der sechziger Jahre gegründet hat, war ihr Engagement nicht politisch begründet. Eine Zeitung schrieb später, daß „Mary Kay mehr Frauen befreit hat als Gloria Steinem." Aber sie selbst schreckte vor solchen Vergleichen zurück und bekannte sich statt dessen zu einem deutlich unpolitischen Feminismus. Obwohl Mary Kay ihr Unternehmen als „eine wirkliche Befreiungsbewegung für Frauen" ansah, war ihre Gesinnung doch eher die einer Betty Crocker als die einer Betty Friedan. „Zuerst Gott, dann die Familie und dann die Karriere", war eine Maxime von Mary Kay.

Obwohl das Unternehmen nie einen konkreten Standpunkt in bezug auf Gleichberechtigung einnahm, war Mary Kay in jeder Hinsicht Feministin. Ihre Lebenserfahrung hatte sie gelehrt, daß Frauen finanziell nicht allein vom Mann abhängig sein dürften. Sie wußte ebenso, daß Frauen zu den gleichen Leistungen wie Männer in der Arbeitswelt fähig waren. Sie war frustriert darüber, daß die amerikanischen Unternehmen dies nicht erkannten. „Ich kann nicht glauben, daß Gott die Frauen dazu bestimmt hat, nur 50 Cent von einem Dollar zu bekommen", wiederholte Mary Kay ständig. Mary Kay – ihr Unternehmen wie sie selbst – war davon überzeugt, daß die Befreiung der Frau ganz einfach ihre wirtschaftliche Unabhängigkeit bedeutete.

Das sozial eingestellte Unternehmen von Mary Kay gab den Frauen die nötige emotionale Unterstützung, die viele Familien ihnen versagten. Mary Kay war eine Art Ersatzmutter. Sie schickte persönlich Geburtstagskarten an Tausende von Beraterinnen und erkundigte sich telefonisch nach deren kranken Familienmitgliedern. Sie glaubte, daß diese Gesten eine große

Wirkung hinterließen, so wie sie davon überzeugt war, daß ihre kleinen Produkte eine unendliche Anziehungskraft auf Frauen aus allen Schichten besaßen. „Wenn die Zeiten schlecht sind, dann kann sich eine Frau vielleicht keine neuen Kleider leisten, aber mit einem neuen Lippenstift kann sie sich doch wieder etwas Auftrieb geben. Neue Kosmetika können tatsächlich dasselbe für Ihre Seele sein, wie schick Essen zu gehen", erkannte sie ganz richtig.

Diese Betonung der persönlichen Unterstützung der Frauen zog immer mehr Vertreterinnen an. Sie unterschrieben begeistert Beraterverträge, denn auch die finanziellen Anreize waren phantastisch. Die 50prozentige Handelsspanne war im Vergleich zu den Provisionen von 30 bis 40 Prozent bei anderen Direktverkaufsfirmen sehr attraktiv. Die Beraterinnen erhielten Provisionen der Bruttosumme der Produktaufträge der Frauen, die sie warben. Die Firma honorierte Produktivität. Frauen, die eine genügende Anzahl von Beraterinnen unter Vertrag nahmen, wurden Verkaufsleiterinnen und schließlich Verkaufsdirektorinnen. Dalene White, die erste Schönheitsberaterin von Mary Kay, wurde bundesweite Verkaufsdirektorin, eine der ersten „Mary Kay-Millionärinnen" des Unternehmens – sie verdiente immerhin eine Million Dollar an Provisionen.

Das Unternehmen breitet die Flügel aus

1966 erwies sich als besonders vielversprechend für Mary Kay und ihr Kosmetikunternehmen. Trotz des Chaos bei der Gründung des Unternehmens bekam Mary Kay ihr Privatleben wieder in den Griff. Sie heiratete Mel Ash, einen Geschäftsmann, den sie bei einem Blind date kennengelernt hatte. Mit einem Umsatz von 1,3 Millionen Dollar begann die Firma weiter zu wachsen, und Mary Kay machte sich zusammen mit Richard Rogers daran, ihr Unternehmen im ganzen Land bekannt und berühmt zu machen. 1968 erhielt Mary Kay Cosmetics durch den Verkauf von 195.000 Aktien 2,34 Millionen Dollar. Dieser Erlös diente dazu, die Kontrolle über die Herstellung zu erwerben. Mary Kay baute eine Betriebsstätte mit circa 3.000 Quadratmeter in Dallas auf, die dem Unternehmen praktisch die Herstellung aller Produkte ermöglichte. Per Mundpropaganda war die Firma in ganz Texas sowie in den Nachbarstaaten Louisiana, Oklahoma, Arkansas und New Mexico bekannt geworden. 1970 erzielten die Beraterinnen in diesen fünf Staaten 90 Prozent des Umsatzes von Mary Kay. Ermutigt durch diesen Erfolg, entschied sich das Unternehmen zu einem ehrgeizigen Expansionskonzept und errichtete Vertriebscenter in Kalifornien, Georgia, New Jersey und Illinois, die gleichzeitig als Schulungscenter dienten, in denen die Regionalleiterinnen ihre neuen Mitarbeiter schulen konnten.

Mit mehreren 1.000 Mitarbeitern und einem Umsatz von 18 Millionen Dollar im Jahr 1972 war Mary Kay Cosmetics in Amerika einer der größten privaten Arbeitgeber für Frauen. Mary Kay warb für ihr Unternehmen mit pinkfarbenen LKWs, die ihre Produkte von der Fabrik in Dallas über die Fernstraßen in die Regionalcenter transportierten, mit der Verleihung von immer mehr pinkfarbenen Cadillacs und mit dem Kauf eines funkelnagelneuen Bürogebäudes. 1977 zahlte das Unternehmen, als es das achtstöckige glänzende Glasgebäude in Dallas kaufte, die sieben Millionen in bar. In dem Gebäude brachte man eine immer größer werdende Zentralverwaltung unter, die von Richard Rogers geleitet wurde. Er ließ eine moderne Computeranlage einbauen, um die Aktivitäten der Beraterinnen in den Vereinigten Staaten besser koordinieren zu können.

Zwischen 1963 und 1978 (dem Jahr, in dem mehr als 46.000 Beraterinnen von Mary Kay für über 50 Millionen Dollar Produkte verkauften) stieg der Umsatz jährlich um 28 Prozent. Die grundlegende Geschäftsstrategie änderte sich kaum. Die Produkte wurden immer noch bar von den Vertreterinnen bezahlt. „Es gab keine Verbindlichkeiten und keine Außenstände", sagte Richard Rogers. 16 Jahre nach Unternehmensgründung machten die fünf Basisprodukte für Hautpflege die Hälfte des Unternehmensumsatzes aus.

Obwohl sich Mary Kay in den siebziger Jahren langsam vom Tagesgeschäft der Firma zurückzog, entwarf sie neue Strategien. Als ihr Unternehmen 1976 an der New Yorker Börse notiert wurde, war es das erste von einer Frau geführte Unternehmen. Und Mary Kay blieb die entscheidende und überzeugende Führungspersönlichkeit. Nach dem Tod ihres Mannes Mel Ash 1980 verbrachte sie einen Großteil ihrer Zeit mit Treffen und Schulungen von Beraterinnen. Sie lud neue Beraterinnen zu sich nach Hause ein, und während des selbst gekochten Essens erzählte sie immer wieder aus ihrem eigenen erlebnisreichen Leben. Schließlich machte sie daraus eine Biographie, die unter dem Titel „Mary Kay" (1981) erschien.

Sie nahm Spitzenvertreterinnen mit nach London und in die Karibik, reiste im Land umher und knüpfte zu so vielen Beraterinnen wie nur irgend möglich Kontakte. „Ich glaube an die persönliche Beziehung, weil sich dann jeder verstanden fühlt", schrieb sie.

In den achtziger Jahren fiel das Unternehmen, das so viele Möglichkeiten für Frauen eröffnet hatte, allerdings dem eigenen Erfolg zum Opfer. Der Prozentsatz arbeitender Frauen stieg ständig von 38,3 Prozent in Jahr 1963, als Mary Kay Cosmetics die Türen öffnete, auf 53,6 Prozent im Jahr 1984. Als andere Unternehmen und Branchen nach und nach Frauen einstellten, fand man Frauen in Berufen wie Rechtsanwältin, Journalistin oder Immobilienmaklerin. Aber einige von ihnen, die sich auf diese neuen Karrieremöglichkeiten stürzten, verkauften nebenbei weiterhin die Produkte von Mary Kay. 1984 hatte bereits ein Drittel der 192.000 Beraterinnen andere Jobs. Trotzdem waren Beobachter der Meinung, daß sich die demographischen Voraussetzungen, die für den Erfolg des Unternehmens verantwortlich waren, auflösten. „Rote Tinte floß in das Königreich von Mary Kay", schrieb *Forbes.* „Das Hauptproblem von Mary Kay war, daß viele der auf Provision arbeitenden Vertreterinnen, auf die Mary Kay angewiesen war und die die Kosmetika der Firma von Haus zu Haus verkauften, jetzt auf dem regulären Arbeitsmarkt unterkamen."

Diese Behauptung erwies sich als richtig: Der Umsatz ging von 323 Millionen 1983 auf 260 Millionen Dollar 1985 zurück. Als auch der Börsenmarkt die Unternehmensaktien schlecht bewertete, ergriffen Mary Kay Ash und ihr Sohn Richard Rogers die Gelegenheit. Sie überwanden ihre langjährige Aversion gegenüber Verschuldungen, und Mutter und Sohn nahmen einen hohen Kredit auf, um die 70 Prozent an Unternehmensanteilen, die ihnen noch nicht gehörten, in einem Leverage Buyout von 315 Millionen Dollar aufzukaufen. Während einige Analysten der Meinung waren, daß für die Gesamtkontrolle des Unternehmens zuviel gezahlt wurde, hatten Mutter und Sohn auf die richtige Karte gesetzt. Unter Leitung von Richard Rogers bot das Unternehmen höhere Provisionen und Boni an und konzentrierte sich stärker auf die Ausdehnung in andere Länder. Mary Kay Cosmetics erholte sich schnell. Schon 1991 verbuchten die 220.000 Vertreterinnen der Firma wieder einen Umsatz von 487 Millionen Dollar.

Auch in ihrem vierten Jahrzehnt konnte das Unternehmen den jugendlichen Schwung unter seinem Verkaufspersonal aufrechterhalten. Nirgendwo sonst wurde diese Begeisterung offensichtlicher als bei dem 30. Jahresseminar im Sommer 1994. Fast 40.000 Frauen und ein paar Dutzend Männer (2.000 der 425.000 weltweiten Berater waren männlich) kamen im Kongreßzentrum von Dallas zusammen. Man wollte auch den neuen Rekord feiern, nämlich einen Umsatz von 850 Millionen Dollar.

Die Berater pilgerten von Oregon, Oklahoma und Ontario, aus New York, aus den Kleinstädten Nebraskas, aus Rußland und Japan und aus 22 anderen Ländern, in denen Mary Kay vertreten war, nach Dallas. Hausfrauen saßen neben Harvard-Absolventen und anderen Berufsgruppen – ungefähr zwei Drittel der Berater hatten Vollzeitjobs. Neue Mitarbeiter, die 5.000 Dollar Provision verdienten, saßen neben nationalen Verkaufsdirektoren mit einem Spitzeneinkommen von 500.000 Dollar. Zwischen den Seminaren über Buchhaltung und Führung, zwischen den Auszeichnungszeremonien und motivierenden Vorträgen konnten die Teilnehmer mit dem Bus in die Unternehmenszentrale fahren und das neue Mary-Kay-Museum besichtigen. Den Vorsitz bei dieser ganzen Veranstaltung hatte die legendäre, eremitierte Vorsitzende selbst, die inzwischen 67 Jahre alt geworden war. Wie immer half Mary Kay bei der Verteilung der Preise und Auszeichnungen im Wert von sechs Millionen Dollar und krönte persönlich vier Verkaufsköniginnen mit Diademen aus Bergkristall.

Obwohl die Kongreßhalle nur ein paar Meilen vom Lagerhaus entfernt war, wo Mary Kay ihre erste Preisverleihung vorgenommen hatte, konnte der Unterschied wohl kaum größer sein. Mary Kay Cosmetics ist nun nicht mehr länger ein kleines Ideal-Unternehmen. Es ist ein modernes Unternehmen, das zehn Prozent des amerikanischen Marktes für Gesichtscremes und 8,5 Prozent des Marktes für Schminkutensilien kontrolliert. 1993 schätzte ein Magazin in Texas das gesamte Nettovermögen von Mary Kay und Richard Rogers auf 320 Millionen Dollar. Mary Kays Leben war turbulent – mit etlichen Aufs und Abs. *Forbes* bemerkte dazu: „Manchmal dreht sich die Hummel im Kreis. Aber bis heute hat sie immer wieder einen Weg gefunden."

Die Kontrolle über das Unternehmen

Als Mary Kay Ash und Richard Rogers 1985 mit einem Leverage Buyout (LBO) die Mary Kay Cosmetics wieder in Privatbesitz überführten, bedienten sie sich einer Finanzierungstechnik, die in dem Jahrzehnt eine zunehmende Bedeutung erlangte. Die Idee hinter dem LBO ist einfach: Eine Unternehmensleitung nimmt einen hohen Kredit auf, um ihre Aktien zurückzukaufen, und zahlt dann die Schulden bar oder mit den Erlösen aus dem Verkauf von Unternehmensbesitz zurück. Als die Unternehmensaktien 1985 auf einem Tiefstand waren, boten Mary Kay und Richard Rogers an, 70 Prozent der ausstehenden Aktien, die ihnen noch nicht gehörten, für

315 Millionen Dollar zu kaufen. „Wir wollten uns im Interesse unserer Angestellten und Kunden vom Aktienmarkt zurückziehen", meinte Mary Kay. Nachdem der Vorstand das Angebot abgelehnt hatte, erhöhten die beiden ihr Gebot im Juli. Im Dezember stimmte der Vorstand der Transaktion zu.

Das Geschäft sah vor, daß die Aktionäre elf Dollar bar bekämen und eine 15jährige Schuldverschreibung mit einem Nennwert von 8,25 Dollar für jede der 21 Millionen Stammaktien. Die Inhaber der Schuldverschreibungen sollten in den ersten fünf Jahren keine Zinsen bekommen, aber danach hätten sie eine jährliche Verzinsung von 15 Prozent. Da die Analysten diesen Anleihen einen Zeitwert von 3,5 bis vier Dollar zusprachen, bewertete das Gebot die Aktie mit 14,5 bis 15 Dollar.

Die Schuldverschreibungen stiegen auf 73 bis 84 Millionen Dollar. Aber das Unternehmen brauchte 231 Millionen für den Bargeldanteil des Buyout. Und obwohl Mary Kay Schulden haßte, war ein Kredit die einzige Möglichkeit, eine Transaktion dieser Größenordnung durchzuführen. Mit Hilfe ihrer Finanzberater legten Mary Kay und Richard Rogers ein Finanzpaket vor. Es bestand aus einem Kredit über 81 Millionen Dollar von einem Bankensyndikat, 60 Millionen aus dem Verkauf vorrangiger Papiere an institutionelle Anleger und 90 Millionen aus dem Barguthaben und dem Kreditrahmen des Unternehmens. Der Schritt machte Mary Kay und Richard Rogers weitgehend zu unabhängigen Managern ihrer Firma. Außerdem bedeutete es, daß der Wert ihrer Anteile nicht mehr durch die Tagesschwankungen beeinflußt wurde. „Am wichtigsten ist, daß uns keine Nachteile mehr entstehen durch den Kauf und Verkauf der Anleger in einem ständig schwankenden Aktienmarkt", sagte sie.

Intelgründer von links nach rechts:
Robert Noyce, Andrew Grove und Gordon Moore

13.
Der Mikroprozessor von Intel
und die Computerrevolution

Als Chef eines 16,2 Milliarden-Dollar-Unternehmens und mit Verantwortung für 26.000 Angestellte vertritt Andrew Grove, CEO der Intel Corporation, nach wie vor die typischen Grundeinstellungen eines Unternehmers. „Am besten trifft man die richtige Entscheidung. Eine falsche Entscheidung ist auch O.K. Am schlimmsten ist, wenn man sich gar nicht entscheidet. Dann ist man zum Scheitern verurteilt."

Intel hat sich immer entschieden. Von Anfang an stieß das Unternehmen immer in neue Bereiche vor. 1968, als Gordon Moore und Robert Noyce den sicheren Hafen eines Großunternehmens verließen, um ihre eigene Firma aufzubauen, planten sie die Herstellung eines Produkts, das sie aber erst noch erfinden mußten: einen kleinen Halbleiterchip mit derselben Speicherkapazität wie die großen Magnetkerne der Großrechner. Unter Leitung von Moore und Noyce machten sich die Intel-Ingenieure daran, immer mehr Rechenleistung auf immer kleinere Chips zu packen. 1971 entwickelten sie einen Chip, der in einen Computer eingebaut werden konnte. Der Mikroprozessor, wie sie ihn nannten, stellt eine Entwicklung dar, die heute in der Geschichte der Erfindungen als Meilenstein auf derselben Stufe rangiert wie der Mäher von McCormick und das Montageband von Henry Ford.

Durch die Komprimierung der Speicherleistung eines 84 Kubikmeter großen Computers in einen Chip, der kleiner als ein Fingernagel ist, ermöglichte der Mikroprozessor von Intel den Personalcomputer. Als die PC-Revolution Anfang der achtziger Jahre in Schwung kam, stellte Robert Noyce (der 1990 verstarb) fest, daß „Intel unsere Gesellschaft völlig verändert hat".

Die Erfindung des Mikroprozessors war nur der Anfang. Der Technologieführer Intel hatte unermüdliche Anstrengungen unternommen, um diese Führerschaft auch aufrechtzuerhalten. Mit Unterstützung von Andrew Grove, einem mitreißenden Manager und Organisationstalent, schaffte es das Unternehmen, zwei Jahrzehnte lang seinen potentiellen Konkurrenten voraus zu sein. Sogar nach der Einführung des Mikroprozessors, der in modernen Anlagen auf der ganzen Welt produziert wurde und der den Industriestandard vorgab, steckte Intel weiterhin Unsummen in die Forschung. In der letzten Zeit erreichte das Jahresbudget für Forschung und Entwicklung die Summe von einer Milliarde Dollar.

Die starke Betonung der Forschung erklärt sich aus zwei oft zitierten Kommentaren von Gordon Moore und Andy Grove. Der erste, der heute als „Moores Regel" bekannt ist, lautet, daß „sich Leistung und Komplexität eines Siliziumchips alle 18 Monate verdoppeln." Der zweite erklärt den Elan von Intel, bei der Entwicklung des Siliziumchips immer die Nase vorne zu haben, und kann „Groves Schlußfolgerung" genannt werden: „Nur der Verrückte überlebt."

Eine neue Industrie entsteht

Gordon Moore wuchs in einer kleinen Küstenstadt südlich von San Francisco auf, wo sein Vater Hilfssheriff war und seine Mutter einen Laden führte. Er schloß 1954 sein Studium der Chemie und Physik am California Institute of Technology mit dem Doktor ab. 1956, nachdem er zwei Jahre am Applied Physics Lab von Johns Hopkins gearbeitet hatte, kehrte er nach Kalifornien zurück und nahm eine Stelle in der Chemieforschung bei Shockley Semiconductor an. Einer seiner Kollegen dort war Robert Noyce, ein Absolvent des Grinnell College, der am Massachusetts Institute of Technology in Ingenieurwissenschaften promoviert hatte. Die Arbeit bei Shockley Semiconductor sollte sich als außergewöhnlich fruchtbar erweisen. Dort arbeitete eine gut ausgestattete Forschungsgruppe unter der Leitung von William Shockley, der 1956 den Nobelpreis für seinen Beitrag zur Entwicklung des Transistors erhalten hatte. Dadurch daß der Transistor Impulse durch einen „Halbleiter" aus Silizium zwischen zwei Wafer leitete, ersetzte er die Vakuumröhre in der Elektronik und machte den Weg frei für kleinere Radios.

Zwischen 1956 und 1957 experimentierten die Wissenschaftler bei Shockley Semiconductor mit den Möglichkeiten des Transistors; u.a. erforschten sie die Wirksamkeit seines Einsatzes bei der Konstruktion kleiner elektronischer Geräte und Anwendungen. Aber sie litten unter der tyrannischen Herrschaft von William Shockley. Als Noyce, Moore und ein halbes Dutzend andere von der Führung Shockleys hoffnungslos frustriert waren, suchten sie Hilfe bei Arthur Rock, einem Investmentbanker aus San Francisco. Er brachte sie in Kontakt mit der Fairchild Camera and Instrument Corporation, einem New Yorker Großunternehmen, das damit einverstanden war, einen neuen Unternehmensbereich für die Halbleiterforschung aufzubauen. Als die Fairchild Semiconductor 1957 in Mountain View in Kalifornien ihre Arbeit aufnahm, mit Noyce als Bereichsleiter und Moore als technischem Leiter, war das Unternehmen erst die zweite Forschungseinrichtung für Halbleiter in dieser Gegend, die später als Silicon Valley bekannt wurde.

Noyce war ein genialer Erfinder; 1959 testete er erfolgreich einen integrierten Schaltkreis: Er baute eine komplette elektrische Spur aus mehreren Transistoren auf einen einzigen Siliziumchip. Bereits schon länger hatte der integrierte Schaltkreis von Fairchild Semiconductor die elekromechanische Schaltung in Computern und anderen Maschinen ersetzt. Gordon Moore nahm an, daß dies erst der Anfang eines gewaltigen Miniaturisierungsprozesses sei, und sah dafür unendlich viele Möglichkeiten. Wenn man eine Transistorschaltung in einen Siliziumchip einpassen kann, dann kann man auch Wege finden, die Kapazität eines einzelnen Chips zu verdoppeln – und dann wieder zu verdoppeln. 1965 sagte Moore voraus, daß sich die Leistung der Chips alle zwölf Monate verdoppeln würde. Diese Prognose – die später auf etwa 18 Monate ausgedehnt wurde – wurde als „Moores Regel" bekannt und beschleunigte in den Jahren danach die gemeinsamen Anstrengungen bei Intel. (Nach einem Artikel in *Forbes* von 1995 war die Prognose von Moore allerdings nicht ganz zutreffend: „Verdopple etwas alle 18 Monate 30 Jahre lang, und es steigt um einen Faktor von einer Million zu eins. Moores Prognose lag jedoch nah dran: Der heutige Vier-Megabit-Chip ist viermillionenmal so leistungsfähig wie sein Vorläufer, der Transistor.")

1963, als Gordon Moore immer noch die Möglichkeiten des Siliziumchips auslotete, traf er einen Mann, der wie kein anderer bei Intel diese Möglichkeiten in die Realität umsetzte: Andrew Grove, eigentlich Andras Grof. Grove war aus seiner Heimat Ungarn nach der gescheiterten Revolution von 1956 geflohen und hatte Ingenieurwissenschaft am City College in New York studiert, wo er bereits nach nur drei Jahren seinen ersten Abschluß machte, während er gleichzeitig als Kellner jobbte. Nachdem Grove in Chemical Engineering an der University of California in Berkely promoviert hatte, kam er 1963 als Assistent von Moore zu Fairchild und erwarb sich dort schnell einen Ruf als zuverlässiger Organisationsleiter.

1967 machte der Unternehmensbereich Fairchild Semiconductor einen Umsatz von 130 Millionen Dollar und beschäftigte schon 15.000 Mitarbeiter. Aber dieser Bereich stellte nur einen kleinen Teil des Gesamtgeschäfts von Fairchild dar, das sich auf die Luftfahrtindustrie konzentrierte. Infolgedessen waren Noyce und Moore, als sie sich für ein Engagement in neuen Forschungs- und Technologiegebieten einsetzten, darüber frustriert, wie die Unternehmensleitung in New York darauf reagierte. „Fairchild besaß eine altmodische und hierarchische Unternehmensstruktur", sagte Noyce 1988 in einem Interview. „Ich wollte niemals für ein solche Unternehmen arbeiten."

Noyce und Moore forderten Mittel und Unterstützung von Fairchild zur Erforschung von Halbleiterspeichern. Damals bestand der Computerspeicher aus Magnetkernen. Noyce und Moore glaubten, daß sie die großen Magnetkerne durch kleine Chips ersetzen könnten. Aber das fehlende Engagement von Fairchild frustrierte sie. Moore besuchte an einem Wochenende 1968 Noyce zu Hause. Der Augenblick, der aus beiden Milliardäre machen sollte, ist ihnen bestens im Gedächtnis geblieben. Noyce war beim Rasenmähen, hörte aber auf, um sich zu unterhalten. Sie diskutierten über die Bürokratie bei Fairchild und darüber, eine eigene Firma zur Herstellung von Halbleiterspeichern zu gründen. „Wir waren jung und anmaßend", sagte Noyce, der damals 41 war. „Wir wollten unabhängig sein und unseren eigenen Weg gehen."

Sie wandten sich erneut an Arthur Rock. Noyce und Moore investierten jeweils 250.000 Dollar ihres Privatvermögens, und Rock besorgte die zusätzlichen 2,5 Millionen Dollar. Das Grinnell College, dessen Absolvent Noyce war, investierte 300.000 Dollar.

Am 18. Juli 1968 wurde Intel unter dem Namen NM Electronic gegründet (wobei NM für „Noyce" und „Moore" stand). Rock war Vorstandsvorsitzender, Noyce Präsident und CEO und Moore stellvertretender Vorsitzender. Sie bauten eine Fabrik in Mountain View in Kalifornien, unweit von Fairchild Semiconductor und der Stanford University. Sie stellten ungefähr ein Dutzend Mitarbeiter von Fairchild ein, einschließlich Andrew Grove. Sie bedienten anfangs eine Nische, entwickelten aber letztlich eine neue Industrie. „Das Geschäft mit Halbleiterspeichern gab es noch nicht", meinte Noyce. „Das ist der Schlüssel zum Überleben für ein junges Unternehmen. Man muß eine Geschäftsidee suchen, die entweder noch unterbesetzt oder noch gar nicht besetzt ist."

Auch wenn man die Speicherfähigkeit von Halbleitern erreicht hätte, sagten andere in der Branche voraus, wären sie ungefähr zehnmal so teuer wie Magnetkerne. Infolgedessen sahen nur wenige Fachleute irgendeinen kommerziellen Nutzen in dieser Entwicklung. Intel (die Firma wurde bald nach der Gründung umbenannt) wollte dies durch ständige Senkungen der Produktionskosten abändern und immer mehr Transistoren auf einen einzelnen Chip packen. Innerhalb nur weniger Jahre, wenn Moores Regel zuträfe, hätten die Speicherchips billiger und damit attraktiver als Magnetkerne werden müssen. Das wäre zwar eine wissenschaftliche Errungenschaft gewesen, aber Intel war ein Unternehmen und mußte sich in einem stark umkämpften Markt behaupten. „Wir rechneten aus, daß wir ungefähr fünf Jahre Zeit hätten, bis die goßen Halbleiterfirmen uns in diesem Markt folgen und zu direkten Konkurrenten würden", erinnerte sich Moore. Eine der ersten Entscheidungen, die das Managementteam zu fällen hatte, betraf den sogenannten „Schwierigkeitsgrad". Wenn man ein ganz einfaches Produkt hergestellt hätte, dann hätten die anderen es einfach kopieren können. Hätte man sich auf ein offensichtlich kompliziertes Produkt konzentriert, dann wären die Mittel des Unternehmens bald ausgegangen, noch bevor die Forschung endgültig abgeschlossen gewesen wäre. Schließlich entschied man sich für einen Mittelweg und prophezeite, daß die neue Firma innerhalb von fünf Jahren einen Umsatzerlös von 25 Millionen Dollar erzielen könnte.

Intel hatte einen langen Weg vor sich. Im ersten Geschäftsjahr berichtete das Unternehmen von vernachlässigbaren Einnahmen in Höhe von 2.672 Dollar. Nach einigen Fehlstarts konzentrierten sich 1969 die Forscher bei Intel auf die Herstellung von Metalloxid-Halbleitern mit Siliziumgattertechnologie (MOS). „Wir wählten eine Technologie, die wir ausreichend beherrschten, so daß wir unsere ganze Energie darauf konzentrieren und unvorhergesehene Schwierigkeiten überwinden konnten", berichtete Moore. 1970 brachte Intel das erste erfolgreiche Produkt heraus, den Chip 1103 mit einem K oder 1.000 Bites dynamischer RAM (DRAM).

Ein DRAM war trotz seines Namens passiv. Man konnte die Informationen nur speichern. Der nächste Schritt von Intel bestand darin, Chips herzustellen, die mehr als nur einfache Speicher waren. Das Unternehmen erreichte dieses Ziel zum Teil mit einem zweiten Speicherprodukt, das gleichzeitig entwickelt wurde. Ein Forscher, Dov Frohman, entwickelte einen Chip, der wie der DRAM dauerhafte Speichereigenschaften aufwies. Der Chip konnte aber auch gelöscht werden und war damit neu programmierbar. Der EPROM-Chip (der löschbare programmierbare Lesespeicher) war ein schneller, billiger und einfacher Weg nicht nur zum Speichern von Daten, sondern auch von Programmen, die Befehle an die DRAM-Chips weitergaben. Frohman erinnerte sich in einem Gespräch in aller Bescheidenheit daran: „Wir waren keine Genies. Erfindungen sind einfach nur so etwas wie ein Traum, in dem man sich dann die Frage stellt ‚Warum nicht?'" Mit den EPROMs wurde der Markt für DRAMs von Intel angekurbelt, und der Umsatz des Unternehmens stieg auf 9,43 Millionen Dollar im Jahr 1971. In demselben Jahr stützte Intel seine Finanzgrundlage durch eine erste Notierung an der Börse ab, was dem Unternehmen 6,8 Millionen Dollar einbrachte.

Perfektionierung des Prozesses

Obwohl die ersten gefertigten Produkte hervorragende Leistungen darstellten, erkannten die Manager von Intel, daß man noch sehr weit von der Realisierung des Ziels Jahreseinnahmen in

Höhe von 25 Millionen Dollar zu erwirtschaften, entfernt war. „Viele Dinge sind technologisch machbar, aber nur wirtschaftlich umsetzbare Produkte sind realisierbar", bekräftigte Noyce.

Von Anfang an war die Herstellung von Siliziumchips kompliziert. Anfang der siebziger Jahre wurde ein Entwurf über photographische Verfahren verkleinert und dann auf eine dünne Scheibe Silizium gepreßt. Dieser Vorgang wurde immer wieder wiederholt, um Tausende von Transistoren auf einen einzelnen Chip zu packen. Die Chipproduktion war immens teuer, und es hätte keine technologischen Durchbrüche gegeben, wenn Intel keine Wege gefunden hätte, die Chips zu erschwinglichen Preisen herzustellen. Andrew Grove kümmerte sich nur darum. „Noyce und Moore hatten die Ideen. Grove baute die Organisation drumherum", erinnerte sich Dun Hutcheson, Manager bei der Computerfirma VLSI Research.

Grove, der etwas von Industrieorganisation verstand, übernahm die Verantwortung für die Produktion, er leitete gleichzeitig die ersten Versuche des Unternehmens mit Fließbandfertigung. „Der (Fertigungs-) Bereich war eine Fabrik mit Schläuchen, Kabeln und Apparaten, die komische Geräusche von sich gaben", amüsierte sich Grove. „Es war damals eine moderne Fertigung, aber nach heutigen Standards war sie ziemlich primitiv." Diese Anlage funktionierte in ausreichendem Maße für die Massenfertigung der Chips und senkte dadurch ganz entschieden die Stückkosten. Da Intel so wenig Konkurrenz hatte, konnte man Höchstpreise verlangen. Der Unternehmensgewinn schoß in die Höhe.

Das Debüt des Mikroprozessors

Die ersten Jahre von Intel waren nur eine Art Vorspiel zum Durchbruch, der in den siebziger Jahren das Wachstum des Unternehmens forcieren sollte – und die starke Verbreitung des Personalcomputers. Bei der Erfindung handelte es sich um den Mikroprozessor, von dem Grove sagte, daß er „eines der revolutionärsten Produkte in der Geschichte der Menschheit" ist. Die Entdeckung war nicht geplant, sondern einfach ein logischer Schritt bei den ständigen Bemühungen von Intel, die Chips intelligenter zu machen und die Teile zu verkleinern, die die Rechenleistung erbrachten.

1969 hatte eine japanische Firma Intel damit beauftragt, eine Reihe von Chips zu produzieren, die in Taschenrechnern komplexe Rechenvorgänge erlaubten, die bisher nur mit Rechenmaschinen oder größeren Computern möglich waren. Statt verschiedene Chips nebeneinander zu schalten, kam der Intel-Ingenieur Ted Hoff auf die Idee, vier Chips miteinander zu verbinden und einen einzelnen leistungsfähigen in die Mitte zu schalten. Mit der Zeit entwickelte Hoff eine Methode, um eine zentrale Recheneinheit (CPU) auf einen einzigen Chip zu pakken. Und dieser einzelne Chip – eine unbeabsichtige Lösung im Rahmen einer Kundenanfrage – wurde der Mikroprozessor 4004 von Intel.

In einer grafischen Darstellung von Moores Regel wurde der 4004 – der nicht größer als eine Raupe mit Metallbeinchen war – mit 2.300 Transistoren bestückt und brachte so viel Rechenleistung wie die ENIAC von 1946, der erste elektronische Rechner, der 84 Kubikmeter Platz brauchte. Der 200 Dollar teure Chip, der 1971 auf den Markt kam, konnte in einer Sekunde die erstaunliche Zahl von 60.000 Rechenoperationen durchführen.

Der Markt für den 4004 entwickelte sich rasch. Er steckte in den damals modernen Digitaluhren (Intel wandte sich sogar für kurze Zeit dem Uhrengeschäft zu) und den neuen Taschenrechnern. 1972 hielt Intel sein Versprechen, leistungsfähigere Produkte zu liefern, und brachte den 8008 heraus, einen noch viel schnelleren und vielseitigeren Mikroprozessor, der als Acht-Bit-Prozessor bekannt wurde. Der Acht-Bit-Prozessor bildete die Basis für die meisten PCs, die in den siebziger Jahren auf den Markt kamen.

Das Unternehmen wuchs exponentiell. Intels Umsatz stieg von 9,4 Millionen im Jahr 1971 auf 23,4 Millionen Dollar im Jahr 1972 und verdreifachte sich 1973 auf fast 66,17 Millionen

Dollar. In dem Jahr stieg der Aktienpreis auf 88 Dollar, also bald viermal so viel wie der ursprüngliche Preis von 23,50 Dollar. Noyce und Moore hielten jeweils 27 Prozent der Anteile, die ungefähr jeweils 200 Millionen Dollar wert waren. Die Gründer von Intel hätten sich ausbezahlen lassen und zur Ruhe setzen können. Aber sie hatten gerade erst angefangen. Statt Dividenden auszuschütten oder eine großzügige Unternehmenszentrale zu bauen, steckten die Männer – die in ihrem Herzen Ingenieure waren – ihre Gewinne in Labors und Produktionseinrichtungen. 1973 investierte das Unternehmen dreimal so viel wie der Gewinn des Vorjahres ausmachte in Forschung und Entwicklung.

Intels Führungskräfte waren nicht der Meinung, daß sie nur Plastikchips herstellten. Inmitten der Unruhen aufgrund der Proteste gegen den Vietnamkrieg wußten diese Ingenieure und Chemiker, daß sie den Lauf der Geschichte entscheidend verändert hatten, da sie die Rechenleistungen auf immer kleinere Teile packten. „In Wirklichkeit waren wir die Revolutionäre – nicht die Jugendlichen mit den langen Haaren und Bärten, die vor einigen Jahren an den Universitäten für Unruhe sorgten", erklärte Moore 1973.

Noyce kam zu dem Ergebnis, daß die Speicherchips praktisch überall eingesetzt werden könnten, angefangen bei den Büromaschinen bis zu Haushaltsgeräten. Großrechner und kleine Taschenrechner bildeten nur den Anfang. Auch elektronische Geräte – Mikrowellenherde und Stereoanlagen –, die von einem Speicher profitieren könnten, wären theoretisch mit einem Chip ausrüstbar. Im April 1975 wechselte die Führung im Unternehmen, Noyce wurde Vorstandsvorsitzender, Gordon Moore CEO und Andrew Grove stellvertretender Vorsitzender. Arthur Rock blieb im Vorstand. „Dieses Geschäft bewegt sich immer am Rand einer Katastrophe", stöhnte Moore. „Sobald man ein Produkt mit hohen Gewinnen herstellen kann, kalkuliert man, wie man die Kosten senken kann, und versucht, etwas um das Vierfache zu verkomplizieren, was unsere Erträge wiederum senkt."

Die Preise fielen fast direkt, nachdem Intel ein Produkt auf den Markt gebracht hatte, weil die Nachbauer den Markt mit

Nachahmerprodukten überfluteten und die Kunden anfingen, auf das nächste, schnellere Modell zu warten. „Unsere Branche zeichnet sich vor allem dadurch aus, daß die Kosten ständig sinken", sagte Moore. Natürlich wurde der 8008 1974 durch den 8080 abgelöst, der 290.000 Operationen pro Sekunde durchführen konnte. Der Hunger nach schnelleren, leistungsfähigeren Speichern war scheinbar unersättlich. Viele elektronische Konsumprodukte hatten einen Intel-Chip. 1978, als der 8086-Chip eingeführt wurde, beliefen sich die Einnahmen von Intel auf 400 Millionen Dollar.

Produktmarketing während der PC-Revolution

Die siebziger Jahre machten aus Intel einen Industrieriesen. Die Einnahmen stiegen von 4,2 Millionen im Jahr 1970 auf 661 Millionen Dollar 1979, ein Jahr, in dem das Unternehmen 40 Prozent des 820-Millionen-Dollar-Marktes für Mikroprozessoren hielt. 1980 war der Aktienwert um 10.000 Prozent gegenüber dem ursprünglichen Ausgabepreis von 23,50 Dollar gestiegen. Ohne langfristige Schulden und mit einer marktbeherrschenden Position glaubte sich Intel sicher. Aber die Unternehmenslenker waren der Meinung, daß sie erst jetzt die Möglichkeiten der Technologie richtig verstanden hätten. Man packte immer mehr Rechenleistung auf die Siliziumplättchen und war davon überzeugt, daß ein einzelner Chip die Leistung von Großrechnern erbringen könnte, diesen großen Monstern, die vor allem von IBM gebaut und in den meisten Großunternehmen eingesetzt wurden.

Aber die kühnen Ingenieure von Intel sollten es mit einer unerwarteten Herausforderung zu tun bekommen. Weder Größe noch Tradition garantieren einem Unternehmen eine Zukunft auf dem schnellebigen Computermarkt. Howard Rudnitsky schrieb 1980 in *Forbes* über die Halbleiterindustrie: „Die Konkurrenz ist weiterhin rücksichtslos, aber gleichzeitig ist das Geschäft zunehmend kapitalintensiv und kompliziert. Man kann nicht mehr mit 100.000 Dollar in einer Garage anfangen und einfach erfolgreich werden – sogar wenn man Intel heißt und jedes Jahr 66 Millionen Dollar für F & E ausgibt und einen Kapitalaufwand von 150 Millionen Dollar hat."

1980 beherrschte Intel nicht mehr allein das Feld. Unternehmen wie Zilog und Motorola steckten hohe Summen in die Verbesserung. Mit diesen starken Konkurrenten im Nacken konnte Intel nie sicher sein, daß seine Chips als Standard in den Produkten der Computerhersteller eingebaut würden. Wenn Intel keine ausreichend große Zahl sogenannter „Konstruktions-Vorsprünge" erzielte, dann wäre die bahnbrechende Arbeit der letzten zehn Jahre keinen Pfifferling mehr wert. „Im Halbleitergeschäft ist der einzige Marktanteil, über den man sich wirklich Sorgen macht, der Markt, den man nach der Verfallszeit behält", schrieb der Intel-Manager William Davidow in seinem Buch „Marketing High Technology".

Der neue 8086/8088-Chip, 1978 eingeführt, erreichte schnell sein Verfallsdatum, als Intel eine Kampagne startete, um seinen Mikroprozessor-Chip zum Industriestandard zu machen. Im Dezember 1979 kam eine Gruppe von Intel-Managern zusammen, um über Strategien zu diskutieren. Siliziumchips waren zu einem Gebrauchsgegenstand geworden, mittlerweile wurden sie von vielen Firmen hergestellt. Den Managern von Intel war klar, daß ihr Unternehmen Stärken aufzuweisen hatte, vor allem in der Entwicklung von Mikroprozessoren. Intel hatte den Ruf, seiner Zeit voraus zu sein, und seine Chips wurden als Spitzenprodukte angesehen. „Intel beherrschte das Marktsegment für den 16-Bit-Mikroprozessor", schrieb Davidow. „Der Großkunde, den wir auf unsere Seite bringen mußten, war IBM", sagte er. 1980 entschied sich IBM für den 8088 als Kernstück seines neuen PC, der mit dem Betriebssystem MS-DOS von Microsoft lief.

Die Einführung des IBM-PC veränderte die Computerwelt. Mit der Rückenstärkung eines Riesen wie „Big Blue" wurden die PCs – Maschinen mit einem „Gehirn" und einem Speicher –

zu einem beliebten Produkt bei Privatpersonen und Unternehmen. Die IBM-PCs machten den 8086 von Intel zum Industriestandard. Da IBM kaum eigene Technologien für PCs entwickelte, konnten die Unternehmen den PC ohne große Schwierigkeiten nachbauen. Als dann die PC-Hersteller wie Compaq Computers Corporation die Bauweise von IBM zu kopieren anfingen, wandten sie sich natürlich an Intel, wo man wohl am meisten von den IBM-PCs und dem PC-Boom Anfang der achtziger Jahre profitierte. Der Unternehmensumsatz schnellte rapide von 789 Millionen 1981 auf 1,6 Milliarden Dollar im Jahr 1984 hoch.

Ein Unternehmenssegment geriet allerdings unter immensen Druck, als die Konkurrenz der japanischen Hersteller den Preis für DRAMs unter Intels Produktionskosten drückte. Das Unternehmen zog sich sofort vom Markt zurück und konzentrierte sich auf Gebiete, in denen es die Preise mit Technologiefortschritten kontrollieren konnte.

High Output Management

Obwohl Moore und Noyce an der Spitze von Intel blieben, war Andrew Grove die treibende Kraft hinter der immensen Ausweitung des Unternehmens. Er wurde 1979 zum Präsidenten und CEO ernannt. Grove war außergewöhnlich autoritär und streng und hatte den Spitznamen „preußischer General". Er war auch dafür bekannt, daß er sich die Namen der Mitarbeiter notierte, die morgens nach acht Uhr kamen. 1981, als das Unternehmen während der Rezession in Schwierigkeiten geriet, legte er die „125-Prozent-Lösung" vor. Alle fachlich qualifizierten Angestellten mußten ohne zusätzliche Bezahlung 50 Stunden die Woche arbeiten.

Aber Grove war nicht nur ein strenger Vorgesetzter, sondern auch ein erfolgreicher Manager, der sehr viel über optimale Organisationsmethoden eines Industrie- und Technologieunternehmens grübelte. Er entwickelte einen „outputorientierten Managementansatz", den er 1983 in seinem populären Buch „High Output Management" beschrieb. (Mehrere Jahre lang verfaßte er auch eine in mehreren Zeitungen erschienene Kolumne über Management: „One-on-One with Andy Grove".) Nach seiner Meinung war der Output nicht nur auf die Ingenieure und Arbeiter begrenzt, sondern galt auch für jeden Büro- und Verwaltungsangestellten.

Bei Intel zeichneten die Angestellten nicht nur ihrem Chef gegenüber verantwortlich, sondern auch ihren Kollegen. „ ...(Hier) schreibt jeder auf, was er macht, und überprüft es in bezug auf die Ziele, nicht in bezug auf das Management allein, sondern in bezug auf seine unmittelbaren Kollegen *und* das Management", erklärte Robert Noyce einmal.

Intel experimentierte auch mit Teamarbeit. Die meisten leitenden Angestellten arbeiteten in einem Großraumbüro und nicht hinter verschlossenen Türen. Das Bürodesign betonte ein anderes Hauptziel von Grove: Abschaffung von Grenzen, die Entwicklung persönlicher Beziehungen zwischen Managern und Angestellten. Ebenso setzte sich Grove dafür ein, daß die Manager direkt miteinander kommunizierten, um gegenseitig Informationen austauschen zu können und eine gemeinsame Unternehmenskultur aufzubauen. „Die Hauptgründe sind das gegenseitige Helfen und der Informationsaustausch", erläuterte er.

Obwohl Intel dem Vorsatz seiner Gründer treu blieb, die Kreativität nicht durch eine typische Unternehmensbürokratie zu ersticken, entschieden sich nicht alle für das Unternehmen. Ebenso wie zu Beginn Grove, Moore und Noyce aus einem Großunternehmen ausschieden, um ihr eigenes Glück zu machen, verließen einige führende Mitglieder des Forschungsstabs Intel Anfang der achtziger Jahre, um selbst Unternehmen wie Covergent Technologies und Seeq Technology zu gründen.

High-Technology-Marketing
in einer Zeit des Wettbewerbs

In den achtziger Jahren hatte Intel Probleme mit seiner Vor-
machtstellung. Da die Meßlatte für den Eintritt in die Mikropro-
zessor-Industrie sehr hoch lag, waren die Firmen, die in die sehr
profitable Nische Intels eindrangen, sehr kapitalkräftig: Texas
Instruments, Motorola und zunehmend auch japanische Unternehmen. Aufgrund dieser Konkurrenz fielen die Chippreise, so
daß Intel 1985 nur 20 Dollar für den 8086-Chip verlangen
konnte. Das führte zu Einbrüchen in der bis dahin erstklassigen
Gewinnmarge des Unternehmens. Tatsächlich gingen die Einnahmen 1985 und 1986 zurück, und zwar von 1,6 Milliarden
Dollar im Jahr 1984 auf 1,2 Milliarden im Jahr 1986. Grove
reagierte darauf mit der für ihn typischen Präzision und Schnel-
ligkeit. Um Kosten zu sparen, verkündete Intel im Oktober 1985
eine Senkung der Löhne um zehn Prozent und die Einstellung
der Produktion für sechs Tage Ende Dezember. Das Unternehmen entließ schließlich 2.600 Mitarbeiter (oder 30 Prozent der
Belegschaft).

Die Rettung für Intel kam – wie immer – durch die Entwicklung eines neuen Produkts, das seinen eigenen bisherigen Standard und den der Rivalen übertraf. Im Oktober 1985 brachte
Intel den 386er Mikroprozessor auf den Markt, dessen Entwicklung mehr als 100 Millionen Dollar gekostet hatte. „Der Mikroprozessor ist ein Wunder an Miniaturisierung, nur 1,8 Quadrat-
zentimeter groß, aber mit der Leistung und Geschwindigkeit
vieler Großrechner", berichtete *Forbes* im Juni 1986.

Mitte der achtziger Jahre hatte Intel erkannt, daß Marketing
ein integraler Bestandteil des Geschäfts sein mußte. So machte
man sich an den Aufbau eines speziellen Images für diese neue
Produktgeneration. Eine Werbekampagne, die sogenannte Red-
X-Kampagne, war zweiseitig angelegt. Eine Seite zeigte den
früheren „286er", der mit einem großen roten „X" durchgestri-
chen war, die andere Seite zeigte den „386er" mit einem großen

„SX" darunter. „Wir sprachen zum ersten Mal die PC-Kunden direkt an, statt nur die Hersteller", sagte Dennis Carter, Marketingleiter bei Intel. Obwohl das Unternehmen bereits 15 Jahre im Geschäft war, hatte es keine großen Anstrengungen unternommen, sich bei denjenigen bekannt zu machen, die letztlich diese Produkte benutzten. Kein Halbleiterhersteller hatte das bislang getan. Noch 1987 gestand Grove dem Barron's: „Ich habe wirklich keine Ahnung vom Endverkauf in der PC-Industrie. Wir beliefern Hersteller." Aber nachdem Intel feststellte, daß nach der Red-X-Kampagne der Verkauf von Maschinen mit dem 386er hochschnellte, änderte das Unternehmen seine Strategie. „Wir lernten aus der Red-X-Kampagne, daß wir schwierige technische Informationen vermitteln konnten und daß die Leute sie tatsächlich auch hören wollten", sagte Dennis Carter.

Der Einsatz von Marketingtechniken war neu für Intel. Das Unternehmen machte auch in anderer Hinsicht Fortschritte. Die Gründer zogen sich mehr und mehr aus dem Management zurück. Robert Noyce widmete sich zunehmend externen Interessen. So war er Treuhänder am Grinnell College. 1988 verließ er Intel ganz, um die Leitung von Sematech zu übernehmen, einem von der Regierung unterstützten Konsortium aus zwölf Halbleiterfirmen, die sich für Forschungszwecke zusammengeschlossen hatten. 1990 starb er an einem Herzanfall.

Moore übernahm das Amt des stellvertretenden Vorsitzenden und wurde später Vorsitzender, arbeitete aber immer noch 45 bis 50 Stunden die Woche in seinem Büro. Er ist einer der angesehensten Manager im Land, und man kennt ihn als ruhigen Menschen, dessen Meinung in der gesamten Branche zählt. „Gordon weiß, wo man investieren muß und wie man die Mittel zuteilt", sagte Arthur Rock über ihn. „Er ist derjenige, der in einer Rezession sagte, daß wir Fabriken bauen und sie einmotten müssen, um dafür gerüstet zu sein, wenn sich die Wirtschaft wieder erholt hat. Er hatte Visionen. ... Er will das Unternehmen immer wieder herausfordern."

Höherer Output reichte allerdings nicht. Die Verdopplung des Outputs war wichtig. Um eine entsprechende Wirkung mit einem neuen Produkt zu erzielen, mußte Intel beweisen, daß es tatsächlich die alte Generation abgelöst und nicht einfach nur verbessert hatte. Der 386er Chip illustrierte diesen Strategiewandel sehr deutlich. Als 1986 die Einnahmen auf 2,9 Milliarden Dollar stiegen, kamen ungefähr 1,1 Milliarden von dem 386er. Statt die Cash Cow weiterhin zu melken, plante Intel bereits, sie auf die Wiese zu schicken. 1988 stellte das Unternehmen einen Nachfolger vor, den 486er, der mit einem Kostenaufwand von 300 Millionen Dollar entwickelt worden war. Die Transistoren waren nur noch ungefähr ein Mikrometer dick, also etwa ein Prozent eines Haares. Eine Million davon paßte auf einen 386er Chip.

Intel macht das Rennen

Die 386er und 486er (die offiziell 80386 und 80486 hießen) blieben Standard in den IBM-kompatiblen PCs. Man schätzte, daß 1990 ungefähr 14 Millionen der weltweit hergestellten 22 Millionen PCs einen Mikroprozessor von Intel enthielten. Da jeder Chip schätzungsweise 50 Dollar in der Herstellung kostete und im Einzelhandel für 200 Dollar verkauft wurde, scheffelte Intel richtig Geld. „Als Alleinlieferant des wichtigsten Teils der Computerindustrie, nämlich des 80386, erzielte Intel weitaus größere Gewinnmargen als die Konkurrenz", kommentierte Richard Shaffer in *Forbes*.

Unter Grove hielt man es bei Intel für notwendig, ungefähr in jedem Jahr einen wesentlich verbesserten Mikroprozessor auf den Markt zu bringen, um die eigene Stellung am Markt abzusichern. Immer wenn ein Rivale wie Advanced Micro Devices einen Chip anbot, der den Standard von Intel erreichte, ging die Gewinnmarge des Pionierunternehmens zurück. „Man kann bei einem Produkt keine Vorherrschaft erreichen und sich dann zurücklehnen und nur noch das Geld zählen", schrieb *Forbes* 1990 über Intel. „Das Unternehmen muß die eigenen Innovations- und Technologiegrenzen überschreiten."

Und genau das tut Intel weiterhin, und zwar sowohl im Produktions- als auch im Konstruktionsbereich. Eine neue Fabrik wird nicht früher eröffnet, als bis der Konstruktions- und Engineeringstab Intels bereits den Bau einer größeren, sterileren und effizienteren Fabrik geplant hat. „In diesem Geschäft muß man seine eigene Kapazität vorausplanen", bemerkte Grove.

1992, als Intels Marktanteil an IBM-PCs stabile 75 Prozent ausmachte, folgte Motorola, der größte Konkurrent, abgeschlagen mit 14 Prozent auf Platz zwei. In dem Jahr investierte Intel 1,2 Milliarden Dollar seines Gesamtumsatzes von fünf Milliarden Dollar in Fabriken und Equipment sowie weitere 800 Millionen Dollar in Forschung und Entwicklung.

Im Juni 1989 begann Intel mit der Entwicklung des Pentium-Prozessors. Mit 3,1 Millionen Transistoren auf einem Chip war er schneller, kleiner und leistungsfähiger als alle vorherigen Intel-Prozessoren oder irgendein anderer am Markt. Das Unternehmen erlebte ein Debakel, als sich bei dem neuen Mikroprozessor nach einer gut inszenierten Einführung ein Fehler bemerkbar machte.

Zuerst tat Andy Grove dies ab: „Wenn man weiß, wo ein Meteorit heruntergeht, kann man natürlich dort hingehen und getroffen werden", antwortete er auf die Frage, ob nicht auch ein kleines Problem zu einem großen werden kann. Schließlich bot Intel den kostenlosen Austausch von Pentium-Prozessoren an. Grove gab später zu, daß er noch eine Menge über den Umgang mit der Öffentlichkeit zu lernen hatte.

Als Intel im März 1993 mit der Auslieferung des 995 Dollar teuren Pentium begann, beschleunigte sich das Tempo bei Intel weiterhin. Im Dezember 1993 verkündete Intel, daß man die Kapazität seiner Chips im nächsten Jahr verdoppeln und die Produktentwicklungszeit von 18 bis 24 Monaten auf ein Jahr senken würde. „Das operative Motto lautet Fokussieren", sagte Grove 1993. „Man muß die gesamte Anstrengung darauf konzentrieren, was man besser als alle anderen in dem Geschäft kann, und sich dann entschieden der Herausforderung stellen. ... Wenn man sich auf etwas konzentriert und sich irrt, ist man der

Verlierer – wenn man allerdings richtig liegt, gewinnt man viel Zeit."

In der ersten Aprilwoche 1994 verkündete Intel, daß man eine Investition von 150 Millionen Dollar in die Vermarktung des Pentium plane – eine gigantische Summe für ein Stück Silizium. Der Pentium hatte es, obwohl er den Markt dominierte, mit der Konkurrenz einer wachsenden Zahl von Produkten von Firmen wie Advanced Micro Devices, Cyrix und IBM sowie dem neuen Power-PC-Chip von Apple und Motorola zu tun. Die Absicht der letzten Marketingkampagne von Intel, mit dem Schriftzug „Intel Inside", war es, den Markennamen des Chips zu einem Alltagsbegriff zu machen, so vertraut wie McDonald's oder Coca-Cola. Als Anreiz bot das Unternehmen an, die Hälfte der Kosten für die Werbung der Computerhersteller zu übernehmen, die das Intel-Logo bei ihren Anzeigen benutzten.

1995, als Intel 16,2 Milliarden Dollar Umsatz und 4,9 Milliarden Dollar Gewinn machte, schienen die kühnen Vorhersagen von Noyce und Moore vor 25 Jahren eher wie eine starke Untertreibung. Den Nettoanteil von Gordon Moore, der weitgehend in Intel-Aktien gemessen wurde, bezifferte *Forbes* auf über zwei Milliarden Dollar.

Unter der Führung von Grove war Intel weiterhin auf gesunde Weise verrückt. Letztlich verlangte eine Vorreiterrolle in der Computerrevolution ständige Bewegung. Wie ein Läufer auf einem immer schneller werdenden Laufband mußte Intel immer schneller laufen, nur um seine Position zu halten – und sogar noch schneller, um allen anderen Konkurrenten voraus zu sein.

Chips in Briefmarkengröße

Für jede neue Chipgeneration mußte Intel parallel die Technologien für den Chip sowie Möglichkeiten zu seiner kommerziellen Verwertbarkeit entwickeln. Alle Forschungs- und Entwicklungsgelder wurden dafür verwendet.

Die Leistungsfähigkeit des Mikroprozessors stieg in den beiden ersten Jahrzehnten exponentiell, weil die Techniker Wege fanden, um die Hauptteile, nämlich die Transistoren, immer kleiner werden zu lassen. Die Transistoren bestanden nun nicht mehr aus Metallegierungen und Kunststoff, die die meisten kannten, wenn sie zum ersten Mal in ein Taschenradio sahen. Jetzt waren es Pünktchen aus Chemikalien, man brauchte Hunderte davon, um ein Haar damit zu umschließen. Die Anordnung von Millionen dieser Punkte zu einer wirksamen Schaltung komprimierte die Leistung eines riesigen Rechners auf einen Chip von der Größe einer Briefmarke. Aber auch als Pünktchen mußten die Transistoren sehr präzise hergestellt werden.

Auf einem altmodischen Transistor konnte eine Unsauberkeit von der Größe eines Kuchenkrümels die Leistung stören. Im Vergleich zu einem Transistor, der weniger als ein Mikrometer groß ist, sieht ein Staubkeim – ein einziges Bakterium – wie ein Felsbrocken aus und macht den ganzen Chip wertlos. Intel mußte Produktionsräume einrichten, in denen die gesamte Luft alle Sekunden gefiltert wurde. Damit keine Schuppen, Viren, Speichel oder Baumwollfasern in die Räume gelangten, mußten die Menschen mit Spezialanzügen in „sterilen Räumen" arbeiten.

Innerhalb dieser sterilen Räume war der photographische Vorgang des Aufbringens der Transistorreihen extrem anfällig für kleinste Veränderungen. Die Standortwahl für die Produktionseinrichtungen wurde auch zu einer geologischen Frage: Geringste Erschütterungen, die für den Menschen nicht wahrnehmbar sind, hätten die freiliegende Schaltung zerstört. Viele Orte auf der Welt sind fast ständig von Erschütterungen, allerdings extrem niedrigen, betroffen. Mit ein entscheidender Grund für die Expansion nach Irland oder Israel war, daß dort die Erde erschütterungsfrei ist.

Laut Gordon Moore mußte Intel alle drei Jahre eine neue Prozessorgeneration produzieren, um seinen Vorsprung bei der Chipherstellung zu wahren. „Wir machen einfach weiter damit, immer feinere Leitungen und immer komplexere Prozesse zu erreichen, so daß wir die Elektronikdichte auf dem Chip erhöhen können", meinte er 1993. „Immer mehr auf einen Chip zu packen ist ganz entscheidend."

Sam Walton, Gründer von Wal-Mart und Sam's Club

14.
Sam Walton, Wal-Mart
und Amerikas Discountmärkte

Samuel Moore Walton mochte Kleinstädte. Er lebte
40 Jahre in derselben Gegend in Bentonville in Arkansas. Er stand morgens früh auf, frühstückte im
örtlichen Hotel und ging dann, außer sonntags, ins
Büro. Nur eine Sache verführte ihn zum Schwänzen,
und das war die Aussicht, auf die Wachteljagd gehen zu können. Walton lieh sich lieber eine Zeitung,
als daß er einen viertel Dollar dafür ausgegeben
hätte. Aber er konnte ebenso eine notleidende junge
Familie dazu einladen, mit seiner Frau und ihm
sonntags zum Essen zu gehen – eine großzügige,
nachbarschaftliche Geste.

Sam Walton lebte für seine Wal-Mart-Discount-
läden, seine Filialen in ungefähr 1.800 Kleinstädten.
In der Ära der Franchise-Restaurants, gleichförmi-
gen Einkaufszentren und Einzelhandelsgeschäfte re-
spektierte Wal-Mart jeden einzelnen Kunden. Dieser
Stil ging direkt von dem Gründer der Ladenkette
aus.

Sam Walton kontrollierte ungefähr 20 Prozent
der Wal-Mart-Aktien und stand 1985 mit einem
Nettovermögen von 2,8 Milliarden Dollar an der
Spitze der *Forbes 400* (die Anteile sind heute fast
zehnmal soviel wert). Unter allen Innovationen, die
ihn zum Milliardär machten, war vielleicht seine

größte, daß er sich selbst nicht verändert hatte. Er ignorierte die normalen Insignien der Macht und leitete sein Imperium, als würde er jeden seiner 400.000 Angestellten persönlich kennen. Er nannte sie „Partner", wobei der Ausdruck mehr als nur eine Phrase bedeutete. „Nur seine Familie bedeutete Sam Walton mehr als seine Partner", sagte David Glass, Waltons Nachfolger als CEO. „Ein Wal-Mart-Laden irgendwo in Amerika war praktisch sein zweites Zuhause."

Unter der Führung von Sam Walton konzentrierten sich die Filialleiter auf ihr Kerngeschäft und Hunderttausende von Angestellten und Millionen von Kunden wurden mit äußerstem Zuvorkommen behandelt. Es gab keine halben Sachen bei Wal-Mart: genauso wie bei Walton, dem sehr erfolgreichen, aber gleichzeitig kleinstädtischen Geschäftsmann.

Walton, das „Arbeitstier"

„Das Geheimnis ist Arbeit, Arbeit und nochmals Arbeit. Das brachte ich meinen Jungs bei", sagte Thomas Walton von seinen beiden Söhnen Sam und James („Bud"). Walton war ursprünglich Schätzer für Landwirtschaftskredite in Oklahoma. Dort wurde Sam 1918 geboren. Thomas arbeite lang und hart; er und seine Frau Nan zogen schließlich mit der Familie in ein kleinstädtisches Gebiet in Missouri. Der Vater wechselte seinen Beruf, verkaufte jetzt Immobilien und Versicherungen, die Mutter eröffnete einen kleinen Milchladen. Die beiden Jungs packten mit an, verkauften Zeitschriftenabonnements, molken Kühe und trugen Zeitungen aus.

Sam Walton besuchte die University of Missouri in Columbia, 1940 machte er seinen Abschluß an der Wirtschaftsfakultät. Er dachte daran, an eine Universität im Osten zu gehen, nahm aber eine Stelle als Management-Trainee in einer Filiale von J.C. Penney in Des Moines in Iowa an. Walton, der während seiner College-Zeit als „Arbeitstier" bekannt war, hatte keine Angst, zunächst einmal im Einzelhandel anzufangen. Er war beeindruckt vom Penney-Markt, besonders von der Philosophie des dortigen Kundenservice. Die Arbeit im Einzelhandel paßte zu dem ernsthaften, ehrgeizigen jungen Mann. Walton wußte schon bald, wo seine Zukunft für ihn lag.

„Ich habe nicht als Banker oder Investor angefangen, sondern ich habe auf Kunden gewartet", schrieb Walton später in der eigenen Firmenzeitschrift *Wal-Mart World.* „Viele Menschen, die große Unternehmen leiten, haben niemals eine Registrierkasse bedient oder auf Kunden gewartet, und insofern wußte ich immer, was es heißt, Verkäufer zu sein, und wie stark der Einfluß eines Verkäufers auf die Kunden ist."

Walton unterbrach seine Karriere, um nach dem Eintritt der Vereinigten Staaten in den Zweiten Weltkrieg seinen Militärdienst zu absolvieren. Er wurde der Militärpolizei zugeteilt, außerdem mußte er unterschiedliche staatliche Einrichtungen während des Krieges inspizieren. 1943 heiratete er Helen Roberts, eine junge College-Absolventin, die er in Oklahoma kennengelernt hatte, während er auf seinen Einberufungsbefehl wartete. Nach dem Krieg war Walton wie viele Veteranen voller Optimismus und in Eile, die verlorene Zeit wieder aufzuholen. Er kehrte nicht mehr zu Penney zurück, sondern lieh sich 250.000 Dollar bei seinem Schwiegervater, um ein eigenes Geschäft zu kaufen: einen Ben Franklin Store in Newport, Arkansas. Ben Franklin war ein bekannter Name im Gemischtwarenhandel und konkurrierte mit Märkten wie Woolworth und McCrory.

Das Kaufhaus Ben Franklin konnte in Newport die beste Stadtlage aufweisen. Es lag genau auf der anderen Straßenseite vom Sterling Variety Store. Dort arbeitete Bud Hewitt, mit dem Walton später eine lebenslange Freundschaft verbinden sollte. 1947 hatte sein Geschäft, wie Hewitt sich erinnert, einen sensationell neuen Artikel, nämlich Strumpfhosen aus Kunstseide. Sogar bei dem Höchstpreis von 30 Cent galten sie als der Renner

im Kaufhaus Sterling. Hewitt orderte deshalb eine neue Lieferung bei dem Händler in Little Rock. Aber Sam Walton, der
zielbewußte Geschäftsmann, war besessen von dem Gedanken,
Sterling umsatzmäßig zu überbieten. Er machte es sich zur Gewohnheit, so viel wie möglich über seine Mitbewerber sowie
über sein eigenes Geschäft in Erfahrung zu bringen. Als er von
dem Run auf die Seidenstrümpfe hörte, witterte er die Chance.
Er ließ alles stehen und liegen und fuhr nach Little Rock, um
alle Vorräte aufzukaufen. Dadurch hatte er nicht nur genug davon in seinem Laden, sondern Sterling bekam kein einziges
Stück.

Hewitt hat Walton daraus niemals einen Vorwurf gemacht –
im Gegenteil.

1950 gelang es Walton, aus dem Kaufhaus Ben Franklin in
Newport eines der erfolgreichsten Geschäfte der Gegend zu ma-
chen. Im selben Jahr lief allerdings sein Mietvertrag aus. So war
er zum Ausverkauf gezwungen, ging dann nach Bentonville und
kaufte dort ein anderes Kaufhaus von Ben Franklin. Er eröffnete
es unter dem Namen Walton's Five & Dime. In den fünfziger
Jahren baute Sam Walton seine kleine Kette von „Walton's Ben
Franklin Stores" innerhalb der Ben-Franklin-Kette ständig aus.
Dabei lernte er die erste Lektion für sein zukünftiges Imperium:
Große Läden mit ungefähr 2.500 Quadratmetern können in
Kleinstädten mit 5.000 Einwohnern bestehen, wenn sie der
Landbevölkerung Anreize bieten, die eine Autofahrt von zehn
oder 20 Meilen lohnend erscheinen lassen.

Der jüngere Bruder von Sam, Bud Walton, war während des
Krieges Bomberpilot. Fliegen bedeutete für die Familie nichts
Ungewöhnliches. 1953 bestand Sam seinen Pilotenschein und
kaufte sich ein Vorkriegsmodell – ein Flugzeug, das Bruder Bud
für total unsicher hielt. Dennoch hüpfte Sam damit von Stadt zu
Stadt und besuchte seine Läden. Er liebte das Fliegen und kaufte
sich mit den Jahren einige interessante Flugzeuge. Aber Fliegen
war nicht einfach nur ein Hobby. Als Manager, der mit zupackt,
brauchte Walton ein Flugzeug. Mit dem Flieger konnte er die
verstreuten Standorte regelmäßig aufsuchen, so als ob sie in der

Nähe lägen. Er hielt auch vom Flugzeug Ausschau nach neuen Standorten. Er bewertete aus der Flugperspektive Faktoren wie Verkehrsfluß und Besiedlungsdichte.

Walton schaute sich auch andere Ladenketten in Amerika an. Als er von einigen „Selbstbedienungsläden" der Ben-Franklin-Kette in Minnesota hörte, nahm er extra einen Bus, um sie sich aus nächster Nähe anzusehen. Die meisten damaligen Geschäfte waren um eine Theke aufgebaut, auf der die Verkäufer auf Wunsch die Waren zeigten. In den neuen Selbstbedienungsläden lagen nun die Waren in Regalen, die Kunden konnten sie vergleichen. Aufgrund der geringeren Personalkosten konnten die Preise auch niedriger gehalten werden. Nach seiner Rückkehr eröffnete Walton seinen eigenen Selbstbedienungsladen, Walton's Five & Dime.

„Eines der größten Erfolgsgeheimnisse von Sam ...", sagte ein Mitarbeiter, der jahrzehntelang an seiner Seite mit ihm zusammengearbeitet hatte, „war seine Experimentierfreudigkeit. Er ermutigte uns ständig zu Neuerungen. Wenn sie funktionierten, sollten wir sie umsetzen, und wenn nicht, dann sollten wir eben etwas anderes versuchen. Es war genau diese Einstellung, etwas zu versuchen und keine Angst vor Fehlern zu haben."

1948 eröffnete E.J. Korvette's in New York, 1953 nahmen Ann & Hope die Geschäfte in Rhode Island auf. Sie gehörten zu den Pionieren der Discountläden, die nach dem Motto handelten, das ein Discounteinzelhändler aus dem Süden treffend formulierte: „Kauf' preiswert ein, pack' es in Regale, und verkauf' es billig." Walton machte sich auf den Weg und besuchte auch diese neuen Discountläden; außerdem unterhielt er sich mit den Filialleitern darüber, was funktionierte und was nicht.

Ende der fünfziger Jahre wollte Sam Walton eine noch nie dagewesene Warenpalette in einigen „Walton's Family Centers" anbieten. Anfang 1962 war sein Konzept so weit fertig, daß er es mit Ben Franklin realisieren wollte, aber die dortigen Unternehmenschefs lehnten eine Zusammenarbeit ab. Sie wußten einfach nicht, wie sie die gewünschte Handelsware zu derart niedrigen Preisen verkaufen sollten. Sie machten ihm allerdings den Vor-

schlag, daß er sich das neue Geschäft der S.S. Kresge-Kette ansehen sollte. Es hieß „Kmart", und eine Filiale hatte man bereits
in der Nähe der Zentrale von Ben Franklin in Chicago eröffnet.
Walton machte sich also auf den Weg und sah sich die Sache
sehr genau an. Andere Discountläden machten einen unzulängli-
chen und unzuverlässigen Eindruck, aber Kmart war gut geplant
und bestückt. Anders als bei den anderen Läden sah es hier so
aus, als könnte dieses Konzept bestehen.

Walton kehrte erst nach Hause zurück, als er eine Idee für
seine eigene Version eines Discountmarktes gefunden hatte.
Kmart imponierte ihm. Bei der Wahl des Namens „Wal-Mart"
kopierte er sogar die Wortzusammensetzung. Kmart hatte übrigens anfangs nicht unter dieser Konkurrenz zu leiden: Waltons
erste Märkte lagen in den Randbezirken von Großstädten wie
Detroit und Chicago. Der erste Discountmarkt von Wal-Mart lag
in Rogers, Arkansas, wo 4.500 Menschen lebten. Am 2. Juli
1962 fand die Eröffnung statt.

Der Laden besaß eine Einfachstausstattung, die Artikel waren
ordentlich auf dem Boden und den Tischen gestapelt. Regale
gab's erst später. Insgesamt bestand kaum eine Ähnlichkeit zu
den heutigen sauberen Regalgängen mit dem stromlinienförmi-
gen Aussehen moderner Wal-Mart-Läden. Die Beziehungen des
Ladens zu seinen Lieferanten waren im Vergleich zu den später
genauestens entwickelten und ausgeklügelten Verfahren ebenso
einfach. Walton konnte keine große Auswahl an Handelswaren
bieten – seine Produkte mußten billig sein. Unter anderem
wollten die Hersteller von hochwertigen Waren keine großen
Rabatte geben. Einige wollten unter gar keinen Umständen mit
einem Laden wie Wal-Mart Geschäfte abschließen. Auf keinen
Fall wünschten sie mit einem Massenanbieter in einem Atemzug
genannt zu werden.

Als Sam Walton am Konzept für Wal-Mart herumbastelte,
verdiente er weiterhin sein Geld mit seiner kleinen Kette von
Ben-Franklin-Läden. Mit Wal-Mart machte er nur kleine Gewinne; aber er brachte seinen neuen Laden sorgfältig auf Vordermann: Er paßte die Auslagen an, verbesserte das Produktan-

gebot und versuchte permanent, an bessere Lieferquellen zu kommen. Wenn möglich, war er vor Ort, sogar auch noch nach Feierabend. Wenn er nicht schlafen konnte, brachte er der Mannschaft an der Warenannahme Donuts und schwatzte mit ihnen, wenn sie gerade Pause machten. Sam Walton konnte nicht kreativ sein, wenn er sich zurückzog oder sich in Wirtschaftsberichte vertiefte. Er war überall dort zu finden, wo die praktische Arbeit geleistet wurde.

1964 öffnete der zweite Laden von Wal-Mart in einer anderen Kleinstadt, in Harrison, Arkansas. Sogar für den Süden war dieser Tag mit seinen 44 Grad Celsius sehr heiß. Die Wassermelonen vor dem Laden zerplatzten. Der Esel, auf dem die Kinder kostenlos auf dem Parkplatz reiten konnten, suchte sich einen schattigen Platz. Der Laden in Harrison kam trotzdem sehr gut an. Walton wählte ihn zum zentralen Standort für die Ausbildung seiner Filialleiter anderer Standorte.

Es geht ein Gerücht über Walt-Mart um, daß ein Besucher, ein örtlicher Geschäftsmann, die Eröffnung mit den Worten kommentiert haben soll: „Es war der schlimmste Einzelhandelsladen, den ich jemals gesehen habe." 25 Jahre später nahm er, es handelte sich um David Glass, inzwischen Präsident der Wal-Mart Corporation, diesen Satz öffentlich zurück. „Die dümmste Sache, die ich je erzählt habe, war diese Aussage über den Laden in Harrison", bedauerte er. „Ich hatte nicht an die Menschen gedacht."

Ein Discountladen operiert mit einer geringen Gewinnmarge. Die allgemeine Vorstellung dabei ist natürlich, daß man dies durch einen Massenumsatz ausgleicht. Aber die Gewinne weniger neuer Läden konnten die anderen Standorte nicht schnell genug mittragen. Aus diesem Grund entwickelte sich die Wal-Mart-Kette anfangs nur sehr langsam. Walton nahm bei Banken, Privatpersonen und Versicherungen Geld auf, konnte das Wachstum aber dennoch nicht schnell genug forcieren. Sam und Bud, der Vizepräsident von Wal-Mart, wußten, daß sie zwar eine Erfolgsformel in der Tasche hatten, aber eine bessere Finanzierung brauchten.

Die besten Kunden der Supermärkte

Drei Jahre vor der Eröffnung des ersten Wal-Mart kauften Sam und Helen Walton ein Grundstück von 90.000 Quadratmetern außerhalb von Bentonville, und sie beauftragten einen Architekten damit, ein modernes Haus zu bauen. Das Haus kostete 1959 bereits 100.000 Dollar – eine hohe Summe, aber es war auch das einzige Haus, das sich das Paar jemals baute. Familie Walton warf das Geld eben nicht einfach aus dem Fenster.

Es gehörte wahrscheinlich zu einem Discountladenbesitzer, etwas von einem Knauser zu haben. Auf dem Höhepunkt seines immensen Reichtums legte sich S.S. Krege Pappe in seine löchrigen Schuhe. Er hörte sogar aus Kostengründen schon nach der allerersten Runde mit dem Golfspielen auf, nachdem er einen Ball in das Rough geschlagen hatte. Sam Walton war nicht so knauserig, aber für einen reichen Mann blieb er erstaunlich bescheiden. Er flog in seinem Leben nur ein einziges Mal erster Klasse (auf einem langen Flug von Südamerika nach Afrika). Auf Geschäftsreisen mit anderen Angestellten hielt er sich ohne weiteres an die Unternehmenssparpolitik und teilte sich ein Hotelzimmer mit einem anderen. Seinen Firmenwagen konnte man nicht gerade eine Limousine nennen. Bernard Marcus, erster Vorsitzender und Mitbegründer von Home Depot, erinnerte sich daran, wie er einmal mit Walton nach einem Treffen in Bentonville zum Essen ging: „Ich sprang in den roten Pickup von Sam. Keine Klimaanlage. Die Sitze waren voller Kaffeeflecken. Und als wir dann ins Restaurant kamen, war mein Hemd vollkommen durchgeschwitzt. So war Sam Walton – kein Aufwand und keine Überheblichkeit."

„Meine Schuhe kosten mehr als alles, was Sam Walton heute trägt", bemerkte ein anderer Freund nach einem Geschäftstreffen. Walton nahm solche Hänseleien gelassen hin. Bei einem Treffen in Little Rock stand er auf und zeigte jedem das Etikett in seinem Jacket: „Wal-Mart", war zu lesen, „50 Dollar. Die Hosen? Wal-Mart, 16 Dollar."

Privat und über das Unternehmen spendeten die Waltons große Summen für medizinische Forschung, Stipendien, christlich-religiöse und künstlerische Zwecke. Zu Hause lebte die Familie genügsam von Sams Gehalt als Unternehmenschef. Bei verschiedenen Anlässen sagten beide, daß der einzige Grund dafür, warum sie nicht mehr Geld ausgaben, war, daß sie sich wirklich nicht vorstellen konnten, wofür.

Der Erfolgskurs

1970 wurde Wal-Mart an der Börse notiert. Dadurch bekam das Unternehmen ungefähr fünf Millionen Dollar zum Bau weiterer sechs Märkte sowie für die Fertigstellung des ersten Vertriebscenters. Dadurch und durch spätere Aktienverkäufe kam das Unternehmen endlich in Schwung, und Waltons Pläne nahmen Gestalt an: Im ersten Jahrzehnt nach der Unternehmensgründung wurden 39 Märkte eröffnet, in den siebziger Jahren baute Wal-Mart 452 und in den achtziger Jahren 1.237 Märkte. Von 1970 bis 1990 lagen die Aktienwerte nicht nur über dem Marktdurchschnitt, sondern überboten auch noch die kühnsten Träume ihrer Käufer. 100 Aktien, die man in den siebziger Jahren für 1.650 Dollar kaufen konnte, waren 1992 2,6 Millionen Dollar wert.

Durch Aktienangebote wurden die Manager nach und nach am Gewinn beteiligt. Im darauffolgenden Jahr weitete Walton dies auf alle seine Mitarbeiter aus und bedauerte, sie nicht von Anfang an berücksichtigt zu haben. Die Arbeiter, die länger als ein Jahr bei der Firma waren und mehr als 20 Wochenstunden arbeiteten, erhielten Boni über mindestens fünf Prozent ihres Jahreslohns. Die Gewinnbeteiligung wurde auf ein Konto eingezahlt, bis der Arbeiter bei der Firma ausschied. Und weil viele Manager mit den hoch notierten Wal-Mart-Aktien ausbezahlt wurden, gingen sie als Millionäre in den Ruhestand. Das gleiche traf auch für viele Arbeiter zu.

Der Plan zur Gewinnbeteiligung stellte einen bemerkenswerten Anreiz für langjährige Mitarbeiter dar. Dennoch mußte sich

Walton darum kümmern, daß Hunderttausende von Mitarbeitern weiter motiviert blieben. Obwohl Wal-Mart etwas billiger als Märkte wie Kmart oder Targes war, lag es in den Händen der Verkäufer, Wal-Mart wirklich von der Konkurrenz abzuheben. Die anderen Märkte boten einen schlechteren Service. Im Gegensatz dazu mußte das Personal von Wal-Mart freundlich, hilfsbereit und positiv gestimmt sein.

Sogar als die Ladenkette expandierte, besuchte Walton weiterhin jede Woche eine Reihe von Märkten; er flog mit seinem Privatflugzeug von Standort zu Standort. Manchmal belieferte er selbst einen Tag lang zusammen mit einem Firmenfahrer per Sattelschlepper seine Märkte. Normalerweise betrat er einen Markt unangemeldet und sah sich etwas um, bevor er sich seinen Mitarbeitern und Kunden zu erkennen gab. Nicht alle Besuche verliefen reibungslos. Wenn ein Markt schmutzig oder schlecht geführt war, schloß er ihn auf der Stelle, um ihn zu reorganisieren und auf die Reihe zu bringen. Meist lief allerdings Waltons Besuch wie der Wahlkampf eines Politikers ab: Der Unternehmensgründer wandelte durch die Regalgänge und hörte sich Komplimente und freundliche Worte an. Trotz seines ungezwungenen Charmes blieb er immer ein sehr genauer Beobachter und Zuhörer.

Aus Motivationsgründen führte Walton drei Kommunikationsprinzipien ein. Erstens nahm er an so vielen Neueröffnungen teil wie nur möglich. Mit seinem feinen Humor und seinem beachtlichen Charisma verwandelte er Neueröffnungen und Unternehmenskonferenzen in schwungvolle Veranstaltungen. Er konnte zwar den Mitarbeitern für ihre hervorragenden Leistungen gratulieren, aber seinem Lob folgte immer die Aufforderung, es in Zukunft noch besser zu machen. Am Ende – oder am Anfang – sprang er auf einen Tisch und forderte alle zu einem Applaus für Wal-Mart auf. Sogar eine Markt-Hymne wurde komponiert: „Wal-Mart! Wal-Mart! Das ist unser Name!/Der Einzelhandel ist unser Spiel/Wir sind die Nummer eins/Deshalb Kmart paß auf! Hier kommen wir!" Sam Walton entdeckte, daß die Angestellten zu einem Unternehmen gehören wollten, mit dem sie sich auch identifizieren konnten. Deshalb war der Applaus für Walton und Wal-Mart auch ein Applaus für sie selbst.

Zweitens schrieb Walton jeden Monat eine Kolumne in der eigenen Unternehmenszeitung *Wal-Mart World* – er schrieb sie wirklich selbst. 1983 benutzte er diese Kolumne dazu, die Mitarbeiter dazu anzufeuern, mitzuhelfen, daß das Unternehmen in diesem Jahr vor Steuern einen Gewinn von acht Prozent erreicht. Wenn man das erreichen könnte, schrieb Walton, dann würde er auf der Wall Street einen wilden Tanz aufführen. Sie schafften es. Walton wurde mit einem Baströckchen (über seinem Anzug) photographiert, wie er die Wall Street hinunter tanzte. Obwohl dies vielleicht seinem Ruf schadete, zahlte es sich aus. Außerdem stellte es sicher, daß jeder auf der Wall Street wußte, welche Erfolge Wal-Mart im Einzelhandel zu verzeichnen hatte.

Drittens hielt Sam Walton sein Angebot ein, daß jeder Mitarbeiter ihn mit einem Problem, einem Kommentar oder einer Idee persönlich ansprechen könne. Alle, die ihm schrieben, erhielten eine persönliche Antwort. Jeder, der nach Bentonville kam, bekam einen Termin bei Mr. Sam, wie ihn viele Angestellte familiär-respektvoll nannten.

Die Preise werden gesenkt

1973 führte das arabische Ölembargo zu einem Anstieg der Energiepreise. Für Wal-Mart war dies ein Rückschlag. Wie die meisten Vertriebsgeschäfte hatte Walton das Gefühl, als ob ihm die irrationale Preisinflation zum Schicksal geworden sei. Dieses Ereignis veränderte seine Geschäftspraxis. Nach der Ölkrise wurden die Wal-Mart-Märkte so gebaut, daß nur noch eine zwölfstündige Fahrt vom nächsten Vertriebscenter zurückgelegt werden mußte. Die Märkte wurden Gruppen zugeordnet und konnten damit effizienter beliefert werden, weil sich so der Benzinverbrauch senken ließ. „Andere Einzelhändler bauten Lager, von denen aus sie die bestehenden Filialen belieferten", berichtete *Forbes* später 1982, „aber Walton ging umgekehrt vor. Er fing mit einem Großlager an und siedelte dann die Märkte drum herum an." Dadurch war Wal-Mart allerdings nicht amerikaweit vertreten.

1977, nachdem Walton die Wal-Mart-Kette zu einem erfolgreichen Unternehmen gemacht und auf Wachstumskurs gebracht hatte, ging er plötzlich in den Ruhestand. Er kontrollierte weiterhin das Unternehmen, als Kopf des Familienunternehmens hielt er ungefähr 38 Prozent der Anteile in seiner Hand. Aber mit 56 Jahren wollte er sich ausruhen. Er war überzeugt, ein anderer Chef brächte frischen Wind in die nächste Ausbauphase des Unternehmens. Der auserwählte Nachfolger, bis dahin Vizepräsident für Finanzen, ein ehrgeiziger 40jähriger namens Ron Mayer, übernahm das Ruder. Ungefähr anderthalb Jahre später war Walton seinen Ruhestand leid und wollte die Führung seines Unternehmens wieder übernehmen. Sam Walton traf sich mit Ron Mayer und fragte ihn, ob er seinen alten Job zurückhaben könnte. Mayer trat zurück – besser gesagt, er kündigte –, und Sam Walton war 1976 wieder CEO.

Als CEO legte Walton ein doppeltes Arbeitstempo vor. Die Ziele – besserer Service und niedrigere Preise – blieben unverändert. Für diese Ziele zwang er die Manager von Wal-Mart, jeden Geschäftsvorgang im Einzelhandel vom Einkauf bis zur Registrierkasse neu zu überdenken. Weldon Wyatt, ein Geschäftsmann, der jahrelang für das Unternehmen gearbeitet hatte, teilte dem Handelsblatt *Chain Store Age Executive* folgendes mit: „Ich stellte drei Eigenschaften bei Mr. Walton fest, die mich faszinierten. Erstens war er bereit, sich die Ideen von jedem zu jeder Zeit anzuhören. Zweitens hatte er die Fähigkeit, aus diesen Ideen diejenigen auszusortieren, die sinnvoll waren. Und drittens war er dazu bereit, die notwendige Energie und Arbeit aufzubringen, um die von ihm ausgewählten Ideen auch umzusetzen."

„Verfolge jede Idee", war Waltons Devise. „Vielleicht funktioniert sie nicht. Aber davon geht das Unternehmen auch nicht unter."

Niedrigere Einkaufspreise mußten von den Einkäufern des Unternehmens erkämpft werden, ein knallhartes Geschäft in einer Branche, in der Geschäfte per Handschlag abgeschlossen wurden. Viele Jahre hatte die geschäftliche Praxis bei Wal-Mart, keine Handelsvertreter zu empfangen, die Branche empört. Die Hersteller waren sauer, weil sie nur ihre Manager nach Bentonville schicken konnten, um Geschäftsabschlüsse zu tätigen. Alle Vertreter entrüsteten sich, plötzlich überflüssig zu sein. Aus der Sicht Waltons waren sie es. Diese Strategie sollte die Preise drücken, weil man die Provisionen der Vertreter als preistreibend betrachtete. Aber die meisten Hersteller mußten ihre Vertreter bezahlen, unabhängig davon, wer den Abschluß tatsächlich machte. Hätte Wal-Mart das vertreterlose Prinzip durchsetzen können, wären Preissenkungen von ungefähr sechs Prozent möglich gewesen. Einige Hersteller wie etwa Procter & Gamble arbeiteten schließlich mit Wal-Mart zusammen, um beim Verkauf überflüssige Zwischenstationen abzuschaffen. Walton wollte mit allen kooperieren, die sich wie er für niedrigere Preise, die er an seine Kunden weitergab, einsetzten.

Manche hielten diese Praxis für irrational, die meisten aber akzeptierten diese Einstellung von Wal-Mart als das, was sie war: ein ehernes Gesetz. „(Sam Walton) wußte wahrscheinlich besser als alle anderen, daß die enge Zusammenarbeit von Hersteller und Einzelhändler der Kundenzufriedenheit dient", gestand ein Sprecher von Procter & Gamble, die nach einigen schwierigen Verhandlungen zum Hauptlieferanten von Wal-Mart wurden.

Die von Wal-Mart favorisierte Methode bestand darin, schon bei der Herstellung mitreden zu können. 1984 wandte sich Bill Clinton, damals noch Gouverneur von Arkansas, wegen der Probleme einer Textilfabrik im Bundesstaat an Wal-Mart, weil das Unternehmen kurz davor stand, seinen größten Kunden an die ausländische Konkurrenz zu verlieren. „Wir wollen sehen, ob wir etwas unternehmen können, was vorher noch niemand getan hat", teilte Walton nach Beratungen mit seinen Führungskräften Bill Clinton mit. Wal-Mart veranlaßte, daß die Fabrik den Auftrag zur massenweisen Herstellung von Baumwollhemden bekam, die eigentlich aus Fernost bezogen werden sollten.

Walton selbst hatte zuvor unbedingt im Ausland kaufen wollen – aus Kostengründen. Aber das Wal-Mart-Unternehmen bekam gute Noten in der Öffentlichkeit dafür, daß es die Produktion nach Arkansas zurückgeholt hatte. Gleichzeitig konnte Wal-Mart enger mit dieser lokalen Fabrik in Arkansas zusammenarbeiten, um die Effektivität zu steigern.

Durch dieses Hemdengeschäft erkannte Walton, daß es amerikanische Unternehmen gab, die – unter dem Druck ausländischer Konkurrenz – hungrig nach Aufträgen und gerne dazu bereit waren, mit Wal-Mart zusammenzuarbeiten. Im März 1985 startete Walton ganzseitige Werbungen in den großen Tageszeitungen und verkündete das neue Programm des Kaufhauses: „Buy American". Oberflächlich betrachtet, war es eine patriotische Geste, die besonders zu einem Unternehmen paßte, dessen Klientel vorwiegend aus Arbeitern bestand. Es war auch ein Beispiel dafür, wie Walton immer nach Möglichkeiten suchte, bessere Preise herauszuholen. Er wollte sicherstellen, daß seine Lieferanten kostengünstig produzierten, und er machte aus seinem Motiv kein Geheimnis: „Unsere amerikanischen Zulieferer müssen sich dazu bereit erklären, ihre Produktionseinrichtungen und Maschinen zu verbessern, günstiger anzubieten und unsere Anforderungen zu erfüllen und vor allem die Produktivität der Angestellten zu verbessern", schrieb Walton in einem offenen Brief. Die Kette schloß laut *Nation's Business* für die nächsten drei Jahre Inlandsverträge über eine Summe von 1,2 Milliarden Dollar ab, obwohl einige kritische Beobachter aus der Gewerkschaft weiterhin daran festhielten, daß Wal-Mart nach wie vor wie alle anderen Großketten auch von ausländischen Bezugsquellen abhängig war.

1987 bot Walton den Zulieferern an, sich an einem Umweltprogramm zu beteiligen. Wal-Mart versprach, eng mit solchen Herstellern zusammenzuarbeiten, die „umweltfreundliche" Produkte verkauften, wie Walton in dem offenen Brief schrieb, in dem er das Programm vorstellte.

Die Vertriebscenter von Wal-Mart waren ein weiteres Mittel zur Kostensenkung. Ein Vertriebscenter von Wal-Mart war so konzipiert, daß von dort aus mehr als nur Läden beliefert werden konnten; es sollte die Kosten senken. Man stellte bei Wal-Mart fest, daß man die Waren billiger als die meisten anderen Hersteller transportieren konnte. Aus diesem Grund bestand man darauf, die meisten Einkäufe ohne zusätzliche Lieferkosten abzuwickeln. Statt dessen holte die „Transportflotte" von Walton die Waren schon an den Fabriktoren ab, um sie in diese Center zu fahren. Drei Viertel des Warenbestands in einem Laden wurden direkt von den Vertriebscentern angeliefert. 1992 gab es 43 solcher Center, das größte verfügte über eine Gesamtfläche von 14.000 Quadratmetern.

Die Registrierkassen der Läden schickten ihre Bestandsmeldungen per Computer direkt an die vollautomatisierten „intelligenten" Lager. Dann wurden die LKWs zu jedem der 200 Läden geschickt, die einem Vertriebscenter zugeordnet waren, und zwar ohne jemals leer zu fahren.

Als das Unternehmen 1987 mehr als 1.000 Läden umfaßte, konnte niemand, auch nicht ein Mann mit der ungeheuren Energie eines Sam Walton, auch nur hoffen, alle Wal-Mart-Läden einmal persönlich kontrollieren zu können. War es einst das Flugzeug gewesen, das Walton die Kontrolle der Läden ermöglicht hatte, war es jetzt die Satelliten-Technologie.

1985 wuchs Wal-Mart zu einem Geschäftsriesen heran, der sein eigenes Satellitenprogramm Hughes Network Systems mit sechs Kanälen auf die Beine stellte. Der Satellit überbrückte alle Entfernungen bei Wal-Mart, und zwar vom Laden über die Zentrale zum Vertriebscenter und sogar – im Falle größerer Lieferanten – bis in die Fabrik. Alle Beteiligten waren mit Bentonville vernetzt und wurden von dort aus gesteuert. Kosteneinsparungen waren die Folge. Beispielsweise wurde die Raumtemperatur in allen Läden kontrolliert und durch einen Rechner in Bentonville angepaßt. 1981 wurden außerdem elektronische Monitore in allen Läden installiert. Das System hieß VideoCart, aber es übertrug nicht nur Informationen für die Kunden, sondern beobachtete auch, wie und was die Menschen einkauften. Das System ermittelte die Einkaufsgewohnheiten und überspielte sie nach Bentonville. Das 1984 erbaute Computerzentrum des Unternehmens war größer als ein Fußballfeld.

Wal-Mart testete als erster Discounter 1980 das UPC-Scanner-System, also den Einsatz von universellen Barcodes. Nach dieser Innovation konnte die Produktivität an den Kassen um 50 Prozent gesteigert werden. Dieses System wurde in der gesamten Ladenkette eingeführt. In den 30 Jahren unter der Führung von Walton bewilligte Wal-Mart keine Mark für schmucke Büroausstattungen der Manager, aber es wurde in technologischer Hinsicht zum modernsten Unternehmen im Einzelhandel.

1981 lagen die Betriebskosten bei 16 Cent pro Dollar Umsatz. Die Kosten bei Kmart lagen bei 22 Cent. Ebenso wie Fords Montageband, so brauchte auch das System von Wal-Mart Jahre für die Entwicklung, Idee für Idee.

1982 wurde bei Sam Walton eine seltene Form von Leukämie festgestellt. Nach einer Behandlung in einem Krankenhaus in Texas besserte sich sein Zustand. Sofort arbeitete er wieder fast so hart wie immer. 1983 war er aktiv an der Einführung von Sam's Club beteiligt, einem Discount-Einkaufs-Club mit einem ähnlichen Konzept wie der Price Club von Sol Price in Kalifornien. Die neue Tochtergesellschaft war ein Erfolg. Als nächstes entwickelte Wal-Mart allerdings auch noch einen anderen Ladentyp: den Hypermart oder die „Mall ohne Wände", wie Sam Walton gerne sagte. Die Standardläden von Wal-Mart wurden je nach Gemeinde in fünf Größen gebaut. Der größte war ungefähr 5.000 Quadratmeter groß. Ein Hypermart besaß eine Fläche von 21.000 Quadratmetern; hier gab es praktisch alle Produkte der Konsumgesellschaft, angefangen bei Lebensmitteln über Friseure bis hin zu Angelruten. Als das Unternehmen die Eröffnung der ersten 50 Hypermarts plante, versuchte sich die gesamte Konkurrenz von dem Würgegriff der Wal-Mart-Kette zu befreien: Verzweifelt kämpfte der Rest der Branche gegen den Moloch Wal-Mart.

1991 machte Wal-Mart ein Geschenk an Walton: Wal-Mart überstieg den Umsatz von Sears als größter Einzelhandelskette der amerikanischen Nation. Zehn Jahre vorher machte Wal-Mart lediglich 2,6 Milliarden Dollar Umsatz, Sears jedoch 20 Milliarden. Aber 1991 konnte Wal-Mart mit 32,6 Milliarden Umsatz den von Sears, der 32 Milliarden Dollar betrug, überrunden. Der Gesundheitszustand von Walton verschlechterte sich; er mußte schließlich kürzertreten. Als Präsident George Bush 1992 einen Besuch in Betonville abstattete, um Walton die Friedensmedaille zu überreichen, war Walton wegen eines Rückfalls so geschwächt, daß er im Rollstuhl sitzen mußte. Als David Glass, der Präsident von Wal-Mart, kurz darauf zu Walton kam, erzählte ihm dieser, es sei der größte Tag in seinem Leben gewesen.

Walton revidierte allerdings seine Meinung. „Einige Tage später sagte er mir, daß die größten Tage seines Lebens die waren, wenn er draußen in den Läden war und seine wunderbaren Mitarbeiter und treuen Kunden besuchte", wie sich Glass später erinnerte.

Im gleichen Jahr erlag Walton seiner Krebserkrankung. Die Meldung von seinem Tod wurde direkt via Satellit in die 1.960 Läden übertragen. Bei der Nachricht brach das Verkaufspersonal in Tränen aus. Der Nachruf in der *New York Times* schätzte sein Vermögen zum Zeitpunkt seines Todes auf 28 Milliarden Dollar. Aber das hätte wahrscheinlich für Walton weniger bedeutet als die Meldung einige Zeilen weiter unten: Eine Kassiererin von Wal-Mart konnte 262.000 Dollar auf ihrem Rentenkonto verzeichnen, nachdem sie 24 Jahre für das Unternehmen gearbeitet hatte.

„Auf gegen Wal-Mart"

Wal-Mart erwarb sich den amerikaweiten Ruf, niedrige Preise in die Kleinstädte gebracht zu haben. Aber genau deshalb erlebte das Unternehmen Ende der achtziger Jahre einen Rückschlag und wurde von Hunderten kleiner Gemeinden scharf unter Beschuß genommen.

Anfang der neunziger Jahre beschuldigte man die Wal-Mart-Läden, die zentralen Einkaufsgebiete in den Kleinstädten aus dem Gleichgewicht gebracht und damit gewachsene Strukturen im ländlichen Raum zerstört zu haben. Einige Städte, die sich gegen Wal-Mart zur Wehr setzten, hatten in der Tat viel zu verlieren: In Orten wie Lake Placid in New York und Fredericksburg in Virginia war das Zentrum mit florierenden, nostalgischen Läden wichtig für den Tourismus. Andere Städte versuchten, die Ansiedelung von Wal-Mart in gewerblichen Gebieten, wo bereits ähnliche Läden wie beispielsweise Kmart oder Target existierten, zu verhindern. „Stop the WAL"-Initiativen bildeten sich in Hunderten von Städten der USA, und 1994 druckte *The Nation* „Acht Wege, um den Laden zu stoppen", einen Handzettel für Leute, die sich von Wal-Marts Geschäftspolitik betroffen fühlten. Mitte 1996 hatten 45 Städte für genug Wirbel gesorgt, um einen Laden zu verhindern.

In vielen Städten, in denen ein Wal-Mart eröffnet hatte, wanderte tatsächlich der Umsatz von den kleinen Geschäften ab. Genau das passierte auch in Taylor, Texas. Aber das eigentliche Problem lag ja vielleicht gar nicht in dem neuen Laden. Wie ein Kunde meinte: „Vor Wal-Mart hatte noch keiner der Läden in der Stadt etwas von Verkauf gehört." Sam Walton selbst konnte kaum Mitleid mit diesen Läden empfinden, die ihren Umsatz an Wal-Mart verloren. „Die Wahrheit ist, daß ein Großteil dieser Leute einfach seinen Job nicht richtig machte und sich nicht um das Wohl seiner Kunden kümmerte – lange bevor andere kamen und etwas Neues anboten", rechtfertigte er sein Vorgehen in seiner Biographie „Made in America", die zum Bestseller wurde. „Viele kleine Läden waren nur deshalb zum

Untergang bestimmt", so fuhr er fort, „weil der Kunde König ist: Er kann frei wählen, wo er einkauft."

Wenn Wal-Mart auf Widerstand stieß, dann wurden Rechtsmittel eingelegt und Public-Relations-Kampagnen gestartet, um sein Recht, in allen Kommunen mit potentieller Kundenbasis Läden eröffnen zu können, zu verteidigen. Man hatte dabei einigen Erfolg. Aber nicht alle Ladenbesitzer beklagten sich, wenn ein Wal-Mart eröffnet wurde. Manche Läden florierten, weil sie sich näher an Wal-Mart ansiedelten. Sie profitierten von dem höheren Verkehrsaufkommen oder suchten sich Nischen, die Wal-Mart offenließ. Ein Ladenbesitzer für Haushaltswaren in Iowa erlebte einen Umsatzanstieg um 300 Prozent in den ersten drei Jahren, nachdem Wal-Mart in seiner Nachbarschaft eröffnet hatte. Er mußte härter arbeiten, um günstiger einzukaufen und billiger zu verkaufen, aber er schaffte es. „Kunden die wissen, daß die Konkurrenz auch nicht besser ist, bleiben ihrem Geschäft treu". Diese Erfolgsformel des Ladenbesitzers aus Iowa klingt fast wie ein Ausspruch Sam Waltons beim Aufbau seiner Wal-Mart-Ladenkette.

William Davidson (stehend), Charles Thompson und
Vaughn Beals (sitzend) nach dem Verkauf
von Harley-Davidson 1981

15.
Der Turnaround bei
Harley-Davidson

Anfang der achtziger Jahre stand die Harley-Davidson Motor Company kurz vor der Pleite. Wie viele amerikanische Firmen mußte auch dieser Motorradhersteller gegen starke Marktkräfte ankämpfen. Die japanischr Konkurrenz, eine Rezession und ein seit längerem bestehender Qualitätsverlust trieben ihn letztendlich in den Bankrott.

1981 allerdings schloß sich eine Gruppe von Managern, die an dem Unternehmen und seinem Produkt hingen, zusammen und rettete Harley-Davidson vor dem endgültigen Ruin. Nachdem sie das Unternehmen über ein Leveraged Buyout von einer desinteressierten Muttergesellschaft übernommen hatten, überzeugten sie die amerikanische Regierung in Washington von der Notwendigkeit, japanische Motorräder vorübergehend mit höherem Importzoll zu belegen.

Diese gesetzliche Verordnung gab den Motorradfahrern und neuen Eigentümern die notwendige Zeit, um ihr Unternehmen von innen heraus völlig umzukrempeln. Mit Erfolg übernahmen sie die Qualitätskontrolle und Produktionsmethoden ihrer japanischen Konkurrenten. Der Fertigungsprozeß war wieder auf dem allerneuesten Stand, das Produkt wurde verbessert. Die neuen Unternehmenschefs ließen dem mittleren Management und den Produktionsmitarbeitern auch mehr Entscheidungsfreiheit. Harley-Davidson verpackte seine chromglänzenden Maschinen jetzt in eine neue, clevere Marketingkonzeption, die wieder neue Fans anlockte.

1987 befand sich Harley-Davidson seinen ausländischen Konkurrenten gegenüber wieder im Aufwind. Das Unternehmen hatte bewiesen, wie ein traditioneller amerikanischer Hersteller auf einem globalen Markt konkurrenzfähig bleiben und gedeihen kann.

Ein erster Schritt

William S. Harley und Arthur Davidson – beide in den zwanziger Jahren auf dem Höhepunkt ihres beruflichen Erfolgs – bauten 1903 ihr erstes Motorrad. Im gleichen Jahr gründete auch Ford seine Motor Company. Ebenso wie er bauten die beiden ihren Prototyp in einem einfachen Schuppen zusammen. Aber anders als Ford verkauften sie im ersten Jahr nur eine Maschine – ihre gesamte Produktion. 1910 jedoch ging es aufwärts, man verkaufte 3.200 Motorräder. Zehn Jahre später wurden 28.000 Stück an den Mann gebracht, nachdem das Duo auch ins Ausland exportierte.

Als Autos immer erschwinglicher und beliebter wurden, ging der Marktanteil der Motorräder deutlich zurück. 1913 hatten nur noch zwei von unzähligen Motorradherstellern überlebt, die um die Jahrhundertwende gegründet worden waren: Harley-Davidson und die Indian Motorcycle Manufacturing Company.

Um während der Wirtschaftskrise an Kapital zu kommen, hatte Harley-Davidson die Herstellungsrechte für seine Motorräder an ein pharmazeutisches Unternehmen in Japan verkauft. Dieser Deal, der den japanischen Motorradmarkt erst in Schwung brachte, legte unbeabsichtigt die Grundlagen für den

Wettbewerb, der 40 Jahre später fast das Aus für die Harley-Davidson Motor Company bedeutet hätte. Das Unternehmen überlebte die Depression in den dreißiger Jahren und behauptete sich während des Zweiten Weltkriegs auf dem Markt, weil das Unternehmen 88.000 Motorräder an das Militär geliefert hatte. Wie viele andere Branchenführer in Amerika blühte Harley-Davidson in der Nachkriegszeit auf. Ein Grund waren die zerstörten japanischen und europäischen Produktionsanlagen. 1953 wurde Indian Motorcycle Manufacturing geschlossen, und Harley-Davidson blieb als einziges Motorradunternehmen auf dem amerikanischen Markt.

In dieser Zeit entwickelte sich die Harley-Davidson Motor Comapany zu einer amerikanischen Institution. Die Harley-Maschinen kamen in Kultfilmen wie „The Wild One" und „Easy Rider" vor und wurden zu Kultsymbolen der jungen Generation. Die schweren „Hogs", wie sie im allgemeinen genannt wurden, hatten einen besonderes blubbernden Motorensound: „Eine Harley klingt einzigartig", meinte einmal ein Fan. Frech, stark, grob, laut und zäh zog das Motorrad lederbekleidete Rebellen an, die ihr Image als „Bad boys" liebten. „Das Motorrad vermittelte das Gefühl körperlicher Stärke – ein ungezähmtes wildes Tier", schwärmte der langjährige Konstruktionschef Willie G. Davidson. Symbole der neuen Popkultur wie Elvis Presley, der Schauspieler Steve McQueen sowie der Baseballspieler Reggie Jackson fuhren stolz ihre Hogs – privat und im Film.

Der Marktführer fällt der ausländischen Konkurrenz zum Opfer

In den sechziger Jahren schnappten sich die konkurrenzfähigen japanischen Hersteller ein Stück des Kuchens im internationalen Auto- und Motorradmarkt. Einer der erfolgreichsten japanischen Motorradexporteure war Honda, dessen Motorräder viel leichter waren und deren Fahrer in der Werbung als „nette" Menschen

dargestellt wurden – damit sollte ein Wandel herbeigeführt werden. Kawasaki und Yamaha übernahmen bald ihren Anteil am
Markt für leichte Maschinen.

1969 übernahm American Machine & Foundry Company
(AMF) Harley-Davidson. Der ehemalige Familienbetrieb (der
erst 1965 an die Börse gegangen war) wurde schon bald von der
Dynamik eines riesigen Unternehmenszusammenschlusses ver-
schluckt. Zunächst einmal erschien diese Lösung allen wie ein
Segen, weil AMF 60 Millionen Dollar in den Unternehmensteil
Harley-Davidson pumpte und die Produktion ankurbelte, um
dem wachsenden japanischen Beschuß standzuhalten. Obwohl
der Umsatz japanischer Maschinen von 27.000 im Jahr 1969 auf
60.000 im Jahr 1972 stieg, machte sich Harley-Davidson innerhalb von AFM keine Sorgen über den wachsenden Markt für
preiswerte und leichte Motorräder, der von japanischen Impor-
ten beherrscht wurde. Tatsächlich stellte Harley-Davidson 1978
die Produktion leichter Motorräder total ein, anstatt sie noch zu
steigern.

AFM schien sich an diesem Wettrennen nicht beteiligen zu
wollen, da die Importe das Kerngeschäft von Harley-Davidson
schwere Motorräder über 750 ccm, eigentlich nicht herausfor-
derten. 1974 war Harley-Davidson konkurrenzlos am Markt für
ganz schwere Maschinen (Motorräder mit Motoren ab 850 ccm).
Da Harley-Davidson diesen Markt über lange Zeit beherrschte,
war man selbstzufrieden geworden, und die Motorräder spiegel-
ten diese Einstellung wider. Qualitätskontrolle schien in dem
bürokratischen Labyrinth von AFM verlorengegangen zu sein.
Infolgedessen erwarben sich die Hogs in den siebziger Jahren
verdientermaßen den Ruf, allerschlechteste Qualität zu besitzen.
Forbes schrieb 1983 dazu: „AMF hat zwar die Stückzahlen gesteigert, aber das Unternehmen auch in große Gefahr gebracht,
weil nicht genügend in neue Materialien und Herstellungstech-
niken investiert wurde." Die Motorräder verfügten über eine
derart miserable Qualität, daß das Unternehmen „Kliniken"
aufmachen mußte, Straßenreparaturstationen, in denen Motorräder, die fehlerhaft vom Band kamen, repariert und gegebenen-

falls zurück zum Händler transportiert wurden. Trotz dieser Qualitätsprobleme erzielte Harley-Davidson weiterhin beeindruckende Umsatzzahlen. Als die Beliebtheit von Mopeds und leichteren Maschinen den gesamten Zweiradmarkt zu neuen Höhen führte, verkaufte das Unternehmen 1979 die Rekordzahl von 50.000 Motorrädern. Leider handelte es sich nur um einen Scheinerfolg.

1981 wirkten sich die Qualitätsprobleme auf den Umsatz aus. Zur gleichen Zeit setzte die japanische Konkurrenz ihren Fuß in den Markt für schwere Maschinen. Der Umsatz des Unternehmens fiel steil um 18 Prozent auf 41.000 Stück, und sogar Harleys Anteil für große Maschinen am amerikanischen Markt fiel hinter Hondas Anteil von 33,9 auf 29,6 Prozent zurück, der inländische Marktanteil sogar auf fünf Prozent. Die eingefleischten Hog-Fans stiegen auf japanische Motorräder um.

AMF glaubte, nur wenig an diesem Schicksal ändern zu können, und sah sich nach einem Käufer für das marode Unternehmen um. Aber man stieß nur auf wenig Käuferinteresse. Allerdings glaubte der zuständige Manager im Geschäftsbereich Harley-Davidson, Vaughn Beals, weiterhin an sein Produkt. Er und seine Kollegen erkannten, daß das Unternehmen nur in den Händen loyaler Manager, die sich mit ganzer Kraft um die Feinheiten des Motorradgeschäfts kümmerten, eine Überlebenschance hatten. Sie ahnten, daß der Verkauf an einen externen Unternehmer katastrophale Folgen hätte. „Ein erfahrenes Managementteam würde durch Leute ersetzt, die überhaupt keine Ahnung vom Motorradgeschäft hätten – und der langfristige Wert des Unternehmens wäre den Bach runter gegangen", stöhnte er.

Mit Hilfe der Citibank nahmen Beals und zwölf Manager des Harley-Davidson-Unternehmens die Verhandlungen zur Übernahme der Firma auf. Richard Teerlink, der immer gut gelaunte Finanzchef, war auch mit von der Partie. Im Juni 1981 hatten sie endlich ihr Ziel erreicht – sie waren Eigentümer des Unternehmens. In einem klassischen Leveraged Buyout (LBO) legten sie für eine Million Dollar Anteile zusammen und liehen sich den restlichen Kaufpreis von 81,5 Millionen Dollar bei einem Bankenkonsortium unter Leitung der Citibank.

Eines der wichtigsten Teammitglieder war Konstruktionschef William G. Davidson. Willie G., wie er humorvoll innerhalb und außerhalb des Unternehmens genannt wurde, war Herz und Seele des Betriebs. Als Enkel des Unternehmensgründers Arthur Davidson schuf Willie G. den berühmten Retrolook der Harley-Davidson. Der Absolvent des Art Center College of Design im kalifornischen Pasadena kam 1963 zum Unternehmen. Er ließ seine Haare und seinen grauen Bart wachsen, trug eine Lederjacke, Jeans, Baskenmütze und einen Totenkopfanhänger. Seine Anwesenheit verlieh der Firma nicht nur einen Hauch von Authentizität, sondern stellte auch eine Beziehung zwischen den anonymen Unternehmen und den vielen Kunden her. „Harley-Fahrer sind alle Künstler", skizzierte Willie G. die Klientel. „Viele von ihnen arbeiten an ihren Maschinen wie Konstrukteure, allerdings ohne Ausbildung. Sie sprechen am liebsten nur über ihre Motorräder. Ich hör' unheimlich gern zu, weil ich vom gleichen Schlag bin."

Im Juni 1981 fuhr die neue Eigentümergruppe des Harley-Davidson-Unternehmens von der Fabrik in Pennsylvania zur Unternehmenszentrale nach Milwaukee, Wisconsin. Der frische Wind des Unternehmens sollte demonstriert werden. Aber diese Promotiontour endete mit einem bösen Erwachen, die Übernahme war genau zur falschen Zeit erfolgt. Die traditionelle Käuferschicht von Harley-Davidson hatte unter einer schweren Rezession zu leiden. Viele wurden arbeitslos, die Zinsen stiegen ins Unermeßliche – keiner konnte sich eine 8.000 Dollar teure Maschine leisten.

1982 fiel der geschätzte Umsatz aller Motorräder in den Vereinigten Staaten um 18 Prozent auf 935.000 Stück, der erste Abschwung seit 1975. Die japanischen Motorräder der entsprechenden Gewichtsklasse kosteten 25 bis 50 Prozent weniger als die Harley-Davidson-Maschinen. Die Lage des Unternehmens wurde schnell kritisch. 1980 mußte Harley-Davidson zum ersten Mal nach 50 Jahren einen Betriebsverlust vermelden. Der langsame Kundenschwund verwandelte sich schnell in einen reißenden Strom. 1982 schrieb Harley-Davidson rote Zahlen in Höhe von 25 Millionen Dollar.

Zu allem Übel verfügte das Unternehmen aufgrund des LBO nicht über die finanziellen Mittel, um dem wirtschaftlichen Abschwung gewachsen zu sein. Am 26. Mai 1982, zehn Jahre nach dem LBO, verkündete Harley-Davidson ein drastisches Sparprogramm. Auf einen Schlag wurden 426 Arbeiter entlassen, die Gehälter der Angestellten um zwölf Prozent gekürzt, die Löhne der Arbeiter eingefroren, die Rentenbeiträge für die Mitarbeiter ausgesetzt und die Produktion zurückgefahren. Ende 1982 hatte das Unternehmen seine Belegschaft um 40 Prozent auf 2.200 Mitarbeiter abgebaut.

Qualitätsverbesserung durch Imitation

Es gab keine Garantie, daß ein wirtschaftlicher Aufschwung das Unternehmen wieder finanziell gesunden lassen würde. Die Probleme verschlimmerten sich zusätzlich noch dadurch, daß die fehlende Qualität ein ständiges Sorgenkind blieb. Über Jahre dachten die Fabrikmanager und Bandarbeiter an Quantität, nicht an Qualität. Die Folge war, daß 1980 mehr als die Hälfte der Hogs, die das Band verließen, durch die Endabnahme fielen und repariert werden mußten. Im Gegensatz dazu lag die Anzahl der Ausschußware bei japanischen Motorrädern bei nur fünf Prozent. Das Magazin *Cycle World* schrieb dazu: „Einige Teile einer Harley-Davidson sehen so aus, als seien sie von den Eingeborenen entlang des Milwaukee River mit Steinen aus Eisenerz herausgemeißelt."

Die Händler mußten in ihren Ausstellungsräumen Pappe und Matten unter die Motorräder legen, um das Öl aufzufangen, das aus den verschiedenen Leitungen tropfte. Einige langjährige Harley-Händler packte der Frust dermaßen, daß selbst sie nun japanische Modelle verkauften. „Zunächst konnten wir gar nicht glauben, daß wir so schlecht sein konnten – aber wir waren's", sagte Vaughn Beals 1982 kleinlaut.

Beals und seine Kollegen hatten schnell erkannt, daß sie das Skalpell richtig ansetzen mußten, um den Patienten zu retten. „Wir hatten ein wirklich mangelhaftes Produktionssystem", gab er zu. Ironischerweise entdeckten die Manager das Allheilmittel ausgerechnet in den japanischen Fabriken. Als das Topmanagement und Gewerkschaftsvertreter von Harley-Davidson 1982 die Honda-Motorradfabrik in Marysville, Ohio, besuchten, waren sie geschockt und verblüfft zugleich über das, was sie dort zu Gesicht bekamen: beste Arbeitsbedingungen und ein schlankes Personalmanagement (nur 30 Vorgesetzte für 500 Angestellte). Überraschend war, daß die Fabrik eine hohe Produktivität erreichte, obwohl man so gut wie keine Computer im Einsatz hatte. (Harley-Davidson besaß eine teure Computertechnologie zur Verbesserung seines Fabrikmanagements.)

Beals erkannte sofort, was Harley-Davidson von seinen Konkurrenten unterschied. „Nicht die Roboter, die Kultur, die Morgengymnastik oder etwa die Unternehmenshymne, sondern die hochprofessionellen Manager, die etwas von ihrem Geschäft verstanden und ihre ganze Aufmerksamkeit auf Details richteten", sagte er zu Peter Reid, dem Autor von „Well Made in America".

Tom Gelb, stellvertretender Vizepräsident von Harley, ließ die Fertigungsmethoden der Japaner untersuchen und kam zu einem entscheidendem Ergebnis. „Wir müssen dasselbe wie die Japaner machen – oder wir sind zum Untergang verurteilt." Paradoxerweise hatten die Japaner ihre Arbeitsweise wiederum von einem Amerikaner gelernt: Dr. Edwards Deming, der Gründer der Total-Quality-Management-Bewegung, lieferte das gedankliche Know-how. Deming und Joseph Juran hatten in den vierziger Jahren die Programme für die japanische Wirtschaft entwickelt und eingeführt, um nach Ende des Zweiten Weltkriegs beim Wiederaufbau der industriellen Infrastruktur des Landes mitzuhelfen.

Demings Strategie erklärte sich aus der sogenannten Produktivitätstriade. Die drei Bestandteile dieser Triade 1. Just-in-Time(JIT)-Lieferung, 2. Mitarbeiterbeteiligung (MB), 3. Statistical Operator Control (SOC). Bei der JIT-Lieferung hielten die Hersteller nur so viele Teile vorrätig, wie sie unmittelbar brauchten. Bei JIT konnten die Fabriken 20 oder 30mal im Jahr ihren Bestand umschlagen. Im Gegensatz dazu gelang dies bei Harley-Davidson nur viermal. Bevor 1981 die Harley-Manager eine japanische Fabrik besuchten, hatte das Unternehmen ein Pilotprojekt mit JIT auf der Basis japanischer Konzepte gestartet.

Fast unmittelbar danach stellte man bei Harley-Davidson Einsparungen in den Beständen und Lagerhaltungskosten fest. Das Unternehmen hatte so mehr Bargeld zur Schuldentilgung zur Verfügung als vorher. Durch Senkung des Lagerbestands wurde außerdem Lagerfläche frei, Störungen im Montageablauf konnten beseitigt werden. Bei Harley-Davidson nannte man diese Form von JIT Materialbedarfsdeckung (MBD). Mit diesem System ließen sich defekte Teile besser identifizieren, bevor sie in den allgemeinen Produktionsprozeß gelangten. Da die Bestände in kleineren Losen angeliefert wurden, konnten Anpassungen vorgenommen werden, bevor die nächste Teilelieferung ankam. Mit diesem System konnte Harley-Davidson seinen Lagerbestand um 75 Prozent reduzieren, außerdem kamen beide Montagefabriken ohne Lager aus.

Die zweite Maßnahme, die von den japanischen Wettbewerbern übernommen wurde, sah eine stärkere Beteiligung der Mitarbeiter vor. In einem frühen Beispiel für das, was heute „Empowerment" genannt würde, versuchte Harley-Davidson, den Unterschied zwischen Fabrikarbeitern und Angestellten aufzuheben.

Topmanager und Bandarbeiter setzten sich zusammen, um die Mitarbeit an den Montagebändern und in den Fabriketagen neu zu konzipieren. „Es wurden keine Veränderungen durchgeführt, bis nicht alle Beteiligten die Maßnahme verstanden und akzeptiert hatten", erläuterte Tom Gelb. Alle Mitarbeiter waren an den wichtigen Entscheidungsprozessen beteiligt, die die Unternehmenszukunft beeinflußten, und wurden zu Problemlösern am Band.

Demings dritter Punkt zur Realisierung der Arbeitsabläufe kam ebenfalls zur Anwendung: Statistical Operator Control (SOC). In den Jahren 1983 und 1984 wurden die Manager des Harley-Davidson-Unternehmens von einer Beratergruppe ehemaliger Professoren der University of Tennessee in den Methoden der SOC unterwiesen. Diese Methode schrieb vor, daß die Montagearbeiter am Band nicht einfach mechanisch ihre Aufgaben durchzuführen hatten. Sie ging vielmehr davon aus, nur die Mitarbeiter könnten erfolgreich dem Unternehmen dienen, die sich in den Produktionsabläufen auskannten und über den eigenen Gartenzaun schauen konnten. Neben der Überwachung des Produktionsprozesses wurden die Fabrikarbeiter dazu ermuntert, Fehler und Probleme zu entdecken und Lösungsmöglichkeiten vorzuschlagen. Die Fabrikarbeiter benutzten Kontrolltafeln zur Datenanalyse und Qualitätsüberwachung. Richard Teerlink sagte zu dieser Neuerung: „Das Topmanagement muß erkennen, daß es die Verantwortung und Verpflichtung hat, eine Umgebung zu schaffen, in der sich ein Mitarbeiter frei fühlt, das System herauszufordern, um Erfolg zu erreichen."

Bei Harley-Davidson hatte man die Notwendigkeit für einen Wandel erkannt und schnell reagiert. Ende 1982 erreichten die Produktionskosten ein derart niedriges Niveau, daß das Unternehmen nur noch 35.000 Motorräder verkaufen mußte, um die Kosten zu decken, und nicht mehr 53.000 wie noch vor zwei Jahren. Dennoch wurden 1982 nur enttäuschende 27.000 Stück verkauft. Anfang der achtziger Jahre hatten Yamaha und Honda mit knallhartem Marketing einen Angriff auf amerikanische Marktanteile gestartet. Begonnen hatte dieser Kampf mit einer Preissenkung und einer Überflutung des Marktes mit mehr Produkten, als sie letztendlich verkaufen konnten.

Enttäuscht suchte Harley-Davidson im September 1982 bei der Internationalen Handelskommission Schutz gegen diese vermeintlich kriminellen Handelspraktiken. Harley wollte zwar keinen dauerhaften Schutz gegen ausländische Konkurrenz. „Wir wollten nur einen kleinen Vorsprung", sagte Beals damals. Das Überleben des einzigen amerikanischen Motorradherstellers hing an einem seidenen Faden. Die Kommunalpolitiker der Produktionsorte Harley-Davidsons stellten sich hinter das Unternehmen. Senator Robert Kasten aus Wisconsin meinte öffentlich: „Wir haben es hier mit einer massiven Werbung für japanische Produkte zu tun, die in keinem Verhältnis zum amerikanischen Bedarf steht."

Die Kommission hielt diese Argumentation für überzeugend und sprach sich für die Erhebung von Strafzöllen für japanische Motorräder aus. Am 1. April 1983 unterzeichnete Ronald Reagan die Empfehlung der Kommission. Der bestehende Importzoll in Höhe von 4,4 Prozent für japanische Motorräder mit 700 ccm und mehr wurde 1983 auf gesalzene 49,4 Prozent erhöht. Die Maßnahme sah aber auch eine Rückkehr zu normalen Handelsverhältnissen vor: 1984 sollte der Zoll auf 39,4 Prozent gesenkt werden, 1985 auf 24,4 Prozent, 1986 auf 19,4, dann 1987 auf 14,4 und schließlich 1988 wieder auf seine ursprünglichen 4,4 Prozent.

Einige japanische Hersteller umgingen diese Restriktionen und montierten ihre Maschinen in amerikanischen Fabriken, anstatt sie komplett zu importieren. Aber dieser Zoll traf besonders die jungen Motorradkonsumenten hart, die fast ausschließlich bei japanischen Produzenten kauften. Und viele machten diese hohen Importzölle für den branchenweiten Rückgang seit Mitte der achtziger Jahre verantwortlich.

Ein neues Image
für ein verbessertes Produkt

Auch wenn der Zoll bestimmte japanische Motorräder nun verteuerte, so waren damit natürlich nicht automatisch alle Probleme des Harley-Davidson-Unternehmens gelöst. In der Öffentlichkeit mußte eine neue Glaubwürdigkeit erarbeitet werden – ein intensives Marketing war notwendig. Das Unternehmen startete 1983 amerikaweit die Werbekampagne „Superride", bei der ungefähr 600 Händler dazu einluden, die neuen Produkte zu begutachten und probezufahren. An drei Wochenenden hintereinander machten 40.000 potentielle neue Kunden von dieser Einladung Gebrauch.

„Unsere enge, ja fast familiäre Beziehung zu den Motorradfahrern ist einer der wesentlichen Unterschiede zwischen uns und unseren japanischen Konkurrenten", freute sich Vaughan Beals. Viele Kunden von Harley, meinte er, kauften nicht einfach nur ein Motorrad. Sie kauften „das Harley-Erlebnis". Man sah Legionen dieser stolzen Besitzer von Hogs in Harley-Davidson-T-Shirts und Lederkleidung. Einige ließen sich sogar Namen und Logo der Firma auf die Haut tätowieren. Ohne dieses besondere „Liebesverhältnis" hätte sich Harley vielleicht nicht retten können. 75 Prozent aller Harley-Fahrer blieben bei diesem Fabrikat. Angesichts dieser Kundentreue konzentrierte Harley seine Marketingbemühungen weiter stark auf diese Klientel.

1983 rief Harley-Davidson die innovativen Harley Owner's Groups – oder HOGs – ins Leben. Jeder neue Käufer erhielt eine kostenlose Mitgliedschaft in einem lokalen Motorradclub, ein Zweimonatsabonnement für *Hog Tales* und ein sechsmonatiges Abonnement für *American Iron*, ein Magazin für Motorradfans. Andere Vergünstigungen waren der Zugang zu öffentlichen und privaten Motorradveranstaltungen, Versicherungen, Pannenhilfe, Mietmöglichkeiten einer Harley während eines Urlaubs, sogar Frauen konnten sich ebenfalls zu Harley-Liebhabergruppen zusammenschließen.

Kathleen Lawler-Demitros, stellvertretende Direktorin für Marketing, äußerte dazu: „Es gab dem Unternehmen einen menschlichen Touch; die Kunden wurden ein Mitglied der Harley-Familie." Die HOGs erwiesen sich als treue Kunden. Als der Verkauf von 27.000 im Jahr 1983 auf 43.300 im Jahr 1987 anstieg, zählten die HOGs 73.000 Mitglieder.

Reparatur eines defekten Finanzvehikels

Mitte der achtziger Jahre zeigten die Qualitäts- und Marketing-
anstrengungen ihre Wirkung. Nach einem mühsam erwirtschafteten kleinen Gewinn von 973.000 Dollar im Jahr 1983 konnte
die Firma 1984 Gewinne in Höhe von 2,6 Millionen verzeichnen. Das Unternehmen fertigte und verkaufte weniger Motorräder als vorher – 1985 stellten die 23.000 gefertigten Motorräder
nur 3,86 Prozent des gesamten Marktes dar, aber sie wurden
preiswerter und schneller produziert. Wie Michael O'Farrell, der
Vorsitzende der Hell's-Angels-Sektion in Oakland, Kalifornien,
1985 sagte: „Es ist ein erstaunlicher Unterschied. Sie schütteln
dich nicht mehr total durch, und deine Nieren funktionieren
noch."

Das Unternehmen hatte zwar die hartgesottenen Harley-Fans
überzeugen können, aber nicht die eingefleischten Banker. Seit
der Übernahme hatte das Unternehmen regelmäßig den ursprünglichen Kreditrahmen der Citibank überschritten. Trotz des
offenkundigen Um- und Aufschwungs teilten die Geldgeber die
optimistischen Zukunftsaussichten der Manager nicht. Ende
1984 ließ die Citibank das Unternehmen wissen, daß man keine
Kreditüberschreitungen mehr dulden würde. Kurz vor seinem
großen Comeback stand das Unternehmen plötzlich am Rande
des Ruins.

In einer ganzen Reihe schwieriger Verhandlungen gelang es
Harley-Davidson, die Citibank dazu zu überreden, zehn Millio-
nen Dollar des Kredits abzuschreiben. Die Citibank wußte ge-
nau, daß ein solcher Schritt ihren Kunden zu einem interessanten
Investitionsobjekt für andere Banken machen würde. Eine nied-
rigere Schuldenlast versetzte Harley-Davidson tatsächlich in die
Lage, neue Geldgeber aufzutreiben, allen voran die Heller
Financial, Inc. aus Chicago, die am 31. Dezember 1985 den
Kredit der Citibank übernahm.

Nur einige Monate später, nachdem die Citibank damit gedroht hatte, auf Harley-Davidson Kapitel 11* anzuwenden, legte das Unternehmen endgültig seine Bilanzen offen. 1986 erhielt die Firma 90 Millionen Dollar durch den Verkauf von Stammaktien im Wert von 20 Millionen Dollar und Schuldverschreibungen für 70 Millionen Dollar.

Im darauffolgenden Jahr, als die Notierung von Harley-Davidson-Aktien von der amerikanischen Wertpapierbörse zur New Yorker Börse übergewechselt hatte, donnerten die Manager als Zeichen der Erleichterung die Hügel von Lower Manhattan in einem Pulk von Hogs hinunter.

1987 schrieb *Forbes*: „Heute sind die Aussichten von Harley viel besser. ... Das Unternehmen schloß dieses Jahr mit einem Umsatz von 295 Millionen und einem Gewinn von 4,3 Millionen Dollar ab, also fast das Doppelte gegenüber dem Vorjahr." Das Unternehmen hatte in den letzten sechs Jahren wirklich viel erreicht. Zwischen 1981 und 1987 verdoppelte sich das Jahreseinkommen der Angestellten, die Produktivität stieg um 50 Prozent, der Anteil an Motorrädern, die fehlerfrei das Band verließen, wuchs um 99 Prozent.

Die Manager von Harley-Davidson hatten ihr Unternehmen auf Vordermann gebracht und hielten ihr früheres Versprechen, die Regierungshilfe nur als eine zeitweilige Krücke und nicht als dauerhafte Prothese zu benutzen. Am 17. März 1987 ersuchte das Unternehmen aus freien Stücken die Regierung, die Zölle auf japanische Motorräder bereits ein Jahr vor dem geplanten Zeitpunkt aufzuheben. Die *New York Times* lobte diesen Schritt als „ein Meisterstück an Public Relations."

Zur Feier der Harley-Wiedergeburt veranstaltete das Unternehmen am 18. Juni 1988 eine große Party in Milwaukee zum 85. Firmenjubiläum, die durch ein Konzert der Charlie Daniels Band abgerundet wurde. In der Woche vor diesem Fest brausten

---

* *Chapter 11:* Abschnitt des *Federal Bankruptcy Act,* demzufolge ein Unternehmen unter gerichtlichem Schutz gegen Vollstreckungsmaßnahmen seine Geschäfte weiterführt mit der Auflage, einen Plan zur Schuldenbegleichung zu erarbeiten. Die in Kapitel 11 ausgewiesenen Verfahren werden beispielsweise auf Antrag von Gläubigern eingeleitet.

mehr als 40.000 Harley-Fans auf zehn verschiedenen Routen aus den gesamten Vereinigten Staaten in die Brauereistadt. Vaughn Beals, Richard Teerlink und Willie G. fuhren an der Spitze riesiger Motorradgangs.

Harley-Davidson war wieder die Nummer eins. Als sich die Wirtschaft wieder erholte, stiegen auch die Umsätze. 1989 hatte Harley-Davidson seine Vorrangstellung wiedergewonnen, hielt 59 Prozent des Marktanteils für schwere Maschinen, besaß also einen mehr als großen Vorsprung gegenüber den zweitplazierten Hondas, deren Anteil sich auf 15 Prozent belief.

Der Verkauf der teuren Motorräder – eine voll ausgestattete Harley kostete immerhin weit mehr als 15.000 Dollar – stieg 1989 auf 41.000 Stück. Die Investoren, die durch den Kauf der Aktien ihr Vertrauen in das Unternehmen bewiesen hatten, wurden großzügig belohnt. Als zwischen 1986 und 1990 die Einnahmen auf jährlich 57 Prozent stiegen, vervielfachte sich der ursprüngliche Aktienpreis von elf Dollar mehrmals. Im Juni 1990 war die Aktie zehnmal mehr wert als ihr ursprünglicher Ausgabepreis.

Dennoch ruhte sich Harley-Davidson nicht auf seinen Lorbeeren aus. Die Manager versuchten ständig, die Qualität zu verbessern. Anfang der neunziger Jahre strömten Managementteams Dutzender anderer Firmen nach Milwaukee, Wisconsin, und nach York, Pennsylvania, um vor Ort die Unternehmensführung einer Firma zu studieren, die noch vor zehn Jahren als ein hoffnungsloser Fall galt.

Das Unternehmen nutzte die bekannte Produktivitätstriade weiterhin mit großem Erfolg. „Wir hatten es nicht gleich von Anfang an verstanden, aber wir haben aus unserer Erfahrung gelernt, daß alle drei Methoden miteinander zusammenhängen, daß man alle gebündelt einsetzen muß, um höchste Qualität und Produktivität zu erreichen", erklärte Vaughn Beals. 1990 gab es nur 20 Lagerumschläge pro Jahr, das Unternehmen konnte so seine Bestände um 75 Prozent reduzieren sowie seinen Platzbedarf seit 1981 um 25 Prozent senken.

Das neue Paradigma von Harley-Davidson – kontinuierliche Qualitätsverbesserung – erfordert viel Zeit und Aufmerksamkeit schon vor Beginn des Fertigungsprozesses. Es dient dazu, Probleme bereits im Keim zu erkennen und zu ersticken, lange bevor sie sich zu einer Krise entwickeln. Man hatte erkannt, daß das hohe Veränderungstempo in Technologie, Wirtschaft und Lebensstil entsprechend ausgebildete Manager verlangt, die immer am Ball bleiben. „Es wird immer Wandel geben. Und der wird nie aufhören", philosophierte Richard Teerlink. „Stellen wir uns darauf ein."

Die Besitzer einer Harley-Davidson

Im Laufe der achtziger Jahre veränderte sich das Aussehen der Harley-Fahrer von Grund auf. Während die Maschinen immer von einem gewissen Prozentsatz Prominenter gekauft wurden, stammten die traditionellen Kunden des Unternehmens aus der Unter- und Mittelschicht. Als die Preise weiterhin stiegen und das Unternehmen in den siebziger und achtziger Jahren seine Position am oberen Marktende weiterhin ausbauen konnte, sprach das schwungvolle Marketing allmählich eine ganz andere Käuferschicht an. 40 Prozent der Harley-Besitzer rekrutierten sich aus der Schicht der Angestellten im Vergleich zu 31 Prozent aller Motorradbesitzer. 1985 hatte der im Angestelltenverhältnis arbeitende Harley-Davidson-Fahrer im Durchschnitt ein Jahreseinkommen von 35.700 Dollar, im Vergleich zum Jahreseinkommen eines Industriearbeiters von 22.500 Dollar.

Ende der achtziger Jahre hielt dieser Trend an. Das neue High-Quality-Image der Harley und höhere Preise verwandelten die Motorräder in Statussymbole der Yuppies. Broker, Rechtsanwälte und

Büroangestellte trafen sich am Wochenende, um die Reifen quietschen zu lassen, und schufen das Phänomen, das als Rolex Riders oder Rich Urban Bikers (RUBs) bekannt wurde.

1989 veranstaltete das Unternehmen zu Werbezwecken einen Modeabend bei Bloomingdale's. 1990 hatte der typische Käufer – 35 Jahre alt, männlich – ein Jahreseinkommen von 45.000 Dollar, also weit über dem Bundesdurchschnitt liegend. 1990 waren zwei Drittel der neuen Harley-Käufer Fachkräfte oder Manager, 60 Prozent der Käufer besaßen einen College-Abschluß.

George Roberts und Henry Kravis von KKR, 1988

16.
Kohlberg Kravis Roberts & Co.
und der Leveraged Buyout

Lange Zeit standen viele Unternehmensmanager der Aufnahme von Krediten sehr mißtrauisch und zurückhaltend gegenüber. Kredite waren notwendiger Bestandteil der Bilanzen eines jeden einigermaßen gesunden Unternehmens. Aber die herkömmliche Meinung war, daß zu hohe Kredite gefährlich seien. Ende der siebziger und im Laufe der achtziger Jahre begann man in den oberen Etagen damit, Kredite mit anderen Augen zu betrachten. Ein Unternehmen konnte verschuldet sein und dennoch vorankommen. Auch das Management konnte von diesem Gegensatz profitieren.

Kredite benutzte man als „Hebelwirkung" – als ein Instrument, um ein größeres Objekt, in diesem Fall ein Unternehmen, buchstäblich von der Stelle zu bewegen oder auch zu kontrollieren. Mit der berühmten Finanzierungsstrategie der Gründer von Kohlberg Kravis Roberts & Co., die der Journalist George Anders treffend „Kredithändler" nannte, konnte man durch eine Kreditaufnahme mit verhältnismäßig geringen Mitteln große und erfolgreiche Unternehmen aufkaufen.

Die Firma KKR gründete ihr Erfolgsgeschäft auf eine hochkarätige Transaktion, „Leveraged Buyout" genannt – fremdfinanziertes Übernahmeangebot. In einem typischen LBO kaufen eine Gruppe von Managern der Führungsebene, Investoren und Finanzspezialisten die Aktien von den Aktionären eines Unternehmens zurück. Das geschieht normalerweise zu einem Preis, der deutlich über dem Marktwert der Aktien liegt.

Das notwendige Bargeld leihen sich die Käufer von Institutionen, oder sie verkaufen hochwertige Anleihen auf künftige Einnahmen des zu erwerbenden oder erworbenen Unternehmens.

Jerome Kohlberg, Henry Kravis und George Roberts, drei Spezialisten für Unternehmensfinanzierung, gründeten 1976 die KKR mit einem Eigenkapital von 120.000 Dollar. Zunächst einmal konzentrierte sich die KKR auf kleinere Unternehmen. Später besuchten die Partner unangemeldet mögliche Übernahmekandidaten. Die drei hofften darauf, das obere Management davon überzeugen zu können, bei einem Leveraged Buyout (LBO) mitzumachen.

Nach drei Jahren kaufte die Firma drei Unternehmen auf, man gab dafür mehr als 407 Millionen Dollar aus. KKR wurde dafür bekannt, daß es seine Geschäfte nur in Zusammenarbeit mit dem Management abwickelte.

Schließlich erlaubte es der geschäftliche Erfolg der Firma, eigene Ziele auszuwählen und die spekulativen Firmenaufkäufe unabhängig von den Wünschen des Zielunternehmens durchzuführen.

Als die drei Finanzexperten immer eindrucksvollere Geschäfte abschlossen, folgten andere dem Rezept von KKR und bauten über Nacht ganze Imperien auf. Die Gründungspartner von KKR hatten eine entscheidende Innovation zur Unternehmensfinanzierung eingeführt, eine Art Hypothekendenken, das es den Unternehmen erlaubte, mit hohen Schulden so leicht umgehen zu können wie ein Hausbesitzer. Als sich immer mehr Finanziers auf diesem Gebiet tummelten und der Zugang zu Bargeld immer entscheidender wurde, fand KKR in Michael R. Milken von Drexel Burnham Lambert Inc. einen neuen Partner.

Milkens Fähigkeiten im Auftreiben großer Summen durch den Verkauf hochwertiger „Junk Bonds" gab KKR ein außergewöhnliches Kreditinstrument in die Hand, das unter den richtigen Vorzeichen immense finanzielle Spielräume bot.

In den achtziger Jahren erzielte die KKR große Erfolge. 1989 war das Unternehmen Gesellschafter in Eigentümerholdings so bekannter amerikanischer Unternehmen wie RJR Nabisco Inc., Safeway Stores Inc., Owens-Illinois Inc. oder Duracell International Inc. KKR managte sein riesiges Geschäftsportfolio mit einem Stab von nur ein paar Dutzend Leuten.

Obwohl das Unternehmen zusammen mit verschiedenen Investoren Anteile an den genannten Unternehmen besaß, interessierte es sich nicht für die Tagesgeschäfte dieser Firmen.

KKR war damit zufrieden, wenn die Leute vor Ort den Laden schmissen. Das Unternehmen erlaubte (ja bestand sogar darauf), daß die Topmanager ihrer Aufkäufe am Unternehmen beteiligt waren. Infolgedessen „saßen alle in einem Boot", um einen der Lieblingssprüche von Jerome Kohlberg zu benutzen.

Die Partner von KKR wurden nahezu Milliardäre, weil sie die ursprüngliche Erkenntnis des Unternehmens umsetzten, nämlich daß ein Kredit Managern und Eigentümern eine einzigartige Verantwortung auferlegt.

Die Philosophie von KKR, eine hohe Verschuldung zur Wertsteigerung einzusetzen, wurde seitdem von Managern von vielen an der Börse notierten Unternehmen übernommen.

Wall-Street-Ingenieure

Jerome Kohlberg kam 1955, nach Studienabschluß an der Harvard Law School, an die Wall Street. Er übernahm einen Posten bei der Firma von Bear Stearns, einem damaligen Handelsriesen. In seiner für ihn typischen nachdenklichen Art zog er sich bald von den hektischen Börsentagesgeschäften zurück.

Er entschied sich statt dessen für die Arbeit in der Finanzabteilung des Unternehmens. Er beriet Kunden, organisierte Finanzierungen für Unternehmen, die fusionieren oder expandieren wollten, eine Refinanzierung suchten oder Anteile verkaufen wollten.

Das Geschäft in der Abteilung für Unternehmensfinanzierung war stabil. In den sechziger Jahren verkauften viele Unternehmen aufgrund einer langanhaltenden Hausse Anteile. Andere Unternehmen wiederum wurden einfach von größeren Firmen geschluckt, die sich zu mächtigen Unternehmenszusammenschlüssen entwickelt hatten. Egal wie, aber in allen Fällen verloren die Manager ihre Autonomie.

Als logische Konsequenz begann Kohlberg damit, den Unternehmenseigentümern eine Strategie schmackhaft zu machen, mit der sie ihr Eigentum verkaufen konnten, ohne dabei die Kontrolle abgeben zu müssen. Er legte dar, daß Investoren unter der Leitung eines Topmanagements die Kontrolle über ihre Firmen erlangen könnten, und zwar mit einem kleinen Eigenanteil, aber hoher Verschuldung. Die Eigentumsrechte lägen dann in den Händen nur weniger Investoren, einschließlich des Managements. Im Lauf der Jahre könnten die neuen Eigentümer dann die entsprechenden Schulden aus den Unternehmensgewinnen zurückbezahlen.

Kohlberg fand in H.J. Stern, dem 70jährigen Eigentümer der Goldschmelze Stern Metals, einen willigen und interessierten

Kunden. Stern wollte einen Gewinn aus der Firma erwirtschaften, die er aufgebaut hatte, ohne durch den Verkauf die Leitung
zu verlieren. „Ich machte den Vorschlag, daß er seinen Kuchen
behalten und gleichzeitig essen könnte", berichtete Kohlberg
später.

Im Sommer 1965 fand Kohlberg eine Investorengruppe, die
diese Firma mit Krediten aufkaufte. Das Management von Stern
Metals konnte bleiben, und die Sterns bekamen eine beachtliche
Menge der Unternehmensanteile. Kohlberg brachte insgesamt
1,5 Millionen Dollar in bar auf, ein Teil stammte von der Fami-
lie Stern, von Bear Stearns und anderen Investoren. Kohlberg
selbst nahm ebenfalls einen Kredit in Höhe von acht Millionen
Dollar bei den Banken auf. Das Gute an diesem Verkaufsge-
schäft für die Familie Stren war, daß sie zwar Millionen für ihre
Firma erhielt, aber deren Leitung nicht abgeben mußte. Das
Gute an diesem Geschäft für Kohlberg wiederum war, daß die
Schulden alle an dem Geschäft Beteiligten zwangen, das Unternehmen auf wirklich effiziente Weise zu führen. Die Früchte des
Geschäfts für alle Beteiligten lagen in den hohen Renditen: In-
nerhalb von vier Jahren stieg der Aktienwert um das Achtfache.

Kohlberg assistierten bei seinen LBO-Geschäften zwei junge
Männer, George Roberts und Henry Kravis, die Vettern waren.
Roberts war in Houston aufgewachsen und Kravis, der als Sohn
eines Ölmannes über viele Kontakte zur Wall Street verfügte, in
Oklahoma. Als Kinder verbrachten sie viel Zeit miteinander,
beide besuchten das Claremont College in Kalifornien. Roberts
studierte Jura, und Kravis erlangte einen MBA an der Columbia
University.

Die Studentenunruhen der sechziger Jahre gingen ohne prä-
genden Einfluß an Kravis vorbei. „Ich überließ es meinen libera-
len Freunden, eingesperrt zu werden. Meine Gedanken kreisten
um Geschäfte", erinnerte er sich später. Roberts fing als erster
bei Bear Stearns an zu arbeiten. Nachdem er während der Som-
mermonate dort gearbeitet hatte, stellte ihn Kohlberg 1969 fest
ein. Aber Roberts, zurückhaltender als der extrovertierte Kravis,
konnte sich nicht mit der New Yorker Hektik anfreunden.

Als Kohlberg sich 1970 damit einverstanden erklärte, ihn in das Büro von Bear Stearns nach San Francisco zu schicken, schlug er seinen Vetter als Nachfolger für New York vor. Innerhalb eines Jahrzehnts veränderten diese drei Männer die Art, wie Unternehmen Schulden bewerteten, und definierten die vielschichtige Beziehung zwischen Eigentumsverhältnissen und Management neu.

Um sich neue Kunden für ihre Übernahmeversuche zu erschließen, analysierten Kravis und Roberts Tausende von Unternehmensberichten, statteten einer Reihe von Managern unangemeldete Besuche ab und machten aufwendige Reisen, um sich entsprechende Informationen von Topmanagern zu holen. Sie stellten Helfer des Managements vor. Ständig hielten sie nach Unternehmen und Managern Ausschau, die von dieser Art der Übernahme profitieren könnten, auf die sie spezialisiert waren. Meist begegnete man den beiden mit anfänglicher Skepsis, aber Ablehnung motivierte sie, ihre Argumentation auszufeilen.

Die meisten Manager hielten instinktiv Verschuldungen in der Art, wie diese jungen Geschäftemacher von Bear Stearns sie vorschlugen, für äußerst gefährlich; diese Summen könnten ein Unternehmen bei wirtschaftlichem Abschwung in den totalen Bankrott treiben.

Kravis und Roberts versicherten den Managern immer wieder, daß Bear Stearns seine Hausaufgaben gemacht habe und keinem Unternehmen ein LBO empfehlen würde, ohne vorher exakteste Analysen durchgeführt zu haben.

Kravis und Roberts argumentierten, daß sich Manager in die Rolle eines Hauseigentümers versetzen sollten. Niemand von ihnen würde letztlich davor zurückschrecken, einen Kredit bis zu 90 Prozent des Kaufpreises für ein Haus aufzunehmen. In der Tat unterstützte das Steuerrecht die Aufnahme einer Hypothekenschuld, weil man die Zinsen für die Hypothek bei der Einkommensteuer geltend machen konnte.

Ebenso erlaubte der Staat den Unternehmen, Kreditzinsen von den zu versteuernden Einnahmen abzuziehen. Die Steuervergünstigung sollte ein Anreiz für die Unternehmen sein, in neue Fabriken, Maschinen, Ausstattungen und in die Forschung zu investieren: die übliche Verwendung des aufgenommenen Kapitals. Kohlberg und seine Kollegen sahen in diesen Steuervergünstigungen noch einen zusätzlichen Vorteil. Hochverschuldete Unternehmen konnten ihre Zinsen steuerlich abschreiben und damit ihre Steuerzahlungen ganz wesentlich senken. Dennoch mußten die Firmen – wie Familien mit einer sehr hohen Hypothek – eine äußerst sparsame Ausgabenpolitik betreiben und harte Opfer bringen, um das notwendige Bargeld für die monatlichen Zahlungsverpflichtungen aufzubringen.

Nicht alle LBOs von Bear Stears waren erfolgreich. 1971 organisierten Kohlberg und seine Kollegen die fast 20 Millionen schwere Übernahme von Cobblers Inc. Unglücklicherweise war der Schuhfabrikant nicht stark genug, um dem Druck standzuhalten und die Geschäfte mit einer hohen Schuldenlast im Nakken weiterzuführen. Kurz nach dem Deal beging der Präsident des Unternehmens Selbstmord, Cobblers ging pleite. Wenn eine derart hoch verschuldete Firma bankrott machte, verloren die Investoren ihr ganzes Geld, und die Kreditgeber unternahmen alles, um zu retten, was zu retten ist.

Trotz dieses Debakels mit Cobblers baute Kohlbergs Abteilung bei Bear Stearns ihr Spezialgebiet – die Reorganisation der Finanz- und damit Machtstruktur von kleineren und mittleren Unternehmen – weiter aus. Ständig hielt sie nach Kandidaten für ein LBO sowie nach Kapitalquellen Ausschau.

Der LBO erforderte zwei verschiedene Finanzierungsformen. Die erste war der Kredit beziehungsweise Kredite, die den größten Teil des Kaufpreises ausmachten. Die drei LBO-Experten stellten fest, daß die Versicherungsgesellschaften an den hohen Renditen aus den LBOs interessiert waren, und nahmen unter anderem Kontakte zu John Hancock, Met Life und Prudential auf.

Die zweite Finanzierungsform war Bargeld für die Vorfinanzierung. Diejenigen, die es bereitstellten, wurden nicht zu Geldgebern, sondern zu Eigentümern. Diese Finanzierung übernahmen Bear Stearns selbst, private und institutionelle Investoren und das Management der anvisierten Unternehmen. Zu jener Zeit sahen die drei zunehmend die Möglichkeit für Unternehmenszusammenschlüsse.

1972 finanzierte Kohlberg mit 4,4 Millionen Bargeld von Bear Stearns und einem Kredit in Höhe von 33,5 Millionen Dollar den Aufkauf von Vapor Corp., einem Geschäftsbereich der Singer Co., der Ventile, Pumpen und Teile für große Leitungssysteme herstellte. Die Manager des Geschäftsbereichs hatten das Gefühl, daß sie größere Fortschritte mit Vapor erzielen könnten, wenn sie vom Großunternehmen unabhängig wären, und deshalb wurden sie Partner von Bear Stearns und kauften sich von Singer frei.

Die Geschäfte stellten außergewöhnliche Renditen in Aussicht, beinhalteten aber ein großes Risiko. Die Investoren des Vapor-Geschäfts zahlten sich erst 1978 aus, als Brunswick Corp. 33 Dollar pro Aktie für das Unternehmen hinlegte. Da die ursprünglichen Investoren nur 2,80 Dollar pro Aktie bezahlt hatten, betrug die Rendite 1.178 Prozent!

Geduld war notwendig, weil das Management Zeit brauchte, um innerbetriebliche Abläufe zu verbessern. Solange das Unternehmen gut florierte, begnügte sich KKR damit, die Sache von außen zu beobachten. „Wir sind keine Produktionsleute. Wir bieten dem Management die Möglichkeit, sich zum selben Preis wie jeder andere zu beteiligen, und das schließt uns und andere Institutionen ein. ... Damit sitzen wir alle in einem Boot und arbeiten für dieselbe Sache", wiederholte Kohlberg ständig.

Kohlberg, Kravis und Roberts machen sich selbständig

Mitte der siebziger Jahre konnten Kohlberg und sein Team sehen, daß der LBO sowohl kurz- als auch langfristig tatsächlich funktionierte. Trotz ihrer Geschäftserfolge gab es allerdings auch Konflikte zwischen Kohlberg und seinen Kollegen bei Bear

Stearns. Kohlberg wollte eine neue Abteilung, um sich ausschließlich auf die LBOs konzentrieren zu können. Aber die Firma, die wie ein Großteil der Wertpapierbranche Mitte der siebziger Jahre unter den wirtschaftlich schweren Zeiten zu leiden hatte, war nicht dazu bereit, Spezialisten für LBOs zu finanzieren.

Kohlberg entschied sich zu gehen und nahm Kravis und Roberts mit. *Forbes* schrieb damals: „Als das Geschäft boomte, fragten sich die drei logischerweise: Wer braucht Bear Stearns?"

1976 gründeten sie Kohlberg Kravis Roberts & Co. Kohlberg brachte 100.000 und die beiden anderen je 10.000 Dollar ein. Das Geld wurde nicht zur Finanzierung von Geschäften verwendet, sondern größtenteils für die Reisen von Kravis und Roberts ausgegeben, damit sie Geschäfte akquirieren konnten. Diese 120.000 Dollar bildeten die Basis für Übernahmen in Milliardenhöhe im Laufe der nächsten 20 Jahre.

Von behelfsmäßigen, bescheidenen Büros in der Fifth Avenue aus versuchte Kohlberg Kravis Roberts, eng mit dem Management potentieller Unternehmen zusammenzuarbeiten, ohne sie jedoch unter Druck zu setzen.

Durch die Art, wie die Firma ihr Geld verdiente, war sie sowohl eine Investment- als auch eine Handelsbank. Als Investmentbank bekam sie eine Beratungsgebühr von dem jeweiligen Unternehmen.

Aber Kohlberg beriet auch die Investorengruppe, welche die Unternehmen aufkaufte. Dafür bekam er 20 Prozent von allen Gewinnen der Gruppe und eine Verwaltungsgebühr von einem bis anderthalb Prozent des investierten Bargelds. Als Handelsbank leistete KKR schließlich auch eine Bareinlage und übernahm Anteile des Unternehmens, das durch ein LBO übernommen wurde. „Wir wußten nicht genau, ob es funktionieren würde oder nicht", gestand Kravis später einem Magazin.

Im Laufe des ersten Jahres hörten sich viele Unternehmen die Argumente von KKR an, aber nur wenige hielten ein LBO für eine kluge Idee. Weiterhin wurden potentielle Kandidaten analysiert.

Zunächst schauten sich die KKR-Partner fast ausschließlich kleinere Unternehmenszusammenschlüsse oder Herstellerbetriebe in mittelständischen Industriebereichen mit einem stabilen Cash-flow und niedriger Schuldenlast an. Obwohl die Buyouts im Grunde kühne Unterfangen waren, mußten sie vorsichtig eingeleitet werden. Wie Kohlberg 1978 zu *Forbes* sagte: „Wir sahen uns ein Unternehmen an und stellten uns in bezug auf unsere Finanzierungsstrategie folgende Fragen: ‚Was passiert, wenn die Gewinne nachlassen oder wenn sie wieder auf einen Stand wie vor drei Jahren zurückfallen, bevor wir das Unternehmen aufkauften? Reicht die Finanzierung aus, um eine schlechte Phase des Unternehmens zu überbrücken?' Wenn nicht, dann stimmt die Finanzierung nicht."

Das primäre Kriterium für ein interessantes Unternehmen wurde der Cash-flow oder die Geldmenge, die ein Geschäft nach seinen operativen Ausgaben zur Verfügung hatte, weil dies die Kredithöhe vorgab, die die Firma realistischerweise auch verkraften konnte.

KKR machte sein erstes Geschäft in Kalifornien. Über Geschäftskontakte von George Roberts gelang es, den Kunden an Land zu ziehen. Das Unternehmen hieß A.J. Industries, ein Zusammenschluß im Bereich der Rüstungs- und Raumfahrtindustrie, der Benzintanks aus Metall und Bremstrommeln herstellte. KKR hatte festgestellt, daß die Aktien des Unternehmens in den letzten Jahren deutlich gefallen waren, und wandte sich nun mit dem Angebot an den Vorstand, die Firma im April 1977 für fünf Dollar pro Aktie zu übernehmen, insgesamt 26 Millionen Dollar, einschließlich einer Eigenbeteiligung von nur 1,7 Millionen Dollar. Ein gutes Geschäft: Acht Jahre später hatte sich das Kapital der Investorengruppe pro Jahr um 58 Prozent vermehrt.

LBOs verlangten eine intensive Planung, Geduld und Weitsicht. „Wenn man in ein Geschäft einsteigt, dann bedeutet das viel Zeit und Beobachtung, viel Arbeit, Kreativität und viel Kummer", seufzte Kohlberg. Die KKR-Partner führten viele Gespräche mit den Managern, studierten Finanztabellen und bauten ein Netzwerk auf: richtige Gespräche mit den richtigen

Ansprechpartnern an den richtigen Orten. Kravis und Roberts übernahmen oft die ersten Kontakte, während Kohlberg als nüchterner, erfahrener Experte die Leitung übernahm, wenn die Verhandlungen in ein ernsteres Stadium traten.

Das notwendige Kapital bei den ersten Geschäften wurde größtenteils nach Bedarf von einzelnen Investoren beschafft. 1978 konnte KKR auf drei erfolgreiche LBOs verweisen, und man gründete eine Kommanditgesellschaft, in der die KKR uneingeschränkt haftender Gesellschafter blieb und die Investitionsentscheidungen traf. 1978 belief sich das Kapital auf 30 Millionen Dollar.

Im gleichen Jahr machten die Gesellschafter mit Houdaille Industries, Florida, einen potentiellen Übernahmekandidaten aus. Ein großer Fisch für KKR: Es handelte sich um eines der 500 größten Unternehmen, die an der New Yorker Börse notiert waren. Sie nahmen Kontakt zum Vorstandsvorsitzenden Gerald Saltarelli auf, einem konservativen Geschäftsmann, dem es widerstrebte, der Firma über ein Buyout hohe Schulden aufzuhalsen.

Houdaille war ein perfektes Beispiel für einen Konzern, der aufgeteilt mehr Wert besaß als ein ganzer. KKR arbeitete mit den Verantwortlichen von Houdaille zusammen. Man reagierte auf die konservative Haltung Saltarellis mit einem Plan, nach dem der Schuldenberg für die Übernahme schnell abbezahlt werden könnte, wenn man die Tochtergesellschaften einfach abstieße.

Auf dieser Basis konnte KKRs Investorengruppe, zu der auch die Topmanager gehörten, dem Vorstand ein attraktives Angebot machen. Alle Parteien stimmten einem Preis von 355 Millionen Dollar zu. „Als wir den Abschluß der Transaktion verkündeten, glaubte niemand an der Wall Street, daß wir die Finanzierung auch hinbekämen", berichtete Kravis 1983.

KKR beschaffte 48,1 Millionen Dollar Eigenkapital und einen Kredit in Höhe von 306,5 Millionen Dollar, ein Großteil davon Kredite der Continental Illinois Bank und der Versicherungsgesellschaften wie Prudential und Teachers.

Als Gegenleistung erhielten KKR und die Investorengruppe 25 Prozent der Stammaktien von Houdaille für 46 Millionen Dollar, während Management und Angestellte von Houdaille acht Prozent davon mit einem Wert von 2,1 Millionen erhielten. Die Dimension dieses Geschäfts und seine wohlwollende Akzeptanz auf allen Seiten erregten die öffentliche Aufmerksamkeit. KKR würde nie wieder ein obskurer „Finanzdienstleister" sein. Der Houdaille-Deal zeigte, daß Kohlbergs Strategie im großen Stil funktionieren konnte. Aber die wirklich schwindelerregenden Geschäfte sollten erst noch kommen.

Immer teurer, immer größer

KKR brauchte unbedingt einen größeren Kapitalpool, weil die ursprüngliche Praxis der Kapitalbeschaffung von Privatpersonen nicht mehr länger angemessen erschien. Das Houdaille-Geschäft benötigte zum Beispiel 15mal mehr Kapital, als KKR für A.J. Industries gebraucht hatte. Bargeldquellen wie etwa Versicherungsunternehmen hatten strenge Investitionsanforderungen, die das Wachstum von KKR behinderten.

Glücklicherweise fanden die Partner eine Reihe neuer Geldgeber. George Roberts hatte in San Francisco die Bekanntschaft mit Roger Meier, dem Vorsitzenden des Oregon Investment Council, gemacht, welcher das Oregon Public Employees Retirement System (OPERS) kontrollierte. OPERS verwaltete wie andere öffentliche Pensionsfonds das Geld, das der Bundesstaat für die Renten seiner Angestellten auf die Seite gelegt hatte. Obwohl sie vorsichtig verwaltet wurden, erlaubten diese Pensionsfonds im Gegensatz zu früher zunehmend Kapitalinvestitionen auch in risikoreichere Anlagen.

KKR zapfte 1981 zum ersten Mal diese große Kapitalquelle an. Zur Ladenkette Fred Meyer gehörten 120 Lebensmittelläden in Portland. Nach dem Tod seines Gründers verlor das Unternehmen seine Identität, die Eigentumsverhältnisse der Firma waren durcheinandergeraten, es war also reif für eine feindliche

Übernahme. Kohlberg bemühte sich darum, das Unternehmen aufzukaufen.

Die Aktien hatten einen Kurswert von 18,50 Dollar, aber KKR zeigte sich damit einverstanden, einen Preis von 55 Dollar zu bezahlen, insgesamt 420 Millionen Dollar. An dem Kaufpreis von 420 Millionen beteiligte sich OPERS mit einem Kredit von 178 Millionen Dollar.

Das solide Management von KKR gefiel den Verwaltern des Pensionsfonds, sie erklärten sich mit einer stillen Teilhaberschaft in einer Investorengruppe einverstanden. Nach diesem Geschäft vertrauten Pensionsfondsverwalter aus Montana, Wisconsin, Washington und anderen Bundesstaaten kleinere Anteile der Notgroschen ihrer Angestellten der KKR an. „In den großen Bundesfonds liegt das Geld in diesem Land", bekräftigte George Roberts. „Und es ist klar, wohin das Geld in diesem Land in Zukunft wandert."

Die Pensionsfondsverwalter erlagen nicht nur dem professionellen Charme von Kohlberg, Kravis und Roberts, sondern auch dem Versprechen ordentlicher Renditen. 1983 erzielte KKR 62,7 Prozent durchschnittliche Jahresrendite für seine Investitionen. Im Vergleich dazu brachten damals Aktienanlagen durchschnittlich ungefähr neun Prozent Jahresrendite, sichere Regierungsanleihen brachten zwölf Prozent. 1982 beschaffte KKR mit staatlichen Pensionsfonds 316 Millionen Dollar Kapital, also ungefähr zehnmal so viel wie 1978.

Anfang der achtziger Jahre hatte KKR fast im Alleingang den Leveraged Buyout zu einer mächtigen Branche entwickelt. Andere Firmen versuchten, das Vorgehen von KKR zu imitieren – und deren Erfolg. Die Zahl der LBOs stieg von 75 mit einem Wert von 1,3 Milliarden Dollar im Jahr 1979 auf 175 mit einem Wert von 16,6 Milliarden Dollar im Jahr 1983. Der anerkannte Meister in diesem Bereich war allerdings KKR. 1984 schloß die Firma ihr erstes Milliardengeschäft ab: den Kauf von Wometco Enterprises, einer Fernseh- und Kabelgesellschaft.

Obwohl diese Summen, um die es bei den Geschäften ging, ständig stiegen, entwickelte sich KKR relativ langsam. Die Firma verlegte ihre Büros an eine angesehene Adresse, in die West Fifty-Seven Street 9, einem eleganten Bürogebäude direkt neben der Fifth Avenue und Tiffany & Co.

Die Firma präsentierte sich gut: Die Büros waren großzügig eingerichtet und lagen in einem oberen Stockwerk mit phantastischem Blick auf den Central Park, an den Wänden hingen Originalkunstwerke. Kohlberg Kravis Roberts nahm eine kleine Zahl von Gesellschaftern auf, brauchte aber sonst nicht viel Personal. Nach dem Geschäftsrezept von KKR blieben die operativen Entscheidungen in den Händen der Manager des jeweiligen Unternehmens.

Diese Manager hatten gewichtige Gründe, ihren Job in dieser Geschäftspartnerschaft so gut wie möglich zu machen. Normalerweise investierten die Topmanager gemeinsam mit der Investorengruppe von KKR und erhielten dafür eine wesentliche Beteiligung. Die LBOs waren eine seltene Gelegenheit für einen Topmanager. Die CEOs größerer Publikumsgesellschaften hielten vielleicht größere Aktienanteile, hatten aber im allgemeinen kein Kontrollinteresse. Nach dem System von KKR aber knüpften die Topmanager ihre eigene finanzielle Zukunft an den Erfolg des Unternehmens, indem sie die Schulden abbezahlten und den Shareholder Value erhöhten.

Mit einem LBO ging auch eine Neuregelung der Eigentums- und Führungsverhältnisses des Unternehmens einher, so daß ein Topmanager Teil einer Gruppe war, die tatsächlich das Sagen im Unternehmen hatte. KKR machte denjenigen in der Vorstandsetage zum Eigentümer, der verantwortlich für die Rückzahlungen der Hypothek war, und stellte so sicher, daß das Eigentum seinen Wert behielt.

Da die Kapitalbeteiligung der Investorengruppe vollständig verloren war, wenn das Unternehmen pleite machte, reagierte KKR sofort, wenn ihre hochverschuldeten Unternehmen ins Schlingern gerieten. 1981 löste KKR über ein LBO den Pappbecherhersteller Lily-Tulip Inc. aus Owens-Illinois Inc. heraus. Als das vorhandene Management im Laufe des Jahres 1983 nur schwache Leistungen zeigte, löste KKR das Management kurzerhand ab und setzte Albert Dunlap ein, einen ehemaligen Manager von Manville Corp. Dunlap, ein Experte für Turnarounds, stieß schnell die Immobilien der Firma ab, senkte die Betriebskosten und steigerte 1983 den operativen Gewinn um 91 und 1984 um 31 Prozent.

Größere Geschäfte durch Junk Bonds

Als die Zahl und die Größenordnung der LBOs zunahmen, tauchte ein neues Finanzierungsinstrument auf der Bildfläche auf – „Junk Bonds". Dabei handelte es sich um niedrig oder gar nicht bewertete Anleihen, die mit hohen Zinsen Investoren anlockten. Die größte Emissionsfirma für Junk Bonds war Drexel Burnham Lambert Inc. Führender Kopf bei Drexel war Michael Milken.

Ende der siebziger Jahre, als der Aktienmarkt eine Flaute durchmachte, zeigte Milken den Unternehmen, wie sie über Junk Bonds am Aktienmarkt Schuldverschreibungen ausgeben konnten. Er schuf eine vollkommen neue Branche, als die Emission der Junk Bonds von fünf Milliarden Dollar im Jahr 1981 auf 40 Milliarden Dollar im Jahr 1986 anstieg. Milken machte sich 1984 einen Namen, als er praktisch über Nacht 1,5 Milliarden Dollar für den feindlichen Übernahmeversuch von Gulf durch T. Boone Pickens zusammenbrachte.

Als Mittel zur Beschaffung enormer Bargeldsummen über Schuldverschreibungen waren die Junk Bonds geradezu maßgeschneidert für Buyouts. Die hohe Zinszahlung konnte steuerlich abgeschrieben werden, und durch den Verkauf großer Mengen gerieten die Händler nicht in vollständige Abhängigkeit der Banken.

Mitte der achtziger Jahre peilte KKR riesige Unternehmen an und mußte das Bargeldreservoir anzapfen, zu dem Michael Milken anscheinend den Schlüssel besaß. Durch die Ausgabe der

Junk Bonds zusätzlich zu den Bankkrediten konnte KKR größere Geschäfte abwickeln. „Viele Firmen sind gut für kleinere Geschäfte, aber wenn es über eine Milliarde geht, dann sind wir ohne Konkurrenz", bekannte George Roberts 1985, als immer mehr Übernahmespezialisten sich auf diesem Feld tummelten.

Größere Investmentbanken wie First Boston, Prudential Bache, Merrill Lynch, Morgan Stanley und Shearson Lehman Brothers von American Express zielten auf den LBO-Markt und gründeten dafür eigene Abteilungen. Die Spielregeln änderten sich allerdings nach und nach.

Finanziers machten feindliche Übernahmeangebote. Statt das Management als Partner in einem LBO zu beteiligen, wie es bei KKR üblich war, warfen die Käufer bei feindlichen Übernahmen das vorhandene Management einfach raus. Manchmal baten Vorstände und Manager, die um ihre Jobs fürchteten, KKR darum, sich als „Retter in der Not" an den Verhandlungen zu beteiligen und sich etwas einfallen zu lassen, damit das bestehende Management bleiben konnte.

Die Übernahme von Safeway durch KKR im August 1986 verkörperte viele neue Prinzipien im LBO-Bereich. Diese Lebensmittelkette war in den zwanziger und dreißiger Jahren von Charles Merrill aufgebaut worden. Jetzt stand sie unter der Leitung seines Enkels Peter Magowan, der sich im Besitz eines kleinen Aktienpakets befand und das Geschäft eher locker führte. KKR wurde involviert, nachdem eine Investorengruppe, die Familie Haft, mit dem Aufkauf von Aktien begonnen hatte, um ein Übernahmeangebot vorzubereiten.

In Verbindung mit dem Management von Safeway legte KKR ein Gebot in Höhe von 4,2 Milliarden Dollar vor, das ungefähr zwei Milliarden Dollar in Junk Bonds und 130 Millionen in Aktien erschloß. Danach verhielt sich CEO Magowan wie ausgewechselt. Mit Hilfe eines Beraters, den KKR vermittelt hatte, baute er drastisch Personal in der Unternehmenszentrale ab.

Als Safeway klar wurde, daß ein kleiner Prozentsatz von Filialen einen großen Teil der Gewinne erwirtschaftete, begann man, die weniger profitablen abzustoßen. Diese Veräußerungen brachten 2,4 Milliarden Dollar ein, mit denen das Unternehmen seine Schulden schnell zurückzahlen konnte. Der Wert der Safeway-Aktie stieg schätzungsweise um das Achtfache, als das Unternehmen im April 1990 an die Börse ging.

Das Rad dreht sich immer schneller

Laut Aussage von Bryan Burrough und John Helyar, den Autoren von „Barbarians at the Gate" sah es folgendermaßen aus: „Wenn KKR als Industrieunternehmen eingestuft worden wäre, dann hätten die Geschäfte, die Kohlberg Kravis kontrollierte, nämlich von Duracell-Batterien bis hin zu Safeway-Supermärkten, das Unternehmen unter die Top ten amerikanischer Unternehmen gebracht."

Mitte der achtziger Jahre gab es in der Firma große Veränderungen. Jerry Kohlberg erkrankte, und nach einer schweren Operation dauerte es noch ein Jahr, bis er sich davon wieder erholt hatte. Bei seiner Rückkehr war er darüber entsetzt, wie KKR heimlich still und leise die Prinzipien, mit denen das Unternehmen seit seiner Gründung arbeitete, verraten hatte. Beispielsweise erfolgte die Übernahme von Beatrice Co. im April 1986 ohne Kooperation mit dem Management. Es handelte sich um eine erzwungene Übernahme. 1987 verließ Kohlberg die Firma mit 300 Millionen Dollar in der Tasche und Optionen einer Teilnahme an künftigen Investmentgruppen. Später gründete er eine andere Übernahmefirma.

Während der achtziger Jahre tauchten immer mehr Übernahmefonds auf. Die zunehmende Konkurrenz trieb künstlich die Preise für die Geschäfte in die Höhe. „Als die Preise stiegen und die Geschäfte immer lukrativer wurden, verwässerten die Standards kontinuierlich", stellte *Forbes* 1989 fest. Das LBO-Geschäft stieg von 1,3 Milliarden Dollar im Jahr 1979 auf 77 Milliarden Dollar im Jahr 1988. „Heute hält das Geld Ausschau nach Geschäften, statt umgekehrt", schrieb *Forbes* Ende 1988.

Dieser Wettbewerb und das ständige Wachstum lähmten KKR. RJR Nabisco, der Tabak- und Konsumgüterriese mit Marken wie Camel und Oreo-Kekse, kam 1988 ins Spiel, als der extravagante CEO F. Ross Johnson ein Übernahmegebot von 75 Dollar pro Aktie machte. KKR setzte 90 Dollar dagegen.

Der Deal um RJR Nabisco nahm fast dramatische Dimensionen an, als eine ganze Reihe von Möchtegernhändlern, einschließlich des Managements, Übernahmeveteranen und gediegene Wall-Street-Unternehmen sich ihr Stück vom Kuchen sichern wollten. Sie trieben die Preise immer höher und höher. KKR gewann am Ende doch mit einem schwindelerregenden Gebot von 109 Dollar pro Aktie für ein Unternehmen, dessen Aktien wenige Monate vorher für nur 60 Dollar gehandelt worden waren.

Dieser 30-Milliarden-Deal war der bisher größte LBO. Die Finanzierung schloß Bank- und kurzfristige Kredite in Höhe von zwölf Milliarden Dollar, Junk Bonds in Höhe von elf Milliarden und erstaunliche 1,5 Milliarden Eigenkapital ein – mehr Eigenkapital als bei allen vorherigen Geschäften von KKR. Die Firma erhielt 75 Millionen Dollar an Gebühren für ihre Beteiligung an dem Geschäft. Für viele Beobachter war dieser RJR-Nabisco-Deal allerdings eine reine Spekulationshysterie.

1989 kam es zum Crash am Markt für Junk Bonds, die Gelder flossen in andere Anleihen und Aktien. Eine Reihe von Zahlungsunfähigkeiten bei größeren Junk Bonds waren die Folge. 1989 bekannte sich Milken zu Verstößen gegen das Wertpapierrecht. Zwischen 1984 und 1986 hatte er mehr als 100 Millionen Dollar verdient. 1987 lag sein Gewinn bei 700 Millionen Dollar aus dem Geschäft mit Junk Bonds. Drexel Burnham Lambert ging dann im Februar 1990 in Konkurs.

KKR kümmerte sich um RJR Nabisco und den monumentalen Schuldenberg des krisengeschüttelten Unternehmens. Die Gewinne aus der Zigarettenindustrie brachen durch einen Tabakpreiskrieg ein.

Weil die Seifenblase Junk Bonds geplatzt war, befürchteten die Anleiheninhaber Zahlungsunfähigkeit. In Wirklichkeit gab es

für KKR und die Investorengruppe genau soviel zu verlieren wie
für alle anderen auch. Alle sahen sich der Gefahr gegenüber, daß
Kapitel 11[*] auf die Übernahme in der Größenordnung wie bei
RJR angewandt würde.

Um jede Form von Zahlungsunfähigkeit bei den RJR-
Nabisco-Anleihen abzuwenden, stimmten KKR und die Invest-
mentbeteiligten schließlich einer zusätzlichen Kapitalspritze von
1,7 Milliarden Dollar in das Unternehmen zu – also sogar mehr,
als sie ursprünglich investiert hatten. 1991 ging das Unternehmen an die New Yorker Börse, um seine Schuldenlast abzubau-
en.

Eine Ära geht zu Ende

Zwischen 1980 und 1989 hatten sich aufgrund der 2.385 Übernahmen im Gesamtwert von 245 Milliarden Dollar die wirtschaftlichen Bedingungen in Amerika grundlegend gewandelt.
Kohlberg Kravis Roberts konnte 28 LBOs im Wert von mehr als
63 Milliarden Dollar für sich verbuchen. Diese Geschäftsabschlüsse trugen zur Revolutionierung der Unternehmensfinanzierung bei, schufen neue Anreize für ein effizientes Management
und förderten die Risikobereitschaft.

Der RJR-Nabisco-Deal, mit all seinen finanzpolitischen
Auswüchsen, markierte das Ende dieser Ära, zumindest für
KKR. Die Firma, die in den siebziger Jahren durch Partnerschaf-
ten mit dem Management der übernommenen Unternehmen
begonnen hatte, wurde in den achtziger Jahren zunehmend unabhängiger und aggressiver, als die Übernahmegelegenheiten
immer seltener wurden. Anfang der neunziger Jahre war die
Firma mehr damit beschäftigt, Aktien zu verkaufen und seine
Unternehmen an die Börse zu bringen, als als LBO-Spezialist zu

---

[*] *Chapter 11:* Abschnitt des *Federal Bankruptcy Act*, demzufolge ein Unternehmen unter gerichtlichem
Schutz gegen Vollstreckungsmaßnahmen seine Geschäfte weiterführt mit der Auflage, einen Plan zur
Schuldenbegleichung zu erarbeiten. Die in Kapitel 11 ausgewiesenen Verfahren werden beispielsweise auf
Antrag von Gläubigern eingeleitet.

arbeiten. Das Geschäftsklima hatte sich einfach verändert. „Das Problem ist, daß es nicht mehr so viele gute Gelegenheiten gibt", bedauerte George Roberts 1990.

Da die Manager bei KKR die Verwendungsmöglichkeiten von Krediten kennengelernt hatten, überdachten sie allmählich ihre Finanzierungsstruktur selbst, und zwar sowohl offensiv als auch defensiv. Die Finanzchefs besorgten sich lieber ausreichend Fremdkapital für ihre Unternehmen, bevor sie selbst übernommen wurden. Sie trieben ihre Verschuldung in die Höhe, um Kapital aufzutreiben, und zapften selbst den Cash-flow an, der ein Unternehmen für einen Übernahme-„Geier" erst attraktiv machte.

Die Chefs der Unternehmenszusammenschlüsse bewerteten ihre verschiedenen Geschäftsbereiche, sie pickten die Rosinen aus dem Kuchen, bevor dies durch eine unwillkommene Übernahme geschah. Die Finanzwelt hatte sich viel von der Botschaft von KKR zu eigen gemacht, nämlich daß eine gut verwaltete, kontrollierte Verschuldung, wie hoch sie auch immer sein möge, den Eigentumsverhältnissen nicht schadet.

Der „Schrott"-Händler

Michael Milken war von den bislang unbeachteten Möglichkeiten der sogenannten „Junk Bonds" bereits fasziniert, als er Ende der sechziger Jahre noch an der Wharton School der University of Pennsylvania studierte.

In seiner Doktorarbeit vertrat er die These, daß Fremdkapital in einem Unternehmen nicht nur als Kapitalquelle angesehen werden sollte, sondern als eine Absicherung gegen momentane Marktbedingungen.

Zur rechten Zeit am Markt überboten die Junk Bonds die hochqualifizierten Wertpapiere, obwohl sie sogar im Durchschnitt häufiger zu Zahlungsun-fähigkeiten führten. Nach seiner Promotion setzte Milken seine Theorie aggressiv in die Praxis um. *Forbes* schrieb 1992 dazu: „Mit scharfsinnigen Kenntnissen, einem 15stündigen Arbeitstag und einer fast unglaublichen Konzentration baute er eine mittelständische Brokerfirma auf – Drexel Burnham Lambert –, zum Schrecken der Wall Street."

Er baute einen Markt für hochverzinsliche, niedrig bewertete Schuldverschreibungen auf. Andere gaben ihnen den Namen Junk – Schrott –, nicht so Milken.

„Es macht mich wütend, wenn man sie so nennt", sagte er *Forbes*. „Sie sind ein Kreditinstrument, das mehr auf dem zugrundeliegenden Kreditrisiko des Unternehmens oder der Branche basiert als auf Veränderungen der Zinssätze. Sie haben die rechtlichen Eigenschaften eines Kredits, aber wenn etwas schiefgeht, kann man im allgemeinen als erster Gläubiger auftreten und die Rechte eines Aktieninhabers anmelden."

Er war so erfolgreich beim Akquirieren von Kunden, daß er schließlich seine Aufmerksamkeit darauf richtete, mehr Schuldverschreibungen zu verkaufen und Junk Bonds für größere und kleinere Unternehmen zu emittieren. Die Junk Bonds übernahmen teilweise die Rolle der Banken als Kreditgeber und wurden zu dem Finanzierungsinstrument, das am häufigsten mit einem LBO und dem „Modergeruch" einer feindlichen Übernahme in Verbindung gebracht wurde.

Als Milken 1970 seine Arbeit aufnahm, waren die Junk Bonds ein Sechs-Milliarden-Markt. Nachdem er 1989 die Schuld für Verstöße gegen das Wertpapiergesetz eingestand und von der spekulativen Bühne abtrat, war es ein 210-Milliarden-Markt.

Die Junk Bonds verwandelten die Finanzierungs-
politik in Amerika nachhaltig. Aber nach Milkens
eigener Theorie konnten die Junk Bonds nur zu bestimmten Zeiten und unter bestimmten Bedingungen
eine gute Investitionsanlage sein – nicht immer. Ende der achtziger Jahre riet er seinen Kunden, die
Schuldverschreibung durch Aktien zu ersetzen, aber
nur wenige schenkten diesem klugen Rat Aufmerksamkeit.

Der Markt für Junk Bonds heizte sich weiter auf
und war total überzeichnet, als er 1988 durch eine
Handvoll nicht gedeckter Zahlungsunfähigkeiten er-
schüttert wurde. Gleichzeitig verlor Drexel seine
Glaubwürdigkeit aufgrund von Fehlern bei der Rettung emittierter Papiere und einer Prüfung durch die
Börsenaufsichtsbehörde.

Auch andere staatliche Stellen legten ihren Ein-
spruch gegen den Handel mit Junk Bonds ein. Die
Ankläger erreichten Verurteilungen oder Anklagen
in mehreren Fällen.

Milken und andere Händler wurden rechtskräftig
verurteilt. Schließlich mischte sich auch der Kongreß ein. Viele hatten äußerst nervös die Übernah-
memanie beobachtet, die weitgehend über Junk
Bonds finanziert wurde und sich Ende der achtziger
Jahre in Amerika breitmachte. 1989 verabschiedete
der Kongreß den Financial Reform Recovery and
Enforcement Act (FIRREA), der die Sparinstitute
dazu zwang, ihre Junk-Bonds-Anteile bis auf einen
kleinen Rest abzustoßen. Dadurch brach der Markt
zusammen. Die Spar- und Kreditinstitute mußten
die Hauptlast übernehmen, viele von ihnen gingen
pleite.

Aber die Junk Bonds verschwanden nicht vollständig im Zuge der Nachwirkungen dieses Zusam-
menbruchs. Sie fingen sich schließlich wieder und

blieben sowohl eine mögliche Investment- als auch eine anerkannte Finanzierungsform. Wie Milken bei seinem Einstieg in diesen Bereich Anfang der siebziger Jahre meinte: „In die Schulden der amerikanischen Wirtschaft zu investieren ist die beste Anlage, nicht die schlechteste."

Bill Gates bei einer Windows-Präsentation 1992

17.
William Gates und die
Vorherrschaft von Microsoft

Am 23. August 1995 erreichte ein noch nie dagewesenes Marketing- und Medienereignis seinen weltweiten Höhepunkt. Eine solche Publicity und Begeisterung hatte man vorher nur selten erlebt. Aber sie galt nicht einem neuen Film oder etwa einem neuen Auto. Es ging um ein Stück Software. Um Mitternacht standen die Kunden schon Schlange vor den Computerläden, um als erste Windows 95 kaufen zu können, das neue Betriebssystem für IBM- und IBM-kompatible PCs. Die Microsoft Corporation, das Unternehmen hinter Windows 95, scheute keine Kosten bei der Werbung für ihr neues Produkt. Die Rolling Stones wurden für eine Werbekampagne engagiert, und eine Sonderbeilage der *London Times* wurde verteilt. Über 500 Journalisten strömten in die Zentrale von Microsoft am Rande von Seattle, um bei der offiziellen Einführung unter Leitung des Komikers Jay Leno dabeizusein.

Die Einführung von Windows 95 stellte eine Art Höhepunkt für Bill Gates dar, den Mitbegründer und führenden Kopf von Microsoft. Seine Rolle in der PC-Revolution hatte ihm im Sommer 1996 ein geschätztes Nettoeinkommen von 18 Milliarden Dollar eingebracht. Nur wenige amerikanische Unternehmer sind so berühmt geworden. Ebenso wie John

D. Rockefeller Ende des 19. Jahrhunderts die Ölindustrie prägte, drückten Gates und sein Unternehmen Ende des 20. Jahrhunderts der Computerindustrie ihren Stempel auf. Und wie Rockefeller fand
Gates Wege, um die übrige Industrie dazu zu zwingen, seinem Standard zu folgen. „Gates erinnert
mich an die Industriebarone des 19. Jahrhunderts,
die durch ihren starken Willen und ihre unternehmerische Genialität Monopole aufbauten", stellte
der Industrieanalytiker Stewart Alsop fest.

Obwohl Bill Gates ein innovativer und voraus-
schauender Unternehmer ist, hat er die entscheidende Technologie nicht selbst erfunden. Statt dessen
übernahm er auf geschickte Weise von anderen
entwickelte Produkte, und dann verbesserte er sie.
Er erkannte die Bedeutung von Personalcomputern
(PCs) lange vor allen anderen und folgerte daraus,
daß Betriebssysteme und Anwendungen (Software)
für das PC-Geschäft mindestens genauso wichtig
seien wie die praktische Ausstattung (Hardware).
Ein Grund für die Vorherrschaft von Microsoft liegt
in dieser Fähigkeit von Gates: die Entwicklungen in
der Computertechnologie vorauszuahnen und zu be-
urteilen, wann der Markt dafür reif ist. Ein anderer
Erfolgsfaktor von Microsoft liegt in dem unerschüt-
terlichen Vertrauen von Gates in seine eigenen Ide-
en. Durch seine starke Persönlichkeit und durch die
Popularität seiner Produkte drückte Bill Gates der
Computerindustrie seinen Stempel auf.

Die Anfänge einer neuen Industrie

William Henry Gates III wurde 1955 als zweites von drei Kindern einer angesehenen Familie in Seattle im Bundesstaat Washington geboren. Sein Vater arbeitete als Anwalt in einer städti-

schen Kanzlei und verfügte über gute Beziehungen. Seine Mutter war Lehrerin und engagiertes Mitglied in Wohlfahrtsvereinen. Bill, ein äußerst intelligenter Junge, fiel durch seine Lebhaftigkeit in der Schule öfter unangenehm auf. Mit elf Jahren entschieden sich seine Eltern dazu, ihn in die Lakeside School zu schicken, eine angesehene Privatschule für Jungen.

Auf dieser Schule kam Gates 1968 zum ersten Mal mit der Welt der Computer in Form eines Fernschreibers in Berührung. Dieses Gerät stand über ein Telefon mit einem Computer in Verbindung, an dem eine gewisse Rechenzeit zur Verfügung stand. Die Maschine, ASR-33, sah noch äußerst primitiv aus. Die Schüler gaben über den Fernschreiber ihre Befehle ein, die dann an den Rechner übertragen wurden. Die Antworten kamen als Papierausdruck über den Fernschreiber zurück. Ein umständliches Verfahren, dennoch veränderte es das Leben von Gates. Schnell beherrschte er die Programmiersprache BASIC. Zusammen mit einigen anderen autodidaktischen Hackern verbrachte er Stunden mit dem Schreiben von Programmen und mit Computerspielen. Gates lernte in dieser Zeit alles, was irgendwie mit dem Computer zu tun hatte. „Ein Fachidiot", wie einer seiner Lehrer Gates damals beschrieb.

Ende der sechziger Jahre entwickelten sich die Computer derart rasant, daß Schuljungen das notwendige Expertenwissen schneller erwerben konnten als ausgebildete Ingenieure. Bill Gates und sein Schulkamerad Paul Allen sowie weitere Freunde machten sich schon bald bei ihren Lehrern und sogar bei einigen Professoren der University of Washington einen Namen als Programmierexperten. Als dann 1971 die Information Sciences, Inc., eine Computerfirma aus Seattle, ein Programm für Lohnbuchhaltung entwickeln wollte, wandte sich das Unternehmen zunächst an die Schüler. Als Gegenleistung für ihre Arbeit erhielten sie kostenlose Rechnerzeit.

Obwohl sie noch zur Oberschule gingen, wurden sie von TRW angestellt, um an einem neuen computergestützten Kontrollsystem in einem Kraftwerk entlang der Grenze zu Oregon zu arbeiten. Und hier zeigte sich schon der wettbewerbsorientierte

und besessene Charakterzug, der so typisch für Gates und später
für Microsoft sein sollte. „Wir wetteiferten darum, wer drei oder
vier Tage lang in der Schule bleiben konnte. ... Wir waren der
harte Kern beim Programmieren", erinnerte er sich.

Nach seinem Abschluß am Lakeside schrieb sich Gates in
Harvard ein, wo er seine freie Zeit eher mit Pokerspielen und
Hacken im Aiken Computation Laboratory verbrachte, als an
seinen Vorlesungen teilzunehmen. Dennoch führte Gates eigentlich ein völlig normales Studentendasein, bis er im Dezember 1974 einen Anruf von seinem aufgeregten Freund Paul Allen
bekam. Allen, zwei Jahre älter als Gates, brach sein Studium an
der University of Washington ab, um sich nur noch seinen Com-
puterinteressen widmen zu können. Er kam nach Cambridge, um
für Honeywell zu arbeiten. Gerade hatte er die Ausgabe von
Popular Electronics vom Januar 1975 gelesen. Das Titelblatt
zeigte damals den neuen Minicomputer Altair 8800 der Firma
MITS aus New Mexico. Der Altair kostete 400 Dollar, benannt
nach einem fiktiven Planeten der Fernsehserie „Star Trek". Er
besaß eine ganze Reihe von Kippschaltern und Lämpchen, aber
keinen Bildschirm und keine Tastatur. Die Benutzer mußten
selbst einen Weg finden, ihn an einen Fernschreiber anzuschließen oder Befehle mit Hilfe der Kippschalter in den Code einzu-
geben. Aber der Microcomputer machte den leistungsfähigen
Mikroprozessor von Intel einer breiteren Öffentlichkeit zugänglich. Die Computerfans jubelten vor Begeisterung.

Ein Versprechen wird gehalten

Die Computersprachen dienen als eine Art Brücke, die einfache
Worte mit einer komplizierten Codereihe verbindet. Über eine
Computersprache reagieren die Prozessoren in der gewünschten
Weise auf Befehle. Die ersten Betriebssystemsprachen wurden
von der U.S. Navy während des Zweiten Weltkriegs entwickelt.
Nach dem Krieg wurden noch andere bekannt: FORTRAN, das
vor allem für mathematische Probleme eingesetzt wurde,

COBOL (für die Wirtschaft), AGOL und BASIC. Die Programmiersprache BASIC wurde am Dartmouth College entwikkelt und blieb auf lange Zeit ein Favorit bei den Computer-Freaks und stand für Beginners' All-purpose Symbolic Instruction Code. Bis 1974 wurden alle Computersprachen für Großrechner geschrieben. Die Mikrocomputer, Vorläufer der Personalcomputer, wurden ohne Computersprache „geboren".

Nachdem Allen und Gates den Artikel im *Popular Electronics* gelesen hatten, kamen sie schnell zu folgendem Ergebnis: Der Altair kann ohne Betriebssprache kein Erfolg werden. Da noch niemand eine für einen Mikrocomputer geschrieben hatte, hielten sich die beiden für genau die richtigen. Allen und Gates beherrschten BASIC perfekt und besaßen intensive Erfahrungen damit. Sie fingen damit an, BASIC auf den Altair 8800 zuzuschneiden. In einem Akt jugendlichen Leichtsinns schrieb Allen an Ed Roberts, den Ingenieur aus Albuquerque, der den Altair entwickelt hatte, und verriet ihm, daß er und sein Partner bereits BASIC für den Rechner entwickelt hätten. (In technischer Hinsicht stimmte das nicht.) Roberts meinte daraufhin, daß sie mit ihrem Programm nach New Mexico kommen sollten.

Gates und Allen konnten keinen Altair ihr eigen nennen, hatten aber einen Weg entwickelt, eine andere Art von Rechnern herzustellen, der den Altair simulierte. Mit ihrem schwerfälligen Programmiermodus schafften sie es, in acht Wochen eine funktionsfähige BASIC-Version zu entwickeln. In einer Marathonsitzung schrieben Gates und Allen Codezeile um Codezeile. Sie unterbrachen ihre Arbeit nur gelegentlich zum Essen, Gates ging noch in die Vorlesungen. Im Februar 1975 flog ein aufgeregter Paul Allen nach New Mexico. Das Programm wurde vorher noch nie auf einem richtigen Altair getestet, er wußte nicht einmal, ob es überhaupt lief. Bei seiner Ankunft in der Zentrale von Roberts Unternehmen, MITS, sah er zum ersten Mal einen Altair. Allen tippte nervös das Programm unter den Blicken von Roberts in die Maschine. Der größte Teil befand sich auf Lochstreifen, und einige entscheidende letzte Anweisungen gab man in letzter Minute noch per Hand ein. Nachdem der Altair die neuen Anweisungen geschluckt hatte, kam die Antwort: Allens Fernschreiber druckte die Frage nach den Spezifikationen aus. Er antwortete, und dann druckte er ein: „Ready". Dieses Wort signalisierte den Anfang einer neuen Softwareindustrie.

Roberts entschied sich auf der Stelle, seine Computer mit diesem neuen BASIC-Programm anzubieten. Allen blieb vorläufig in Albuquerque, um weiter an der Computersprache zu arbeiten. Gates studierte in Harvard, im darauffolgenden Jahr brach er sein Studium jedoch ab. Im Sommer 1975 gründeten beide Micro-Soft (der Bindestrich fiel später weg). Gates bestand darauf, den größeren Anteil an der Firma zu bekommen, im Verhältnis von 60 zu 40. Gates meinte, er habe einen weitaus größeren Beitrag in der primären Entwicklungsarbeit für das BASIC-Programm geleistet. Die beiden unterzeichneten einen formellen Vertrag mit MITS; es wurde vereinbart, daß MITS Lizenzgebühren für das BASIC-Programm bezahlen mußte (ungefähr 30 Dollar pro Stück). Dadurch erhielt Micro-Soft jährlich 16.000 Dollar. Ein Teil des Geldes wurde für die ersten Marketingmaßnahmen des jungen Unternehmens verwendet, unter anderem für eine Werbung in einem technischen Journal, die sich folgendermaßen las: „Was ist ein Mikroprozessor ohne Microsoft?"

Gates und Allen waren keine typischen Unternehmer. Sie verfügten über keinen Unternehmensplan, kein Startkapital, keine Kredite für Kleinunternehmer. Gates war noch keine 20, er durfte noch nicht einmal ein Auto mieten. Aber das junge Gespann besaß alles Notwendige für einen Einstieg in die damals neue Computerindustrie: Es hatte ein Produkt, Programmiererfahrung und vor allem eine Vision. Im Januar 1977 zog Gates nach Albuquerque, um näher an MITS zu sein. Weit entfernt von den Unternehmenszentralen von IBM und Xerox an der Ostküste und von den berühmten Forschungszentren in Berkley oder Cambridge, lebten Gates und Allen in heruntergekommenen Hotels oder saßen in schäbigen Büros, während sie FORTRAN- und COBOL-Versionen für den Altair entwickelten. Paul Allen erinnert sich daran: „Wir arbeiteten bis zum Gehtnichtmehr."

Das hohe Arbeitstempo bei Microsoft spiegelte den rapiden Wandel im Markt wider. Der Altair war zum Untergang verdammt, als größere Unternehmen hohe Summen in die Produktion besserer und leistungsstärkerer Mikrocomputer steckten. Gates und Allen wußten, was da passierte. Für Gates machte es allerdings keinen Unterschied, ob eine große oder kleine Firma Computer herstellte: Jeder Rechner brauchte eine Reihe von Programmiersprachen oder ein Betriebssystem, das als „Gehirn" des Computers fungierte. Und dann brauchte man auch noch Programme, um bestimmte Aufgaben durchzuführen. „Ich war der Meinung, daß wir uns auf Software spezialisieren sollten", bekannte Gates 1994. „Wenn sich die Leistung eines Mikroprozessors alle zwei Jahre verdoppelt, dann denkt man vielleicht, daß die Rechenleistung fast kostenlos ist. Deshalb fragt man sich: ‚Warum soll man in etwas investieren, das fast kostenlos ist? Auf was kommt es wirklich an?' Auf die Software!"

Natürlich gibt es die Rechenleistung nicht umsonst. Aber mit zunehmenden technologischen Innovationen und wachsender Konkurrenz sanken die Kosten für die Rechnerinfrastruktur drastisch. Obwohl die Computerpreise über Jahre ungefähr konstant geblieben waren, stieg ihre Leistung permanent exponentiell. Rechner mit höherer Leistung können mehr – vor allem, wenn sie über mehr Software verfügen. Von Anfang an verfügte Bill Gates bereits über eben diese Software.

In Gates Jugend waren Programmiersprachen wie BASIC frei zu haben. Die Hacker kopierten jede Software, die ihnen in die Hände fiel. Das gehörte zur Computerkultur der sechziger Jahre. Diese lockeren Zeiten hatten ein Ende, als Bill Gates in das Softwaregeschäft einstieg. Er zog in der Presse über die Raubkopierer von Computersprachen seiner Firma Microsoft her, die natürlich keine Lizenzgebühren bezahlten. Er dachte auch darüber nach, wie man der verbreiteten Praxis des Kopierens der Software ein Ende bereiten könnte, und deshalb begrüßte er es auch, seine bereits installierte Software zusammen mit den Computern auszuliefern, um damit gleich für seinen Teil der Arbeit bezahlt zu werden.

Im August 1977 brachte die Tandy Corporation den TRS-80 auf den Markt. Mit Bildschirm und Tastatur ähnelte der 599 Dollar teure Rechner den späteren PCs und erwies sich als viel beliebter als jeder andere Rechner Ende der siebziger Jahre. Bei einem seiner ersten großen Geschäftsabschlüsse vergab Microsoft die Lizenz zur Installierung seines BASIC-Programms an Tandy für den TRS-80. Der Umsatz von Microsoft stieg wegen dieses TRS-80 auf 1,36 Millionen Dollar im Jahr 1978.

Das Unternehmen befand sich auf dem Vormarsch – wörtlich und im übertragenen Sinne. Der 22jährige Gates wollte wieder mehr in der Nähe seiner Eltern sein, und deshalb zog Microsoft wieder nach Hause zurück. Der Staat Washington lag weit entfernt von den Computerentwicklungszentren im nördlichen Kalifornien oder Massachusetts, aber der Standort spielte bei diesem Produkt keine Rolle. Die wichtigsten Werkzeuge zur Softwareentwicklung waren Gehirne und Computer. Microsoft bezog eine Büroetage in dem Gebäude der Old National Bank in Bellevue, etwas außerhalb von Seattle. Allerdings mußte sich Gates noch die Managementfähigkeiten aneignen, die ihn dann Anfang der neunziger Jahre zu einem der angesehensten CEOs Amerikas werden ließen. Als Chef des Unternehmens verlangte er seinen 130 Angestellten viel ab – aber nie mehr als sich selbst –, und in den neuen Büros herrschte dieselbe Hektik wie in denen von Albuquerque.

IBM („Big Blue") hatte sich einen Namen mit der Herstellung von Rechnern für Unternehmen und mit der Entwicklung von Großrechnern für Forschung und Industrie gemacht. IBM beanspruchte seinen Platz im wachsenden Markt für Tischcomputer und entschied sich Mitte der achtziger Jahre zum Bau eines eigenen Modells. IBM war auf vorgefertigte Komponenten angewiesen, einschließlich der Mikroprozessoren von Intel. Aber der neue Rechner brauchte ein Betriebssystem, das Basisprogramm, mit dem der Computer auch funktionierte. IBM war sich im unklaren darüber, wie es mit einem solchen Kleinrechner verfahren sollte, und machte sich auf die Suche nach einem Unternehmen mit Programmiererfahrung für Personalcomputer. Man brauchte vor allem eine Firma, die möglichst schnell ein verläßliches Betriebssystem liefern konnte.

Ebenso wie TRW einst die High-School-Abgänger engagiert und Tandy die beiden Universitätsaussteiger verpflichtet hatte, suchte sich IBM nun ein junges Unternehmen aus, das eben von denselben beiden Wunderkindern geführt wurde. Es war schon merkwürdig, daß IBM, eine Institution mit einem Gewinn von 30 Millionen Dollar, sich ein Vier-Millionen-Dollar-Unternehmen als Lieferant für die Hauptteile ihres zukunftsträchtigen Produkts aussuchte. Der Unterschied zwischen beiden Firmen lag allerdings nicht nur in der Größe. Manager in blauen Anzügen mittleren Alters saßen einer Gruppe von Computerfreaks gegenüber, die von einem blutjungen Hacker angeführt wurde. Gates saß also mit den normalen Managern in Nadelstreifen zusammen. Er selbst trug gern Jeans, hatte den Hemdkragen offen und tauchte oft ungeduscht und mit ungewaschenen Haaren auf Meetings auf.

Trotz dieser großen Unterschiede unterzeichnete das seltsame Gespann 1980 einen knallharten Geschäftsvertrag. Microsoft würde ein Betriebssystem für den IBM-PC entwickeln, und IBM zahlt für jede verkaufte Einheit Lizenzgebühr, ohne irgendwelche Eigentumsrechte an dem Betriebssystem zu erwerben. In einer Entwicklung, die niemand vorhersagen konnte, revolutionierte dieser Vertrag die Computerwelt. Innerhalb eines Jahrzehnts sollte Microsoft sogar die vorherrschende Position einnehmen, die einst IBM innehatte.

Damals ließen sich allerdings noch keine Anzeichen dieses künftigen Erfolgs erkennen. Nachdem Gates den Vertrag cool unterschrieben hatte, wandte er sich an seinen stellvertretenden Vizepräsidenten Steve Ballmer und meinte unbeeindruckt: „Gut Steve, jetzt können wir wieder an die Arbeit." Gates arbeitete am besten unter Termindruck. Dieser Vertrag verlangte von Microsoft, innerhalb dreier Monate ein funktionsfähiges Betriebssystem zu liefern. Die Firma, die auf einem übereilten Versprechen an MITS, eine BASIC-Version für den Altair zu liefern, gegründet worden war, hatte gänzlich unbekümmert IBM die prompte Lieferung eines Produkts garantiert, das erst noch entwickelt werden mußte.

Glücklicherweise konnte ein Unternehmen, Seattle Computer Products, das nur 20 Minuten von der Zentrale von Microsoft entfernt lag, bereits ein Betriebssystem für Computer mit einem 8086-Prozessor von Intel vorweisen. Seattle Computer betrachtete sein System als Experiment: das „Quick and Dirty Operating System". Gates wußte genau, daß Q-DOS, das offiziell 86-DOS hieß, an den neuen IBM-Rechner angepaßt werden konnte. Nachdem Paul Allen mit Seattle Computer Kontakt aufgenommen hatte, handelte er einen Vertrag aus, nach dem Microsoft dem Unternehmen 25.000 Dollar Lizenzgebühr für den Verkauf an nicht genannte Endbenutzer zahlt. (Microsoft durfte der Öffentlichkeit nicht preisgeben, daß das Unternehmen in Geschäftsbeziehung zu IBM stand.) Im darauffolgenden Jahr, zwei Wochen bevor IBM den PC auf den Markt brachte, kaufte Microsoft alle Rechte an dem 86-DOS von Seattle Computer für 50.000 Dollar. (Dieses Geschäft war zu schön, um wahr zu sein: Seattle Computer verklagte später Microsoft auf weitere Zahlungen und bekam fast eine Million Dollar Nachzahlung bei einem außergerichtlichen Vergleich.)

Obwohl unter äußerster Geheimhaltung entwickelt, wurde der IBM-PC am 12. August 1981 im Hotel Astoria in New York mit einem Paukenschlag der Öffentlichkeit vorgestellt. Er war ein kommerzieller und technologischer Erfolg. Im ersten Jahr legten 200.000 Käufer 1.265 Dollar für einen Standard-PC oder 2.335 Dollar für ein Modell mit Laufwerk auf den Tisch. Und da jeder Rechner auf der Basis eines MS-DOS-Betriebssystems lief, erhielt Microsoft 200.000 Dollar Lizenzgebühren von IBM.

Die Vertragsklausel, nach der die Eigentumsrechte an MS-DOS bei Microsoft blieben, erwies sich als geschäftlich entscheidend. Da IBM überwiegend Teile von anderen Herstellern benutzte und seine Hardware nicht selbst entwickelte, waren seine PCs von neuen Firmen leicht nachzubauen. Ebenso wie der TRS-80 den Altair als Marktführer ablöste und dann der IBM-PC wiederum den TRS-80 überholte, so untergruben billige

Nachahmer-PCs den Marktanteil von IBM. Der Beelzebub unter den Nachahmern war die Compaq Computer Corporation, die 1983 einen Umsatz von 100 Millionen Dollar erzielte, also in dem Jahr, als das Unternehmen seinen PC auf den Markt brachte. Während die diversen Versionen IBM unter Druck setzten, waren sie für Microsoft ein Segen. Sie waren kompatibel mit den IBM-PCs – dank MS-DOS.

Diesmal hatte Gates die Zukunft seines Unternehmens falsch eingeschätzt. Er war immer davon ausgegangen, daß Microsoft ausschließlich im Bereich von Programmiersprachen und Anwendungen (also Software) operieren würde und nicht im Bereich von Betriebssystemen. Aber nach der Einführung des IBM-PC wollten die Hersteller anderer PCs über die Installierungsrechte von MS-DOS in ihren Rechnern verhandeln. Gates reagierte schnell. Erstens baute er einen weltweiten Verkauf auf, um sicherzustellen, daß MS-DOS zu einem internationalen Standard wird. (Seit Anfang der achtziger Jahre trugen Länder außerhalb der Vereinigten Staaten und Kanada zu zwei Dritteln des Umsatzes von Microsoft bei.) Zweitens senkte er den Installationspreis für MS-DOS bei Erstausstattungen. Und drittens erfreute sich Gates weiterhin des Erfolgs der ersten MS-DOS-Version in einem Umfeld, in dem Produkte praktisch in der Minute veralteten, in der sie auf den Markt kamen. Als der IBM-PC auf den Markt gebracht wurde, arbeitete Microsoft bereits an einer zweiten Version von MS-DOS. Konsequenterweise hatte Microsoft sich seine eigene Nachfrage geschaffen. Als das Programm von Gates zum Standard geworden war, lieferte sein Unternehmen die Betriebssysteme für 80 Prozent der PCs, die jährlich verkauft wurden. Die Umsätze des Unternehmens explodierten förmlich und stiegen von 16 Millionen Dollar im Jahr 1981 auf 97 Millionen Dollar im Jahr 1984.

Während des spektakulären Wachstums Anfang der achtziger Jahre vernachlässigten Gates und Allen das Management von Microsoft. „Anfangs war unser Managementstil sehr locker, und Paul und ich waren an allen Entscheidungen beteiligt", erinnerte sich Gates 1995. Als Paul Allen wegen einer schweren Erkrankung die Firma 1983 verließ, mußte Gates noch mehr persönliche Verantwortung übernehmen. Er hatte Schwierigkeiten damit, Verantwortung zu delegieren, hielt aber Microsoft weiterhin auf rigorosem Wachstumskurs. Oft saß er von 9.30 Uhr bis Mitternacht am Schreibtisch, ernährte sich dabei von Pizzas und Kaffee. Wie Gates in einem frühen Memorandum schrieb, das von seinen Biographen Stephen Manes und Paul Andrews zitiert wird: „Microsoft verlangt von seinen Angestellten eine viel stärkere Hingabe, als es in den meisten Unternehmen üblich ist. Wenn man wegen Terminen, Diskussionen oder wichtigen Arbeiten über einige Wochen Überstunden machen muß, dann gehört das mit zum Job."

Bei Microsoft hörte man oft die Klage, Gates würde einfach nicht genügend Leute einstellen, um mit der Arbeitsbelastung zurechtzukommen. Es war so, als ob er von einem inneren Drang getrieben wurde, zu viel in zu kurzer Zeit zu erledigen. Ein solches Engagement brauchte die Firma dringendst, denn der Lebenszyklus für Softwareprodukte wurde immer kürzer. Zwar verdiente Microsoft jetzt sehr viel Geld, aber es gab keinerlei Garantie für ein unendliches Wachstum. Dieses Tempo erschwerte standardisierte Planungstechniken, wie auch der technologische Wandel verläßliche Vorhersagen praktisch unmöglich machte.

Mitte der achtziger Jahre leisteten die PCs dieselben Funktionen schneller als Jahrzehnte vorher die Rechner, die ganze Räume füllten. Die nächste Generation waren tragbare Computer. Gates hatte Dutzende neuer Unternehmen beobachtet, die auf der Strecke blieben, weil sie ein erfolgreiches innovatives Produkt nicht konsequent weiterverfolgten. Und die Manager, die bei diesem spektakulären Wachstumstempo des Unternehmens nicht mithalten konnten, wurden einfach gefeuert. So auch ein früherer Konkurrent von Gates – Steve Jobs, der Apple zu einer großen Computerfirma ausbaute, mit eigener Hardware und Betriebssystemen, die generell als benutzerfreundlicher als die von Microsoft angesehen werden. Da aber Apple keine Lizenzen für seine Technologie vergab, hatte es Schwierigkeiten, eine größere Käuferschicht zu erreichen. Jobs verlor 1985 seine Position, als das Unternehmen gegenüber den IBM-kompatiblen PCs zurückfiel, die mit einem Betriebssystem von Microsoft liefen.

Anders Bill Gates – er hielt 53 Prozent der Anteile an Microsoft, als das Unternehmen 1981 gegründet wurde. 1986 machte Microsoft mit 1.500 Mitarbeitern 200 Millionen Dollar Umsatz. Gates, 30 Jahre alt, fuhr gern schnelle Autos, machte sich aber ansonsten keine Sorgen um seine Gesundheit. Er aß mittags Fastfood und flog erster Klasse. Gates, den man damals den „reichsten Abiturienten der Welt" nannte, lebte nur für Microsoft.

Die sanfte Revolution

Mitte der achtziger Jahre bewegte sich Microsoft weiter auf Erfolgskurs. Gates folgte dem Rat der Unternehmensveteranen und teilte das Unternehmen nach Produktgruppen auf. Als Gates professionelle Manager einstellte, bestand er darauf, daß jeder die technischen Details seiner Produkte beherrschte. Das Unternehmen wurde größer und mußte Tausende einstellen – nur ganz smarte Leute, wie die Einstellungsbedingung von Microsoft lautete. Gates kümmerte sich aktiv um Produktplanung und Strategie, hielt sich auch über die Fortschritte der geplanten Projekte auf dem laufenden. In der Öffentlichkeit wurde Gates immer bekannter; er war ein guter Redner und vor allem unternehmerischer Diplomat, der wußte, wie er aufzutreten hatte.

Aufgrund seiner außergewöhnlichen Wettbewerbsorientierung genügte ihm nicht einfach nur die Marktführerschaft von Microsoft bei den Betriebssystemen für PCs. Er zielte weiterhin auf einen deutlichen Anteil am Markt für Anwendersoftware, also maßgeschneiderte Pakete so bekannter Dinge wie Rechenprogramme, Textverarbeitung und Lagerbestandskontrolle. Wie Gates 1980 sagte: „Die Revolution ist da, und sie ist sanft." Im August 1984 schuf er im Rahmen einer Neustrukturierung von

Microsoft getrennte Abteilungen für die Entwicklung von Betriebssystemen (wie MS-DOS und seine Nachfolger) sowie Anwendersoftware. Die eine hieß Platform Group, die andere Applications and Content Group.

1982 brachte die Lotus Development Corporation ein Tabellenkalkulationsprogramm namens 1-2-3 auf den Markt, mit dem Benutzer ziemlich komplizierte Rechenvorgänge am Computer durchführen konnten. Sein überwältigender Erfolg führte dazu, daß viele kleine Unternehmen ihren ersten PC anschafften. Kurz danach stellte Gates ein erstklassiges Team von Softwareentwicklern zusammen und beauftragte sie mit der Entwicklung eines Kalkulationsprogramms, um Lotus Development zu schlagen. 1985 stellte Microsoft sein Programm Excel 1.0 vor, das zunächst nur auf Macintosh-Computern lief. Das Unternehmen hatte die Möglichkeit, das Produkt vor der Einführung der IBM-kompatiblen Version 2.0 1988 zu verbessern. Es war „ ... ein Kunstwerk", wie ein Kritiker staunte. Mit dem Programm faßte Microsoft im Markt für Tabellenkalkulationsprogramme Fuß und stärkte sein eigenes jüngstes Betriebssystem, nämlich Windows.

Als die Applications and Content Group weitere Softwarepakete herausbrachte, einschließlich der Textverarbeitung Microsoft Word, blieb die Platform Group das Kernprodukt von Microsoft: das Betriebssystem für IMB-PCs. MS-DOS wurde fast jährlich aktualisiert und verbessert. Aber am Ende mußte es durch ein anderes System abgelöst werden. Anders als bei der früheren Praxis, nach der die Programmentwicklung eine Sache von Monaten war, dauerte die Entwicklung des Nachfolgers für MS-DOS, nämlich „Windows", fast sieben Jahre.

Die Entwicklung von Windows war nicht durch finanzielle Notwendigkeiten motiviert, weil MS-DOS immer noch ein sehr gewinnbringendes und weit verbreitetes Produkt war. Aber Gates wollte ein neues System für die IBM- und IBM-kompatible PC-Welt. „Das Ziel war, einen Zahn zuzulegen und Windows zu einem noch deutlicheren Standard als DOS zu machen", betonte Gates.

Mit der Entwicklung eines neuen Betriebssystems versuchte Microsoft, das Macintosh-System mit seiner bedienungsfreundlichen grafischen Oberfläche zu übertrumpfen. Windows wurde erstmals 1987 vorgestellt, setzte sich aber nicht durch. Als im nächsten Jahr die Version für IBM-kompatible PCs auf den Markt kam, lief die Sache nur wenig besser. Die Gründe lagen tatsächlich im langfristigen Denken von Gates. Normalerweise legte er seine Software so an, daß sie der zeitgenössischen Hardware überlegen war, in dem Wissen, daß sie Rechner unvermeidbar nachziehen würde. Windows lief am besten mit einem leistungsfähigeren Rechner, aber Gates war der Meinung, daß IBM zu wenig dafür tat, schnellere Rechner auf den Markt zu bringen. Compaq setzte schließlich mit dem 386 neue Maßstäbe für Computer. Die Inkompatibilität der neuen Software von Microsoft und der Hardware von IBM verdeutlichte ein größeres Dilemma: Das Schicksal von Microsoft war eindeutig von IBM abhängig. Gates meinte einmal dazu: „Es ist so, also ob wir verheiratet wären oder so etwas ähnliches."

Aber die Ehe stand auf dem Spiel. Beide Unternehmen hatten gemeinsam ein neues Betriebssystem entwickelt, nämlich OS/2 als Nachfolger für MS-DOS. Die erste Version wurde 1987 vorgestellt. Als es 1989 häufiger zu Rivalitäten zwischen den beiden Partnern kam, nahm IBM OS/2 und die Weiterentwicklung in seine Obhut. Aber sogar Nachfolgeversionen von OS/2 konnten mit MS-DOS nicht mithalten oder den Weg für Windows versperren. Microsoft bestimmte trotz aller Bemühungen von IBM weiter den Standard für Betriebssysteme. Die Computer liefen mit der verbesserten Windows-Version, und die Softwareentwickler schrieben ihre Programme so, daß sie unter Windows liefen. Mit der modernen Hardware konnten die Benutzer eines IBM-PC mit Hilfe einer Maus Icons und Menüs anklicken statt Befehle eintippen. Aufgrund der besseren Speicherverwaltung unter Windows 3.0 konnten die Benutzer gleichzeitig mehrere Programme laufen lassen. Als Demonstration investierte Microsoft zehn Millionen Dollar in die groß angelegte Werbung für das 150 Dollar teure Softwarepaket, einschließlich einer

Veranstaltung im City Center Theater von Manhattan. Gates meinte dazu: „Die extravaganteste, größte und teuerste Softwareeinführung aller Zeiten." Vor allem aufgrund des Sieges von Windows stieg der Umsatz von Microsoft 1988 von 590,8 Millionen Dollar auf 1.183 Milliarden Dollar im Jahr 1990.

Die Geschäftswelt hatte ein derart einflußreiches Technologieunternehmen nicht mehr erlebt, seit IBM von den fünfziger bis zu den siebziger Jahren den Markt absolut beherrscht hatte. Nachdem Microsoft 1986 in die neue Unternehmenszentrale in einer Parkanlage in Redmond, Washington, umgezogen war, wurde das Unternehmen oft „Big Green" genannt, eine Anspielung auf Big Blue für IBM.

Marktdominanz – aber für wie lange?

„Kann irgend jemand Bill Gates stoppen?" fragte *Forbes* 1991, als die Aktienkurse des Unternehmens höher als die von General Motors lagen. Die Antwort lautete scheinbar Nein. „In den letzten Jahren hat Gates seine Kontrolle über einen wichtigen Teil des PC-Geschäfts, nämlich das Betriebssystem für IBM-kompatible Rechner, um die Anwendersoftware ergänzt." Nur die Bundesregierung hätte Microsoft stoppen können. Ebenso wie Rockefellers Riese Standard Oil mit den Antitrust-Gesetzen in Konflikt geriet, wurde Microsoft zum Gegenstand einer Untersuchung aufgrund seiner Geschäftspraktiken.

Innerhalb der Branche war Microsoft ein angesehenes, aber oft umstrittenes Unternehmen. Die Entwickler von Anwendersoftware erhoben Vorwürfe, daß das Unternehmen Informationen über neue Produkte an die Presse durchsickern ließ und damit das Interesse an und den Umsatz von Konkurrenzpaketen erstickte. Sie gaben auch zu verstehen, daß die Anwendungsentwickler von Microsoft von Informationen über neue Systemplattformen profitierten, ein Vorwurf, den das Unternehmen energisch zurückwies. Die 1990 eingeleitete Untersuchung des Kartellamts (FTC) richtete sich auf die Praxis von Microsoft,

von den Lizenznehmern die Zahlung von Gebühren für jeden
Computer zu verlangen, ob sie nun ein MS-DOS enthielten oder
nicht.

Gates war zuversichtlich, daß Microsoft davon keinen Schaden nehmen würde. „Diese Angelegenheit wird ohne Probleme
beendet werden", meinte er 1991. Nach einer 30monatigen Untersuchung hatten sich die Beauftragten des Kartellamts mit
zwei zu zwei Stimmen in ihrer Entscheidung, ob es nun eine
strafrechtliche Verfolgung geben sollte oder nicht, festgefahren.
Die Antitrust-Abteilung des Justizministeriums übernahm in
einem ungewöhnlichen Schritt die Untersuchung. Das Ministeri-
um zog eine Reihe von Möglichkeiten in Erwägung, einschließlich der eventuellen Zerschlagung des Imperiums von Gates. Am
Ende nahm die Regierung davon Abstand, Microsoft in eine
blutige Schlacht zu verwickeln. Statt den Moloch zu zerschla-
gen, ließ die Antitrust-Abteilung Microsoft im wesentlichen
bestehen, verlangte aber die Beendigung dieser umstrittenen
Lizenzpraxis.

Als Microsoft an Größe und Breite weiter zunahm, veränderte Gates seinen Stil und zog sich mehr zurück. „Anfangs hätte
ich nicht jeden ein Programm schreiben lassen. ... Das hat sich
geändert." Statt dessen konzentrierte er sich auf die Überwachung wichtiger Projekte und blieb Chefstratege. Er kümmerte
sich um die steigende Zahl von Projekten des Unternehmens.
Mit der Einführung von Windows 95 bot Microsoft 1995 Zugang
zum Internet an, 1996 startete das Unternehmen in Zusammenarbeit mit NBC ein Television Network namens MS-NBC. Gates
fand auch noch die Zeit dazu, ein Buch zu schreiben, das unter
dem Titel „The Road Ahead" erschien und in dem er seine Visionen technologischer Möglichkeiten darlegte.

Als die Aktien von Microsoft Spitzenwerte an der Börse erzielten, stieg der Wert der Anteile von Gates 1996 auf 18 Milliarden Dollar. Dennoch war sein Einkommen weiterhin relativ
niedrig: Nur 275.000 Dollar Jahreseinkommen und 128.000
Dollar als Boni für 1994.

Microsoft lebt vom Realismus seines Gründers. Obwohl er einen scheinbar unerbittlichen Optimismus verbreitet, ist Gates immer auf dem Boden geblieben. „Wir haben gute Arbeit geleistet, aber all diese Produkte veralten so schnell ...", teilte er *Forbes ASAP* mit. „Es wird noch eine begrenzte Anzahl von Jahren so weitergehen, aber ich weiß nicht, wie lange – bevor unser Schicksal besiegelt sein wird."

Gates und das Internet

Als vor wenigen Jahren das Internet boomte, spielte Microsoft nur eine Nebenrolle. Aber als Millionen von Amerikanern ihre PCs als Kommunikationsmittel benutzten, wollte auch Microsoft dabeisein.

Anfang 1995 bot das Unternehmen seinen eigenen Zugang an, das Microsoft Network, um American Online Konkurrenz zu machen. Windows 95, das im August desselben Jahres auf den Markt kam, besaß Funktionen, mit denen der Benutzer einfachen Zugang zu interaktiven Computernetzen hatte, vor allem zu Microsoft Network. Außerdem war Windows 95 auf künftige Versionen der Audio- und Videoübertragung ausgerichtet. Für Gates war die interaktive Welt nur eine von vielen – und ein einzelner Schritt wäre weder sinnvoll noch erfolgreich.

Im Dezember 1995 vereinten Microsoft und General Electrics (die Muttergesellschaft von NBC Network) ihre Kräfte für den Aufbau eines neuen Netzwerks, die MS-NBC. Das Fernsehprogramm, das im Juli 1995 ans Kabel ging, kombinierte Fernsehprogramme mit dem Microsoft Network für PCs. Die Idee dabei war, die Fernsehzuschauer ihre Sendungen per Fernseher oder per PC empfangen zu lassen, oder auf beiden gleichzeitig.

Sowohl für Bill Gates als auch für Jack Welch, dem CEO von GE, bedeutete diese Partnerschaft nur den ersten Schritt in eine vollkommen neue Medienwelt. „Die Geschäfte werden anders abgeschlossen", sagte Welch. „Auch der Vertrieb wird sich ändern. Was gibt es Besseres, als sich mit einem Unternehmen zusammenzutun, das wie kein anderes die Welt verändert hat?"

Innerhalb von nur einem Jahr katapultierte Gates sein Unternehmen Microsoft aus einer Nebenrolle in den Mittelpunkt der interaktiven Revolution. Und plötzlich war er im Fernsehgeschäft, eine Tatsache, die nichts mit einem Witz von Jay Leno zu tun hatte, der einmal eine Sendung mit der Bemerkung anmoderierte: „Ich bin Gast in der Abendshow von NBC ..., das für ‚Now Bill Compatible' steht."

Anmerkungen zu den Quellen

Ein Teil der Quellen dieses Buches stammt von den Unternehmen selbst. Intensive Recherchen nach Primär- und Sekundärquellen wurden in den Bibiliotheken der Columbia Universitiy, der Harvard University und der New York Public Library durchgeführt. In bezug auf zeitgenössischere Themen habe ich mich auf Zeitungsartikel bezogen, vor allem aus der *New York Times* und dem *Wall Street Journal*, sowie auf Zeitschriften wie *Forbes, Business Week, Fortune* und die *Financial World*. Ich beziehe mich auch auf Jahresberichte und auf Unterlagen der Börsenaufsichtsbehörde. Die Quellen sind in der Reihenfolge ihrer Bedeutung angegeben.

Robert Morris: Amerikas erstes Finanzgenie
Es gibt viele Biographien über Robert Morris. Am besten ist die zweibändige Ausgabe von William Graham Sumner, *Robert Morris* (Dodd, Mead and Company, 1892). Andere wichtige Bücher über Morris sind: *Robert Morris, Patriot and Financier* (Macmillan and Co., 1903) von Ellis Oberholtzer; *Robert Morris: Revolutionary Financier* (University of Pennsylvania Press, 1954) von Clarence Ver Steeg; die achtbändige Ausgabe *Papers of Robert Morris, 1781-1784*, herausgegeben von E. James Ferguson (University of Pittsburgh Press, 1973) und von John Kennedy *Robert Morris and the Holland Land Purchase* (J.F. Hall, 1984).

Die Mähmaschine von Cyrus McCormick und die Industrialisierung der Landwirtschaft
William T. Hutchinson's *Cyrus Hall McCormick* (The Century Co., 1930-1935) ist die beste Arbeit über das Leben von McCormick. Weitere Quellen waren: *The Reaper* (Greenberg, 1931) von John F. Steward; die blumige Darstellung in *Cyrus Hall McCormick: His Life and Work* (McClurg and Co., 1909) von Herbert Casson; *Who Invented the Reaper?* (Chicago, 1897) von E.B. Swift; *The Century of the Reaper* (Riverside Press, 1931) von Cyrus McCormick Jr.; *The McCormick Reaper Legend* (Exposition Press, 1955) von Norbert Lyons; und *One Hundred Fifty Years of International Harvester* (Crestline Publishing, 1981) von C.H. Wendel.

John D. Rockefeller und das moderne Unternehmen

John D. Rockefeller: The Heroic Age of American Enterprise (C. Scribner's Sons, 1941) und *Study in Power: John D. Rockefeller, Industrialist and Philanthropist* (Scribner, 1953) von Allan Nevins sind gute Darstellungen über Rockefeller. Weiter hilfreich waren: *The Prize: The Epic Quest of Oil, Money, and Power* (Simon and Schuster, 1991) von Daniel Yergin; *John D.: The Founding Father of the Rockefellers* (Harper and Row, 1980) von David Freeman Hawke; *The History of the Standard Oil Company* von Ida Tarbell; *Wealth Against Commonwealth* (Harper and Brothers, 1899) von Henry Demarest Lloyd und *History of Standard Oil Company (New Jersey)* (Harper, 1955-1957) von Ralph und Muriel Hidy.

J.P. Morgan rettet das Land

Neben der Bezugnahme auf Artikel in der *New York Times* und dem *Wall Street Journal* vom Frühjahr 1907 beziehe ich mich auf eine Reihe von Biographien und Memoiren. Dazu zählen: *The Morgans: Private International Bankers, 1854-1913* (Harvard University Press, 1987) von Vincent P. Carosso und *The House of Morgan: An American Banking Dynasty and the Rise of Modern Finance* (Atlantic Monthly Press, 1990) von Ron Chernow. Andere Titel waren: *The Great Pierpont Morgan* (Harper, 1949) von Frederick Lewis Allen; *J.P. Morgan: A Biography* (Stein and Day, 1983) von Stanley Jackson; *Pierpont Morgan and Friends: The Anatomy of a Myth* (Prentice-Hall, 1973) von George Wheeler; *Money of the Mind: Borrowing and Lending in America from the Civil War to Michael Milken* (Farrar Straus Giroux, 1992) von James Grant; *Right Hand Man: The Life of George W. Perkins* (Harper, 1960) von John Garraty und *Across World Frontiers* (Harcourt, Brace, 1951) von Thomas W. Lamont.

Henry Ford und das T-Modell

Das beste Material findet man bei Allan Nevins: *Ford: The Times, the Man, the Company* (Scribner's, 1954). Zusätzliche Quellen sind: *The Cars That Henry Ford Built* (Princeton Publishing, Inc., 1978) von Beverly Rae Kimes; *The Fords: An American Epic* (Summit Books, 1987) von Peter Collier und David Horowitz; Henry Ford's Memoiren, *My Life and Work* (Arno Press, 1973); *Ford: The Man and the Machine* (Little Brown, 1986) von Robert Lacey; *Henry Ford: A Biography* (M. Joseph Ltd., 1946) von William Adams Simonds; *The Legend of Henry Ford* (Rinehart, 1948) von Keith Sward; *The Five Dollar Day: Labor Management and Social Control in the Ford Motor Company, 1908-1921* III (SUNY Press, 1981) von Stephen Meyer; *Henry Ford: Ignorant Idealist* (Kennikat Press, 1979) von David Nye und *The Triumph of an Idea: The Story of Henry Ford* (Doubleday, 1935) von Ralph H. Graves.

Charles Merrill und die Demokratisierung des Aktienbesitzes

Es gibt keine Bücher, die speziell Charles Merrill und seinem Unternehmen gewidmet sind. Die Hauptquellen waren: Merrill Lynch, *A Legacy of Leadership: Merrill Lynch, 1885-1985*, voll mit Material über die Kindheitserinnerungen von Charles Merrill und mit Auszügen aus dem Jahresbericht des Unternehmens aus dem Jahr 1956. *A Piece of the Action: How the Middle Class Joined the Money Class* (Simon and Schuster, 1994) von Joseph Nocera enthält ein Kapitel über Merrill. Ich beziehe mich auch auf die Jahresberichte der New Yorker Börse sowie auf Artikel aus Zeitungen und Magazinen, einschließlich *Forbes*: „Charles Edward Merrill" (1. November 1947); *Business Week*: „Brokerage Supermarket" (8. November 1947); *Fortune*: „Charlie Merrill Always Called Them Right" (Mai 1972) und eine Reihe von Artikeln im *Commercial & Financial Chronicle*.

Walt Disney und sein Unterhaltungsimperium

Es gibt viele Zusammenfassungen über Disney und seine Arbeit, einschließlich *The Art of Walt Disney: From Mickey Mouse to the Magic Kingdoms* (Abrams, 1995) von Christopher Finch; *The Disney Films* (Hyperion, 1995) von dem Filmkritiker Leonard Maltin; *The Disney Version: The Life, Times, Art, and Commerce of Walt Disney* (Simon and Schuster, 1985) von dem Journalisten Richard Schickel; *Disney's World: A Biography* (Stein and Day, 1985) von Leonard Mosley; *Walt Disney, A Bio-Bibliography* (Greenwood Press, 1993) von Kathy Merlock und *Walt Disney: Hollywood's Dark Prince: A Biography* (Carl Publishing Group, 1993) von Marc Elliot. Von den vielen verwendeten Artikeln aus Zeitungen und Magazinen sind die folgenden besonders interessant: *New York Times Magazine*: „L'Affaire Mickey Mouse" (26. Dezember 1937); „A Fantasy That Paid Off" (27. Juni 1966); „Disney Again Tries Trailblazing" (3. November 1940); *New Republic*: „Leonardo da Disney" von David Low (3. Januar 1942); *Business Week*: „He'll Double as a Top-Notch Salesman" (21. März 1953); „Disney's Live-Action Profits" (24. Juli 1965); *Forbes*: „Disney Dollars" (1. Mai 1971) sowie Beiträge in den Ausgaben von *Newsweek* vom 13. Februar 1950, 16. Februar 1953, 18. April 1955, 31. Dezember 1962 und 13. Juli 1965.

David Ogilvy und die moderne Werbung

Die eigenen Bücher von David Ogilvy sind: *Ogilvy on Advertising* (Crown, 1983); *Confessions of an Advertising Man* (Atheneum, 1963) und *Blood, Brains & Beer: The Autobiography of David Ogilvy* (Atheneum, 1978). *The Unpublished David Ogilvy*, herausgegeben von Joel Raphaelson (Crown, 1986), ist eine Zusammenstellung von Artikeln, Reden und Notizen von Ogilvy. Ich habe auch viele Beiträge aus Zeitungen und Magazinen verwendet, einschließlich *Fortune*: „Is Ogilvy a Genius?" (1. April 1965); „Further Confessions of an Adman" (15.

März 1976); *Advertising Age*: „A Giant Bows to Jackasses" (22. Mai 1989); „Living with David Ogilvy" (25. Juni 1973). Ende der fünfziger und Anfang der sechziger Jahre waren die Kolumnen über Werbung in der *New York Times* voll mit Beiträgen über Ogilvy. Lohnende Beiträge sind: „Advertising: The Ogilvy of the Offbeat Ideas" (7. September 1958); „A Peripatetic Adman Puts Down Roots" (23. August 1981). Außerdem *New Republic*: „Behind the Hathaway Shirt" (2. November 1963).

Ray Kroc, McDonald's und die Fast-food-Industrie

McDonald's: Behind the Arches von John F. Love (Bantam Books, 1995) ist eine sorgfältige, autorisierte Unternehmensgeschichte. Andere wertvolle Quellen sind: Die Autobiographie von Ray Kroc mit dem Titel *Grinding It Out* (Regery, 1977) und *Big Mac: The Unauthorized Story of McDonald's* (New American Library, 1977) von Maxwell Boas. Von den Hunderten von Beiträgen in Zeitschriften und Magazinen sind folgende besonders nützlich: *Nation's Business*: „Appealing to a Mass Market" (Juli 1969); *Financial World*: „While the Big Mac Sells Like Crazy" (29. Mai 1974); „Meaty Results at McDonald's" (2. Mai 1973); „Those Doubts about McDonald's" (15. Juni 1983); *Fortune*: „McDonald's Refuses to Plateau" (12. November 1984); „The McDonald's Mystique" (4. Juli 1988); *Barron's*: „Did McDonald's Deserve a Break?" (5. September 1983); *Business Week*: „Horatio Hamburger and the Golden Arches" (12. April 1976); „McDonald's: The Original Recipe Helps It Defy a Downturn" (4. Mai 1981); „Meet Mike Quinlan, Big Mac's Attack CEO" (9. Mai 1988); *Forbes*: „Or Was It 60?" (3. Januar 1973); „If You Stop, They Might Catch You" (15. Mai 1975); „Not for Export?" (15. Oktober 1975); „Where's the Growth?" (23. April 1984); *Advertising Age*: „McDonald's Takes Fast Food Lead" (14. Mai 1973); „McDonald's Invades U.K. Via Bow of 3.000th Unit" (14. Oktober 1974); „McDonald's Brings Hamburger (with Beer) to Hamburg" (30. Mai 1977).

Ein Unternehmen gibt nicht auf: Joseph Wilson und der Xerox 914

Es gibt viele Publikationen über Xerox, aber keine war so wertvoll für mich wie ein unveröffentlichtes Manuskript, das mir freundlicherweise Blake McKelvey aus Rochester zur Verfügung stellte. McKelvey, ehemals bei Xerox, hat eine wunderbare Biographie über Joseph Wilson geschrieben. Brauchbar sind auch: Die Memoiren von John Dessauer, *My Years at Xerox: The Billions Nobody Wanted* (Doubleday, 1971); *Fumbling the Future: How Xerox Invented, Then Ignored, the First Personal Computer* (William Morrow, 1988) von Douglas K. Smith und Robert C. Alexander; *Prophets in the Dark: How Xerox Reinvented Itself and Beat Back the Japanese* (Harper Business, 1992) von David Kearns und der Artikel von John Dessauer in *Management Review* (Mai 1976) „How a Large Corporation Motivates its Research and Development People". Zu den ersten Veröffentlichungen, die das Potential von Haloid-Xerox registrierten, zählte ein Artikel in der *Business Week*: „Out to Crack Copying Market" (19. September 1959). Hilfreich waren auch folgende Beiträge: *Fortune*: „The Hardest Duplicating Job Xerox Ever Faced" (November 1966). „The Two Faces of Xerox" (September 1971); „The Xerox Annual Report: A Guidet Tour" (15. Juni 1967); *Financial World*: „Leaders of the Glamour Parade, Xerox" (20. März 1963); „Xerox – Stellar Performer" (16. Februar 1966); *Forbes*: „Xerox Corp." (15. Oktober 1965); „Two Men and an Idea" (15. September 1962); „Joseph C. Wilson: Living with a Myth" (1. Januar 1968); „Xerox: The McColough Era" (1. Juli 1969); *The New Yorker*: „Xerox Xerox Xerox Xerox" (11. April 1967); *New York Times Magazine*: „The Man from Xerox Multiplies His Roles" (24. April 1966). Siehe auch das Interview mit McColough im *Harvard Business Review* von 1975, „The Corporation and Its Obligations", und ein Interview *in Nation's Business*, „C. Peter McColough of Xerox Corp." (September 1972).

American Express und die Kreditkarte

Zwei vom Unternehmen genehmigte historische Darstellungen waren hilfreich: *American Express: A Century of Service* (Doubleday, 1950) und *Promises to Pay* (American Express Co., 1977), beide von Alden Hatch. Weitere Quellen: *American Express: The Unofficial History of the People Who Built the Great Financial Empire* (Crown, 1987) von Peter Z. Grossman; *House of Cards: Inside the Troubled Empire of American Express* (Putnam, 1992) von Jon Friedman und John Mechan; *A Piece of the Action* (Simon & Schuster, 1994) von Joseph Nocera und *The Credit Card Industry: A History* (Twayne Publishers, 1990) von Lewis Mandell. Eine Unmenge von Zeitschriftenartikeln war ebenso nützlich, einschließlich folgender: *Forbes*: „Around the World in 80 Ways" (1. November 1958); „Divided Minds" (15. Mai 1960); „Disaster Can Be Good for You" (1. Februar 1969); „Here Come the Bank Cards!" (15. Februar 1969); „A Banker's Pipe Dream?" (15. Juni 1971); „A Credit Card Is Not a Commodity" (16. Oktober 1989); *American Heritage*: „Credit Card America" (November 1991); *Business Week*: „Travel on the Cuff" (2. Mai 1953); „Travel Giants Makes a New ..." (20. Juli 1957); „Tougher Going for Credit Cards" (10. September 1960); „The Charge-It Plan That Really Took Off" (27. Februar 1965); *Fortune*: „The Future of American Express" (April 1964); „The Credit Card's Painful Coming-of-Age" (Oktober 1971); *Newsweek*: „Charge Everything" (3. Januar 1955); „Joining of the Giants?" (23. Januar 1961); *Time*: „Home Away from Home" (24. Oktober 1955); „Credit-Card Game" (22. September 1958); „Riding the Float" (14. Dezember 1962); *New York Times Magazine*: „Life a la Carte" (8. September 1959).

Mary Kay Ash und ihre Unternehmenskultur für Frauen

Mary Kay Cosmetics bietet sehr viel Information über das Unternehmen und die Frauen, die das Unternehmen tragen. Es gibt außerdem zwei Bücher: eine Autobiographie, *Mary Kay* (Harper, 1981) und *Mary Kay on People Management* (Warner Books, 1984). Es wurden auch viele Zeitschriftenartikel zugrunde gelegt: *Advertising Age*: „Mary Kay Still in the Pink" (4. Januar 1988); „Mary Kay Shows Dramatic Growth" (23. August 1982); „Mary Kay Putting on an Ad Show" (24. März 1980); *Barron's*: „Mary Kay's Team" (9. Juli 1979); „Up and Down Wall Street" (8. Juni 1981); *Business Week*: „Mary Kay Is Singing ‚I Feel Pretty'" (2. Dezember 1981); „Dumpster Raids?" (1. April 1991); „Mary Kay Cosmetics" (28. März 1983); *Forbes*: „Flight of the Bumblebee" (12. August 1985); „Peeking inside LBOs" (13. Juni 1988); *Fortune*: „Mary Kay's Lessons in Leadership" (20. September 1993); *Financial World*: „Mary Kay Goes for Parties" (11. Dezember 1974); *Journal of Behavioral Economics*: „Mary Kay Ash" von Richard E. Hattwick (Winter 1987). *Nation's Business*: „Lessons of Leadership: Flying High on an Idea" (August 1978).

Der Mikroprozessor von Intel und die Computerrevolution

Es gibt keine Bücher über die Geschichte von Intel, aber *High Output Management* (Random House, 1983) und *One-on-One with Andy Grove* (Putnam, 1987) von Andrew Grove liefern die besten Darstellungen seines Managementstils. *Marketing High Technolgy: An Insider's View* (Free Press, 1986) von William H. Davidow vermittelt Einblicke in das Marketing von Intel. Hilfreiche Artikel sind: *Forbes*: „Intel – Right Again?" (3. März 1980); „Go Tell the Spartans" (30. Dezember 1985); „Institutionalizing the Revolution" (16. Juni 1986); „Who's on Second?" (7. März 1988); „Intel" (6. August 1990); „Intel Lives" (30. September 1991); „Challenge and Response" (16. April 1990); „Gordon Early Moore" (16. Oktober 1995); *Financial World*: „Man of the Year: Intel's Andrew Grove" (11. Dezember 1990); „Gordon Moore of Intel Corp" (15. März 1981); „Competition Is Healthy – Up to a Point" (1. Juli 1978); *Dun's Review*: „Intel: Master of Innovation" (Dezember 1980); *Economist*: „Fortune Seeqers" (6. Februar 1982); „Intel: When the Chips Are Down" (14. November 1983); *Business Week*: „Intel's Robert Noyce Kicks Himself Upstairs" (14. Dezember 1974); „The Microprocessor Champ Gambles on Another Leap Forward" (14. April 1980); „Why They're Jumping Ship at Intel" (14. Februar 1983); „Interview with Gordon E. Moore" (18. April 1983); „Intel Wakes up to a Whole New Marketplace in Chips" (2. September 1985); „Bob Noyce Created Silicon Valley. Can He Save It?" (15. August 1988); „Intel: The Next Revolution" (26. September 1988); „Can Andy Grove Practice What He Preaches?" (16. März 1987); „Inside Intel" (1. Juni 1992); „Intel – What a Tease – and What a Strategy" (22. Februar 1993); „The Education of Andrew Grove" (16. Januar 1995); „Intel Unbound" (9. Oktober 1995); *Fortune*: „How Intel Won Its Bet on

Memory Chips" (November 1973); „A Computer-on-a-chip Miracle" (31. Dezember 1979); „The Secret to Intel's Success" (8. Februar 1993); „If They're Gaining on You, Innovate" (2. November 1992); „Intel's Plan for Staying on Top" (27. März 1989); „Robert N. Noyce" (13. März 1989); *Barron's*: „Play by the Same Rules" (19. Juni 1987); „Chipping away at Intel" (23. März 1992); „Andy Grove: How Intel Makes Spending Pay Off" (22. Februar 1993); außerdem Dutzende Artikel im *Wall Street Journal*; *Management Review*: „Silicon Valley" (September 1985); *Harvard Business Review*: „Creativity by the Numbers" (Mai–Juni 1980); *Industry Week*: „Only the Paranoid Survive" (20. November 1995); „The Auto of the Info Age" (4. März 1996); *PC Week*: „Compaq Is Becoming a Worse Curse than Expected" (10. April 1995); „Intel Forcing Buyers into Faster Migration from 486 to Pentium" (24. April 1995).

Sam Walton, Wal-Mart und Amerikas Discountmärkte

Die Beiträge für dieses Kapitel waren: *Advertising Age*: „Adman of the Year" (23. Dezember 1981); *Arkansas Business*: „So Long Sam" (13.–19. April 1992); *Discount Store News*: „Walton Remembered" (20. April 1992); „Special Wal-Mart Issue" (15. Juni 1992); *Financial World*: „Gold Winner" (15. April 1986); „CEO of the Decade" (4. April 1989); *Chain Store Executive*: „An American Original" (Mai 1992); *Hardware Age*: „Up Against Wal-Mart" (Februar 1988); *Life*: „A $5 Trim for a 2.8-Billion Head" (Dezember 1985); *Nation's Business*: „Wal-Mart" (April 1988); *Restaurant News*: „How to Win Employee and Customer Friends" (30. Januar 1989); *Texas Monthly*: „Wal-Marts Across Texas" (Oktober 1983) und *Time*: „Here Come the Malls without Walls" (8. Februar 1988); „Mr. Sam Stuns Goliath" (25. Februar 1991). Zwei Bücher zu diesem Themenkomplex sind: *Sam Walton: Made in America; My Story* (Doubleday, 1992) von Sam Walton und John Huey und *Sam Walton: The Inside Story of the Richest Man in America* (Dutton, 1990) von Vincent H. Trimble.

Der Turnaround bei Harley-Davidson

Die Geschichte vom Auf- und Abstieg von Harley-Davidson wird dargestellt in: *Well Made in America: Lessons from Harley-Davidson on Being the Best* (McGraw-Hill, 1990) von Peter C. Reid. Auch ein Beitrag in *Smithsonian* über Harley geht auf die Unternehmensgeschichte ein. Weitere verwendete Beiträge: *New York Times*: „Harley-Davidson Roars Back" (3. Oktober 1985); „Harley Gears up for New Markets" (25. April 1982); „Two Years of Losses at Harley-Davidson" (24. Januar 1983); „Harley Gains in Profit but Loses on Wall St." (25. Oktober 1991); „Harley-Davidson Maps Growth" (14. März 1981); *Business Week*: „That Vroom You Hear Is Harley" (17. August 1987); „The Rumble Heard Round the World: Harleys" (24. Mai 1992); *Financial World*: „Harley-Davidson Rides High" (18. Oktober 1988); *Wall Street Journal*: „Beals Takes Harley-Davidson on New Road" (20. März 1987); „At Harley-Davidson, Life without AMF Is Upbeat but Full of Financial Problems" (13. April 1982); „After Nearly Starving Harley-Davidson Finds New Crowd of Riders" (31. August 1990); *Fortune*: „Hogs with Wheels" (12. Juli 1993); *Forbes*: „Thunder Road" (18. Juli 1983); „Harley Back in Gear" (2. Dezember 1985); „Harley's Hogs" (2. Dezember 1985); „The Return of the Two-Wheeler" (12. Mai 1980); „More Smoke than Fire" (16. Januar 1984); *Advertising Age*: „Hard Times Paring Motorcycle Market" (1. November 1982); „Harley-Davidson Trades Restrictions for Profits" (10. August 1987); „Harley-Davidson Revs up to Improve Image" (5. August 1985); *Management Review*: „Harley-Davidson Comes Roaring Back" (März 1986); *Industry Week*: „Reshaping ‚Hog Heaven'" (9. Februar 1987); „Born to Be Real" (2. August 1993).

Kohlberg Kravis Roberts & Co. und der Leveraged Buyout

Die beste Darstellung von KKR ist von George Anders, *Merchants of Debt: KKR and the Mortgaging of American Business* (Basic Books, 1992). Weitere Darstellungen sind: *The Money Machine: How KKR Manufactured Power and Profits* (Warner Books, 1991) von Sarah Bartlett; *Barbarians at the Gate: The Fall of RJR Nabisco* (Harper and Row, 1990) von Bryan Burrough und John Helyar sowie *Dangerous Dreamers* (New York, 1993) von Robert Sobel. Folgende Artikel aus Zeitungen und Zeitschriften waren hilfreich: *Forbes*: „Do You Sincerely Want to be Rich?" (23. Juli 1978); „Releveraging King Midas" (10. Dezember 1979); „Off-Balance Leveraged Buyouts?" (11. Oktober 1982); „A Manager Rescues the Money Movers" (17. Dezember 1984); „On Borrowed Time" (16. Dezember 1985); „The Cardinal Rule" (7. April 1986); „When the Music Stops ..." (14. November 1988); „The Buyout That Saved Safeway" (12. November 1990); „My Story – Michael Milken" (16. März 1992); *Barron's*: „High-Wire Finance" (24. September 1979); *Fortune*: „How the Champs Do Leveraged Buyouts" (23. Januar 1984); *Business Week*: „Leveraged Buyouts Aren't Just for Daredeviles Anymore" (11. August 1986); „King Henry" (14. November 1988); „KKR Is Doing Just Fine – Without LBOs" (30. Juli 1990); „The ‚Barbarians' in the Boardroom" von George Anders (Juli-August 1992); *Business History Review*: „Kohlberg Kravis Roberts & Co. and the Restructuring of American Capitalism" von Allen Kaufman und Ernest J. Englander (Frühjahr 1993).

William Gates und die Vorherrschaft von Microsoft

Es gibt zwei ausgezeichnete Biographien: *Hard Drive: Bill Gates and the Making of the Microsoft Empire* (Wiley, 1992) von James Wallace und Jim Erickson sowie *Gates* (Simon and Schuster, 1993) von Stephen Manes und Paul Andrews. Neueren Datums ist das Buch *Microsoft Secrets: How the World's Most Powerful Software Company Creates Technology, Shapes Markets, and Manages People* von Michael Cusamano und Richard W. Selby (Free Press,